JN409748

주어와 주어 교육

신구한국어교육연구총서 01

주어와 주어 교육

이 연 정 지음

신구문화사

머리말

2012년 겨울, '한국어 주어 교육'이라는 주제로 자료를 모으고, 정리하고, 생각을 다듬은 결과가 2014년 여름, 학위논문이 되었다. 본서는 이렇게 완성된 박사학위논문을 수정하고 보완한 것이다.

본서는 한국어 교육에서 다루어야 할 '주어'의 개념과 범위 등을 포괄하는 주어 교육과정을 한국어 학습자의 모국어 특성과 학습단계에 맞게 구현하는 것을 목적으로 쓰여졌다. 한국어에서 주어는 모든 문장의 시작이자, 다른 주·부속성분들과 밀접한 관련을 맺는 주요 성분 중 하나로서 주어의 사용이 바르지 않으면, 나머지 성분들도 제자리를 찾기 어려워진다. 그만큼 한국어를 배우는 외국인 학습자들에게는 주어의 정확한 사용에 대한 교육이 필요하며 주어 및 주어 관련 항목에 대한 교육이 학습자의 모국어별, 학습단계별로 학습전략을 갖추어 진행이 되어야 하는 필요성을 갖는다.

학습자가 어떠한 모어 배경을 가지는지에 따라 주어에 대한 인식 또한 달라지는 만큼, 학습자가 어떤 모어를 배경으로 하는지에 따라서 한국어로 주어를 표현하는 모습 역시 매우 다양한 모습으로 나타나게 된다. 본서는 이에 초점을 맞추어 한국어 학습자의 모어 가운데 대표격이라고 할 수 있는 영어, 일본어, 중국어, 인도네시아어에서 해당 언어의 주어가 가지는 형태, 의미, 통사적 특성을 먼저 살펴, 각 언어의 주어와 한국어의 주어를 비교하였다. 그를 통하여 각 언어권을 배경으로 하는 학습자들이 한국어 학습 과정에서 산출할 수 있는 주어 사용 오류의 가능성과 그것을 바로잡을 수 있는 등급별, 언어권별 교육 방안을 다각도로 모색하고자 하였다.

돌이켜보면 한국어 교육을 통해 참으로 많은 기쁨을 얻었다. 다양한 언어를 한국어와 접목시켜 공부할 수 있는 배움의 기쁨, 한국어의 사소한 현상 하나하나에 관심을 가지고 깊이 생각함으로써 새로운 사실을 깨달아 가는 연구의 기쁨, 한 번도 가보지 못한 낯선 곳에서 오직 한국어에 대한 배움의 열망으로 한국을 찾아 온 학습자를 만나고 그들을 가르치는 교육의 기쁨…. 한국어 교육이 아니었다면 이 모든 기쁨을 온전히 누릴 수 없었을 것이다.

그리고 무엇보다 한국어 교육을 통해 내 삶의 멘토를 만날 수 있었다. 공부를 시작하기에 다소 늦은 나이인 저자에게 할 수 있다는 믿음과 격려를 아낌없이 보내주셨고, 거기에서 힘을 얻어 연구자, 교육자로서의 꿈을 가지고 쉼 없이 달릴 수 있었다. 또한 그분께서 몸소 보여주신 진정한 연구자, 교육자로서의 모습을 통해 앞으로 나아가야 할 삶의 방향을 정립할 수 있었다. 이 자리를 통해 무한한 감사와 존경의 마음을 전한다.

본서가 완성되기까지 저자는 참으로 많은 분들의 도움을 받았다. 논문이 안 풀려 힘들 때 힘을 북돋워 주시고, 논문을 잘 쓸 수 있도록 물심양면으로 지원해 주신 김정숙 교수님, 거친 글이 한 편의 박사논문으로 모양새를 갖출 수 있도록 아낌없는 조언을 해 주신 홍종선 교수님, 최호철 교수님, 박석준 교수님과 본서의 방향과 진행 상황을 살펴주시는 것은 물론, 논문이 한 권의 책으로 나올 수 있도록 큰 도움을 주신 한재영 교수님께 감사의 마음을 전한다. 이분들의 도움이 없었다면 결코 이만한 모습을 갖출 수 없었을 것이다. 그럼에도 불구하고 여전히 부족하기만 한 본서를 대할 때면 부끄럽지만, 이를 거울삼아 더욱 정진할 것을 약속하는 것으로 송구함을 대신하고자 한다.

또한 공부를 핑계로 집안일엔 늘 부족하기만한 며느리에게 언제나 응원의 메시지를 보내주시는 시부모님과, 딸을 대신해 엄마의 빈자리를 채워 주시는 친정 부모님, 바쁜 아내를 참고 기다려준 인내심 많은 고마운 남편과 공부하는 엄마를 항상 자랑스럽게 생각해주는 사랑스런 아들, 딸에게도 이 자리를 빌려 미안함과 고마움을 전한다. 언제나 내 편이 되어주는 가족이 곁에 있었기에 이 모든 과정을 견딜 수 있었다.

마지막으로 본서의 출간을 기쁜 마음으로 허락해주신 총서 편집위원회의 여러 선생님과, 원래의 모습보다 더 나은 모습으로 만들어 주시기 위해 작은 수고로움까지 기꺼이 맡아주신 신구문화사의 임미영 사장님 그리고 최승복 편집부장님을 비롯한 편집부 관계자 여러분께 이 자리를 빌려 깊은 감사의 말씀을 드린다.

2015년 7월

東栢에서 저자 이연정

차례

표 목차

1

서론

주어와 주어교육

1.1. 연구 목적

본서는 한국어 교육에서 다루어야 할 주어의 개념과 범위 등을 포괄하는 주어 교육과정을 한국어 학습자의 모국어 특성과 학습단계에 맞게 구현하는 것을 목적으로 한다. 문장은 모든 발화의 기본 단위로서 한국어를 처음 접하는 학습자들은 '주어+서술어', '주어+목적어+서술어'와 같은 단문을 중심으로 한국어를 배우기 시작한다. 하나의 문장을 이루는 어절 단위로 된 문법 요소를 문장이라 하며, 이러한 문장성분 가운데 문장의 근간이 되는 필수 성분을 '주성분'이라 한다. 본서는 이 주성분 가운데 '주어'에 주목하기로 하는 바, 주어는 모든 한국어 문장의 시작이면서, 다른 주·부속성분들과 밀접한 관련을 맺고 있어 주어의 사용이 적절하지 않으면, 나머지 성분들도 제자리를 찾기 어렵게 된다. 그만큼 한국어를 배우는 외국인 학습자들에게는 주어의 정확한 사용에 대한 교육이 필요하다는 의미로, 주어 및 주어 관련 항목에 대한 교육이 학습자의 모국어별, 학습단계별로 학습전략을 갖추어 진행되어야 한다.

하지만 한국인들이 가지고 있는 문장의 주어가 가지고 있는 필요성에 대한 인식이라든가 한국어 교육 현장에서의 교육 내용에 반영되어 있는 한국어 문장의 주어에 대한 내용은 그리 만족스럽다고 하기는 어려운 형편이다. 이는 한국어 문법에서 문장의 주어가 가지고 있는 비중이 작아서라기보다는 주어의 사용에 특별한 주의를 기울이지 않더라도 한국어 화자들이 적절한 문장 구사에 별다른 어려움을 겪지 않는다거나 문장에서의 주어나 주어 관련 성분들의 생략이 비교적 자유롭다는 데에서 원인을 찾을 수 있다. 한국어 교육 현장에서 겪게 되는 문법과 관련된 문제들이 그리 가볍지 않은 현실과는 상당히 거리가 있다고 하겠다.

여기서 주된 관심을 가지고자 하는 한국어의 주어 문제만 하더라도 한국어를 모국어로 하는 화자들에게는 별다른 부담이 되지 않는 조사 '이/가'와 '은/는'의 사용이라든가 이중주어 구문의 사용 또는 주어의 생략 현상 등이 한국어를 외국어로 학습하고자 하는 이들에게는 학습 부담이 되어 다양한 양상의 오류를 생산해 내고 있는 것이다. 어찌 보면 한국어의 주어에 대한 합리적인 교육 방안을 찾아나서는 일은 이미 이루어졌어야 할 일이었다는 의미이기도 하다. 특히 어순에 의하여 문장의 주어를 나타내는 언어권의 한국어 학습자들이 겪고 있는 한국어 주어 관련 문제에 대한 부담은 그리 간단하지 않아 보인다. 한국어의 주어와는 다른 양상을 보이는 언어권의 한국어 학습자들의 경우에는 이중주어나 주어 생략을 통해 표현하는 것이 자연스러운 문장이 되는 경우에도 거의 모든 발화마다 주어를 사용함으로써 어색한 한국어 문장을 산출하는 것을 종종 볼 수 있다. 또 학습자의 모국어에서는 목적어로 표현되는 성분이 한국어에서는 주어로 실현되는 경우에 주어표지 대신 목적어표지를 사용하는 등의 오류를 보이기도 한다. 이처럼 언어 유형에 따라 주어가 갖는 특성이 다르므로 한국어를 외국어로 접하는 학습자들 역시 한국어 주어의 의미, 형태, 통사적 특성에 대한 올바른 인식 없이는 주어를 적절히 사용하기 어렵다.

현재 시행되고 있는 대다수의 한국어 교육과정에서는 실제적 의사소통능력에 대한 중요성을 강조하여 문법 교육의 비중이 점차 축소되는 경향을 보이고 있다. 하지만 언어교육에서 문법이 차지하는 비중은 여전히 큰 것이어서 문법에 대한 정확한 이해 없이는 해당 언어를 유창하게 사용하기 어렵다. 특히 주어와 관련하여서는 조사와 어미의 사용이라든가 경어법의 선택과 호응, 또는 피·사동문에서의 주어의 정확한 표현 등이 고도의 문법적 정확성을 요구하고 그의 적절한 사용 여부에 따라 유창성의 정도가 결정된다고도 할 수 있다. 이는 문장의 근간을 이루는 성분인 주어의 특성을 정확히 이해하는 것이 모든 한국어 학습자들에게 요구되는 필수 능력이라는 의미이기도 하다. 주지하다시피 주어는 언어 유형에 따라 그 표현 방식이나 의미적인 역할이 다르므로 한국어 학습자가 가지고 있는 모국어 배경에 따라 한국어의 주어를 가르치고 배우는 내용과 방식에도 각각 차이가 있을 수 있다.

대부분의 한국어 교육과정에서 이루어지고 있는 어순이나 문형 등의 교육 내용은 한국어 학습 초기단계에 일회적인 교육으로 구성되어 있어, 학습자들이 한국어의 주어 특성을 완벽히 이해하고 잘 사용하리라고 기대하기란 어려운 형편이다. 특히 주어와 관계된 문법 요소들은 그 수가 많기도 하거니와 복잡하기도

하여 한 자리에서 가르치는 것이 거의 불가능한 것인 만큼 주어 교육의 내용은 한국어 학습단계에 맞추어 적절하게 가르칠 필요가 있다. 요컨대 학습자의 주요 언어권별, 학습단계별로 그에 적합한 주어 교육과정을 마련하는 것이 본서의 목적이다.

'주어(subject)[1)]'라는 용어와 개념은 인구어(印歐語)의 문법에서 온 것으로 한국어에서의 주어 개념도 인구어의 주어에 대한 문법 기술 방식을 통하여 기술되어 왔다. 하지만 인구어에 기반을 두고 있는 문법 기술 방식을 아무런 부담 없이 한국어의 문법 기술에 적용시킬 수는 없는 일이며, 그러한 문제는 주어에 대한 논의에도 여전히 유효하다. 이를테면 주어는 문두에 온다는 사실이 인구어의 문법으로는 보편적인 원리인 듯이 여겨지기도 하나, Malagasy어의 경우는 주어가 문미에 오는 'VOS언어'이며, Arabic어는 주어가 문장 가운데에 위치하는 'VSO언어'라는 사실은 우리의 문법 기술 태도를 다시 살필 필요가 있다는 점에서 좋은 예라 하겠다.

각각의 언어 현상들은 개별 언어 유형에 따라 고유의 특성과 자질을 가지고 있지만, 공통되는 사실은 개별 언어의 문장이 각각 '주어'를 가지고 있으며, 그 주어가 문장 구성에서 차지하고 있는 역할 역시 작지 않다는 점이다. 한국어의 문장에서 주어가 쉽게 생략이 된다거나 아예 주어를 사용하지 않아야 적절한 문장이 되는 경우가 있다고 하더라도 문장 속에서 주어가 가지고 있는 기능을 과소평가하거나 무시할 수는 없다. 예를 들어 한국어가 영어와는 달리 피동형, 사동형 구문이 상대적으로 덜 발달된 언어라고는 하지만, 한국어의 피동문은 능동문의 목적어를 주어로 도입한 결과이며, 사동문은 주동문에 새로운 주어를 도입한 결과라는 점에서 주어가 주요 관련항이 되는 경우라든가, 주체경어법이나 상대경어법의 경우에 대우를 나타내는 표지인 어미를 선택하는 근거가 주어에 있다는 점 등을 보더라도 한국어에서 주어는 인정받아야 하는 필수 성분임을 알

1) 주어는 라틴어의 'Subjectum(thrown down)'이라는 말로 논리학에서는 '판단의 주제' 즉, '던져진 것'의 뜻으로 사용되었는데 이것이 문법에 응용되어 판단을 나타내는 '文의 주체가 되는 말'을 주어라 하게 되었다. 따라서 판단의 주제가 주어이고, 이에 대한 진술은 술어로 정의된다(김태한, 1981:1).

수 있다.

이렇듯 '주어'는 문장의 필수 요소라는 점에서 교육과정에 중요한 요소로 반영이 되어야 하나, 교육 현실은 그러한 당위성과는 상당한 거리를 두고 있다고 할 수 있다. 특히 외국어로서의 한국어 교육 현장에서의 주어에 대한 관심과 주어 교육에 대한 필요성은 보다 절실한 것이었던 셈이다. 학습자의 모국어에 근거하여 한국어의 문장 구조를 이해하려는 외국어로서의 한국어 학습자들에게 한국어의 주어는 한국어 학습에 커다란 부담을 주는 장애 요소였었기 때문이다. 조사 '이/가'를 비롯한 다양한 주격조사의 적절한 사용은 물론이거니와 이중주어 문제나 주격조사의 생략과 주어의 생략, 나아가 무주어문과 같은 문제는 한국어 학습자들에게 그리 녹녹하지만은 않은 과제였던 것이다.

본서에서는 한국어 학습자들이 가지고 있는 모국어의 주어 인식을 활용하여 한국어의 주어가 가지고 있는 특성을 가르치기 위하여 주어와 관계된 필수 항목을 설정하고, 주어 교육 체계를 마련하고자 한다. 그를 위하여 본서에서는 한국어와 계통적으로 가깝거나 먼 언어들과의 비교를 통해 한국어 주어의 보편적 특성과 한국어 주어만의 특수한 언어 현상을 먼저 살피기로 한다.

개별 언어에 대하여 기술하거나 언어 간에 나타나는 공통점을 기술하는 데 있어서 주어는 매우 중요한 개념이기는 하나, 한국어 교육 분야에서의 주어에 대한 관심은 그리 높은 편이었다고 하기는 어려운 형편이다. 주어에 관심을 가지고 논의하는 경우라고 하더라도 학습자의 모국어를 기반으로 한 대조 연구가 활발한 데에 비하면, 정작 필요한 주어에 대한 학습자의 인식이라든가 주어 사용 능력, 구체적 교육 방안에 대한 연구는 별로 활발하게 진행되지 못하고 있다는 것이 적절한 지적이라고 하겠다.

학습자는 자신의 모국어나 학습을 통하여 획득한 제2외국어의 문법지식에 기대어 새로운 언어를 습득하는 경향이 강한데 주어도 예외가 아니다.[2] 한국어 중급 이후 단계에 있는 학습자의 작문에서 어색한 문장의 호응이나 불필요한 주어 사용, 부적절한 주어표지 사용 등이 발견되는 것은 문장을 이루는 주요 성분에 대한 기본적인 인식이 충분치 못하기 때문이다.

---

2) 보다 구체적인 논의에 관해서는 본서의 제4장을 참조할 것.

아울러 한국어의 주어를 가르치는 내용과 방법에 대해서도 고려하지 않을 수 없는데, 모든 교육의 중심은 학교도 교사도 아닌 학습자라는 사실을 결코 간과해서는 안 된다. 그런 까닭에, 상정된 학습 목표에 효과적으로 도달하기 위해서는 보다 치밀한 전략이 수립되어야 하는 바, 주어와 관련한 교육 내용을 학습단계별로 적절히 배열하고, 학습자의 수준과 모국어 또는 선호하는 학습 방식들을 고려하여 단계별 교육과정을 작성하여 보고자 한 것이다.

현실적으로 언어 교육에서 문법 교육에 별도의 많은 시간을 할애하기는 어려운 실정이어서 이러한 현실을 반영하는 적절한 교육 방안을 마련하는 것은 무엇보다 먼저 이루어졌어야 할 과제였다. 본서에서는 한국어 교재 및 주요 언어권별 한국어 학습자의 주어 사용 양상을 토대로 한국어 주어 교육의 현황을 파악하고, 학습자 모국어의 주어 특성 및 한국어와의 차이점 등을 한국어 주어 교육에 반영하여 어떻게 가르칠 것인지 그 방법을 모색하고자 한다.

1.2. 선행 연구 검토

1.2.1. 국어학에서의 주어 연구

한국어의 주어 연구는 각 시대별 문법이론의 영향을 받았다. 주어에 관한 연구는 시기별 언어이론 및 연구방법론의 영향을 피할 수 없는 만큼, 시기별로 주요 쟁점이 될 만한 연구들을 중심으로 각 시대별 주어 연구의 흐름을 살펴보도록 한다.

우리나라 초기의 문법서에서는 주어의 '의미 기능'을 중심으로 정의가 이루어졌다. 우리나라 최초의 현대식 문법서인 유길준(1909:91-93)의 『대한문전(大韓文典)』에 의하면 "주어란 사상을 나타내게 하는 '주격'의 체언이니, 모든 명사는 주어가 될 수 있으며, 항상 문장 맨 앞에 놓인다."고 주어를 정의하였다. 특히 유길준(1909)에서는 이중주어를 인정하고, 문장에 선행하는 명사구를 '총주어[3]'라 칭

3) 총주어는 '주어+서술어'를 통괄하는 개념으로 보았다(유길준, 1909).

하였다. 또 이중주어문이 아닌 문장의 주어를 '단주어'라 하여, 명사 둘 이상으로 된 '복주어'와 구별하였다.

또 주시경(1913)은 주어에 대한 구체적인 정의 대신 문장 구성요소를 "임이,[4] 씀이, 남이"로 구분하였다. 이들은 각각 '주어', '목적어', '서술어'에 해당하는 말로서, 주어를 '임이'라는 용어로 규정한 것에 대한 설명이라고 할 수 있다.

특히 박승빈(1935)는 "그 文으로 敍述되는 意思의 主題되는 單語"라고 주어를 정의하고, 한 문장의 주어 외에 주제로도 쓰이는 단어에 대하여 '문주(文主)[5]'라는 용어를 도입하였는데, 이는 최초의 '주제어설'로 볼 수 있다. 홍기문(1927, 1947)은 "한 句의 主人되는 名詞니… 한 句, 한 節, 또는 한 文의 主人公되는 語詞다."라고 주어를 설명하면서, 이중주어를 '대주어(大主語)'와 '소주어(小主語)'의 관계로 보고, 그 기능에 따라 본주격(本主格)과 부주격(副主格)으로 구분하였다. 한편, 대표적인 전통 규범 문법서인 최현배(1937, 1961:726-727)의 『우리말본』에서는 주어를 다음과 같이 정의하고 있다.

> "임자말(主語)은 월의 임자(主體, 主題)가 되는 조각을 이름이요, 풀이말(說明語)은 그 임자말 된 일본(事物)의 움직임과 바탈(성질)이 어떠함과 또리 개념(類概念)의 무엇임과를 풀이하는 조각이니: 이 두 가지 조각은 월의 으뜸되는 조각이니라. 임자말과 풀이말과는 월의 가장 으뜸되는 조각이니, 아무리 홑진(簡單)월이라도 이 두 가지 조각만은 갖춰야 능히 월이 될 수 있느니라."

또 임자말과 풀이말의 형식으로 "무엇이 어찌하다", "무엇이 어떠하다", "무엇이 무엇이다"의 세 가지를 들면서, 주어는 바로 '무엇이'에 해당하며, 대부분의 국어 문법서의 주어 정의는 이 범위를 크게 벗어나지 않는다고 하였다.

지금까지 살펴 본 초기 국어 문법서에 따른 주어의 정의를 살펴보면, 의미적

---

4) '임이'에 대하여 '임: 主와 한뜻', '이: 者와 한뜻'이라고 하였다(주시경, 1913).

5) 박승빈(1935:380)에서는 文主를 "言語의 形便에 依하야서는 敍述語의 主題되는 名詞 卽 主語 以外에 그 文의 主題로 使用되는 單語"라고 정의하였다. 가령, '코끼리는 코가 길다', '장사는 머리털이 관을 찌른다', '회계사무는 간사가 이를 처리함'에서 '코끼리, 장사, 회계사무'를 각각 문주로 보았다.

기능을 중심으로 주어가 정의되고 있으며, 부분적으로 주제 개념을 포괄하고 있음을 알 수 있다. 또 용어만 다를 뿐 복수 주어(이중주어)를 인정하고 있음을 알 수 있다.

1960년대는 Chomsky(1965)의 생성변형문법의 문법 모형인 '표준이론(standard theory)' 및 Fillmore(1968)의 '격문법(case grammar)'이 등장한 시기로서, 표준이론의 도입으로 다양한 문장을 간단한 심층구조로 설명이 가능해지고, 문장의 심층구조상의 서술어의 논항을 밝히는 격문법의 도입으로 국어의 이중주어 문제를 해결하려는 논의가 제기되었다. 또한 전통문법의 의미론적 중심의 주어 해석에서 벗어나 '통사적'으로 주어를 파악하려는 노력이 나타나기 시작하였다.

1970년대의 대표적인 주어 논의로는 김민수(1971), 박순함(1971), 서정수(1971), 임홍빈(1972), 성광수(1974), 신창순(1975), 김영희(1978), 이익섭(1978) 등이 있다. 김민수(1971)는 이중주어문을 '중복주어구문'으로 보되, 복문이 아닌 단문으로 취급하였다. 김민수(1971)의 '다주어설'은 주어를 대주어, 소주어로 구분한 것이 아니므로 대소주어설과도 차별된다.

Fillmore의 격문법 이론[6]을 국어의 주어 해석에 적용한 논의로는 박순함(1970, 1971), 성광수(1974)가 대표적이다. 박순함(1970)은 국어에서 필요한 격범주[7]를 설정하고, 심층구조의 격범주가 주제화된다고 보았는데, 최초의 주제화 명사이자, 동사에서 가장 근접한 명사구를 주어로 설정하였다. 그러나 박순함(1970)의 논의는 주어화와 주제화 개념의 불명확성, 격범주 설정의 모호함 등에 관한 지적을 받았다.

서정수(1971:14)는 표준이론의 영향으로 표면구조에서는 주어를 직접 결정할 수 없고, 문장을 심층구조로 환원시켜야만 주어를 결정할 수 있다고 보았다. 김영희(1978)에서는 이중주어를 다른 기능을 하는 명사구가 변형되어 주격으로 나타난 것으로 보고, 특히 주제와 주어의 층위가 다름[8]을 근거로 주제와 주어를 동

---

6) 격문법 이론에 의하면 문장은 1차적으로 명제와 양상으로 나뉘며, 명제는 동사가 요구하는 몇 개의 격범주 및 동사 자체로 구성된다.

7) 박순함(1970)은 '소유격, 대격, 여격, 처격, 연관격, 위격, 논격, 양격' 등을 격범주로 설정하였다.

8) 김영희(1978, 1991)는 기능문법(functional grammar)의 견해에서 문장을 의미(semantic level),

일시하거나 주어 해석을 위해 주제를 도입하려는 견해를 비판하였다. 즉 주어는 문장 내부 요소인 반면, 주제는 담화, 발화상의 개념이므로 둘을 함께 논의해서는 안 된다는 것이다.

임홍빈(1972, 1984)는 '주제설'을 제기하면서, 주어를 문장의 필수 성분으로 보되, 주제를 문장의 한 성분으로 인정[9]할 것을 주장하였다. 특히 주어가 나타나지 않은 문장을 주어가 생략된 것으로 봄으로써 무주어문에 대한 논의를 반박하였다. 이러한 임홍빈(1972)의 주제어 설정 방안은 성분으로서의 주제어 설정 이외에 이중주어문의 나머지 한 성분을 주제로 보려는 해결책이기도 했다. 신창순(1975)은 '주어란 구문론적으로 통사를 지배하는 것'으로서, 그 용언의 '동작자, 상태자, 자격자'로 보았다. 즉 서술어와 관계를 갖지 않는 명사는 주어가 아니며, 이 점이 바로 주어와 주제어를 구분하는 중요한 기준이라고 하였다.

이와 같이 1970년대에는 이중주어문을 해석하기 위한 방법들이 활발히 제기되었으며, 특히 주제어의 도입을 통해 이중주어를 해석하는 방안과 주어 논의에서 주제를 제외할 것을 주장하는 논의가 서로 대립하였음을 알 수 있다.

주어를 기존의 의미, 담화 차원의 정의에서 벗어나 통사적 특성과 함께 통합적으로 그 특성을 규명할 것을 주장한 1980년대의 논의로는 정인상(1980), 남기심(1985a)가 있다. 정인상(1980:2-3)은 기존의 형태 위주로 주어를 다뤄온 태도를 비판하고, 보다 포괄적인 주어의 통사적 특성을 바탕으로 주어를 파악할 것을 주장하면서, 주어를 확인하기 위한 세 가지 근거로 '재귀화', '주어 존대화', '수량사 후치'를 제시하였다. 남기심(1985a)는 진정한 주어 개념 정의는 주어의 의미적, 형태적, 통사적 특성을 상호보완함으로써 가능하다고 봄으로써, 최현배(1937)의 주어 정의를 토대로 주어를 정의하였다.[10] 또 주어에서 해결해야 할 점으로 무주

사용(pragmatic level), 통사(syntactic level)의 세 층위로 구분하여 '주어'를 정의하였다. 주제와 주어는 서로 다른 층위의 개념으로서 문장 분석 시 겹칠 수도 안 겹칠 수도 있으며, 주어와 주제를 동일 선상에서 논의해서는 안 된다고 주장하였다. 즉, 주제는 발화 담화의 요소인 반면, 주어는 문장 내 요소이므로 둘을 동일시하거나 함께 논해서는 안 된다는 것이다.

9) 임홍빈(1972), 채완(1976)은 국어 문장의 기본구조를 '주어-서술' 구조가 아닌 '주제-해석' 구조로 분석하였다.

10) 남기심(1985a)는 각 범주별로 주어를 다음과 같이 정의하였다.

- 의미론적 정의: 어떤 행위, 상태, 존재, 환언의 주체를 지칭한다.

어문 내 생략된 주어의 모호함, '주체' 개념의 불명확성, '에서'의 주어표지로서의 근거 등을 들었다.

박양규(1980)은 국어문장의 기본 구조와 관련하여 제기되었던 문제들을 주어 생략의 관점에서 재검토하였는데, 특히 이중주어문을 국어문장의 한 특성으로 간주하였다. 실제 발화 문장은 가상되는 최대의 구조에서 몇몇 성분이 생략된 결과라고 보았다. 즉 문장의 각 성분의 기능은 최대구조 속에서 특징지워져야 하며, 문장 성분의 생략을 화제의 생략으로 설명하는 것은 부적절하다고 보았다. 한편, 손호민(1981)은 국어를 '주제'가 우세한 '주제 부각 언어'로 보고, 일반적으로 주어로 알려진 것들은 원래 '주제'에 해당하는 것임을 주장하였다.

성기철(1984, 1987)은 내면의 주어가 아닌 표면 주어를 진주어로 보았다. 가령 '아버지는 돈이 많으시다.'의 주어는 '돈이'가 된다는 것이다. 한편, 주제의 특성으로 '대하여성', '문두성', '기존 정보성' 및 '한정성'을 들어 주어와의 차이를 제시하였다.

1990년대의 대표적 주어 논의로 탁희성(1993)은 주어의 통사적 측면 외에 의미, 화용론적 특성도 간과할 수 없다고 보고, 특히 이중주어문이나 주어 생략문 규명을 위해 주어와 주제의 문제는 반드시 선결해야 할 과제로 보았다.

유형선(1995)는 상적 의미의 위계성이 가장 높은 것을 주어라 보고, 통사상 주제와 담화상 주제를 구분하였다. 즉 서술어에 의해 의미역이 할당된 것은 통사상의 주제이고, 관련이 없으면 담화상의 주제로 본 것이다. 이중주격 구문에 대해서는 한 문장의 주어는 하나임을 전제로 선행 명사구를 명사의 의미포화를 이루기 위한 '한정성'의 표현으로 보았다. 즉 첫 번째 요소가 두 번째 요소에 부가된 것이라는 논의이다.

이홍식(1996)은 의미, 형태, 통사론적 측면에서 주어의 특성을 밝히고 그 특성을 토대로 주어를 확인하는 방법을 시도하였다. 이홍식(1996)은 주어 확인의 절대적 기준은 없으며 다만 동작주가 갖는 주어의 전형적인 문법적 특징을 문제가 되는 문장에 적용해 볼 수 있다고 하였다. 특히 주어의 의미·담화론적 특성만으

• 형태론적 정의: 체언 또는 체언 상당어에 주격조사 '이/가' 결합 형식으로 나타난다.
• 문장 구성적 정의: 문장의 필수 성분이다.

로 주어의 특성을 밝히기는 어려우며 가장 중요한 주어의 특질은 '서술어와의 관련성'이라고 하였다.

한편, 강창석(2009)는 국어에서 주어의 정의가 명쾌하지 않은 이유는 주어가 국어에 존재하지 않기 때문이며, 주어표지의 부재, 인구어의 문법이 한국어에 맞지 않은 점, 주어 생략이 잦은 점, 주제가 부각되는 점, 영문 번역 시 주어나 목적어가 자주 생략되는 점을 그 근거로 들었다.

1990년대 이후의 주어 연구에서는 의미, 형태, 통사적 측면에 대한 고려를 통해서만이 올바른 주어의 개념을 확립할 수 있다고 보았으며, 특히 주어라는 성분의 특성상 통사적 특질에 초점을 둔 논의가 많았다. 또한 이중주어 현상에 대한 논의 역시 활발하였는데, 주격조사를 갖는 두 명사구 중 주어가 아닌 나머지 성분을 주제로 처리하는 임홍빈(1972)의 해석을 지지하는 논의들이 다양하게 제기되었다.

1.2.2. 한국어 교육에서의 주어 교육 연구

한국어 교육 분야에서 '주어'만을 중심으로 한 연구는 미비한 편이며, 주어표지 '이/가', 주제표지 '은/는'의 사용 및 오류 연구, 쓰기 교육을 위한 문장의 구조 및 어순, 문장의 성분 연구 등에서 관련성을 찾아볼 수 있다. 본절에서는 이상 언급된 주어 관련 항목에 대한 논의를 토대로 한국어 교육에서의 주어 연구 경향을 살피고자 한다.

박금연(2012)[11]는 '주어' 및 '주체'의 개념을 다룬 연구로서 외국어로서의 한국어 문법 교육에서 사용되는 용어인 '주어'와 '주체'의 개념과 차이점을 명확히 하고, 실질적 검증을 통해 두 용어가 서로 독립된 범주임을 확인하고자 하였다. 특히 '주어'와 '주체'의 경계를 모호하게 하는 조사 '께서'의 개념을 밝히고, 문법 기술 용어로서의 '주어'와 담화 기술 용어로서의 '주체'의 쓰임을 학습해야 한다고 보았다.

---

11) 박금연(2012)는 이숭녕(1969)의 이론을 바탕으로, '명사이거나 명사적일 것, 체언에 주격조사가 결합된 것, 서술어와 관련이 있을 것' 등을 주어의 조건으로 제시하였다.

곽수진·김영주(2010)은 한국어 교육에서 문장 성분 호응을 다룬 연구로서, 문장 성분의 통사적·의미적 호응 관계를 중심으로 학습자의 수준별 오류 양상을 고찰하였다. 또 학습자의 한국어 수준이 높아져도 문장 성분의 호응 오류 양상이 크게 개선되지 않는 점을 지적하면서 바른 문장 쓰기 교육을 강화할 필요가 있음을 주장하였다.

문장 구조에 관한 연구로 구재희(2007), 고경태(2008), 장미라(2008) 등이 있다. 구재희(2007)은 한국어 교육 시 문형 교육의 필요성을 강조하고, 서술어를 중심으로 한국어 교육에 필요한 21개의 기본 문형을 선정한 후, 각 문형을 대표하는 서술어의 의미역을 분류하였다. 구재희(2007)은 표현 중심이 아닌 문형 중심의 교육을 강조하고 그에 대한 구체적인 교육적 논의가 이루어졌다는 데에 의의가 있다. 그 밖에 고경태(2008)은 한국어 교육 현장에서의 통사 교육의 미흡함을 지적하였고, 장미라(2008)에서도 문장 성분에 대한 이해, 성분의 자리와 성분 간 관계에 대한 이해를 통한 문장 교육의 중요성을 강조하였다. 이상에서 살펴본 문장 구조 및 문장 성분 관련 연구에서는 한국어의 주어 개념에 대한 언급이 아예 없거나 지극히 미미하여 주어에 대한 본격적인 논의로 보기에는 다소 미흡하지만, 통사론적 입장에서 주어의 기능을 거시적으로 고찰하고, 주어를 포함하여 한국어 문장을 한국어 교육에서 어떻게 가르칠 것인지에 관한 시사점을 제시하였다는 데에서 그 의의를 찾을 수 있다.

한국어 교육에서 한국어 주격조사의 사용 양상 및 오류를 다룬 연구로는 김유미(2000), 김정숙·남기춘(2002), 김상수(2003), 이정희(2003), 김정은·이소영(2004), 이해영(2004), 정보영(2004), 유현경 외(2007a, b), 박종호(2009), 김지은(2009), 김호정·강남욱(2010), 김현지(2010), 이선진(2010), 홍윤기·김중섭(2010), 오현정(2011), 김령(2013) 등이 있다.

김유미(2000)은 학습자 말뭉치를 바탕으로 오류 분석을 실시한 연구로 부사격조사, 보조사, 대격조사, 주격조사 순으로 오류가 많이 나타난다고 밝히고 있다. 그러나 학습자가 일본어권(49%)에 편중되어 있다는 점에서 한계를 가진다.

김정숙 외(2002)에서는 영어권 학습자를 중심으로 '이/가'와 '은/는'의 사용 오류 및 교육 방안을 다루었다. '이/가'와 '은/는'은 의미·기능의 유사성으로 학습자들이 많은 혼란을 겪는 항목인 만큼 추상적인 범주를 제시해주기 보다는 단순화된 명시적 설명이 필요하다고 보았다. 특히 학습자들이 다루는 주제가 초급에서는 사적인 내용이 주를 이루므로 주어에 초점이 놓이는 경우를 제외하고, 주어표지에서 오류를 일으키는 경우가 적으나 중, 고급단계에서는 문장 구조가 복잡해지고, 사회적, 추상적인 주제를 다루게 되면서, 새로운 주제를 주어로 다루게 되는 일이 많아짐에 따라 주어표지 선택에 있어서도 오류가 증가한다고 보았다. 김정숙 외(2002)에서는 서술어와의 관계, 문형의 개념을 도입하여 이 둘의 개념을 구분하는 교육 방안을 제시하였다.

이정희(2003)은 한국어 학습자의 쓰기 자료를 바탕으로 격조사와 보조사, 높임법, 어순 등에서 나타나는 학습단계별, 언어권별 오류 현황을 분석하였다. 정보영(2004)는 중국어권 한국어 학습자의 화용적 요인에 의한 '이/가', '은/는'의 사용 분포를 보임으로써 학습자들의 두 조사에 대한 사용 양상을 밝혔다.

유현경 외(2007b)은 한영 병렬 말뭉치를 토대로 '이/가', '은/는'의 선택 원리를 제시하였다. 한국어 학습자가 의미, 통사, 화용 층위에 따라 '이/가', '은/는'을 선택하게 됨을 밝히면서 두 조사 선택 원리를 제시하고 있다.

박종호(2009)에서는 주격조사 오류 중에서도 '이/가', '은/는'의 대치 오류가 70% 이상을 차지할 만큼 상당히 많은 부분을 차지하고 있음을 밝히면서, 다수의 학습자가 '이/가', '은/는'의 쓰임에 혼동을 느끼고 있음을 지적하였다.

김지은(2009)는 연세 한국어 학습자 말뭉치에 나타난 중국, 영어, 일본어권 학습자들의 '가, 는'의 대치 오류를 분석하였다. 즉, 어떤 용법에서 두 조사의 오류가 발생하는지, 대치 오류가 학습자의 언어권 및 한국어 능력과 어떤 관계가 있는지 통계적으로 고찰하였다. 연구자는 '이/가→은/는' 대치 오류보다 '은/는→이/가' 대치 오류가 높은 현상에 대하여 '주격'의 개념이 '주제' 및 '화용적 개념'보다 이해하기 쉬운 것을 하나의 이유로 들고 있다. '이/가→은/는'의 대치 오류는 중립서술문, 이중주어문, 선택지정문, 내포문에서 나타났으며, 특히 주제 용법의 '은/는'을 '이/가'로 대치한 오류가 높은 빈도로 나타났다. 'N는 N가 P'형식의 이중주어문의 경우, N_1인 'N는'을 'N가'로 대치한 오류는 언어권별, 숙달도별로 매우 고르게 분포한 반면, 'N가'를 'N는'으로 대치한 오류는 초, 중급의 모든 언어권에서 나타났다. 김지은(2009)는 해당 조사 '는, 가'의 의미적 용법별, 구문별 대치 양상을 통계적으로 고찰했다는 데에 의의가 있다.

김현지(2010)은 모어가 중국어인 초급 학습자의 '이/가', '은/는'의 사용 양상을 구조적 측면과 의미적 측면에서 고찰하였다. 특히 주제 부각형 언어인 중국어권 학습자의 주어 습득 과정을 관찰함으로써 중간 언어의 문법 규칙을 도출하고자 하였다. 연구자는 주제어 즉 '은/는'을 거쳐, 주어 '이/가'에 대한 접근이 이루어진다는 결론을 얻으면서, 행위역(agent)에 대하여 '은/는'의 결합 빈도가 높은 점에 대해서는 보다 논의가 필요하다고 보았다.

김호정·강남욱(2010)은 중급, 고급 한국어 학습자의 문어 자료를 대상으로 조사 '이/가'와 '은/는'의 습득 양상을 분석하였다. 특히 두 조사 사이의 대치 오류는 고급으로 갈수록 비중이 커지는 유(U)자형 발달을 보인다는 점에서 적극적 교수가 필요함을 주장하였다.

이선진(2010)은 중국어를 모어로 하는 한국어 학습자를 대상으로 한국어의 주어 생략, 주제표지 '은/는', 이중주어 구문 사용 등의 습득 양상을 파악하였다.

김령(2013)에서는 '이/가'와 '은/는'의 통사·의미·화용적 기능 및 맥락에 따른 의미·화용적 기능을 분석하였다. 또 중국어권 한국어 학습자의 '이/가', '은/는'의 사용 양상을 추출하고 오류의 원인을 규명함으로써 중국어권 학습자를 위한 '이/가', '은/는'의 교육 방안을 제시하였다.

지금까지 살펴본 주격조사 '이/가'와 주제표지 '은/는'에 대한 연구에서는 학습자 모어 내 조사 개념의 부재, '이/가', '은/는'의 기능에 대한 기본 지식의 부족, 주어와 주제에 대한 구별의 모호로 인한 언어권별 한국어 학습자의 조사 사용 양상 및 오류를 다루었다. 한국어 교육에서 '이/가', '은/는'의 대치 오류는 한국어 학습자들의 고질적인 문제인 동시에 주어 및 주제 개념을 규명하는 데 필수적으로 논의되어야 할 내용이라는 점에서 고찰의 의의가 있다. 지금까지 한국어 교육에서 이루어진 조사 관련 연구는 양적으로는 풍부하지만, 주어와 주제에 대한 구분 및 단계적이고 순차적인 교육 방안 등 보다 본질적인 고민은 여전히 미흡한 단계라 할 수 있다.

1.3. 연구 내용 및 방법

한국어 교육에서 '주어'가 연구 주제로 다루어진 적은 없으나 주격조사 및 문장 성분 호응 등 주어와 관련이 있는 요소들에 대한 연구는 지속적으로 이어져 왔다. 주어는 한국어를 비롯한 모든 언어로 이루어지는 문장이나 발화의 시작이며, 문(文)을 이루는 가장 기본적이고 핵심이 되는 성분으로서 한국어 교육에서도 한 번 쯤은 짚고 넘어가야 할 꼭 필요한 주제가 아닐 수 없다. 본서에서는 한국어의 주어와 관련된 문제들을 한국어 교육적 관점에서 생각하고 한 걸음 나아가 주어를 둘러싼 다양한 개념들을 한국어 교육 현장에서 어떻게 하면 효과적으로 가르칠 수 있는지 논의하고자 한다.

특히 본서에서는 한국어 학습자의 주요 4대 모국어를 토대로 각 언어의 주어 특성 및 언어권에 따른 한국어 주어 교육 방안을 살피는 것을 연구의 중심으로 하고 있다.[12] '주어'는 거의 모든 언어의 필수 성분으로서, 다양한 언어권의 학습자들이 인지하는 주어의 개념과 한국어 주어의 개념 사이에는 크고 작은 간격이 존재한다. 주어에 대해 학습자들이 가지는 관점은 한국어의 주어를 사용하는 데 영향을 미치는 바, 학습자 모국어의 주어 특성을 살펴봄으로써 해당 언어와 한국어 사이의 차이점을 발견하는 것은 물론, 한마디로 정의하기 어려운 한국어의 주어 개념을 보다 객관적으로 정의할 수 있을 것으로 기대한다. 영어, 일본어, 중국어는 한국어 교육 초기부터 지금에 이르기까지 지속적으로 넓은 학습자층을 보유하고 있는 대표적인 언어이다. 특히 영어는 이중언어 혹은 필수 제2외국어로 학습되고 있는 언어이며, 중국어[13]는 전세계적으로 가장 많은 사용자를 보유하

---

12) 진대연 외(2009:5)에서는 교재 분석 대상 선정을 위해 지역을 총 6개의 권역으로 구분하고 있는데 국외 한국어 교육 수요가 가장 높은 일본, 중국 등을 제1권역으로 하였고, 최근 한국어 교육의 분포 및 수요가 급속도로 확산되고 있는 동남아시를 제2권역으로, 한국어 교육 역사가 길고 한국어 교육 수요층이 두터운 미국 등의 영어권 지역을 제4권역으로 구분한 바 있다. 이러한 권역 구분은 본서에서 학습자 주요 모국어권으로 영어권, 일본어권, 중국어권, 인도네시아권을 선정한 것과 맥을 같이한다.

13) 최근 발표된 자료에 의하면 중국어 사용자 수는 1,197,000,000(11억 9천7백만)명으로 전세계에서 가장 많은 사용자수를 보유하고 있는 언어로 밝혀졌다(2014.4.30. 현재). 그 밖에 영어는 3위, 일본어는 9위, 인도네시아어(자바어)는 10위를 차지했다(www.ethnologue.

고 있는 언어라는 점에서 중요하다. 일본은 한국어 교육 초기 가장 많은 학습자를 보유한 나라일 뿐만 아니라, 언어 유형적으로도 한국어와 가장 유사하여 대조언어학적 차원에서 연구의 가치가 크다. 그 밖의 언어로 본서는 인도네시아어를 택하였는데, 인도네시아는 약 2억 5천만 명의 인구[14]를 가진 국가로서 몇 해 전 인도네시아 소수민족인 찌아찌아족을 대상으로 한 한글 보급 사업으로 이미 관심이 집중된 바가 있음은 물론, 최근 한류열풍에 힘입어 한국어 교육에 대한 관심도 증폭되고 있으며, 앞으로도 한국어 교육에 대한 거대 수요가 예상되는 한국어 교육의 중요한 잠재 시장이라고 할 수 있다. 한국어와 가장 유사한 언어인 일본어는 비교군의 대표로서, 영어, 중국어, 인도네시아어는 언어 유형적으로 한국어와 뚜렷한 차이를 보이는 언어로서 학습자 주어 사용 양상에서도 언어권별로 유의미한 특징을 보인다. 이렇게 총 네 개의 언어를 중심으로 해당 언어권의 주어가 갖는 특징은 무엇이고, 한국어의 주어 개념과 어떤 차이가 있는지 고찰함으로써 해당 언어권 학습자를 대상으로 무엇을 어떻게 가르칠 것인지 상세화할 수 있을 것으로 기대한다.

'주어'의 개념을 파악하기 위하여 주어가 문장 내 다른 성분에 미치는 영향을 비롯하여 주어와 관계를 맺는 다양한 요소들을 고려한다면 본서가 담아야 할 내용이 지나치게 많아지는 것도 사실이다. 본서를 통해 논의하고자 하는 바가 무엇인지 살펴보면 다음과 같다.

첫째, "한국어 교육에서 '주어'란 무엇이며, 어떻게 가르칠 것인가?" 하는 것이다. 주어는 언어를 사용하는 사람이라면 누구나 알 법한 기본개념이지만, 한마디로 정의하기가 쉽지 않다. 본서에서는 한국어 학습자의 주요 모국어를 중심으로 각 언어에서의 주어 정의, 해당 언어 사용자들의 주어에 대한 인식, 각 언어권 학습자들의 한국어에 대한 주어 인식 등을 고찰함으로써 한국어 교육에서의 주어 문제에 접근하고자 한다.

---

com).

14) 세계 인구 순위는 중국(1위: 약 13억 4천9백만 명), 미국(3위: 약 3억 1천6백만 명), 인도네시아(4위: 약 2억 5천만 명), 일본(10위: 약 1억 2천만 명)으로 나타났다(www.naver.com 경제지표 참고).

둘째, 문장 내 위치에 의해 성분이 결정되는 인구어와 달리 한국어는 첨가어로서 체언 혹은 체언 상당구가 일명 주격조사라고 불리는 주어표지와 결합하여 한 문장의 주어 역할을 하게 된다. 학교 문법에서는 '이/가, 께서, 에서, 서'를 주격조사로 인정하고 있지만(이관규, 1999), 한국어 교육의 상황은 조금 다르다. 최근 출판되고 있는 많은 한국어 교재들이 주격조사 '이/가'보다 주어 자리에 놓여 주어표지처럼 보이는 보조사 '은/는'을 교재의 첫 번째 조사로 다루고 있는 실정이고 조사 결과를 보더라도 한국어 학습자들이 한국어의 주어표지로 인식하고 있는 항목이 한국어 교육이 제시하는 기본 문법 사항과 다르다. 또한 한국어 교육에서 '이/가', '께서'만을 주어표지로 다루고 있는 사실 역시 한국어 교육적 측면에서 재검토되어야 할 것이다. 특히 '이/가', '은/는'의 상호 대치 오류 문제는 이미 오래전부터 수많은 연구들을 통해 거론되었고, 학습단계를 불문하고 고치기 어려운 고질적인 오류로 인식되고 있다. 이 역시 주어가 가지는 주요 문제 중 하나로서 해당 장에서 중점적으로 논의될 것이다. 이 밖에 주어표지 생략 현상에 대하여 한국어 교육적 측면에서 어떻게 다룰 것인지에 대해서도 논의할 것이다.

셋째, 이중주어는 다른 언어에서는 찾아보기 드문 한국어의 고유한 현상으로서 이에 대한 국어학적 논의와 연구는 오래전부터 활발히 진행되어 왔다. 그러나 이중주어에 대한 한국어 교육적 논의는 여전히 부족한 상태이며, 특히 어떻게 가르칠 것인가에 대해서는 많은 고찰이 필요한 부분이다. 현행 학교 문법에서는 '서술절설[15)]'이라는 통일된 해석 방법으로 이중주어문을 가르치고 있지만, 한국어 교육 문법에서는 아직 통일안을 내놓고 있지 못한 실정이다. 본서에서는 이중주어 교육을 위한 통일안을 설정하기보다는 학습자의 언어권별로 그 환경에 적절한 이중주어 해석 방안을 도출하고자 한다. 즉, 한국어의 이중주어문을 영어, 일본어, 중국어, 인도네시아어로의 번역을 통해 한국어의 이중주어의 모습을 학습자 모국어의 관점에서 바라보고자 하였다. 한국어 문장에서는 복수 주격의 모습으로 나타나는 NP_1, NP_2가 학습자의 모국어에서는 어떤 성분으로 나타나는지 그 실현 양상에 주목하고자 한 것이다. 이를 통해 해당 언어권 학습자의 한국어

15) NP_1을 전체 문장의 주어, NP_2를 서술절의 주어로 보는 방법으로 NP_1, NP_2 둘 다 주어로 인정하는 견해다.

이중주어문에 대한 인식 양상을 예측하고, 언어권별 한국어 이중주어문에 대한 합리적 교육 방안을 모색할 것이다.

넷째, 한국어는 '주어-주제 중심 언어'로서 주어 생략이 비교적 잦은 편이다. 일부 학자는 한국어에서 일어나는 주어 생략 및 무주어문을 근거로 주어 부정론을 펴기도 하였다. 영어와 같은 주어 중심 언어에서는 주어가 서술어를 비롯하여, 성·수일치 등 문장의 형태를 결정짓기 때문에 주어를 반드시 필요로 하며, 'it', 'there'와 같은 형식주어까지 존재한다. 하지만 한국어의 주어는 경어법 이외에 문장의 다른 요소와의 일치를 주도하거나 문장 형식을 결정하는 역할을 하고 있지 않다. 더욱이 한국어의 구어에서는 주어가 생략되는 일이 많고, 어떤 발화에서는 주어가 없는 것이 자연스럽다. 과연 한국어에서 주어는 불필요하며 주어 생략이 수의적으로 일어나는가? 결론부터 말하면 한국어 발화에서 주어 생략은 불규칙적이고 무작위로 일어나는 것이 아니라 청자와 화자의 상호 인식, 문맥이 허용하는 범위 안에서 이루어진다는 것이다. 주어의 정체를 확인하기 어려운 무주어문 역시 관용적인 경우가 대부분이다. 주어 생략 역시 한국어의 주어에서 반드시 다뤄야 할 중요한 문제로서 특히 한국어 교육적 측면에서 주어 생략에 대한 충분한 이해를 통해서 보다 수준 높은 한국어 구사를 도모할 수 있을 것이다.

다섯째, 주어 교육과 관계된 항목 '주어, 주어표지, 이중주어, 주어 생략'에 대한 한국어 교재에서의 기술 현황 및 학습자의 주어에 대한 인식 및 사용 양상을 분석함으로써, 학습자 모국어별, 학습단계별로 주의를 기울여야 할 주어 교육 내용이 무엇인지 논의한다. 이를 바탕으로 한국어 교육을 위한 주어 교육의 주안점 및 교수 방안으로서 주어, 주어표지, 이중주어, 주어 생략에 관한 단계별 주어 교육 모형을 구현해본다.

마지막으로 지금까지 논의한 내용들을 정리하고, 남은 문제 및 후속 연구에 대한 제안을 끝으로 본서를 마무리한다.

2

한국어 교육에서의 주어 관련 항목의 개념 및 특징

2.1. 주어

본장에서는 학문 문법, 학교 문법, 한국어문법에서 기술하고 있는 주어 및 주어 관련 항목에 관한 정의를 토대로 한국어 교육에서의 주어가 갖는 특징 및 기술 방향을 구체적으로 논의할 것이다. 지금까지 학문 문법과 학교 문법을 통해 주어 성분이 갖는 개념 및 특성 등이 오랜 기간에 걸쳐 논의되어 왔으나 교육 대상이 다른 만큼 한국어 교육 문법이 이를 있는 그대로 수용하기는 어렵다. 한국어 교육은 한국어에 대한 직관이나 기본 지식이 없는 외국인을 대상으로 하기 때문이다. 그러나 아무리 교육 대상이 다르더라도 교육의 편의를 위해 한국어문법의 본질을 왜곡해서는 안 되며, 특히 모든 문법 지식을 가르치지는 않더라도 한국어 교사는 이를 알고 있어야 한다는 점에서 한국어 주어 및 관련 항목들이 갖는 개념을 명확히 해 둘 필요가 있다. 교사가 한국어의 주어가 갖는 근본적인 개념을 알아야만 효과적으로 가르칠 수 있는 방안도 모색할 수 있기 때문이다. 본장에서는 학문 문법을 비롯하여, 대표적인 규범 문법인 학교 문법을 한국어문법과 비교함으로써 주어 개념을 보다 명확히 하고자 한다.

2.1.1. 주어의 개념 및 특징

학문 문법에서 도출된 주어에 관한 공통된 생각은 조사 '이/가'가 붙은 명사구를 주어로 인식한다는 점이다. 비록 'NP+는', 'NP+∅[1]'가 'NP+이'가 주어를 대체하는 것이 가능하더라도 각각 주제화와 주어표지 생략 현상에 지나지 않는다는 것이다. 또한 주어 외에 관계 기능 성분도 'NP+는'이나 'NP+∅'를 표시[2]할 수 있

1) 안병희(1966)은 'NP+∅'를 주격, 속격, 대격에 대한 영형태소를 인정하여 不定格으로 정립해야 한다고 하였다.

2) ㄱ. 신문값은 내가 벌써 주었다. 〈목적어〉(정인상, 1980:16)
ㄴ. 내일은 비가 오겠다. 〈시간〉
ㄷ. 서울은 사람이 많다. 〈장소〉

으므로 주어와 혼동해서는 안 된다고 하였다(정인상, 1980:16). 그러므로 주어와 주격조사 '이/가'와의 결합에 관하여 다음과 같이 정리할 수 있다.

첫째, 주어는 체언(또는 체언 상당어)과 조사 '이/가'의 결합으로 이루어진다. 주어가 '이/가'를 동반하지 않는 경우도 있으나 주어이면서 '이/가'를 취할 수 없는 경우는 없다는 점에서 조사 '이/가'는 주어표지로서 인정받을 수 있다.[3] 단 '이/가'가 생략되거나 다른 보조사로 교체되기도 한다.

(1) 철수**가/는/도/**∅ 학교에 간다.

둘째, 단체 명사가 주어로 쓰이는 경우 조사 '에서'가 결합되는데 이때에도 '이/가'로 대체할 수 있다.

(2) 정부**가/에서** 강력한 증시 안정 대책을 발표했다.

셋째, 선행명사가 존칭체언일 경우 '께서[4]'와 결합한다. 이때 '께서'를 '이/가'로 대체할 수 있어도, 존대 선어말어미 '-(으)시-'는 유지해야 한다.

(3) ㄱ. 수지**가** 돌아왔다.
ㄴ. 할아버지**가/께서** 돌아오셨다.
ㄷ. *할아버지**가** 돌아왔다.
ㄹ. *할아버지**께서** 돌아왔다.

ㄹ. 이 책 ∅ 너 가져라. 〈목적어〉

3) 이홍식(1996:51)에서는 다른 조사와 결합되어 있더라도 '이/가'와 교체가 가능하다면 해당 성분을 주어로 분석할 수 있다고 보았다.

4) 단, '께서'는 선행 체언이 존칭 체언이라도 보어와 결합할 수 없다.
• 나는 할아버지가/ *께서 좋다.

넷째, 주어는 서술어와 일정한 의미 관계[5]를 맺고 있으며, 서술어의 선택 제약을 만족한다.

다섯째, 전형적인 주어는 주제의 특성[6]을 가진다. 즉 주어는 화자의 심리적 대상이며, 언급 행위의 대상이다.

여섯째, 주어는 한정성과 특정성을 가진다. 주어인 명사구는 지시가 확정되어 있을 가능성이 크며, 지시에 있어서도 한정적이고 특정적이다.

일곱째, 주어의 의미역은 위계를 가지므로, 서술어가 둘 이상의 의미역을 가지는 경우 의미역의 위계에 따라 주어가 결정된다.[7]

한편, 한국어문법서에 나타난 주어 개념에 대한 기술을 살펴보면, 한국어 교재에 비해 비교적 상세히 설명하고는 있으나 학교 문법의 테두리를 벗어나지 않는다. 임호빈 외(1987:9-11)에 의하면 한국어 문장은 영어와 달리 '주어+목적어+서술어' 어순을 기본으로 하며, 주어나 목적어에 조사가 붙기 때문에 성분의 위치가 바뀌어도 문장의 뜻이 이해된다고 기술하고 있다.

(4) ㄱ. 하늘 - 이   푸르 - 다.
명사 주격조사   동사어간 종결어미
주어   서술어

ㄴ. 철수 - 가   책 - 을   읽 - 는다.
명사 주격조사   명사 대격조사   동사어간 종결어미
주어   목적어   서술어

---

5) 서술어와 의미상 가장 가까운 것을 '주어'로 보는 견해로 유형선(1995:30)은 두 NP 중 서술어와 의미상으로 가장 가까운 것을 주어로 보아야 한다고 하였다. 즉 다음 예문에서 두 NP 중 서술어와 관련이 있는 '팔'을 주어로 보았다. 예) 철수가 팔이 길다.

6) Givón(1983)에서는 주어와 목적어가 주제의 특성을 가진다고 하였다.

7) Comrie(1976)이 상정한 문장 성분상의 위계는 '주어〉직접 목적어〉간접 목적어〉사격 목적어' 순이다. Fillmore(1968:35)에서는 '동작주'가 있으면 그것이 주어가 되고, 동작주 대신 '도구격'이 있으면, 그것이 주어가 되며, 그 외의 경우 '대상격'이 주어가 된다고 하였다.

또, 임호빈 외(1997:5)에서는 서술어에 따라 '무엇이 어찌한다', '무엇이 무엇을 어찌한다', '무엇이 무엇이 된다', '무엇이 어떠하다', '무엇이 무엇이다', '무엇이 무엇이 아니다' 등으로 문장을 분류하고 이 '무엇'에 해당하는 것이 주어라고 밝히고 있는데 이는 '학교 문법(김민수 외, 1986)'의 기술을 따른 것이다. 한편, 대표적인 한국어 교육 문법서인 국립국어원(2005:57-62)에서는 주어를 다음과 같이 정의하고 있다.

> "주어란 '무엇이(누가)'에 해당하는 것으로 '어찌한다, 어떠하다, 무엇이다'의 서술대상이 되는 주체를 표현하는 말이다. 서술어 '쓰다, 똑똑하다, 책상이다'가 나타내는 동작, 상태, 속성의 주체가 되는 말을 주어라고 한다. 한국어의 주어는 명사나 명사 구실을 하는 말(명사구, 명사절, 대명사, 수사 등)의 뒤에 주격조사 '이/가'가 붙어서 표시된다."

(5) ㄱ. **그가** 편지를 쓴다. [어찌한다]
ㄴ. **준호가** 똑똑하다. [어떠하다]
ㄷ. **이것이** 책상이다. [무엇이다]

또 주어 위치의 자유로움에 대해서도 논의하고 있는데, 이는 주어에 결합된 일정한 표지 즉, 주격조사에 의한 것임을 기술하고 있다. 즉 주어가 문장의 처음, 중간, 끝 어디에 놓이든지 문장이 뜻하는 바가 크게 다르지 않으며, 어떤 성분을 강조하느냐의 차이가 있을 뿐이라는 것이다.

(6) ㄱ. **내가** 민수를 사랑한다.(국립국어원, 2005:60)
ㄴ. 민수를 **내가** 사랑한다.
ㄷ. 사랑한다, **내가** 민수를
ㄹ. 민수를 사랑한다, **내가**
ㅁ. 사랑한다, 민수를 **내가**

지금까지 살펴본 학문 문법과 학교 문법, 한국어문법에서 정의하는 주어의 개념 및 특성을 토대로 한국어 교육에서의 주어를 다음과 같이 정리할 수 있다. 즉, 주어는 '동작, 상태, 속성'이 되는 서술어의 주체 성분으로서 주격조사 '이/가'와 결합하여 문장에 실현된다. 또 주어를 나타내는 일정한 표지와 결합하므로 문체적 변화를 목적으로 하지 않는 한 문장 내 위치는 비교적 자유로우나 문두에 놓이는 것이 가장 일반적이다. 특히 주어와 서술어 사이의 '긴밀성'은 주어의 대표적인 의미 특성으로서, 이는 형태만으로 판별이 어려운 유사 성분들로부터 주어를 구별해 내는 중요한 단서를 제공한다.

2.1.2. 주어 호응 요소[8)]

본절에서는 한국어 문장에서 '주어'를 판별해 낼 수 있도록 돕는 장치, 즉 주어 호응 요소에 대하여 논의할 것이다. 이러한 요소들은 한국어 주어 교육에서 주어를 주어답게 표현하는 필수적인 형식 요소로서, 이들에 대한 개념이 명확할수록 주어를 정확히 사용하는 데 도움이 될 것이다. 주어 호응 요소에 대한 다양한 견해 가운데 임홍빈(1985a)에서는 주어의 존재를 입증하는 증거들로 다음 네 가지를 들고 있다.

- 재귀대명사 '자기'의 선행사는 주제나 주어이다.
- 복수표지 '-들'과 연관 해석되는 것은 대부분의 경우 주어이다.
- 국어의 피동을 능동과 관련시키는 경우 주어가 필수적인 관련항이 된다.
- 존대 선어말어미 '-(으)시-'와 가장 관련이 되는 것은 주어나 주제이다.

본서에서는 임홍빈(1985a)가 제시한 주어 확인 요소를 토대로 한국어 교육에

---

8) 김영주(1990), 홍기선(1994)에서 '주어 확인 요소'라는 용어를 사용하고 있다. '-들' 자체가 주어를 확인하기 위한 요소가 아니라, 주어와 호응하는 요소로서 복수표지에서는 '-들', 경어법에서는 '-(으)시-', 재귀대명사 등이 주어와 호응하는 요소라는 점에서 본서에서는 '주어 호응 요소'라는 용어를 사용하기로 한다.

서의 주어 호응 요소에 관하여 논의할 것이다.

2.1.2.1. 존대 선어말어미 '-(으)시-'[9)]

Kuno(1978)에 의하면 '김 선생님'이 주어이므로 존대 선이말어미 '-시'가 나온 것이라고 설명하였지만, 예문 (7)을 보면 존대 선어말어미 '-시'는 '김 선생님'이 아닌 '사모님'을 받는 것으로 문장의 주어는 '사모님'임을 알 수 있다(유형선, 1995:311).

(7) ㄱ. 김 선생님이 사모님이 예쁘시다.
ㄴ. *김 선생님의 강아지가 예쁘시다.
ㄷ. *김 선생님이 강아지가 예쁘시다.

그러나 주어 이외의 성분도 '-(으)시-'와 호응하는 것이 가능한데, 이에 대하여 임홍빈(1985a)에서는 예문 (8)을 토대로 '-(으)시-'가 경험주 존대와 관련이 있다고 설명하였다.

(8) ㄱ. 어머니는 손이 크시다,
ㄴ. 아버지가 다리가 다치셨다.
ㄷ. 선생님은 따님이 귀여우시다.

한국어 교육 문법에서는 '주어 호응 요소'라는 용어를 따로 언급하고 있지는 않지만 주체 경어법을 중심으로 [+존칭] 주어와 존대 선어말어미 '-(으)시-'의 호응을 매우 구체적으로 다루고 있다. 한편, 한국어 교육 문법서 임호빈 외(1987:207-209)에서도 경어법을 다루고 있는데, '-(으)시-'를 '높임의 접미사(honorific suffix)'라고 제시하고 있다. 주체 경어법은 화자와 문장의 주체의 관계에 의해

9) '-(으)시-'를 주어 일치 요소로 본 견해로는 유동석(1993), 홍기선(1994), 연재훈(1994) 등이 있다.

높임의 여부가 정해지며, 동사 어간에 '-(으)시-'를 붙여 높임을 나타낸다고 기술하고 있다. 그러나 '-(으)시-'와 '존칭 주어'와의 직접적인 관계에 대해서는 언급하고 있지 않다.

(9) ㄱ. 선생님께서 학교에 가십니다.(임호빈 외, 1997:208)
ㄴ. 저분이 김 박사님이십니다.

'-(으)시-'가 존칭 주어와 호응하여 서술어에 결합된다는 사실은 거의 전 교재에서 공통적으로 기술하고 있는 내용이다. 그러나 한국어의 경어법은 한국어 학습자들이 손쉽게 사용할 수 있을 만큼 간단한 것이 아니며, 주체가 소유한 물건이나 신체 일부에 대해서도 존대 선어말어미 '-(으)시-'를 결합하는 간접 존대에 대해서도 언급할 필요가 있다. 다음 예문 (10)에서 '키, 딸, 넥타이' 등이 실질적인 존대의 대상은 아니지만 그 소유주이거나 주체인 '아버지, 선생님'과 관련 요소로 쓰였기 때문에 '-(으)시-'가 어미에 붙은 것이다.

(10) ㄱ. 우리 아버지는 키가 크셔.
ㄴ. (선생님의) 따님이 참 예쁘십니다.
ㄷ. (선생님께) 넥타이가 잘 어울리십니다.(국립국어원, 2005:216)

단, 높임의 대상이 주체냐 주체의 소유물이냐에 따라 일부 서술어에 대한 존대 방식이 달라질 수 있는데, 예문 (11)의 서술어 '있으시다'와 '계시다', '아프시다'와 '편찮으시다'가 그것이다.

(11) ㄱ. (아버지는) 자동차가 있으십니다.(국립국어원, 2005:217)
ㄴ. 아버지는 회사에 계십니다.

(12) ㄱ. 아버지가 편찮으십니다.
ㄴ. (아버지가) 팔이 아프십니다.

이와 같이 주체 경어법의 존칭 주어와 어미 '-(으)시-'호응은 주어와 서술어의 일치를 보여주는 요소라는 점에서 한국어 교육적 측면에서 중요한 주어 호응 요소라고 할 수 있다.

2.1.2.2. 복수표지 '-들'[10)]

복수표지 '-들'은 주어가 복수일 때 다른 성분에도 결합이 가능하여 또 다른 주어 호응 요소로 간주된다. 다음 예문 (13)처럼 복수표지 '-들'은 일반적으로 복수 체언과 결합한다.

(13) ㄱ. 원숭이들이 꼬리가 길기도 하다.
ㄴ. 사람들이 많이 왔다.

'-들'은 주어 외의 성분에도 결합이 가능한데, 다음 예문 (14)는 사동의 의미 특성을 가지는 문장에 '-들'이 붙은 경우이다.

(14) ㄱ. 엄마가 아이들을 방으로**들** 들어가게 했다.
ㄴ. 엄마 혼자서 아이들을 올바르게**들** 키우다니 참 대단해.

그러나 복수접미사 '-들'의 기능은 이것으로 그치지 않는데, 임호빈 외(1997:20)에 의하면 '이/가', '을/를' 외의 조사나 부사 뒤에 붙어 그 문장의 주어가 복수임을 나타내는 기능을 한다고 기술하고 있다. 다음 예문 (15)에서 제시하는 문장에는 주어가 생략되어 있지만, 문장의 주체 성분이 복수임을 짐작할 수 있는데, 이는 주어 이외 성분에 붙은 복수표지 '-들' 때문이다.

(15) ㄱ. 술**들**을 마셨어요.(임호빈 외, 1997:20)

---

10) '-들'을 주어 확인 요소로 본 견해로는 홍기선(1994), 김영주(1990) 등이 있다.

ㄴ. 조용히**들** 하세요.
ㄷ. 여기**들** 앉으세요.
ㄹ. 어서**들** 오너라.
ㅁ. 공부 좀 해라**들**.

이와 같이 복수표지 '-들'은 체언 이외에도 다양한 품사와 결합할 수 있으며, 이때에는 주어가 생략되어도 주어가 복수임을 알리는 단서가 된다.

2.1.2.3. 재귀대명사 '자기'

재귀대명사 '자기'는 주어의 선행사로서 존대 선어말어미 '-(으)시-'에 이은 또 다른 주어 호응 요소로서 여러 논의에서 지적된 바 있다. 이를 '재귀화'라고도 하는데 '자기'와 같은 재귀대명사로 주어의 중복 표현을 제거하는 '대용화 현상'을 말한다. 예문 (16)에서 보듯이 주어 '철수'가 동일 문장 내에 다시 출현하는 경우 (16ㄷ)처럼 '자기'로 받는 것이 가장 적절하다.

(16) ㄱ. ?철수는 **철수**가 이길 것이라고 생각했다.(남기심, 2001:257)
ㄴ. ?철수는 **그**가 이길 것이라고 생각했다.(철수≠그)
ㄷ. 철수는 **자기**가 이길 것이라고 생각했다.(철수=자기)

재귀대명사 '자기'의 선행사는 일반적으로 주어이다. 홍기선(1994:109)에 의하면 '자기'는 3인칭을 지시하며, 문법적 주어, 주제, 관계절의 표제 명사에 의해 결속된다고 보았다.

(17) ㄱ. 누구에게나 **자기**가 가장 소중한 법이다.(자기=3인칭)
ㄴ. 철수는 **자기**밖에 모른다.(자기=철수)

국립국어원(2005:380)에서는 '자기'를 3인칭 대명사 가운데 재귀대명사로 세

분화하면서 '문맥 속에서 앞의 사람을 다시 가리키는' 기능을 한다고 기술하고 있다. 즉, 3인칭 주어가 쓰인 문장에서 그 주어를 다시 가리킬 때 사용한다는 것이다. 단, 주어가 존대의 대상인 경우 (18ㅁ)과 같이 '자기' 대신 '당신'을, 아랫사람인 경우에는 (18ㄹ)과 같이 '저'를 쓴다.

(18) ㄱ. 나는 어릴 때 나를 일본사람이라고 믿었다.(국립국어원, 2005:379)
ㄴ. *나는 어릴 때 자기를 일본사람이라고 믿었다.
ㄷ. 그 여자는 **자기**에게 불리한 말을 했다.
ㄹ. 우리 집 막내는 **저**밖에 몰라.
ㅁ. 할머니는 **당신**께서 직접 요리를 하셔야 맛이 있다고 믿으신다.

한국어 교육에서의 '자기'는 주어 호응 요소이자 문장에서 반복되는 3인칭 주어를 대체하는 대명사라고 할 수 있다. 주어의 존귀에 따라 '저' 또는 '당신'으로 대체되어 쓰이며, 중국어나 일본어에도 '자기'와 흡사한 어휘가 있지만 용법이 정확히 일치하는 것은 아니므로 주의해야 한다. 이와 같이 한국어 교육에서의 필수 주어 호응 요소는 주체 경어법의 주어와 선어말어미 '-(으)시-'의 호응, 재귀대명사 '자기', 복수표지 '-들' 정도이다. 지금까지 논자들의 주어 정의를 토대로 한국어의 주어가 갖는 기본 개념 및 특성을 정리하면 다음과 같다.

- 주어는 화자의 언급 대상인 동시에 서술어의 서술대상이다.
- 주어의 특성은 '동작주 주어'일 때 가장 전형적으로 나타난다.
- 문법 주어(subject), 주제어(topic), 화제(theme) 등은 모두 주어로 쓰일 수 있다.
- 부정문의 '이/가'는 서술어의 논항이 아니므로 주어가 아니다.
- 서술어의 유일한 논항은 주어이다.
- 존대 선어말어미 '-(으)시-'는 주어 호응 요소로 작용한다.
- 주어는 일반적으로 재귀대명사 '자기'의 선행사가 된다.
- 복수인 주어에 대하여 복수표지 '-들' 붙이기를 적용할 수 있다.
- 주어 생략문에서 주어 이외의 성분에 복수표지 '-들'이 붙은 경우, 생략된

주어가 복수임을 예측할 수 있다.

2.1.2.4. 피동문과 사동문

어떤 행위나 동작이 주어로 나타나는 인물 혹은 사물에 의하지 않고 남의 힘으로 되는 행위를 나타내는 문장을 '피동문(被動文)'이라 한다(남기심, 2001:302). 임홍빈(1985a)에서 지적하듯이 국어의 피동문과 능동문의 관계에서 주어가 필수적인 관련항이 됨은 주어의 존재를 입증하는 또 하나의 증거라고 할 수 있다. 예문 (19)에서 보듯이 능동문의 목적어는 피동문의 새로운 주어로, 기존의 주어는 피동문의 부사어로 전환된다.

(19) ㄱ. 순경이 도둑을 잡았다.(남기심, 2001:305)
ㄴ. 도둑이 순경에게 잡혔다.

한편, 한국어 교육 문법서인 국립국어원(2005:255-281)에서는 사동문과 피동문을 다음과 같이 정의하고 있다.

> "주어가 직접 동작하는 것을 주동, 주어가 남에게 동작하도록 하는 것을 사동이라고 한다. 그리고 주동과 사동을 문법적 절차에 의해 표현한 문장을 각각 주동문, 사동문이라고 하고 주동문을 사동문으로 만드는 문법적 방법을 사동법이라 한다.[11]"

(20) ㄱ. 아이가 밥을 먹는다.
ㄴ. 어머니께서 밥을 아이에게 먹이신다. [접미사동법]
ㄷ. 어머니께서 밥을 아이에게 먹게 하신다. ['-게 하다' 사동법]

11) 사동문에서는 주동문에 없던 새로운 주어가 나타났고, 서술어는 사동접사 '-이-'가 붙어 사동사 '먹이다'가 되었다. 그리고 주동문의 주어는 사동문의 부사어 또는 목적어가 되었다.

주어가 자기 힘으로 행동하는 것을 능동, 주어가 남이 행하는 행위나 동작에 의해 영향을 입는 것을 피동이라 한다. 즉 하나의 상황을 기술하는 데 행동하는 대상을 중심으로 기술할 것인가, 행동을 당하는 대상을 중심으로 기술할 것인가에 차이가 있다.

(21) ㄱ. 엄마가 아기를 안았다.
ㄴ. 아기가 엄마에게 안겼다.

(22) ㄱ. 그는 신문을 찢었다.
ㄴ. 신문이 그에 의해 찢어졌다.

이와 같이 피동문과 사동문 모두 주어 실현 방식에서 중요한 특성을 보이는 바, 주어와의 관련성에 무게를 두고 개념을 기술하는 것이 바람직하며, 이는 한국어 교육에서도 마찬가지다.

2.1.3. 주어 구성

김성화(1990:88)은 주어의 구성소가 학교 문법 및 학문 문법에서 소홀히 다루어졌거나 통일성이 없음을 지적하고 주어를 구성하는 요소를 단일주부(자립어절), 파생주부(자립어절+의존어절), 복합주부(둘 이상의 자립어절), 인용주부 등 크게 4가지로 분류하였다. 또 주어의 구성소가 되는 체언은 '단일어, 파생어, 복합어'로 나타난다고 보고, 최소 주어 구성소를 크게 다섯 가지로, 고영근 외(2008:276-279)에서는 여섯 가지로 제시하였다. 한편, 임호빈 외(1997:6)에서는 주어의 구성 성분으로 '체언', '용언의 명사형', '명사절'과 주격조사의 결합 구성을 제시하였다.

(23) ㄱ. 철수가 옵니다. [체언형]
ㄴ. 한국말을 배우기가 힘들죠. [용언의 명사형]

ㄷ. 아침마다 일찍 일어나기가 어려워요. [명사절]

임호빈 외(1997:17-58)에서는 '것, 겸, 김, 나름, 나위, 따름, 대로, 대신, 동안, 둥, 듯, 리, 만, 만큼, 망정, 무렵, 바, 뻔, 뿐, 수, 양, 적, 줄, 지, 참, 채, 체, 탓, 터, 편, 한' 등 총 31개의 의존 명사를 제시하고 있는데, 이 중 주어 구성에 사용 가능한 의존 명사로 된 주어 구성을 들면 다음과 같다.

(24) ㄱ. 요즈음은 객지 생활에 불편한 **게** 별로 없어요.
ㄴ. 더 이상 설명할 **나위**가 없네.
ㄷ. 그 사람이 약속을 잊을 **리**가 있나?
ㄹ. 성경을 읽고 깨달은 **바**가 있어요.

그 밖에 자립명사이지만 의존적으로 쓰이는 의존명사형 명사로 '관계, 길, 끝, 날, 때, 도중, 마당, 모양, 바람, 반면, 법, 사이, 셈, 일, 정도, 지경, 통, 후' 등 19개를 들고 있는데, 이 중 주어 구성에 활용 가능한 것은 '관계, 길, 날, 일' 등이며, 예문 (25)에서 제시하는 바와 같다.

(25) 그 가게에서는 물건 값을 깎아 주는 **일**이 없습니다.

국립국어원(2005:354-356)에서도 의존명사로 된 주어 구성에 대해 기술하고 있다. 의존명사는 다른 성분의 수식을 받아야만 문장에 쓰일 수 있으며, 이러한 의존명사의 존재는 한국어의 고유 특성임을 언급하고 있다.

(26) ㄱ. 저기 보이는 곳이 우리 마을입니다.
ㄴ. *곳이 우리 마을입니다.

(27) 지하철 안에 앉을 데가 없어 보인다.

다음은 '단위성 의존명사'가 주어 역할을 하는 경우이다(국립국어원, 2005:358-367).

(28) ㄱ. 문 앞에는 신발 두 켤레가 나란히 놓여 있었다.
ㄴ. 학생들이 몇 명이나 왔어?

국립국어원(2005:157-161)에서는 절이 문장 안에서 주어 기능을 하는 명사절에 대해서 기술하고 있다. 즉 문장이 명사절로 쓰이기 위해서는 서술어 뒤에 '-(으)ㅁ', '-기[12)]', '관형사형 전성어미+것'이 붙어야 함을 언급하고 있다.

(29) ㄱ. 그가 한국을 떠났음이 분명하다.
ㄴ. 초등학생이 이 문제를 풀기는 어렵다.
ㄷ. 지구가 둥근 것은 오래 전에 증명되었다.

(30) ㄱ. 그가 일등을 *하였기가/**하였음**이 확실하다.
ㄴ. 영어는 *배움이/**배우기**가 어렵다.

또 예문 (31)과 같이 '-느냐/-(으)냐, -는지/-(으)ㄴ지, -는가/-(으)ㄴ가' 등의 어미로 끝난 문장은 그대로 주어 역할을 하기도 한다.

(31) 어떻게 하느냐가 문제이다.

12) '-(으)ㅁ'은 인식 관련 서술어(필요하다, 바람직하다, 중요하다, 확실하다 등)와 잘 어울리는 반면, '-기'는 인식과 관계없는 동사나 형용사(적당하다, 좋아하다, 십상이다 등)와 주로 어울린다(국립국어원, 2005:160).

2.2. 주어표지

한국어는 인구어와 달리 일정한 표지에 의해 격이 표시되는 것이 특징이다.[13] 주어도 주격조사(nominative case)라는 일정한 표지를 갖는데, 경우에 따라 표지가 생략되거나 주격조사가 아닌 다른 조사와의 결합으로 주격조사가 생략되는 일이 있다. 한국어 교육 문법서가 공통적으로 인정하고 있는 조사에는 '이/가', '께서', '에서' 등이 있으며, 문법서에 따라 '에서'가 제외되거나 '(이)서'가 포함되기도 한다. 본절에서는 한국어 교육 문법서 국립국어원(2005)이 정하는 일반 주어표지인 '이/가', '께서', '에서'를 중심으로 고찰하고, 주어표지가 생략되는 경우에 대하여도 살필 것이다.

2.2.1. 일반적 주어표지

현행 학교 문법에서 주격조사로 분류하고 있는 4가지 주격조사 '이/가, 께서, 에서, (이)서'를 중심으로 각각의 특징에 대하여 살펴보도록 한다.

2.2.1.1. '이/가'

주어표지 '이/가'의 경우 대부분의 한국어 교재에서 초급 전반부에 다뤄지는 주어 관련 항목으로서 조사체계를 갖추고 있지 않은 모어 환경의 학습자들이 처음 배우는 조사이다. 한국어 교육 시 교사들은 '주어'라는 용어를 사용하지는 않지만 주격조사 '이/가'를 통해 학습자들은 주어의 존재를 처음 접하게 된다고 해도 과언이 아니다. 그리고 한국어의 주어 성분은 주격조사를 통해 실현됨을 인식하게 된다.

1) 주격조사로서의 '이/가'

---

13) Blake(1994)는 한국어를 SOV언어 유형 중 격 표시가 있는 언어로 분류한 바 있다.

주어를 표시하는 대표적인 표지를 일명 '주격조사'라 하며, '이[14)]/가[15)]'는 문법적 주어를 표시하는 전형적인 주격조사로서 문장의 주어인 체언 및 체언 상당구 뒤에 붙는다. 문미경(2001:5)에서는 '이/가'가 순수하게 통사적으로 주격조사로 쓰이는 경우 조사가 생략되어도 문장의 의미에 아무런 변화가 없다고 하면서 그에 해당되는 예문을 다음과 같이 제시하였다.

(32) ㄱ. 바람∅ 분다.(문미경, 2001:5)
ㄴ. 정희가 살∅ 쪘다.
ㄷ. 철수∅ 왔다.(성기철, 2007:296)

주격조사는 해당 명사구가 문장의 주어로 기능하고 있음을 가장 직접적으로 말해주는 통사적 표지로서 의심의 여지가 없다. 문장의 세 층위인 의미적 층위, 통사적 층위, 화용적 층위 가운데 주어라는 개념은 통사적 층위를 기준으로 하는 요소인 만큼, 발화 상황이나 맥락을 기준으로 조사 '이/가'를 주격조사에서 제외할 수는 없다.[16)] 이렇게 '이/가'가 한 문장의 주어를 표시하는 경우 어휘적 의미는 찾아보기 힘들고, 주어로서의 자격을 표시하는 문법적 기능만을 갖는다. 중립적 의미 특성을 가지는 주격조사 '이/가'의 경우, '주제' 혹은 '화두'의 성격을 갖는 주어의 특성상 다른 보조사로도 대체가 가능하며, 문장의 뜻에는 큰 변화가 없다.

(33) ㄱ. 영희가 책을 읽는다.

---

14) 조사 '이'의 기원에 대하여 이기백(1958)은 불완전 명사 '이'에서, 정연규(1990)은 속격조사 '의'에서 각각 발생했다고 보았다. 그 밖에 '이시다'라는 일반존재사에 왔다는 說(이희승, 1956)과 단수대명사 혹은 지시대명사에서 왔다는 說(김방한, 1965; 이기백, 1958; 김승곤, 1971) 등이 있다.

15) '가'의 기원설로는 부동사형 어미 '다가'의 '가'라는 說과 동사 '가다'의 '가'일 것이라는 설이 있다. 이 밖에도 일본어 조사 'が'와 관계가 있다고 보는 주장과 호격조사에서 유래했다고 보는 주장도 있다. 일본어의 경우 조사 'が'가 속격조사에서 유래했다고 보는 것이 일본 학자들의 일반적인 견해다(오충연, 1997:290).

16) 고석주(2001)는 조사 '이/가'를 화용 층위에 관련된 요소로 파악하였다.

ㄴ. 영희는 책을 읽는다.

그러나 비교 집단을 전제로 하면 이야기가 달라진다. 조사 '이/가'는 여럿 중 하나를 지칭할 때 '지정성'과 '선택성[17)]'이라는 의미 특성이 발휘되기 때문이다. 이러한 용법에 대한 이해 없이는 예문 (34ㄴ')의 오류를 피하기 어렵다.

(34) ㄱ. 누가 농구를 잘해요?
ㄴ. 리밍 씨가 잘 합니다.
ㄴ'. *리밍 씨는 잘 합니다.

이와 같이 조사 '이/가'는 다른 비교 집단을 전제로 하지 않는 한 지정이나 한정의 뜻 없이 '중립적'인 의미를 띤다.

(35) ㄱ. 공이 굴러 온다.(임홍빈·장소원, 1995:149)
ㄴ. 영희가 발로 찼다.

'이/가'의 주격조사로서의 기능은 다음 예문 (36)을 통해서 확인할 수 있는데, '누구'를 주어로 선택하느냐에 따라 의미가 달라진다는 사실이다(고석주, 2002:243). 즉 예문 (36ㄱ)은 가해자 '철수'에, (36ㄴ)은 피해자 '영이'에 초점이 놓인다.

(36) ㄱ. 철수가 영이를 때렸다.
ㄴ. 영이가 철수에게 맞았다.

한편, 주격조사 '이/가'를 비롯한 다양한 격조사들은 격표지라는 순수한 문법

17) 고석주(2002)는 조사 '가'를 발화 맥락에서 예상 가능한 개체 중 하나를 선택·지정하는 '양태 조사'로 분석하였다.

기능 외에도 해당 성분을 강조하는 기능을 한다.[18] 한 성분에 주격조사가 결합됨과 동시에 자연스럽게 '강조'의 의미가 부가되는 것이다. 순수한 문법 표지라고 해서 강조의 의미가 배제된다고 보기는 어려우며, 강조 용법으로 쓰였다고 해서 주격조사가 아니라고 할 수는 없기 때문이다. 예문 (37)도 주격조사 '이'가 중립적 의미의 주격조사로 쓰였지만, 이를 생략해도 여전히 선행명사 '눈'을 강조하고 있다.

(37) ㄱ. 눈이 온다.
　　ㄴ. 눈∅ 온다.

2) 강조의 '이/가'

'이/가'가 순수한 문법 요소인 주격조사로서 쓰이는 경우 이외에 고유한 의미도 갖고 있다는 사실은 이미 여러 학자들에 의해 지적되었다.[19] 이와 같이 조사 '이/가'가 보조사처럼 어휘적 의미를 지니는 경우, 격조사일 때와 달리 생략이 자유롭지 않고, 생략되더라도 원 의미와 달라지게 된다.

'이/가'의 대표적인 어휘적 의미 중 하나는 바로 '지정'인데 다음 예문 (38)을 통해 확인할 수 있다. 즉, '은/는'이 결합된 명사는 한 부류의 일반적 특성이나 보편적 진리를 나타내는 반면, '이/가'가 결합된 명사는 여러 사람 중 어느 한정된 대상이나 특수한 상황을 지칭한다.

(38) ㄱ. 사람은 죽는다.
　　ㄱ'. 사람이 죽는다.

---

18) 성기철(2007:310)에서는 주격조사가 주어를 명시적으로 드러내는 기능을 가졌음을 지적한 바 있다.

19) 그 대표적인 논의로 임홍빈(1972)는 '이/가'의 의미 기능을 '배타적 대립'이라는 용어로 기술하였고, 남기심(1972)는 그와 비슷한 '배타적 지칭', 신창순(1975)는 '선택 지정', 홍재성(1987)은 대조적 의미의 양태 후치사로 다루었다. 특히 고석주(2000, 2002)는 여러 개체 중 하나를 '선택 지정'하는 양태 조사로 다루면서 조사 '이/가'의 주격조사로서의 통사적 기능을 전면 부정하였다.

ㄴ. 사람은 누구나 죽는다.
ㄴ'. *사람이 누구나 죽는다.
ㄷ. 저 사람이 죽는다.
ㄷ'. *저 사람은 죽는다.

다음은 이중주어문의 NP_2에 주격조사 '이/가'가 붙은 경우로, 이때의 '이/가'는 서술어의 대상 및 범위를 특정 대상에 한정시키는 서술어의 보충어 역할을 한다. 예문 (39)의 NP_2 '코, 자손, 고향, 백명'은 서술어 '길다, 귀하다, 그립다, 죽었다'의 보충 성분이 되고 있다

(39) ㄱ. 코끼리가 코가 길다.
ㄴ. 이 집안이 자손이 귀하다.
ㄷ. 나는 고향이 그립다.
ㄹ. 군인이 백명이 죽었다.

한편, 남기심(1991)에서는 '이/가'의 어휘적 의미를 상정해야 할 경우로서 NP_2에 결합된 조사 '이/가'의 의미 특성을 예로 제시하였다. 여기에서 제시하는 예문 역시 이전에 언급한 소위 이중주어문의 NP_2에 결합된 조사 '이/가'의 의미 특성을 가리키고 있다. 예문 (40) 역시 앞서 언급한 이중주어문의 NP_2에 결합된 '이/가'의 의미 특성과 비슷한 양상을 보인다. 이와 같이 '이/가'의 기능을 주격조사에만 한정하여서는 설명하는 데 한계가 있으므로 어휘적 의미를 상정하는 것이 적절하다.

(40) ㄱ. 순이가 한복이 잘 어울리겠다.
ㄴ. 이 붓이 글씨가 잘 써진다.

다음 예문 (41)은 주격조사 '이/가'가 명사가 아닌 '용언의 활용형'에 결합된 예로 이러한 경우에는 '이/가'를 주어표지로 보기 어려운 측면이 있다.

(41) ㄱ. 나는 그녀가 너무나도 보고가 싶었다.
ㄴ. 오늘은 춥지가 않다.
ㄷ. 차는 잘 나가지가 않는다.(성기철, 2007:296)

'강조'의 의미를 갖는 '이/가'는 선행 성분을 명확히 함으로써 화자가 강조하는 바를 부각하는 효과를 발휘한다. 이러한 주격조사 '이/가'의 강조 특성은 대부분의 격조사가 갖는 특성으로서, 그 이유만으로 주격조사 '이/가'를 보조사로 보기는 어렵다.

3) 격조사 '이/가'와 보조사 '은/는'

격조사 '이/가'와 보조사 '은/는'을 학습자로 하여금 어떻게 바르게 구분하여 사용하도록 할 것인지에 대한 수많은 연구들이 있었다. 그럼에도 불구하고 '이/가'와 '은/는'의 문제는 한국어 학습자들은 물론 한국어 교사들에게도 여전히 큰 고민거리로 남아 있다. 보조사 '은/는'은 현 한국어 교재 상에 '주제'를 나타내는 표지로 기술되고 있고, 일부 교재에서는 '주어표지'로 소개하고 있다.[20] '주제'와 '주어'를 정의하기도 쉽지 않은데, '이/가'와 '은/는'을 각각 주어표지, 주제표지라는 개념으로 기술함으로써 학습자의 이해를 이끌어내기는 어려워 보인다.

한국어 필수 문법 항목은 초급단계에서 대부분 제시되어, 늦어도 중급단계를 넘지 않는다. 특히 주격조사 '이/가'나 보조사 '은/는'은 초급 전반부의 문법 항목으로서, 한 번 제시되면 중급이나 고급단계에서 다시 언급되는 일은 드물다. 특히 의사소통능력을 강조하는 최근의 언어 교육 환경에서는 자연스러운 담화 · 문맥 상황에서 학습자의 이해를 유도하는 추세이므로 주격조사와 보조사의 개별 용법 및 두 용법의 차이를 세밀히 가르치지 않는 것이 보통이다. 이렇게 특정 항

20) '이/가'와 '은/는'으로 대표되는 주어와 주제의 가장 큰 차이는 서술어와의 관련성 여부에 있다. 다시 말해서 주어는 서술어와 직접적인 관련이 있는 반면, 주제는 그렇지 않다는 점이다. 즉 주어는 서술어와 선택 관계에 놓이지만 주제는 서술어가 아닌 평언과 상관관계를 이룬다. 또한 주제는 항상 문두에 위치해야 하지만 주어는 문중에 올 수도 있다는 점에서 주제와 다르다. 주제는 '은/는'과 같은 전형적인 주제표지와 결합되어 나타난다. 모든 주어는 주제가 될 수 있지만 그 역은 성립하지 않는다.

목이나 개념을 충분히 이해하지 않은 채 상급단계로 올라갈 경우, 초반의 오류가 굳어질 가능성도 배제하기 어렵다(김정숙 외, 2002:32).

김정숙 외(2002:31)[21]에 의하면, '이/가'와 관련한 오류 중 과반수가 '이/가'를 누락시킨 오류였고, 그 나머지는 '을/를', '은/는'과의 대치 오류였다고 밝히고 있다.[22]

'이/가', '은/는'의 기술 내용을 살펴보면, 고려대의 경우 '이/가'는 'particle of subject', '은/는'은 'particle of topic'이라는 설명이 전부인데, 이런 방식으로는 '이/가', '은/는'의 사용 능력을 효과적으로 개선시키기 어려워 보인다.

한국어에 대한 직관이 부족한 한국어 학습자가 주어와 주제를 구별하거나, 충분한 맥락이 제시되지 않은 상황에서 구정보 · 신정보의 '이/가', '은/는'의 용법을 구분하여 사용하기란 쉽지 않다. 실제로 두 조사의 용법에 대한 교육이 제시단계에서 충분히 이루어지지 않는 실정이어서 학습자의 올바른 쓰임을 기대하기란 더욱 어렵다.

그렇다면 한국어 교육 문법서에서는 보조사 '은/는'을 어떻게 기술하고 있는지 살펴보자. 다음은 국립국어원(2005)에서 제시하는 주어표지로서의 보조사 '은/는'에 대한 기술 내용이다.

> "주어에 해당하는 명사나 명사구가 이미 앞에서 언급한 것, 또 어떠한 것에 대하여 말할 때, 또는 누구나 알고 있는 일반적인 것을 나타내거나 다른 물건과 비교해서 차이가 나는 점을 드러낼 때에는 보조사 '은/는'이 붙기도 하는데 이때는 주격조사 '이/가'가 나타나지 않는다(국립국어원, 2005:58)."

국립국어원(2005)에서는 보조사 '은/는'의 '구정보성', '대조성', '총칭성'을 비롯하여 주격조사 '이/가'와 중첩 시 '은/는'만 남고 '이/가'는 생략되는 조사 중첩의 원리 등에 대하여 기술하고 있다.

---

21) 한국어 초급과 중급 학습자를 대상으로 '이/가', '은/는'의 사용 발달 과정을 조사하였다.

22) 초급에서는 '이/가'의 오류 양이 '은/는'의 두 배에 달하는 반면, 중급으로 갈수록 '이/가'의 오류율은 감소하고 '은/는'의 오류율은 증가함을 보였다.

또한 한국어를 가르치는 과정에서 '이/가', '은/는'을 제시하는 순서도 문제가 된다. 대부분의 한국어 교재에서는 주격조사 '이/가'를 첫 번째 조사로 가르치고 있는데, 교재 구성의 특성상 '은/는'을 '이/가'보다 먼저 제시하는 교재가 늘고 있는 추세이다. 무엇을 먼저 가르치는지는 문제가 되지 않으나, 학습자들이 '은/는'을 주어표지로 인식할 가능성을 배제하기는 어렵다.

'이/가'와 '은/는'은 각각 격조사, 보조사 항목 내에서도 비중이 높을 뿐만 아니라 가장 이른 시기에 학습하는 주요 조사로서 학습자의 오류 빈도도 매우 높은 편인데, 이는 학습 초기에 이루어지는 일회적이고 단편적인 설명 방식에서 그 원인을 찾을 수 있다. 즉, 학습자의 수준에 맞게 '이/가', '은/는'을 적절히 배치하고 각 용법에 맞는 의미, 기능, 예문들을 제시함으로써 단계적이고 순환적인 방식을 취해야 한다. 지금까지 살핀 '이/가', '은/는'의 의미 · 기능을 토대로 두 용법을 가르는 주요 기준을 제시하면 다음과 같다.

가. 초점과 비초점

체언에 '이/가'가 결합되면 주어에 초점이 오지만, '은/는'이 결합되면 서술어에 초점이 온다. 다음 예문 (42ㄱ), (43ㄱ)은 조사 '이/가'에 의해 '다른 사람이 아닌 철수', '다른 것이 아닌 바로 이 사과'라는 의미가 부여되었다.

(42) ㄱ. **철수**가 제 짝이에요.(다른 사람이 아니라…)
ㄴ. 철수는 **제 짝이에요**.

(43) ㄱ. **이 사과**가 썩었어요.(다른 것이 아니라…)
ㄴ. 이 사과는 **썩었어요**.

나. 대상과 대조

'이/가'와 결합한 체언은 서술의 대상을 나타내지만, '은/는'과 결합한 체언은 전제된 다른 대상과의 비교 · 대조를 나타낸다.

(44) ㄱ. 영희는 눈**이** 예뻐요.
ㄴ. 영희는 눈**은** 예뻐요.(다른 곳은 몰라도…)

한국어 문장은 대부분 서술어를 강조하는 서술어 중심의 언어이므로 주어보다 주제가 부각되는 것이 자연스러우며 그런 경우, 주어표지로서 '이/가'보다 '은/는'이 자연스럽다.

다. 신정보와 구정보

예문 (45)에서 보듯이 새로운 화제를 새롭게 언급할 때는 '이/가'를 쓰지만, 기존의 화제를 다시 언급할 때는 보조사 '은/는'을 쓴다.

(45) ㄱ. 저기 철수가 온다. 철수는 우리 반 반장이야.
ㄴ. 옛날 옛날에 흥부와 놀부가 살았어요. 흥부는 가난하지만 마음이 착했고, 놀부는 부모 재산을 혼자 차지하고 동생을 내쫓았어요.

라. 내포문과 내포절

모문의 주어는 주로 '은/는'과 결합하지만, 내포문의 주어는 '이/가'와 결합한다.

(46) ㄱ. 불고기는 [우리 어머니가 좋아하시는] 음식이에요.
ㄴ. 이 노래는 [그녀가 즐겨듣던] 곡이에요.

'이/가'와 '은/는'이 도입되는 초급단계에서는 각 항목이 전형적으로 쓰이는 기본 문장을 중심으로 가르치는 것이 적절하다.

2.2.1.2. '께서'

'께서'는 주어가 존칭 명사일 때 주격조사 '이/가'를 대신하는 존칭성 주격조사이다.[23] 그러나 존칭 주어에 '께서'가 결합되면 주어를 지나치게 극진히 대우하는 느낌을 주어, 기도문 등 특수 용법을 제외하고 일상적인 대화에서는 쓰임이 제한적이다.[24] 다음 예문 (47ㄴ)과 같이 '께서'가 '이/가'로 대체되고, 존대 선어말어미만 실현된 형태가 주로 사용된다.

(47) ㄱ. 할머니께서 노래를 부르신다.
ㄴ. 할머니가 노래를 부르신다.

특히 격조사가 보조사와 결합이 어려운 것과 달리 '께서'의 경우 다음 예문 (48ㄴ)과 같이 보조사나 보격조사와도 결합이 가능하다. 예문 (48ㄷ)과 같이 보조사 '만'이 개재될 경우에는 주격조사 '이/가'와의 결합도 가능하다.

(48) ㄱ. *철수가는 그곳에 오지 않았다.
ㄴ. 선생님께서는 그곳에 오지 않으셨다.
ㄷ. 오직 주님께서만이 그것을 하실 수 있습니다.

'께서'의 이러한 조사 결합 특성 때문에 고창수(1992), 김양진(1999), 고석주(2001), 황화상(2012) 등은 '께서'를 주격조사로 인정하지 않았다. 또 예문 (49)처럼 존칭 명사라고 하더라도 '께서'가 항상 결합이 가능한 것은 아니라는 이유에서 '께서'를 주격조사가 아닌 '주체 존대 보조사'로 보기도 하였다.

(49) ㄱ. 선생님께서 영희를 한번 만나 보신대.
ㄴ. *선생님께서 영희를 한번 만나 볼게.

---

23) '께서'를 최초로 주격조사로 설정한 것은 김두봉(1922)이며, 그 이후 홍기문(1927), 박승빈(1935), 김민수(1971), 남기심·고영근(1985), 류구상(1986), 이익섭·채완(1999) 등 많은 연구에서 '께서'를 주격조사로서 다루었다('께서'의 주격조사 인정·불인정설은 정인상(1990)을 참고할 것).

24) 기도문이나 성경에서는 절대자에 대한 주격조사로서 '께서'가 널리 사용된다.
예) 아버지께서 저희를 갖가지 은혜로 지켜주시니./하느님께서는 자비의 근원이시며(생략)

다음 예문 (50)에서 보듯이 조사 '께서'가 결합하기 위해서는 선행 명사가 [+존칭]의 속성을 띠어야 한다. 특히 화자와 주체 사이의 관계가 중요한데, 예문 (51ㄱ)과 (51ㄴ)이 모두 가능한 것은 화자와 '그분' 사이의 친밀도와 관계가 있다.

(50) ㄱ. 김철수께서는 이 문제에 대해 어떻게 생각하십니까?
ㄴ. 김철수님께서는 이 문제에 대해 어떻게 생각하십니까?

(51) ㄱ. (그분의) 딸이 정말 예뻐요.
ㄴ. (그분의) 따님께서 정말 예쁘세요.

이와 같이 '께서'의 주격조사 불인정 논란에도 불구하고 여러 연구에서 '께서'와 '이/가'를 주격조사로 설정하고 있다. 왜냐하면 '께서'는 예문 (52)에서 보듯이 오직 주어에만 붙어 주격조사 '이/가'로 대체할 수 있고, '이/가'와 중첩하여 쓸 수는 없기 때문이다.

(52) ㄱ. *영희가 선생님께서 만났다.
ㄴ. 할아버지께서/가 진지를 잡수신다.
ㄷ. *선생님께서가 영희를 부르셨다.

한국어는 청자와 화자의 관계, 대상에 대한 존경의 정도에 따라 경어법이 정밀하게 발달하였으며, '께서'는 주체 경어법과 밀접한 관계가 있는 만큼, 사용상의 특징 및 제약을 중심으로 체계적으로 가르쳐야 한다. 한편, 과거에는 압존법이나 겸양법이 비교적 엄격히 지켜진 반면, 최근에는 예문 (53ㄱ)보다 (53ㄴ)이 자연스럽게 쓰인다.

(53) ㄱ. 할아버지: 애비 왔냐?
손자: 아직 안 왔는데요.
ㄴ. 할아버지: 애비 왔냐?

손자': 아직 안 오셨는데요.

특히 최근에는 서비스 업종의 손님 응대어에 나타나는 경어법의 과잉 사용이 문제로 지적되고 있는데, 예문 (54)가 그 예이다. 학습자들도 교실 밖에서 쉽게 접할 수 있을 뿐만 아니라 이를 윗사람에 적용할 가능성도 전혀 배제하기는 어려우므로 어법에 맞지 않는 표현임을 명확히 하도록 한다.

(54) ㄱ. *상의도 착용 가능하세요.
ㄴ. *10% 할인되세요.
ㄷ. *카드도 사용 가능하십니다.

2.2.1.3. '에서'

'에서'는 단체 명사에 붙어 주격조사로 쓰이는데, (55)와 같이 단체명사가 유정명사인 경우에는 결합이 어렵다.

(55) ㄱ. 우리나라에서 다음 번 올림픽 대회를 주최합니다.
ㄴ. *1반 학생들에서 교실을 청소하고 있다.

그러나 '에서'를 주격조사로 볼 수 없다는 회의론이 다수 제기되었는데,[25] 임홍빈(1995:149)에 의하면 이 안에는 영어의 'they'와 비슷한 주어가 숨어 있어, '정부에서'의 경우 '정부에서 책임자들이', '부서에서'의 경우 '부서에서 담당자들이' 같이, 주어로 상정 가능한 어떤 요소가 내포된 단체 명사만 '에서'가 결합될 수 있다고 보았다. 그 요소를 상정하기 어려운 예문 (57ㄴ)은 '에서'의 결합이 불가하다는 것이다.[26]

---

25) 김두봉(1916), 성광수(1977), 박양규(1971), 이익섭·임홍빈(1983), 황화상(2012) 등을 참고.
26) 임홍빈·장소원(1995)에서는 이를 이유로 '에서'가 주격조사가 아닌 처격조사일 가능성이 높다고 보았다.

(56) ㄱ. 드디어 정부에서 조치를 내렸다.(임홍빈·장소원, 1995:149)
ㄴ. 우리 부서에서 기념품을 만들었습니다.
ㄷ. 우리 축구팀에서 16강에 진출한다.

(57) ㄱ. 우리 학교에서 우승을 했다.
ㄴ. *우리 학교에서 언덕 위에 있다.

이와 같이 '학교, 회사, 정부, 한국, 연합회' 등 단체 명사가 구성원을 내포해야만 단체 주격조사 '에서'와 결합할 수 있다. 예문 (57)의 경우, 동일 단체 명사 '학교'를 주어로 하고 있지만, 주격조사 '에서'의 쓰임에 제약을 받는 이유는 예문 (57ㄱ)은 학교의 '구성원'을 의미하는 반면, (57ㄴ)은 학교 '건물'을 의미하기 때문이다.

이와 달리 남기심(1991:92-93)에서는 '에서'가 주격조사로서 제약이 많은 것은 사실이지만 다음 예문 (58)에 대해서는 주격조사로서의 자격을 부여하지 않을 수 없음을 언급하였다. '에서'에 처소격 조사의 자격만 준다면 (58ㄱ), (58ㄴ)은 각각 (58ㄱ'), (58ㄴ')가 되어야 하기 때문이다.

(58) ㄱ. 우리나라에서 다음 번 올림픽 대회를 주최합니다.
ㄱ'. 우리나라에서 다음 번 올림픽 대회가 개최됩니다.
ㄴ. 우리 회사에서 새로운 모형의 자동차를 개발하였다.
ㄴ'. 우리 회사에서 새로운 모형의 자동차가 개발되었다.

한편, 한국어 교육 문법서에서는 '에서'를 다음과 같이 정식 주격조사로 규정하고 있다. 예문 (59)의 경우 '이/가'를 허용하지만 단체 명사의 성격상 '에서'를 사용하는 것이 자연스러움을 언급하고 있다.

(59) ㄱ. 에서(국립국어원, 2005:404)
학교, 회사 같은 단체 명사가 주어일 때에는 '에서'가 주격조사로 사용된다. 이 경우 '에서' 대신에 '이/가'를 사용할 수 있지만, '에서'를 쓰는 것이 자연스럽다.

• 회사에서 이 달 말에 상여금을 준다고 합니다.
• 이번 우리 모임에서는 낚시를 가기로 했습니다.

ㄴ. 에서(임호빈 외, 1997:102-103)

단체나 기관이 문장의 주어일 때 '에서'가 쓰인다.

• 이번 경기는 우리 학교에서 우승을 했다.
• 김 선생님 댁에서 우리를 초대했습니다.

이와 같이 '에서'가 주어표지로 쓰일 수 있는 선행사의 조건으로는 첫째, 무정 단체 명사일 것, 둘째, 복수 구성원을 내포하거나 전제로 할 것, 셋째, (건물만이 아닌) 처소성 명사일 것 등이다.

이상의 논의를 통해 조사 '에서'의 선행 체언은 단순히 처소적 성격 이외에 구성원을 전제로 하는 체언에 대해서만 주어표지로 기능함을 확인하였다. 또한 일상생활에서 '에서'를 주어표지로 하는 다양한 사례[27]를 접할 수 있음을 감안할 때 주어표지로서의 '에서'의 용법을 학습단계에 맞게 설정하는 방안도 고려할 만하다.

2.2.1.4. '(이)서'

학교 문법에서 주격조사로 설정하고 있는 '(이)서[28]'에 대한 견해가 한국어 교

---

27) 일상생활에서도 '단체 명사+에서' 주어문은 매우 다양하게 사용되고 있다.
• 석성초등학교에서 오는 월요일 학부모 총회를 엽니다.
• 마트에서 내일부터 반값 할인을 합니다.
• 주민 센터에서 여성이민자를 대상으로 한국어 강의를 한대요.

28) 조사 '이서'의 '이'에 대하여도 의견이 나뉘는데, '이서'를 단일 형태소로 보는 견해(임동훈, 2004; 김백련, 2005; 김민국, 2009 등)와 두 형태소 '이'와 '서'로 분석하는 견해(최현배, 1937; 고영근, 1968/1989; 김민수, 1971; 김영희, 1984; 안명철, 1985; 김승곤, 2003 등)가 그것이다. 후자의 견해에서 이를 접미사로 보는 견해(고영근, 1968/1989; 한용운, 2005), 주격

육에서는 문법서에 따라 차이가 있는데, 국립국어원(2005:502)에서는 '(이)서'를 주격조사로 정의하면서 그 내용을 다음과 같이 기술하고 있다.

(60) 〈서1〉 : 문장의 주어임을 나타내는 조사
【혼자, 둘이, 셋이, 넷이 등 사람의 수를 나타내는 받침 없는 말에 붙어】
그 앞 말이 주어임을 나타내며 그 수를 강조할 때 쓴다.
• 우리들 셋이서 함께 한국말을 공부했어요.
• 혼자서 식사하니 밥맛이 없네.
• 돈을 줄 테니 네 명이서 잘 나누어 써라.

한편, 임호빈 외(1997)에서는 주격조사에서 '(이)서'를 제외한 나머지 '이/가, 께서, 에서'만을 주어표지로 정하고 있다. '(이)서'를 한국어 교육에서 일반적인 주어표지로 다룰 것인지에 대한 보다 명확한 근거가 필요한데 주어표지에서 다루지 말아야 하는 이유는 무엇인지, 만약 주어표지로서 설정한다면 그 근거는 무엇이고 어느 단계에서 어떻게 가르쳐야 하는지에 대한 구체적 대안이 필요하다.

2.2.2. 주어표지 생략

2.2.2.1. 주어표지의 생략

주어표지 없이 체언만으로 주어가 되기도 하는데,[29] 특히 구어체에서 주어 자리에 오는 명사가 '한정적'인 의미를 지닐 때 주어표지가 생략되며, 만약 비한정

조사로 보는 견해(김석득, 1992; 허웅, 1995; 강길운, 2002), 의존명사로 보는 견해(최현배, 1937)로 갈린다.

29) 이익섭(2005:141)에서는 이러한 격조사의 생략에 대하여 '의사소통에 불편을 주지 않는 범위 내에서 노력을 줄이고자 하는 현상' 즉 '언어 경제성의 원리'로 설명한 바 있다.

적인 의미의 명사인 주어가 표지 없이 쓰일 경우, (62ㄴ)과 같은 어색한 문장이 된다.[30)]

(61) ㄱ. 너 어디 가니?
ㄴ. 엄마 왔다. 문 열어라.

(62) ㄱ. 그 책 재밌더라. [한정적]
ㄴ. *책 재밌더라. [비한정적]

한국어 교육 문법서에서도 한정을 받는 주어가 그렇지 않은 주어보다 주어표지 생략이 잘 일어나고, 피동문에서도 주어표지 생략이 쉽게 일어난다고 기술하고 있다(국립국어원, 2005:410).

(63) ㄱ. *게임∅ 하도 재미있어서 두 시간이나 했어.
ㄴ. 그 게임∅ 하도 재미있어서 두 시간이나 했어.

국립국어원(2005:406-410)에 의하면 예문 (64)와 같이 대화체에서 주어임을 쉽게 알 수 있는 경우[31)]나 (65)처럼 일반 어순으로 말할 때 주어표지는 생략될 수 있다고 보았다. 단, 주어가 분명하더라도 서술어의 필수 성분 중 다른 성분이 생략된 경우나 특정한 것을 지정하여 말하는 경우, 주어의 뜻을 강조하는 경우, 주어의 수식어가 긴 경우, 내포문의 주어에 쓰인 주격조사는 생략이 어렵다고 하였다.

---

30) 남기심(1991:94)에서도 주어가 주격조사 없이 쓰일 수 있는 것은 그것이 주어라는 사실이 분명하기 때문이며, 혼동의 우려가 있을 시에는 주어로 쓰인 체언이 비록 한정적이더라도 반드시 주격조사가 쓰여야 한다고 하였다.

31) 김지은(1991)에서는 주어표지의 생략은 주로 대화체의 1, 2인칭 주어에서 많이 나타나는데, 이는 주어 확인이 확실한 환경이어야 주어표지 생략이 자유로움을 의미한다고 하였다. 또한 주어가 대명사이거나 한정적인 경우 주어표지 생략이 많은 점도 같은 맥락으로 이해할 수 있다고 하였다.

(64) A: 철수는 집에 갔니?(국립국어원, 2005:407)
B: 응, 철수∅ 집에 갔어.

(65) ㄱ. 너∅ 나 찾았니?
ㄴ. 우리 애∅ 소풍 갔어요.

하지만 다음 예문 (66)과 같이 주어표지 생략 조건이 부합되지 않는 문장에서 주어표지가 생략되면 중의적인 문장이 되어 정확한 의미 전달이 어렵다.

(66) ㄱ. *친구∅ 선물을 주었습니다.
ㄴ. *이 시계는 어머니∅ 입학 선물로 나에게 사 주신 것이다.

주어에 초점이 놓이지 않음을 전제로 할 경우 예문 (67)이 (68)보다 자연스럽게 느껴지는데, 이처럼 짧은 회화체에서는 주어표지가 생략되는 경우가 많다.

(67) ㄱ. 아빠∅ 오셨다. 문 열어라.
ㄴ. 나∅ 감기 걸렸어.
ㄷ. 너∅ 학교 가니?
ㄹ. 돈∅ 좀 있어?

(68) ㄱ'. 아빠가 오셨다.
ㄴ'. 내가 감기 걸렸어.
ㄷ'. 네가 학교 가니?
ㄹ'. 돈이 좀 있어?

한국어 주어표지 생략의 요건으로서 가장 중요한 것은 주어의 '한정성'과 '확실성', '비초점성', '중립성'이라고 할 수 있다. 즉, 표지 없이도 주어임이 확실해야 하고, 그러기 위해서는 해당 주어의 의미가 한정적이고, 초점이 놓이지 않은 중립적인 내용의 것이라야 한다. 특히 관용적으로 주어표지가 생략되는 다음 (69)와 같은 표현들은 별도로 제시하는 것이 좋다.

(69) 기 막히다, 기분 나쁘다, 숨 차다, 말 많다, 꼴 좋다, 맛 좋다, 보기 좋다, 사이 좋다, 솜씨 좋다, 경치 좋다, 키 크다, 염치 없다, 면목 없다, 자신 있다, 불만 있다, 안목 있다, 정신 없다, 힘 세다, 염치 좋다, 운 좋다, 재수 좋다 등

구어[32]의 주어표지 생략은 발화 형식이 자유로운 대화 상황 및 문맥에 의한 것으로, 이와 달리 문어에서는 조사 생략이 제한적인 편이다. 문어에까지 주어표지 생략을 확대 적용하는 경우, 비규범적인 문장을 산출할 수 있으므로 유의해야 한다.

2.2.2.2. 주어표지의 생략과 보조사의 결합

1) 일반 격조사

주격조사가 아닌 격조사가 체언과 결합하여 문장의 주어 역할을 하는 경우가 있는데. 예문 (70)은 각각 속격, 호격, 여격조사가 주어에 결합되어 주어표지로 쓰인 경우이다.

(70) ㄱ. 어머니의 즐기시던 음식을 볼 때마다 목이 메인다. 〈속격〉
ㄴ. 인수야, 배가 고프니? 〈호격〉
ㄷ. 나에게 할 수 있는 일이라면 해 보겠다. 〈여격〉

한국어 교육 문법서에서 주격 이외의 격조사를 주어표지로 다루고 있지는

32) 성기철(2007:308)에서는 주격조사의 생략이 격식체에서는 비문을 만들 확률을 높이는 반면, 구어체에서는 확률을 낮춘다고 지적한 바 있다.

않다. 또 속격조사가 주격조사로 사용된 경우는 기미독립선언서[33] 등 옛 문헌에 남아 있을 뿐 점차 사라져가는 추세인 만큼 속격조사 '의'를 정식 주어표지로 다루기는 어려우나, 다양한 문체를 학습하는 고급단계에서 이해문법 차원으로 접근할 수 있다.

2) 보조사

가. '은/는'

주어표지 자리에 보조사가 놓이기도 하는데, 이것은 주격조사와 보조사가 결합하면서 실질적인 의미가 없는 주격조사는 탈락하고 보조사만 남은 형태이다.[34] 즉 보조사 안에 주격조사가 숨어 있다고 볼 수 있다. 하지만 모든 주격조사가 보조사와 만나면 탈락하는 것은 아닌데, 예문 (71)에 나타난 주격조사 '께서'나 '에서'의 경우가 그러하다.

(71) ㄱ. *철수가는 어머니를 마중 나왔습니다.
ㄴ. 어머니께서는/도 언니를 기다리십니다.
ㄷ. 우리 학교에서는/도 다음 주에 시험을 봅니다.

보조사 '은/는'은 다른 조사 뒤에 붙어 고유의 뜻을 첨가하는 조사로서, 격을 가지지 않지만, 주격 등 다른 격과 통용되는 경향이 있어 격조사로 오인하기 쉽다. 그러나 어휘성이 적은 주격조사 '이/가'가 '은/는'을 만나 탈락하는 것일 뿐, '은/는'이 주격조사 '이/가'의 기능을 대신할 수 있는 것은 아니다. 이 밖에도 '은/는'은 예문 (72)와 같이 다른 보조사 뒤에도 덧붙을 수 있다.

(72) ㄱ. 부산에서는 겨울에도 눈이 잘 오지 않는다.

---

33) 吾等(오등)은 玆(자)에 我(아) 朝鮮(조선)의 獨立國(독립국)임과 朝鮮人(조선인)의 自主民(자주민)임을 宣言(선언)하노라.(기미독립선언문)

34) 보조사가 주어에 붙어 주어표지 역할을 할 수 있지만 주격조사와 함께 사용하지 못하고 탈락한다는 사실은 국립국어원(2005:434-435)에도 명시하고 있다.
예) 김치가/도/*가도 맛있습니다.

ㄴ. 여기서부터는 혼자서 갈게요.

그러나 주어표지로서 '이/가'가 쓰인 경우와 '이/가'가 탈락하고 '은/는'이 쓰인 경우에 대한 의미·기능 구분은 한국어에 대한 직관을 요하는 만큼 이를 효과적으로 가르치기 위한 별도의 교육 방안이 필요하다.

나. '만', '부터', '까지', '조차', '마저', '(이)나' 등

다음 예문 (73)과 같이 보조사 '만', '도', '부터', '까지', '마다', '(이)야말로', '(이)나(마)', '조차', '마저', '서껀', '을랑', '대로' 등도 주어 자리에 나타날 수 있다. 이 중 일부 보조사들은 주격조사 '이/가'와 직접 결합하거나 다른 보조사끼리 결합하여 주어표지로 쓰인다.

(73) ㄱ. 사람마다/마다가 웃는 얼굴이다.
ㄴ. 당신이야말로 애국자다.
ㄷ. 너부터/부터가 당번이다.
ㄹ. 자네인들 별수 있겠나?
ㅁ. 여기에 아무라도 오너라.
ㅂ. 나만/만이 그 모임에 가지 못했다.
ㅅ. 자네까지만 그 일을 하게.
ㅇ. 너조차도 그런 일을 했니?

한국어에서는 보편적으로 '∅(주격조사)+보조사', '주격조사+보조사', '보조사+보조사'의 형식이 주어표지 기능을 하는 경우가 많은 만큼 한국어 교육에서는 주격조사와 보조사와의 중첩 규칙, 특히 주격조사가 보조사와 결합 시 탈락하는 현상을 학습자들에게 인지시킬 필요가 있다.[35]

---

35) 조사의 위치에 따른 분류 및 상호 결합순서는 국립국어원(2005: 440-443)을 참고할 것.

2.3. 이중주어[36)]

주어처럼 보이는 성분이 한 문장에 둘 이상 출현하는 이중주어 현상은 다른 언어에서는 찾아보기 힘든 한국어의 고유한 특성이다. 따라서 한국어 주어 연구에 있어 이중주어 문제는 초미의 관심사가 아닐 수 없으며, 각 시기별로 문법 이론과 맞물려 끊임없는 논란의 대상이 되었다. 특히 한국어에서 주어의 존재 여부, 이중주어 구문의 심층구조 양상에 대한 궁금증이 이중주어 논의의 시발점이 되었다. 본장에서는 한국어 이중주어문이 갖는 특성을 비롯하여 각 시기별로 이중주어문에 대한 학자들의 다양한 논의에 관하여 자세히 살펴보도록 한다.

2.3.1. 이중주어에 관한 주요 논의

주시하다시피 이중주어는 다른 언어권에서는 찾아보기 어려운 한국어의 고유한 통사적 현상이다. 언어의 보편성 문제를 고려하여 이중주어 문제를 해소하고 합리적으로 해석하려는 국어학계의 부단한 노력에도 불구하고 여전히 적절한 방법론이 마련되지 못한 것이 현실이다. 이중주어 현상을 바라보는 관점에 따라 이중주어문[37)], 주격 중출문[38)], 겹주어[39)] 등 명칭이 달리 기술되었고, 이중주어 현상을 바라보는 시각도 언어이론의 경향에 따라 매우 다양한 양상을 띠었다.[40)] 이중주어문에 대한 주요 해석방법[41)]은 크게 세 가지로 구분된다.

---

36) 임홍빈(1996)에서는 격의 문장에서의 기능이 확인되지 않았으므로 '격중출'이라는 용어 대신 '동조사 구성'이라는 용어를 사용하였고, 고석주(2001)에서도 '동일 조사 중출'이란 용어를 사용하였다.

37) 표준국어대사전, 서정수(1971), 성기철(1984), 한재영 외(2008), 이관규(1999)를 참고할 것.

38) 이남순(1998), 임홍빈(1987)을 참고할 것.

39) 김영희(1978)을 참고할 것.

40) 전통문법에서의 이중주어문에 대한 해석은 유길준(1909), 주시경(1910), 박승빈(1935), 최현배(1937), 홍기문(1947) 등 참고. 생성문법 이후의 이중주어 해석에 대해서는 남기심(1988), 송석중(1967), 서정수(1971) 등 참고. 이중주어 현상을 주제화로 파악한 연구로는 임홍빈(1972, 1974), 양동휘(1975), 신창순(1975), 채완(1976, 1977) 등을 참고할 것.

41) 서술절설은 최현배(1937), 보어설은 유현경(1998), 주제초점설은 박승빈(1931), 임홍빈(1972, 1974), 변형설은 남기심(1985), 송석중(1967), 서정수(1971) 등을 참고할 것.

① NP_1을 주어로 보는 견해: 서술절설, 보어설
② NP_2를 주어로 보는 견해: 변형설, 주제설
③ NP_1, NP_2 둘 다 주어로 보는 견해: 대소주어설

이 중 현행 학교 문법에서 취하는 해석방법은 '서술절설'인데, 서술절설에서는 첫 번째 명사구와 두 번째 명사구를 모두 주어로 보되, 두 번째 명사구를 서술절의 주어로 봄으로써 해당 문장을 복문으로 간주한다. 한국어 교육 문법에서 이중주어문을 다루는 방식에 대해서는 이어지는 절에서 다시 논의하기로 한다.

2.3.2. 이중주어문에 대한 한국어 교육의 관점

인도네시아어를 비롯한 대부분의 언어는 보편적으로 하나의 서술어에 대하여 하나의 주어를 갖는다. "Korean has two subjects(한국어는 주어가 두 개입니까)?" 한국어를 배운 지 얼마 안 된 인도네시아 초급 학습자의 질문이다. 학습자의 한국어 수준을 고려하여 한국어 교사가 스스로 알고 있다고 믿는 문법 지식에만 의존해서는 이런 질문에 답하기 쉽지 않을 것이다. 그렇다면 초급 학습자에게 이중주어문을 어떻게 가르치는 것이 좋을까? 남기심(1996)에 의하면 한국어는 비형상적 속성을 가진 특수한 언어이므로 이중주어 구문은 문법적으로 설명이 불가능하고, 담화·화용적 차원에서 정의되어야 한다고 주장하였다. 그러나 한국어에 대한 직관이 부족한 외국인들에게 담화·화용적으로 이중주어문을 설명하기란 쉽지 않다. 특히 이중주어문이 한국어 학습 초기에 출현하기 시작하는 것을 감안하더라도 학습자가 수용할 수 있는 범위 내에서 문법적으로 적절한 해석·교수 방법이 마련될 필요가 있다.

앞서 언급했듯이 한국어 교육 문법은 한국어에 대한 직관이 부족한 외국인 학습자를 대상으로 하므로 복잡한 문법 현상도 가능한 단순하고 쉽게 설명할 수 있어야 한다. 또한 그 설명 방법이 외국인 학습자의 '기대문법'을 충족시켜야 보다 효과적으로 가르칠 수 있다. 그러므로 한국어 교육을 위한 이중주어문 해석 방안

은 다음 조건을 만족시켜야 한다.

첫째, 언어 보편적 원리 및 학습자의 기대문법에 따라 설명이 가능해야 한다.
둘째, 해석방법이 쉽고 간단하여 초급 학습자도 이해하기 쉬워야 한다.
셋째, 한국어문법을 설명하는데 결함이 없어야 한다.
넷째, 한국어 교재의 다양한 이중주어문을 효과적으로 설명할 수 있어야 한다.
다섯째, 학습자의 모국어에 대한 지식을 기반으로 하여 이해 가능한 범위의 것이어야 한다.
여섯째, 교수 편의를 목적으로 한국어문법 사실을 왜곡해서는 안 된다.

한국어 교육에 적합한 이중주어문 해석 방안을 마련하기 위해서는 먼저 한국어 교육 문법서에서 이중주어문을 어떻게 다루고 있는지 살펴볼 필요가 있다. 먼저 임호빈 외(1997:103)에서는 이중주어문을 "주격조사 '이/가'의 여러 가지 용법 중 하나로서 주격조사가 결합된 명사가 문장에 두 번 이상 출현하는 현상"이라고 소개하고 있다. 그 해석방법으로는 두 명사 중 앞의 명사(NP_1)를 문장의 전체 주어, 다음 명사(NP_2)를 서술절의 주어라고 설명함으로써 학교 문법과 동일한 입장을 취하고 있다.

한편, 국립국어원(2005)에서는 현행 학교 문법의 '서술절설'과 학문 문법의 '이중주어설'을 소개하면서 두 가지 관점으로 해석하는 것이 모두 가능하다고 기술하고 있다.

"한국어에는 주어가 둘인 것처럼 보이는 문장들이 있다. 이처럼 하나의 서술어에 주어가 두 개 이상 나타나는 문장을 '중주어문'이라고 한다. 이런 중주어문장은 한국어의 특성인데 주로 형용사가 서술어로 쓰일 때 나타난다. 이 문장들을 중주어문장으로 보지 않고 다른 방식으로 분석할 수도 있는데 현행 학교 문법에서는 '돈이 많다'와 '성격이 좋다'가 각각 서술어가 된다. 각각의 서술절은 다시 주어 '돈이', '성격이'와 서술어 '많다', '좋다'로 분석된다. 즉 위

문장들을 중주어문으로 분석하면 서술어는 하나에 주어가 두 개인 한국어의 특수한 단문으로 보는 것이고 서술절을 안은문장으로 분석하면 주어와 서술어가 두 개 나타나는 복문으로 보는 것이다(국립국어원, 2005:62)." 예) 준호가 돈이 많다, 철수가 성격이 좋다, 인수가 키가 크다.

이중주어는 한국어 고유의 통사적 특징이지만 단일 서술어에 복수 주어는 언어의 보편 원리에 어긋난다는 이유로 오랜 기간 논의의 대상이 되어 왔다. 이에 대한 한국어교육의 입장은 임호빈 외(1997), 국립국어원(2005) 등 주요 한국어교육 문법서의 기술 내용을 통해 확인할 수 있다.

학교 문법은 기본적인 한국어 능력 및 직관을 가진 내국인을 대상으로 하는 만큼 한 가지 이론을 임의로 택하여 규범적으로 가르치는 것이 가능하지만, 외국인 학습자를 대상으로 하는 한국어 교육은 상황이 조금 다르다. 문법 현상에 대한 해석방법이 학습자의 언어에 대한 기본 지식이나 모어적 직관과 조화를 이루어야만 설득력을 얻을 수 있기 때문이다. 국립국어원(2005)에서 이중주어에 대한 두 가지 해석방법을 모두 제시하고 있는 것도 같은 맥락이다. 따라서 이중주어를 한국어 교육 현장에서 보다 효율적으로 접근하기 위해서는 한국어의 특성을 위주로 한 단일 해석법을 고집하기 보다는 학습자의 모어적 특성을 고려하는 유연한 자세가 필요하다.

2.3.3. 이중주어문에 대한 외국어 번역 및 분석

본절에서는 이중주어문에 대한 언어별 대조를 통해 한국어에서는 복수 주어 형태로 표현되는 성분들이 영어, 일본어, 중국어, 인도네시아어에서 어떤 양상으로 나타나는지 고찰할 것이다. 본서의 주어에 대한 논의 방향은 궁극적으로 한국어 교육을 위한 것이므로 현재 한국어 학습자의 주축을 이루고 있는 영어, 중국어, 일본어권 화자들의 모어를 비롯하여, 동남아권의 대표인 인도네시아어에 대한 언어 대조적 고찰은 중요한 의미가 있다.

2.3.3.1. 이중주어문의 유형 분류

학습자 모어로의 번역에 앞서, 한국어의 다양한 이중주어 유형을 그 특성별로 분류해야 한다. 지금까지 여러 학자들에 의해 제안되었던 이중주어 분류 유형을 살펴보면 분류 기준에 따라 적게는 2가지에서 많게는 6가지로 다양하다. 김영희(1978), 반창환(1986), 양정석(1989), 서정수(1990), 유형선(1995), 임동훈(1997), 김성완(2006), 김세희(2009)가 제안한 총 8가지 이중주어문 유형 분류 중 동사의 기능 및 논항을 중심으로 이중주어문의 유형별 분포를 살펴보면 다음과 같다.

〈표 1〉 이중주어 유형의 분포

구분	김영희 (1978)	반창환 (1986)	서정수 (1990)	임동훈 (1997)	김성완 (2006)	김세희 (2009)
속격 '의'	○		○	○		○
부분-전체					○	
처격 '에(게)'	○		○	○		○
에게(서)			○			
되다/아니다	○		○		○	
심리/감정		○		○	○	
평가	○					
수량사	○	○	○	○	○	○
피동화					○	

위의 분포를 보면 오직 '수량사'만이 모든 분류에 공통되고, 속격 '의', 처격 '에게'〉되다/아니다, 심리/감정 동사〉부분-전체, 에게서, 평가, 피동화 순으로 분포가 중복되는 것으로 나타났다. 이런 결과가 진정한 이중주어문의 여부를 가르는 기준이 된다는 견해도 있으나, 한국어 교육적 측면에서 진정한 이중주어문의 판별 문제보다는 이중주어 유형에 나타난 서술어의 특성을 중심으로 이중주어문의 성격을 기술하는 것이 의의가 있다.

2.3.3.2. 한국어 이중주어문의 외국어 번역 구문 분석

본절에서는 이중주어문에 대한 언어별 대조를 통해 한국어에서 두 개의 주어로 표현되는 성분들이 영어, 일본어, 중국어, 인도네시아어에서는 각각 어떤 양상으로 나타나는지 고찰할 것이다. 본서가 표방하는 주어에 대한 논의의 방향은 궁극적으로 한국어 교육을 위한 것이므로 현재 한국어 학습의 주축을 이루고 있는 주요 4개의 언어권을 중심으로 논의를 진행하기로 한다.

1) 이중주어문의 유형 분류

외국어로의 번역에 앞서, 한국어에서 다양하게 나타나는 이중주어문을 유형별로 분류할 필요가 있다. 지금까지 여러 학자들에 의해 제안되었던 이중주어문 유형을 보면 기준에 따라 적게는 두 가지에서 많게는 여섯 가지로 다양하다. 본서에서는 이중주어 유형을 NP_1-NP_2의 의미 관계를 토대로 총 다섯 가지로 분류하였다.

이어서 각 유형에 속하는 이중주어문의 종류를 살펴볼 것인데, 이는 각 유형별 대표 구문을 선정하여 외국어로 번역한 뒤 그 양상을 고찰하기 위함이다. 다음 〈표 2〉에 제시된 예문은 한국어 이중주어문의 외국어 번역에 사용된 것으로 각 유형별로 10개씩 총 50문장이다.

〈표 2〉 외국어 번역을 위한 한국어 이중주어문 유형 분류

구분	종류	예문
1유형	속격형 '의'	코끼리가 코가 길다. 영희가 키가 크다. 철수가 마음이 넓다. 형이 눈이 크다. 그가 몸이 건강하다. 그녀가 눈이 크다. 그녀가 직책이 비서이다. 친구가 팔이 부러졌다. 경애가 마음씨가 착하다. 저 건물이 높이가 매우 높다.

2유형	소유·처격형 '에, 에게'	이 집안이 자손이 귀하다. 그가 책이 많다. 철수가 사랑이 필요하다. 냉장고가 먼지가 앉았다. 영희가 돈이 없다. 장미가 가시가 많다. 이 생선이 가시가 많다. 토끼가 꾀가 많다. 한국이 서울이 인구가 많다. 하늘이 별이 많다.
3유형	심리·평가동사 구문	나는 고향이 그립다. 나는 어둠이 무섭다. 나는 어머니가 좋다. 나는 철수가 밉다. 나는 그 여자가 싫다. 나는 한국어가 어렵다. 나는 커피가 싫다. 철수가 돈이 좋다. 영희는 고양이가 무섭다. 나는 이 놀이가 좋다.
4유형	수량화 구문	꽃이 한 송이가 국화이다. 군인이 백 명이 죽었다. 날자가 오 일이 경과했다. 책상이 열 개가 파랗다. 쌀이 두 되가 하얗다. 버스가 열 대가 파괴되었다. 학생이 셋이 도서관에 간다. 꽃이 두 송이 피었다. 사람이 여섯이 간다. 경찰이 여섯 명이 죽었다. 학생이 세 명이 왔다
5유형	보어형 구문	아버님이 사장이 아니다. 작은 아버님이 사장이 되셨다. 그 애가 대학생이 되었다. 물이 얼음이 된다. 철수가 학생이 아니다. 내가 그 사람이다. 저 사람이 내 남편이다. 그 태도가 인간적이다. 네 설명이 모순이 된다. 나는 네가 아니다. 꽃이 열매가 된다.

이중주어문의 외국어 번역을 통해 해당 언어권에서 NP_1과 NP_2이 어떤 성분으로 기능하며 진정한 주어로 쓰이는 것은 무엇인지 살피고자한다. 이중주어문을 다룬 수많은 연구들이 입증하듯이 다양한 한국어의 이중주어문을 획일적인 잣대를 가지고 기계적으로 해석해서는 안 되며, 각 유형에 합당한 해결 방안을 모색해야 한다(임홍빈, 1974:113).

2) 이중주어문의 외국어 번역 구문 분석의 실제

한국어의 이중주어문의 NP_1, NP_2가 외국어 번역문에서 각각 통사적으로 어떤 기능을 하는지 살핌으로써 언어 대조적 관점에서 이중주어 구문의 특징을 객관적으로 파악할 뿐만 아니라 한국어 학습자들이 한국어의 이중주어문을 대하는 기본 인식을 예측함으로써 이중주어 교육 방안에 대한 근거를 마련하는 데 목적이 있다.

채숙희(2010:124)에서는 한국어 특수 구문에 대한 외국어 번역을 통해 한국어 구문 자체의 본질에 대한 재조명이 가능하고, 한국어의 독특한 구문에 대한 객관적 시각을 부여할 수 있다고 강조하였다. 다른 언어로의 번역을 통해 이중주어 구문에 보다 객관적으로 접근할 수 있고, 거기에서 발견되는 사실이 구문에 대한 논의에 시사점을 줄 수 있다는 것이다. 주지하다시피 이중주어문과 같은 특수 구문을 어떻게 가르칠 것인지에 대한 고민은 반드시 필요하다. 여건상 가르치지는 못하여도, 교사로서 학습자의 질문에 적절하게 대답할 수 있을 만큼의 문법 지식은 갖추고 있어야 하기 때문이다. 이중주어문이 주로 학습 초기에 출현하는 문법 항목이라는 점에서 그 중요성은 더욱 크다.

한국어의 이중주어문은 한국어와 일본어에서만 나타나는 특수한 구문으로 그간의 학계의 높은 관심에도 불구하고 통일된 견해를 도출하지 못하였다. 학교 문법에서 취하는 이중주어문에 대한 해석안인 '서술절설' 역시 그 타당성에 대해서 학계의 질타를 면치 못하였다. 따라서 본서에서 취하는 언어대조적 접근법은 언어적 보편성과 특수성, 교육적 효율성을 모두 고려하였다는 점에서 의의가 있다.

본절에서는 위에서 제시한 5가지 이중주어 구문 유형을 토대로 한 유형 당 10문장 씩 총 50개의 이중주어 문장을 선정하고, 영어, 일본어, 중국어, 인도네시아어, 총 4개 국어로 번역문[42]을 작성한 후 NP_1, NP_2의 통사적 역할과 한국어 문장과 번역문의 대응 양상을 살펴보았다. 이러한 절차를 통해 한국어 이중주어문에 대한 객관적 시각을 확보할 것으로 기대한다.

가. 영어 이중주어문 번역문에 나타난 NP_1, NP_2 기능 분포 양상

영어로 된 문장은 주어가 필수적이고 하나의 술어에 대해 반드시 하나의 주어만 실현되는 경향이 있다. 따라서 한국어 이중주어문과 영어 번역문을 비교함으로써 NP_1과 NP_2 가운데 어떤 것이 주어로 또 어떤 것이 주어가 아닌 부차적인 요소로 기능하는지 살피고자 한다.

〈표 3〉 한-영 이중주어문의 유형별로 본 NP_1, NP_2의 분포 양상(빈도)

	1유형		2유형		3유형		4유형		5유형	
	NP_1	NP_2	NP_1	NP_2	NP_1	NP_2	NP_1	NP_2	NP_1	NP_2
주어	8		8	2	10				10	
융합주어	2	2					10	10		
서술어		3		1						1
목적어		4	2	7		10				9
보어		1								

속격형인 이중주어문 1유형에 대한 영어 번역문을 분석한 결과 NP_1의 72%가 문장의 주어로 쓰였고, NP_1이 주어일 때 NP_2은 각각 목적어(83%), 서술어(13.9%), 보어(2.8%) 역할을 하는 것으로 나타났다. 1유형의 20%는 NP_1과 NP_2이 서로 결합하여 융합주어로 실현되었다.

2유형의 경우 NP_1의 80%가 주어로, 20%가 목적어로 나타났다. NP_1이 주어인 경우 NP_2는 각각 목적어(70%)와 서술어(10%)로 쓰였고, NP_1이 목적어인 경우에 NP_2은 주어로 실현되었다.

---

42) 한국어 이중주어문에 대한 영어, 일본어, 중국어, 인도네시아어 번역문은 각 언어권별 전공자가 번역문을 작성하였고, 그 번역문은 다시 대학원에서 한국어를 전공하는 한국어 모어화자의 검증을 받았다.

심리·평가 동사 유형인 3유형은 1유형과 마찬가지로 NP_1이 문장 내 주어로 쓰인 비율이 100%로 가장 높았으며 이때 모든 NP_2는 목적어로 나타났다.

수량화 구문인 4유형은 모든 NP_1, NP_2가 영어 번역문에서 융합주어로 실현된다는 점에서 다른 유형과 대조적이다.

보어문인 5유형의 경우 NP_1 전체가 주어로 쓰였으며, 이때 NP_2은 목적어(90%), 서술어(10%)로 나타났다.

이중주어문의 유형을 불문하고 영어 번역문에 나타난 NP_1의 성분은 주어가 96%로 가장 많았으며, 그중에서 단독주어가 72%, 융합주어가 24%를 차지하였다. NP_1은 주어(72%), 융합주어(24%), 목적어(4%)의 순으로 나타났다.

번역문 내 NP_2의 역할은 목적어(60%), 융합주어(24%), 서술어(10%), 주어(4%), 보어(2%)의 순으로 나타났다. 한-영 번역 결과를 통해 영어권 화자는 한국어 이중주어문의 NP_1을 문장의 진주어로 NP_2를 서술어의 보충성분으로 이해할 가능성이 높은 만큼 이를 반영하여 이중주어를 가르치도록 한다.

〈표 4〉 NP_1이 주어일 때 NP_2의 문장 성분(빈도-%)

서술어	목적어	보어	합계
5	30	1	36
13.9	83	2.8	100(%)

〈표 5〉 한-영 번역문에 나타난 NP_1의 역할(빈도-%)

주어	융합주어	목적어	합계
36	12	2	50
72	24	4	100(%)

〈표 6〉 한-영 번역문에 나타난 NP_2의 역할(빈도-%)

주어	융합주어	보어	목적어	서술어	합계
2	12	1	30	5	50
4	24	2	60	10	100(%)

나. 일본어 이중주어문 번역문에 나타난 NP_1, NP_2 기능 분포 양상[43]

일본어 이중주어문 번역문에서 예문 (74)와 같이 NP_1이 주어 역할을 하는 경우가 가장 많고, 문장 유형에 따라 융합주어나 보어로 기능하는 경우도 있었다.

(74) ㄱ. 그녀는 직업이 선생님이다.

ㄴ. 彼女は職業が先生だ。(주어)

〈표 7〉 한-일 이중주어 번역문에서의 NP_1, NP_2의 기능 분포(빈도)

	1유형		2유형		3유형		4유형		5유형	
	NP_1	NP_2	NP_1	NP_2	NP_1	NP_2	NP_1	NP_2	NP_1	NP_2
주어	8	7	7	9	10	9	2	2	10	
융합주어	2	2					8	8		
서술어										4
목적어				1		1				
보어			3							6
생략		1								

한-일 번역 결과를 분석해보면, 위의 〈표 7〉에서 보듯이 일본어 화자의 경우 한국어 이중주어문의 NP_1, NP_2에 대하여 1유형은 주어-주어(이중주어문), 2유형은 부사어-주어, 3유형은 주어-주어, 4유형은 주어-목적어 또는 보어로 인식하는 비율이 가장 높음을 알 수 있다. 특히 3유형의 경우 NP_2 하나만을 제외하고 나머지 문형에서 NP_1, NP_2가 모두 주어로 쓰이고 있다. 5유형은 원래 한국어에서 보어문인데 일본어 번역문에서도 NP_1이 주어, NP_2가 보어로 쓰이는 비율이 가장 높게 나타났다.

일본어의 경우 한국어와 마찬가지로 NP_1, NP_2가 모두 주어로 기능하는 경우가 가장 많고, 그 다음으로 높은 비율을 보인 것은 NP_1, NP_2가 결합하여 하나의 새로운 주어로 기능하는 경우이다. 단, 융합주어 NP_1, NP_2 중 무엇이 핵심 주어

43) 한·일 모두 이중주어문에 대한 완벽한 해석은 이루어지지 않았지만, 일본의 경우 대체로 有題의 '주제 제시설'과 無題의 '대소주어설'을 수용하는 입장을 취하고 있고, 한국은 기저에서 이중주어가 부정되고 변형에 의해 도입된 것으로 보고 있다.

로 쓰였는지 살펴보았을 때, 1유형은 NP_2가 핵심 주어로 쓰인 반면, 4유형에서는 NP_1, NP_2가 동등한 지위로서 하나의 주어를 이루고 있다.

〈표 8〉 NP_1이 주어일 때 NP_2의 문장 내 역할(빈도)

주어	서술어	목적어	보어	생략	합
24	4	2	6	1	37

〈표 9〉 한-일 번역문에 나타난 NP_1, NP_2의 역할(빈도)

NP_1	주어		융합주어		보어		합
	37		10		3		50
NP_2	주어	융합주어	목적어	보어	서술어	생략	합
	27	10	2	6	4	1	50

다. 중국어 이중주어문 번역문에 나타난 NP_1, NP_2 기능 분포 양상

이중주어문의 중국어 번역문을 살펴본 결과 1유형의 경우는 NP_1, NP_2이 결합하여 하나의 주어로 쓰이는 경우가 가장 많고, 2, 3, 5유형의 경우 NP_1은 주어, NP_2은 목적어나 보어 역할을 하는 경우가 많았다. 4유형은 NP_1, NP_2이 각각 융합주어와 융합보어로 쓰이는 경우가 고르게 높은 비율을 보였다. 중국어 번역문은 총 50개의 문장 중 절반인 25개의 문장에서 NP_1은 주어, NP_2가 목적어나 보어로 쓰이는 것으로 나타났다.

〈표 10〉 한-중 이중주어문의 유형별로 본 NP_1, NP_2의 분포 양상(빈도)

	1유형		2유형		3유형		4유형		5유형	
	NP_1	NP_2	NP_1	NP_2	NP_1	NP_2	NP_1	NP_2	NP_1	NP_2
주어	9	3	8		9	1		2	9	
융합주어	1	1	2	2			8	8		
부사어					1					
서술어		2		1						
목적어		3		6		9				
보어				1						9
융합보어									1	1
생략		1					2			

〈표 11〉 NP_1이 주어일 때 NP_2의 문장 내 역할(빈도)

주어	서술어	목적어	보어	생략	합
3	2	18	1	1	35

〈표 12〉 한-중 번역문에 나타난 NP_1, NP_2의 역할(빈도)

NP_1	주어	융합주어	융합보어	부사어	생략	합
	35	11	1	1	2	50

NP_2	주어	융합주어	보어	목적어	생략	서술어	합
	6	11	10	18	1	3	50

중국어 번역 결과에서 나타난 바와 같이 중국어권 학습자들은 한국어의 이중주어문의 NP_1을 주어로, NP_2를 서술어의 보충 성분으로 인식할 가능성이 높은 만큼 이를 이중주어 교육에 적용하는 것이 효과적일 것이다.

라. 인도네시아어 이중주어문 번역문에 나타난 NP_1, NP_2 기능 분포 양상

한국어 이중주어문에 대한 인도네시아어 번역문을 살펴보면 영어의 경우와 마찬가지로 대부분의 NP_1이 주어 혹은 주어의 일부로 쓰이고 있다.

〈표 13〉 한-인 이중주어문의 유형별로 본 NP_1, NP_2의 분포 양상(빈도)

	1유형		2유형		3유형		4유형		5유형	
	NP_1	NP_2	NP_1	NP_2	NP_1	NP_2	NP_1	NP_2	NP_1	NP_2
주어	8		8	1	9	1	1		9	
융합주어	2	2	1	1			9	9	1	1
서술어		7				1				1
목적어				3		7				2
보어			1	5	1	1		1		6
생략		1								

〈표 14〉 NP_1이 주어일 때 NP_2의 문장 내 역할(빈도)

서술어	목적어	보어	생략	합
9	12	13	1	35

〈표 15〉 한-인 번역문에 나타난 NP_1, NP_2의 역할(빈도)

	주어		융합주어		보어		합
NP_1	35		13		2		50
	주어	융합주어	서술어	목적어	보어	생략	합
NP_2	2	13	9	12	13	1	50

그러므로 인도네시아어권 학습자에게 이중주어문을 가르칠 경우, 이중주어문의 NP_1을 주어로 인식하도록 가르치는 방안을 적극 고려할 만하다.

3) 이중주어 구문에 대한 외국어 번역 결과-언어권별 NP_1, NP_2의 실현 양상

지금까지 이중주어 구문의 외국어 번역 결과에 나타난 NP_1, NP_2의 전반적 실현 양상을 정리하면 다음 〈표 16〉, 〈표 17〉과 같다.

〈표 16〉 NP_1의 역할 분포(빈도)

NP_1	영어	일본어	중국어	인도네시아어
주어	36	37	35	35
융합주어	12	10	11	13
보어	-	3	1	2
목적어	2	-	-	-
부사어	-	-	1	-
∅	-	-	2	-

〈표 17〉 NP_2의 역할 분포(빈도)

NP_2	영어	일본어	중국어	인도네시아어
주어	2	27	6	2
융합주어	12	10	11	13
보어	1	6	10	13
목적어	30	2	-	12
서술어	5	4	3	9
∅	-	1	1	1

모든 이중주어 유형 가운데 NP_1이 주어(또는 융합주어)로 쓰이는 비율이 전 언

어권에 걸쳐 가장 높게 나타났다. NP_2의 경우 일본어(중국어의 1유형 포함)를 제외한 나머지 언어권에서 서술어 또는 서술어의 보충 성분인 보어나 목적어로 기능하는 경우가 가장 많았다. 지금까지 살펴본 이중주어문에 대한 언어권별 번역문의 결과를 토대로 한국어 이중주어문에 대한 언어권별 특성을 다음과 같이 정리할 수 있다.

첫째, 이중주어문의 외국어 번역문을 살펴본 결과 언어권별로 뚜렷한 특징을 보인다. 영어권의 경우 4유형을 제외한 나머지 모든 유형에서 NP_1, NP_2가 주어-목적어로 나타나는 경우가 압도적으로 많았다. 즉 NP_1은 전체 문장의 주어로, NP_2는 목적어로 기능하는 비율이 전체적으로 매우 높게 나타났다.

둘째, 일본어도 이중주어를 가지는 언어인 만큼 번역문 대응 결과 역시 한국어와 가장 흡사한 양상을 보였다. 일본어에서는 이중주어 구문으로 인정하지 않는 수량구문을 제외한 1, 2, 3유형에서 NP_1, NP_2이 모두 주어로 기능하는 비율이 가장 높았다. 한국어의 보어문으로 분류되는 5유형의 경우 일본어에서도 NP_1은 주어, NP_2은 보어로 대응(60%)하는 경향을 보였다.

셋째, 중국어에서도 이중주어가 1유형에서 일부(30%) 나타났다. 중국어는 대표적인 주제 중심 언어로서 이중주어 현상은 주제 중심어의 대표적 특성 중 하나이다. 1유형과 4유형을 제외한 나머지 유형에서 NP_1은 주어, NP_2는 서술어의 보충어인 보어 또는 목적어로 대응하는 비율이 가장 높았는데, 이는 영어 번역문에서의 대응 양상과 흡사하다.

넷째, 인도네시아어의 1유형에 나타난 대응 양상의 경우 NP_2가 서술어로 기능한 비율이 70%로 다른 언어권과 다소 차이를 보였다. 1유형을 제외한 나머지 2, 3, 5유형에서는 다른 언어권과 마찬가지로 NP_2가 보충 성분(보어 또는 목적어)에 대응하는 비율이 가장 높았다.

다음은 한국어 이중주어에 대한 학습자 모국어권별 번역문의 특성을 이중주어 유형별로 정리한 것이다.

첫째, 속격형인 1유형 구문은 NP_1, NP_2의 기능에 있어서 언어권별로 일치하는 경우가 없고, 동일 언어권 내에서도 NP_1, NP_2 기능이 일치하는 비율이 높지 않다.

둘째, 2유형과 3유형은 일본어를 제외한 나머지 번역문에서 NP_1은 주어, NP_2은 목적어 또는 보어로 대응하는 비율이 높았다.

셋째, 수량 구문인 4유형은 1, 2, 3, 5유형과 다른 양상을 보인 구문으로서 전 언어권에 걸쳐 NP_1, NP_2가 융합주어로 기능하는 비율이 압도적으로 높게 나타났다.

넷째, 보어구문인 5유형은 영어를 제외한 다른 언어권에서 NP_2가 보어기능을 하는 경우가 가장 많았다.

한편, 〈표 18〉은 한국어 이중주어문에 대한 각 언어권별 번역문에 나타난 유형별 NP_1, NP_2의 기능 분포 양상을 정리한 것이다.

〈표 18〉 이중주어 유형별 NP_1, NP_2의 기능 분포(%)

<table>
<tr><th rowspan="2"></th><th colspan="2">1유형</th><th colspan="2">2유형</th><th colspan="2">3유형</th><th colspan="2">4유형</th><th colspan="2">5유형</th></tr>
<tr><th>NP1</th><th>NP2</th><th>NP1</th><th>NP2</th><th>NP1</th><th>NP2</th><th>NP1</th><th>NP2</th><th>NP1</th><th>NP2</th></tr>
<tr><td rowspan="2">영어</td><td>주어</td><td>목적어</td><td>주어</td><td>목적어</td><td>주어</td><td>목적어</td><td colspan="2">융합주어</td><td>주어</td><td>목적어</td></tr>
<tr><td>80</td><td>40</td><td>80</td><td>70</td><td>100</td><td>100</td><td colspan="2">100</td><td>100</td><td>90</td></tr>
<tr><td rowspan="2">일본어</td><td>주어</td><td>주어</td><td>주어</td><td>주어</td><td>주어</td><td>주어</td><td colspan="2">융합주어</td><td>주어</td><td>보어</td></tr>
<tr><td>80</td><td>70</td><td>70</td><td>90</td><td>100</td><td>90</td><td colspan="2">80</td><td>100</td><td>60</td></tr>
<tr><td rowspan="3">중국어</td><td rowspan="2">주어</td><td>주어</td><td rowspan="2">주어</td><td rowspan="2">목적어</td><td rowspan="2">주어</td><td rowspan="2">목적어</td><td colspan="2" rowspan="2">융합주어</td><td rowspan="2">주어</td><td rowspan="2">보어</td></tr>
<tr><td>목적어</td></tr>
<tr><td>90</td><td>30/30</td><td>80</td><td>60</td><td>90</td><td>90</td><td colspan="2">80</td><td>90</td><td>90</td></tr>
<tr><td rowspan="2">인도네시아어</td><td>주어</td><td>서술어</td><td>주어</td><td>보어</td><td>주어</td><td>목적어</td><td colspan="2">융합주어</td><td>주어</td><td>보어</td></tr>
<tr><td>80</td><td>70</td><td>80</td><td>50</td><td>90</td><td>70</td><td colspan="2">90</td><td>90</td><td>60</td></tr>
</table>

1유형의 80%, 2유형은 70%, 3유형과 5유형의 90% 이상이 NP_1이 주어로 기능하는 것으로 나타났다.[44] 한국어 이중주어 구문에 대한 외국어 번역문에서 한국어처럼 이중주어 형식으로 대응한 경우는 일본어(52%)와 중국어(6%) 일부에 불과

44) 4유형의 NP_1, NP_2의 기능은 全유형에서 융합주어가 매우 높게 나타났다.

하다. 그러나 4, 5유형은 일본어 번역문에서도 NP_1-NP_2이 거의 이중주어로 기능하지 않았는데, 이는 일본어 이중주어 문법에서 '수량 구문'을 이중주어문으로 인정하지 않는 것과 같은 맥락이다. 4유형인 '수량 구문'의 경우 4개 언어에서 이중주어에 대응하는 경우는 거의 드물고 대신 융합주어에 대응하는 경우가 많았다. 1, 2, 3, 5유형의 경우, NP_1은 주어로, NP_2는 목적어나 보어 등 서술어의 보충 성분 역할을 하는 경우가 가장 많았다. 다음 〈표 19〉는 전체 언어권의 번역문에 나타난 NP_1, NP_2의 기능별 분포를 정리한 것이다.

〈표 19〉 이중주어문의 유형별 종합 비교(빈도)

NP_1 - NP_2	1유형	2유형	3유형	4유형	5유형
주어-주어	10	7	9	2	-
융합주어	7	3	-	35	1
융합보어	-	-	-	-	1
주어-목적어	7	17	27	-	11
주어-보어	1	6	1	1	21
주어-술어	12	2	1	-	6
부사어-주어	-	-	1	-	-
목적어-주어	-	2	-	-	-
보어-주어	-	3	1	-	-
주어-생략	3	-	-	-	-
생략-주어	-	-	-	2	-
합계	40	40	40	40	40

지금까지의 결과를 토대로 이중주어문의 유형별 특징을 정리하면 다음과 같다.

첫째, 1유형은 4유형에 이어 번역문에서 융합주어로 대응하는 비율이 높다.

둘째, 2유형은 일본어를 제외한 나머지 언어에서 NP_1, NP_2가 각각 주어-목적어로 대응하는 양상을 보였다. 일본어의 경우 2유형의 60%가 이중주어로 나타났다.

셋째, 3유형은 일본어를 제외한 모든 언어에서 NP_1, NP_2가 주어-목적어로 대응하는 비율이 가장 높다.

넷째, 4유형은 NP_1, NP_2가 융합주어로 대응하는 비율이 전 언어권에서 가장 높게 나타났다.

다섯째, 5유형은 원래 한국어에서도 이중주어문이 아닌 '보어문'으로 처리되고 있는 문형으로써 외국어 번역문 결과에서도 NP_1은 주어, NP_2는 보충 성분으로 대응하는 경향을 보였다. 그러므로 5유형은 이중주어문이 아닌 보어문으로 처리하는 것이 적절하다.

다음은 언어권별 NP_1, NP_2 기능 분포 결과로 영어 번역문에서는 주어-목적어로의 대응 비율이 가장 높고, 융합주어는 그 뒤를 이었다. 일본어 번역문에서는 한국어와 유사하게 이중주어 대응 비율이 가장 높고, 주어-보어, 융합주어 기능이 모두 고르게 높게 나타났다. 일본어를 제외한 나머지 언어에서 NP_1은 주어, NP_2는 보충어(목적어 또는 보어)로 실현되는 경우가 영어(64%), 중국어(56%), 인도네시아어(50%)에서 모두 높게 나타났다. 전 언어권에서 융합주어로의 대응 비율이 고르게 높게 나타나는데, 이는 4유형 수량화 구문에 의한 것으로 하나의 주어를 주어표지를 이용해 분리시킨 결과에서 비롯된 것으로 보인다.

〈표 20〉 언어권별 NP_1, NP_2의 기능 분포(%)

NP_1-NP_2		영어		일본어		중국어		인도네시아어	
주어-주어		-		52		6		-	
보충어	주목	62	64	4	18	36	56	24	50
	주보	2		14	18	20		26	
융합주어		24		14		14		26	
융합보어		-		-		10		-	
주어-술어		8		8		6		18	
주어-∅		-		2		2		2	
목적어-주어		2		-		-		-	
보어-주어		2		6		-		4	
부사어-주어		-		-		2		-	
∅-주어		-		-		4		-	

이상의 논의를 토대로 학습자 모국어별 이중주어문 번역문의 결과는 다음과 같이 정리할 수 있다. 4개의 언어권 중 한국어의 이중주어문과 가장 흡사한 경향을 보이는 것은 일본어로, 5유형 총 50개의 이중주어 구문 가운데 NP_1, NP_2 모두 주어로 기능하는 경우는 중국어의 일부 문장과 일본어 외에는 나타나지 않았다.

일본어를 제외한 타 언어권에서 NP_1은 문장의 전체 주어로, NP_2은 서술어의 보충 성분인 목적어 또는 보어로 대응하는 경향을 보였다. 단 4, 5유형의 경우 언어권을 불문하고 NP_1, NP_2 기능이 대체로 일치하는 경향을 보였는데, 먼저 수량구문[45]인 4유형과 보어문인 5유형은 모든 번역문에서 NP_1, NP_2가 각각 융합주어와 주어-보어에 대응하는 양상을 보였다.

이 밖에 4, 5유형을 제외한 영어, 중국어, 인도네시아어의 이중주어 번역 구문(일본어 제외)을 고찰한 결과 NP_1, NP_2의 기능이 약 56.7% 일치하는 것으로 나타났다(단, NP_1, NP_2의 기능이 4개 언어권 모두 일치한 경우는 10%에 불과). 영어, 중국어, 인도네시아어는 모두 조사가 없는 SVO형 언어로서 특히 영어와 인도네시아어는 주어 중심의 언어라는 점에서 공통된다.

지금까지의 논의를 바탕으로 한국어 이중주어 구문의 특성을 정리하면 다음과 같다.

첫째, 한국어에서는 주어와 그 주어를 수식하는 성분에 각각 주어표지를 결합하여 이중주어문으로 표현하는 것이 가능한데, 이런 문형 방식이 일본어를 제외한 다른 언어권에서는 융합주어(수식어+주어) 혹은, 서술어의 일부로 편입되거나 서술어의 보충 성분으로 표현된다.

둘째, 한국어에서는 조사 '이/가'를 필요로 하는 자동성 술어가 다른 언어권에서는 목적어를 필요로 하는 타동성 술어인 경우가 많다. 따라서 문장의 진주어(眞主語)가 아니더라도 성분 NP_2가 주어표지 '이/가'와 결합함으로써 형태적으로 주어처럼 보일 수 있다.

---

45) 이익섭(1973)에서는 NP_1, NP_2를 동격으로 파악하였고, 임홍빈(1974), 유동석(1998)은 NP_1, NP_2를 하나의 통사 단위로 보아 小節의 자격으로 주어 기능을 한다고 보았다. 또 송창선(2009)는 수량어에 '이/가'가 결합하더라도 주어가 아닌 주어를 보충하기 위한 '부가어'에 불과하다고 하였다.

셋째, 다른 언어에서는 단일 서술어 표현이 한국어에서는 '주어+서술어' 혹은 '보충어+서술어' 형태의 이중주어문이 많다. 가령 영어 문장 'He is lucky'의 'lucky'는 '운이 좋다'로 'James is tall'의 'tall'은 '키가 크다'로 표현되는 것이 그것이다.

한국어 이중주어문의 언어권별 번역 결과를 토대로 도출된 결론은 다음과 같다. 영어, 중국어, 인도네시아어는 모두 전형적인 'SVO'언어 유형으로서 한국어 이중주어문 번역문의 결과 NP_1, NP_2의 기능에 있어서 매우 흡사한 결과를 보였다.[46] 그러므로 해당 언어권에 속하는 학습자들의 한국어 이중주어문에 대한 이해 및 수용에 있어서도 비슷한 경향을 보일 것으로 예측할 수 있다. 그러므로 한국어 이중주어문 해석 방법에 있어서도 학습자들의 언어권별 경향 및 특성을 고려하지 않을 수 없는데, 단적으로 한국어와 흡사한 이중주어 구문을 가지는 일본어권 학습자와 그 외 언어권 학습자가 이중주어문을 동일하게 수용할 것이라고 기대하기는 어렵기 때문이다. 대조 언어학의 연구 결과들이 증명하듯, 대부분의 학습자들은 그들이 속한 언어권 및 그들에게 익숙한 언어의 특성에 기대어 다른 언어를 이해하려는 경향을 보이므로 한국어 연구에 있어서도 대조 언어학적 관점이 도움이 될 수 있다.

그러나 단순히 SVO형 언어라고 하여 이중주어문에서 동일한 특성을 보이는 것은 아닌데 특히 주제 중심어인 중국어의 경우 어순은 인구어와 같지만 한국어, 일본어와 마찬가지로 언어 특성상 이중주어 구문이 존재한다는 점에서 인구어권과 함께 다루기 어려운 측면이 있다.

2.4. 주어 생략과 무주어문

한국어는 주어, 서술어, 목적어, 보어를 필수 성분으로 하는데, 그 필수 성분이 문장의 표면에 실현되지 않았을 때 성분이 '생략[47]'되었다고 한다. 이것은 한

---

46) 각 언어권별로 NP_1, NP_2 기능이 일치하는 비율을 비교한 결과 중국어와 인도네시아의 일치율이 가장 높고(56%), 영어와 일본어는 가장 낮게 나타났다(22%).

47) 주어 생략에 대한 가장 보편적인 견해는 '기저 주어를 인정하는 입장'과 '기저에서도 주어가

국어가 SOV형 기본 구조를 가진다는 것을 전제한 것이므로, 주어를 한국어의 주성분으로서 인정하는 견해와 그렇지 않은 견해에 따라 주어 생략을 바라보는 관점에서 큰 차이를 보인다. 이는 부사어나 관형어 같은 문장의 부속성분이 문장에 실현되지 않아도 '성분 생략'이라고 하여 문제 삼지 않는 것과 같은 이치다. 본절에서는 주어의 생략을 통사적·화용적 생략으로 구분하고, 주어 생략과는 성격을 달리하는 무주어 현상에 대하여서도 논의하겠다.

2.4.1. 성분 생략의 원리

'생략'이란 문장의 특정 성분이 표면구조에서 어휘화되지 않은 것으로 부차적 성분과 같이 문장에서 수의적으로 생략이 가능한 성분이 아닌, 문장 내 위치와 형태가 고정된 필수 성분의 생략을 논의로 삼는다. 한국어에서 주어를 포함한 다양한 문장 성분의 생략 현상을 학자들은 다음과 같은 원리로 설명하였다(김일웅, 1985; 김성훈, 1993; 서정수, 1994).

첫째, 생략 현상은 언어 표현의 경제성을 원리로 한다. 언어 경제성이란 대화자가 중복되는 부분을 피하고 간결하게 말함으로써 표현의 경제성을 추구하는 것을 의미한다. 이는 의미전달에 지장이 없는 한 불필요한 요소를 과감히 생략함으로써 보다 중요한 정보에 주목하게 만드는 효과가 있다(김성훈, 1993; 서정수, 1994). 언어의 경제성과 문장의 간결성은 불필요한 반복이나 전제된 사항에 대한 재언급을 피하고, 중요한 부분을 중심으로 간결하게 표현한다는 의미에서 맥을 같이한다.

둘째, 구문의 간결성을 목적으로 한다. 특히 한국어는 잉여(redundancy) 요소를 피하는 특성이 있다.[48] 즉 한국어에서는 상대가 모르는 것만 알려주면 되며, 상호 알고 있는 부분은 생략하는 것을 원칙으로 한다는 것이다. 주어 없이 서술어

없는 것으로 보는 입장'이다. 즉 주어가 표면상 생략되었지만 기저구조에서는 여전히 주어라는 성분을 전제로 한다는 것이 첫 번째 견해로 이 견해에서는 이러한 현상을 '주어 생략'이라고 표현한다. 후자는 표면에서 주어가 실현되지 않은 문장은 기저 주어도 상정하기 어렵다고 보는 견해로 같은 현상을 '무주어문'이라고 본다.

48) 김태한(1981:40)에서는 잉여(redundancy) 요소를 피하는 것을 국어의 특성으로 보았다.

만으로 문장이 성립되는 것은 주어가 없거나 모르기 때문이 아니라 잉여자질로 파악하여 생략하는 경제적 원리가 작용했기 때문이다. 단, 의미 전달에 모호함이 생기지 않음을 전제로 한다.

셋째, 문체적 효과 및 함축적 의미를 목적으로 한다(김성훈, 1993). 가령 신문 기사 제목의 경우 긴 문장의 성분들을 과감히 생략하거나 압축함으로서 간결성과 전달력을 높이고자 하는 것도 같은 맥락이다. 또한 성분 생략을 통해 문체적 효과를 얻거나 정보 전달력을 높일 수 있는데, 핵심 성분을 부각시키고 외적인 요소는 생략함으로써 전달하는 내용에 보다 집중할 수 있게 하기 때문이다.

넷째, 성분의 생략은 '회복 가능성(recoverbility)[49]'을 전제로 한다(김일웅, 1985; 김성훈, 1993; 서정수, 1994; 이삼형, 1996; 박청희, 2013a, b). '회복 가능성'이란 문맥이나 상황을 이용하여 생략된 성분을 찾을 수 있는 것을 말한다.[50] 즉 생략 현상[51]은 생략 이전의 완전한 형식이 있음을 근거로 한다는 점이다. 즉 원래 성분이 생략되어도 그 성분을 추측할 수 있으며, 원래의 모습으로 회복이 가능한 경우에만 생략이 가능하다는 원리이다. 또한 담화에 따라 회복 가능성의 정도가 다른데, 일반적으로 문맥적 생략은 회복력이 높은 반면, 상황 생략은 회복 가능성이 낮은 편이다. 이와 같이 생략은 생략된 요소를 모호함 없이 얼마나 명확히 확인할 수 있느냐에 달려 있다고 하겠다.

2.4.2. 주어 생략 현상

Jespersen(1933:103)은 구어체의 고정된 표현에서 주어가 생략되며, 의미가 명확한 친숙한 문체에서는 주어보다 더 큰 단위가 생략된다고 보았다. 영어의 경우

---

49) 'identability', 'unambiguity' 등의 용어로도 쓰인다.

50) '나는 어제 리포트를 쓰고 연극을 보았다.'에서 '나는 어제'라는 성분을 쉽게 복원할 수 있는 것은 생략 성분의 '회복 가능성' 때문이다(이삼형, 1996:122).

51) 김정호(1962)는 생략된 곳에 들어갈 수 있는 말이 유일한 것일 때만 생략으로 볼 수 있다고 하였고, 김종택(1982)는 생략된 성분과 위치를 구체적으로 명백히 알 수 있을 때에 한하여 생략이라고 볼 수 있다고 함으로써 생략에 대한 매우 엄격한 기준을 적용하였다. 반면 김일웅(1984)은 생략의 유형을 언어적 문맥 생략과 비언어적 상황 생략으로 나누고, 전자에서는 생략되는 말이 되풀이되는 요소이어야 하고, 후자에서는 서술어의 필수 요소라고 보았다.

에도 주어 생략[52]은 거의 구어체에 한하여 나타나며, 통계상 평서문에서의 주어 생략이 의문문보다 2배 가량 많은 것으로 나타났다(전춘배, 1999:273).

주어와 같은 문장의 필수 성분은 문장 내 위치와 종류가 한정되어 있기 때문에 복원이 용이하다. 특히 한국어의 주어는 생략이 잦은 편인데, 이런 경우에도 문맥이나 담화 상황에 의해 추측이 가능하다. 명령문에서도 주어가 생략되는데, 그만큼 명령문[53]에서는 주어 제약이 심한 편이다.

2.4.2.1. 주어 생략에 관한 논의

문장에서 주어가 언어로 실현되지 않는 구문은 주어의 회복 가능성 여부에 따라 '주어 생략문'과 '무주어문'으로 분류되는데, 엄밀히 말하면 무주어문은 주어 존재의 확인 및 복구가 불가능하는 점에서 생략의 범주에 넣기 어렵다.

한편, 임홍빈(1985b)에서는 선행 발화를 전체로 주어가 자유롭게 생략될 수 있고, 대답의 자의성이 있는 주어 생략문을 '문체적 공범주', 선행 발화를 전제로 하지 않는 주어 생략 현상을 '통사적 공범주[54]'로 분류하였으며, 본서는 이를 토대로 주어 생략의 분류 및 기준을 설정하기로 한다.

2.4.2.2. 주어 생략의 유형

1) 통사적 주어 생략

'통사적 주어 생략문'은 '무주어문'과 달리 생략된 주어를 상정할 수는 있지만, 주어를 복원할 경우 문장이 부자연스러워지므로 생략된 형태가 선호된다. 예문

---

52) 생략된 주어는 일인칭(I: 약 50%)과 허사(It, There)가 대부분을 차지하는 것으로 나타났다(전춘배, 1999:273).

53) 독일어는 명령문에서도 2인칭 주어 'Sie'가 문장 표면에 필수로 나타난다(김정남, 1998:202).
예) Wenn **Sie** noch Wunsche haben, rufen **Sie** den Portier mit Nr. 9 an.
(당신이 또 다른 것을 원하시면 번호 9번인 호텔 접수에 전화하세요.)

54) 임홍빈(1985b:378)는 통사적 공범주를 '내용을 가지지 않는 공범주'와 '내용을 가지는 공범주'로 나누었다. 내용을 가지지 않는 공범주는 '-어 지다, -어 있다' 구성의 내포문 주어에 나타나는 공범주와 피동문의 기저 구조의 주어에 나타나는 공범주가 그것이다.

(75)와 같이 대등하게 이어진 두 절의 주어가 동일한 경우, 후행절의 주어는 보통 생략되는데, 이런 형식을 통사적 주어 생략으로 다룬다.

(75) ㄱ. 내가 공항에 도착했을 때 그는 이미 떠난 뒤였다.
ㄴ. 나는 공항에 도착하자마자 ∅ 탑승수속을 했다.
ㄷ. 집에서 나는 숙제를 하고, 또 ∅ 텔레비전을 보았습니다.

다음 예문 (76)의 관용 표현의 경우도 주어를 상정할 수 있지만 생략하는 것이 자연스러우므로 통사적 주어 생략에 포함한다.

(76) ㄱ. (?당신이/손님이…) 어서 오세요.
ㄴ. (?제가/우리가…) 처음 뵙겠습니다.
ㄷ. (?ㅇㅇ씨가…) 안녕하세요?
ㄹ. (제가/우리들이…) 실례하겠습니다.

예문 (77)과 같은 관용 표현은 다른 언어에서도 주어가 생략된 형태로 쓰이는 것이 보편적이다. 한국어 학습 초기부터 제시되는 이런 표현들은 자연스럽게 입력되므로 교수 시 큰 주의를 기울이지 않아도 무방하다.

(77) ㄱ. 어서 오세요!
ㄴ. Welcome!
ㄷ. 歡迎光臨!
ㄹ. ようこそ!
ㅁ. Selamat datang!

2) 화용적 주어 생략

'화용적 주어 생략'이란 화자의 자의에 의한 주어 생략 현상으로, '문맥'이나 '상황'을 근거로 이루어진다. 보통 선행발화를 전제로 하므로 주어의 존재를 거의 정확히 예측하거나 복원 가능한 것이 특징이다.[55] 예문 (78)과 같이 화자와 청자가 고정된 대화문에서 주로 나타나며, 이 밖에 2인칭 주어로 된 명령문과 청유문, 1인칭 복수 주어로 된 청유문, 1인칭 주어의 감탄문과 독백문 등에서도 나타난다.

(78) ㄱ. A: 철수가 어디에 갔느냐?
　　　B: ∅(철수가/철수는/그가/그는…) 학교에 갔다.
　ㄴ. A: 철수의 직업이 무엇이냐?
　　　B: ∅(철수는/그는/그의 직업은…) 학생이다.

한편, (79), (80)과 같이 서술어가 요구하는 성분 및 대화 상황을 근거로도 생략된 주어를 추측할 수 있다.

(79) ㄱ. 비빔밥이요.
　ㄴ. 난 짜장.
　ㄷ. 양송이로 할게요.
　ㄹ. 곱빼기로 주세요.

(80) ㄱ. 뭘로 드시겠습니까?
　ㄴ. 어디 가니?
　ㄷ. 학교에 가.

이와 같이 문맥이나 상황에 의한 주어 생략은 문어에 비해 구어에서 주로 나

---

55) 임홍빈(1985b:379)는 생략된 주어는 그 내용이 확인되어야 한다는 다음의 몇 가지 전제를 근거로 논의를 전개하였다.
- 서술어나 선행 담화에 의해 문맥 상황에 의해 생략된 주어를 상정 가능한 경우
- 서술어 성격에 의해 생략된 주어를 상정 가능한 경우(서술어〉주어 흡수 서술어)
- 선행사나 결속자로부터 그 성격이 의미·화용론적으로 유도 가능한 경우
- 선행사나 결속자에 의해 성분-지휘되는 경우

타나는 바, 특히 구어 중심의 한국어교육 상황에서 간과하기 어려운 교육 내용이라고 하겠다.

2.4.3. 무주어문의 실현 양상

무주어문은 원래부터 주어가 없는 문장으로 통사적, 화용적 주어 생략과는 성격이 다르다. 주어가 생략된 것인지 아닌지조차 파악이 어려우며, 만약 생략되었다면 생략된 주어의 실체를 밝히기 어렵기 때문이다. 남기심(2001)에서는 다음 예문 (81)과 같은 문장에 대하여 주어가 생략된 것인지 불분명하나 극히 제한적인 관용 표현에 나타나므로 문법적 설명을 가할 필요성이 크지 않다고 보았다.

(81) ㄱ. 불이야!
ㄴ. 비다!
ㄷ. 민수가 안 오면 큰일인데.
ㄹ. 둘에 둘을 더하면 넷이다.

이러한 무주어 현상은 한국어뿐 아니라 영어나 중국어 등 계통이 전혀 다른 언어권에서도 보편적으로 나타나는 현상인 만큼, 교육 시 주어 없이 쓰이는 예외적 표현으로만 단계에 맞게 간략히 다루는 것이 좋다.

한국어는 '상황중심의 언어'로서 한국어의 특성상 청·화자 간에 서로 알고 있거나(확인성), 안다고 판단되는 불필요한 요소는 과감히 생략하기 때문에 다른 언어에 비해 주어 생략이 잦은 편이다. 특히 맥락이나 상황에 따른 자의적 주어 생략은 한국어를 보다 자연스럽게 구사하는데 필요한 조건인 만큼 교사는 화용적으로 생략 가능한 여러 가지 상황들을 중심으로 학습자의 이해를 유도하는 것이 적절하다.

그 밖에 주어를 정확히 복원하기 어렵거나 원래 주어가 없던 문장도 적절히 표현하지 않으면 유창성을 저해하는 요인인 되는 만큼, 예문을 통해 학습단계에 맞게 순차적으로 가르치도록 한다.

이와 같이 주어 생략은 언어 유형에 따라 생략 허용의 편차가 크고 다양한 만큼, 교사는 학습자의 모국어 특성을 미리 숙지하고, 해당 언어권의 예문을 활용한다면 교육적 효과를 높일 수 있을 것이다.

3

학습자 모국어별 주어의 특징

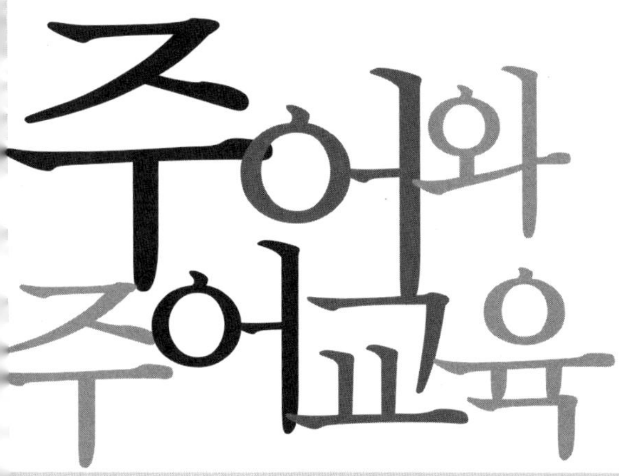

본장에서는 한국어 학습자의 모국어를 중심으로 개별 모국어의 주어 특징 및 한국어 주어와의 비교, 학습자 모국어별 주어 교육 내용을 살피고자 한다.[1] '주어'는 거의 모든 언어의 필수 성분이지만, 학습자들이 구사하는 모국어(또는 공통어)와 한국어의 주어가 가지는 개념 및 표현 방식에는 차이가 있다. 본서에서는 영어, 일본어, 중국어, 인도네시아어를 논의의 대상으로 삼았는데, 4개 언어권을 관심 대상으로 삼은 까닭은 지금까지의 한국어 교육 현황과 오늘의 한국어 교육 현장에서 우선 관심이 요구되는 언어권이라는 데에 주목하였기 때문이다. 영어, 일본어, 중국어, 인도네시아어 가운데 영어, 일본어, 중국어권은 한국어 교육 초기부터 지금까지 한국어 학습의 최대 수요층에 속한다.[2] 특히 영어는 세계 공통어로서 모국어와 함께 배우는 대표적인 필수 제2외국어이기도 하다. 또 중국어는 전 세계에서 가장 많은 사용자를 보유한 언어로서 영어 못지않게 중요한 세계 공통어이다. 일본어는 한국어 교육 초기, 주요 학습자층을 이루던 언어권으로서, 일본어는 언어 유형적으로 한국어와 가장 흡사하여 대조언어학적으로 연구의 가치가 크다. 마지막으로 인도네시아는 최근 한국어 교육에 대한 수요가 폭발적으로 증가하고 있는 동남아시아권 국가 중 하나로서 장차 한국어 교육에 있어서 중요 잠재 시장이 될 것으로 보인다. 이상 총 4개 언어를 중심으로 해당 언어의 주어 특징 및 한국어 주어와의 차이를 살핌으로써 해당 언어권 학습자를 대상으로 한 한국어 주어 교육 내용 구성의 기반으로 삼고, 한국어 문법 교육 체계의 완성도를 높이는 데에도 도움이 되고자 한다.

---

1) 진대연 외(2009:5)에서는 교재 분석 대상 선정을 위해 지역을 총 6개의 권역으로 구분하였는데 국외 한국어 교육 수요가 가장 높은 일본, 중국 등을 제1권역으로 하였고, 최근 한국어 교육의 분포 및 수요가 급속도로 확산되고 있는 동남아시를 제2권역으로, 한국어 교육 역사가 길고 한국어 교육 수요층이 두터운 미국 등의 영어권 지역을 제4권역으로 구분한 바 있다. 이러한 권역 구분은 본서에서 학습자 주요 모국어권으로 영어권, 일본어권, 중국어권, 인도네시아권을 선정한 것과 맥을 같이한다.

2) 한국어 학습자 국적 분포에 관하여 진대연 외(2009)를 참고할 것.

3.1. 영어권

3.1.1. 영어의 주어 개념 및 특징

Li & Thompson(1976)의 분류에 의하면 영어는 '주어 부각형 언어(subject-prominent language)'로서 주어는 동사 앞에 놓여 성과 수일치를 이루고, 동사의 어미를 결정한다. 그만큼 영어 문장에서 주어는 필수적이다. Arts(2001:10-12)는 주어의 통사적 특성을 다음 (1)의 6가지로 제시하였다.

(1) 가. 주어는 일반 명사구이다.
　나. 주어는 진술문의 첫 머리에 위치한다.
　다. 주어는 필수적 요소이다.
　라. 주어에 따라 동사의 형태가 결정된다.
　마. 'yes/no 의문문'에서 주어, 동사는 도치되며 주어는 운용소(operator)인 첫 조동사 뒤에 놓인다.
　바. 주어는 부가의문문에서 대명사가 되어 문미에 놓인다.

다음 예문 (2)~(5)와 같이 영어에는 무생물이나 추상적인 개념의 명사나 대명사를 주어로 하는 '무정성 주어' 구문이 존재한다. 무정성 주어 구문을 한국어로 직역하면 부자연스럽게 느껴지는데, 한국어 문장은 일반적으로 유정성 주어가 주를 이루기 때문이다.

(2) ㄱ. **Business** took him to London. [이유](이양복, 2002:37-38)
　ㄴ. ?사업이 그를 런던으로 데려왔다.
　ㄷ. 그는 사업상 영국에 갔다.

(3) ㄱ. **This road** will lead you to the station. [조건]
　ㄴ. ?이 길이 당신을 역으로 안내할 것이다.

ㄷ. 이 길을 따라가면, 역에 도착할 것이다.

(4) ㄱ. **Ten minutes' walk** brought us to the park. [때]
ㄴ. ?10분의 도보가 우리를 공원으로 데려왔다.
ㄷ. 10분 걸은 후에 우리는 공원에 도착했다.

(5) ㄱ. Not **amount of wealth** can satisfy such a greedy man. [양보]
ㄴ. ?많은 양의 부도 욕심 많은 사람을 만족시킬 수 없다.
ㄷ. 그렇게 욕심이 많은 사람은 아무리 많은 부를 얻어도 만족할 수 없을 것이다.

이와 같이 영어에서는 행동성 동사[3)]가 타동사일 경우 무정성 주어와 잘 어울리는 경향이 있으며, 이는 한국어의 무정성 주어가 행동성 동사와 잘 어울리지 못하는 현상과 대조적이다. 영어에서는 원인이나 이유, 수단, 도구 등도 행동성 동사의 주어로 쓰일 수 있는데, 다음 예문 (6)~(10)에서 보는 바와 같다.

(6) ㄱ. The news surprised me.(조인정, 2005:337-338)
ㄴ. ?그 소식은 나를 놀라게 했다.
ㄷ. 그 소식에 나는 놀랐다.

(7) ㄱ. **The floods** considerably eroded the land.
ㄴ. ?홍수가 토지를 상당히 침식했다.
ㄷ. 홍수에 토지가 상당히 침식됐다.

3) 무정성 주어와 어울리는 행동성 동사에는 'apply, bring, come, from, get, give, hold, lead, produce, provide, receive, reduce, show, take, turn, use' 등이 있다(Biber et. al., 1999). 그러나 행동성 동사가 자동사로 쓰일 경우 무정성 주어와 잘 어울리지 않는 것은 한국어와 다르지 않다. 예) *The tree ran fast.

(8) ㄱ. **This drug** allows you to be very focused.
ㄴ. ?이 약은 당신으로 하여금 정신 집중이 잘되도록 허락해준다.
ㄷ. 이 약을 먹으면 정신 집중이 잘된다.

(9) ㄱ. **This freeway** will take you to Melbourne.
ㄴ. ?이 고속도로는 당신을 멜버른까지 데려다 줄 것이다.
ㄷ. 이 고속도로를 따라가면 멜버른이 나온다.

(10) ㄱ. **This room** has a good view.
ㄴ. ?이 방은 좋은 전망을 가지고 있다.
ㄷ. 이 방은 전망이 좋다.

이 밖에도 'cause, enable, help, let, permit, require' 등의 사역 동사나 'mean, need, prove' 등의 사고(思考) 동사, 'contain, have, include, involve, represent' 류의 동사도 무정성 주어와 잘 어울린다.

문용(1999)은 영어의 무정성 주어 타동사 구문에 대응하는 한국어 구문에 대하여 영어의 무정성 주어는 한국어의 원인·이유 부사구(절)로, 영어의 목적어는 한국어의 주어로, 타동사는 한국어의 자동사나 피동사에 대응된다고 설명하였다. 이에 대하여 조인정(1999:340)은 원인·이유의 부사구나 절 외에 다음 (11)~(12)와 같이 수단·도구 및 조건·처소의 부사구나 절로 대응해야 자연스럽다고 보았다.

(11) ㄱ. **The painting** satisfied me. [수단·도구]
ㄴ. ?그 그림은 나를 만족시켰다.
ㄷ. 그 그림에 나는 만족했다.

(12) ㄱ. **This room** contains a piano. [처소]
ㄴ. ?이 방은 피아노를 포함하고 있다.

ㄷ. 이 방에는 피아노가 있다.

영어의 주어를 판별하는 통사적 특성 즉, '주어성 확인법(subjecthood test)'으로는 첫째, 주어는 등위접속 구문에서 동일명사구 삭제 변형을 일으킨다는 점, 둘째, 의문문에서 주어와 동사의 위치가 도치되는 점, 셋째, 주어는 특정 부사의 위치를 통해 확인 가능하다는 점을 들 수 있다(권현희, 2006:20-22). 이처럼 주어는 언어에 따라 고유한 통사적 특징을 가지는 만큼 주어의 보편적 특성을 한 마디로 정의하기 쉽지 않으며, 문법관계에 따라 파생적으로 정의하려는 태도가 필요하다.

3.1.2. 영어와 한국어의 주어 비교

영어는 한국어와 문법 구조가 상당히 다를 뿐만 아니라, 한국어의 문장을 구성하는 데 중추적인 역할을 하는 조사, 어미와 같은 문법 항목이 존재하지 않기 때문에 영어권 학습자가 한국어를 배우는 데 있어서도 어려움을 많이 겪게 된다(조철현, 2002; 이정희, 2002; 서혁, 1994; 김정숙 외, 2002; 김영주, 2006; 조인정, 2006; 이숙, 2009 참조). 지금까지 한국어와 영어 사이의 대조 연구 결과를 문법교육에 활용함으로써, 학습자의 이해도를 높이고, 오류를 낮추려는 시도가 많이 있어 왔다.[4] 한편 박청희(2013a:44-45)에서는 영어의 격 실현 방법과 관련하여 영어의 주어를 한국어와의 비교 관점에서 다음과 같이 기술하였다.

> "영어는 주어를 중심으로 주어의 양상을 술어가 표현하는 구조로 발전하여, 술어는 계속 변화되지만 주어는 변화되지 않는 상태에서 주체적인 역할을 한다. 따라서 영어는 주어가 먼저 정립되고, 그 주체의 존재와 동작을 표현하는 서술어가 따르고 이 서술어의 보충어가 와서 사실을 안정적으로 서술하는 주어와 서술어의 이원적 언어구조이다. 이런 점은 영어가 명사류를 통한 실질주어뿐만 아니라 가주어 it, 강조구문의 it, 비인칭주어 it 등의 형식주

4) 특히 영어권 화자를 대상으로 한 교재 개발에 대한 관심은 지속적으로 높아지고 있는 추세다.

어나 대용어를 많이 사용하여 주어를 잘 생략하지 않는 문장구조를 선호하는 사실에서도 알 수 있다."

즉, 영어에서는 주어가 필수적으로 나타나며, 나머지 문장 성분들의 형식을 결정하는 등 문장의 중추적인 역할을 담당한다. 주어 자리를 대신하는 형식주어 'it'의 개념도 같은 맥락으로 이해할 수 있다.

본절에서는 한국어와 영어의 주어 및 주어 관련 요소를 비교하고, 영어권 학습자들이 한국어를 배울 때 겪을 수 있는 어려움은 무엇인지 고찰해봄으로써 영어권 학습자를 대상으로 한 한국어 교육의 주요 내용에 대해 논의할 것이다.

3.1.2.1. 주어의 어순 및 호응

영어는 목적어가 서술어 다음에 오는 SOV형 언어라는 점에서 한국어의 어순과 다르다. 이런 어순 차이는 한국어 학습 초기에 어려움을 주는 주요인이 될 수 있으므로 교사는 문장의 기본 구조와 어순을 예문과 함께 제시함으로써 차이를 명시하도록 한다.

(13) That boy ate the bread. ↔ 그 아이가 빵을 먹었다.
　　　S　V　O　　　　　S　O　V

특히 한국어의 주어가 놓이는 위치는 영어의 주어에 비해 자유로운 편인데, 이는 주어가 주격조사라는 성분 표지를 동반하기 때문이다.

(14) ㄱ. **나는** 매리가 정직하다고 믿는다.
　ㄴ. 매리가 **나는** 정직하다고 믿는다.
　ㄷ. 매리가 정직하다고 **나는** 믿는다.
　ㄹ. 매리가 정직하다고 믿는다 **나는**.

반면에 영어는 어순에 의해 성분이 결정되기 때문에 주어의 위치가 고정적이다. 위의 예문 (14)는 문장 내 주어의 위치와 관계없이 의미에 큰 차이가 없음을 보여준다.

3.1.2.2. 주어의 의미 특성

2장에서 논의한 바와 같이 영어에서는 '원인', '이유', '수단', '도구' 등 추상성·무정성을 띠는 명사(구)가 행동성 동사의 주어로 사용되는 반면, 한국어에서는 무정성 주어가 행동성 동사와 잘 어울리지 못한다. 예문 (15)는 영어의 무정주어 구문을 한국어 표현과 비교한 것으로 영어의 '무정성 주어'는 (15ㄱ″, ㄴ″, ㄷ″)에서와 같이 한국어의 '부사어'로 해석하는 것이 자연스럽다.[5)]

(15) ㄱ. **This road** will take you to the hotel.
ㄱ′. ?이 길이 너를 호텔로 데려다 줄 것이다.
ㄱ″. 이 길로 가면 호텔이 보일 것이다.
ㄴ. **His wealth** enables him to do what he likes.
ㄴ′. ?그의 부가 그를 그가 하고 싶은 것을 하도록 해준다.
ㄴ″. 그는 부자이기 때문에 하고 싶은 것을 할 수 있다.
ㄷ. **What** makes you say so?
ㄷ′. ?무엇이 너를 그렇게 말하게 만드니?
ㄷ″. (너는) 왜 그렇게 말을 하니?

영어 주어에 나타나는 무정성·추상성은 영어권 학습자들의 한국어 주어 선택에도 큰 영향을 미치는 것으로 쓰기 분석 결과 나타났다. 무정성 주어에 의한 오류는 영어권 한국어 학습자의 발화 및 쓰기 자료에서 어렵지 않게 찾을 수 있는

---

5) 영어의 '무생물 주어 구문'은 형식상 SVO형이지만, 이것이 그대로 한국어의 SOV로 옮겨지는 것은 아닌데 이는 영어의 SVO구문이 한국어 구문보다 훨씬 사용 범위가 넓기 때문이다(문용, 1999:48).

데, 예문 (16ㄱ)~(16ㄷ)의 경우 무생물인 'VCR', '한복', '캔쿤 여행' 이 문장의 주어로 쓰임으로써 어색한 문장이 됨을 확인할 수 있다.

(16) ㄱ. 작고 오랜 VCR이지만 우울했을 때 그 VCR가 저를 위문했습니다. (ENG_중급)(조철현 외, 2002:196)[6]

ㄴ. 한국의 고유한 풍습 중에 한복은 아주 인상적인 추억이 남겨주는 능력이 있답니다.(ENG_고급)(김정은 외, 2004:92)

ㄷ. 캔쿤 여행이 좋은 기념을 줬어요.(ENG_중급)(Lee, 2000:174)

이와 같이 영어에서는 '원인, 이유, 조건, 목적, 수단이나 방법' 등의 추상성 주어가 행위의 주체로 쓰이는 것이 자연스러운 반면, 한국어에서는 문체적 효과를 위한 특수 상황을 제외하고, 무정명사가 문두에서 문장의 주어로 쓰이는 일이 매우 드물다. 그렇다고 한국어에 무생물 주어 구문이 전혀 없는 것은 아니다. 예문 (17)은 한국어에 나타나는 무생물 주어 구문의 예인데, 이와 관련하여 이영옥(2001:62)에서는 한국어의 주어 타동사 구문이 영어의 영향에서 비롯되었을 가능성이 있음을 시사하였다. 예문 (18)은 신문 등 언론 매체에 나타나는 무정 주어 타동사 구문으로 '한글', '말', '우리나라'가 각각 문장의 주어로 사용되었다.

(17) ㄱ. **시계**가 열두 시를 가리켰다.

ㄴ. **바람**이 뼛속까지 파고들었다.

ㄷ. **겨울왕국**이 한국 영화계를 강타했다.

(18) ㄱ. **한글**은 바로 이러한 문자 생활을 하게 해주는 것이다,

ㄴ. **말**이란 그것이 쓰이고 있는 사회를 반영한다.

ㄷ. 1994년 말 현재 **우리나라**는 총 연장 1천 6백 50km의 고속도로를 가지고 있다.

---

6) 본서에서 다루는 한국어 학습자 오류 예문은 해당 절에서 기술하는 문법과 관련이 있는 항목에 대해서만 오류 표시를 하였음을 밝혀 둔다.

따라서 한국어 교사는 영어의 무정 주어는 한국어의 부사어로, 무정 주어의 영향을 받은 목적어는 주어로 대체되는 예문을 중심으로 학습자로 하여금 한국어의 주어와 영어의 주어의 사용 양상의 차이를 자연스럽게 발견할 수 있도록 유도하는 것이 좋다.

3.1.2.3. 형식주어 및 주어 생략

예문 (19)에서 보듯이 영어에서는 '날씨', '시간' 등을 표현하기 위해 형식주어 'it'이나 'there'를 도입한다.

(19) ㄱ. It is very fine today. (조인정, 2004:248)
ㄴ. Hello, Peter. It's Mike.
ㄷ. It's ten past twelve.
ㄹ. There was a strong wind blowing last night.

(20) ㄱ'. 날씨가 참 좋다.
ㄴ'. 여보세요. 피터, 나 마이크야.
ㄷ'. 12시 10분입니다.
ㄹ'. 어젯밤에 강한 바람이 불었다.

영어의 형식주어는 주어가 필수적으로 실현되는 인구어의 통사적 특성에 의한 것으로 한국어에는 없는 문법 요소이므로, 영어의 형식주어 구문에 대응하는 예문을 중심으로 그 차이점을 자연스럽게 인식하도록 지도한다.

3.1.2.4. 인칭·재귀대명사

인칭대명사는 주어를 구성하는 중요한 요소일 뿐 아니라, 용법면에서도 한국어와 영어가 차이를 보이는 만큼, 교사는 영어의 호칭 체계에 대한 이해를 바탕으로 학습자들이 범하기 쉬운 오류를 예측하도록 한다. 특히 호칭어나 인칭대명사는 경어법과도 밀접한 관련이 있는 만큼, 주어와 관련이 있는 중요 문법 항목이라고 할 수 있다. 주어 사용과 관련하여 영어권 학습자에게 가르쳐야 할 주요 인칭대명사는 다음과 같다.

1) 1인칭 단수 · 복수 대명사

한국어의 1인칭 단수 대명사에는 '나'와 '나'의 겸양표현인 '저'가 있다. 자기소개는 한국어 학습 초기에 배우는 주요 말하기 주제인 만큼, 학습자들은 1인칭 대명사에 대한 인식이 부족한 상태로 '저'를 학습하게 되고, 구어를 중심으로 학습이 이루어지기 때문에 문체에 대한 고려 없이 일괄적으로 1인칭 주어로 '저'를 선택하는 오류를 범하는 경우가 많다. 특히 영어는 한국어와 달리 1인칭 대명사에 겸양 표현이 존재하지 않기 때문에 '나'와 '저'의 구분에 어려움을 겪을 수 있다. 다음 예문 (21)은 문어 반말체에 '저'를 사용하여 생긴 오류이다.

(21) ㄱ. *제가 사는 도시는 미국에 있는 뉴저지에 위치다.(ENG_고급)
ㄴ. *제 성격은 적극적이고 사교적이다.(ENG_고급)
ㄷ. 그래서 그런지 *저도 죽으면 어떤 친구나 아는 사람들은 *제에 대하여 생각하면 분위기가 좋아지게 기억을 나타내면 좋겠다.(ENG_중급) (이정희, 2003:188)
ㄹ. *저, 이렇게 살고 싶다. 지금부터(ENG_중급)(이정희, 2003:188)

특히 한국어의 1인칭 복수 대명사 '우리'는 영어 'We'와 비교하여 얼마간의 차이가 있는데, 예문 (22)는 'We'가 '화자와 청자', '지정 대상', '불특정 다수'를 의미한다는 점에서 흡사하다.

(22) ㄱ. Shall we go to the karaoke? 우리 같이 노래방에 갈까요?
ㄴ. Susie and me, we are very close. 수지와 나, 우리는 친한 친구입니다.
ㄷ. We have to work together. 우리 모두 힘을 합해야 합니다.

그러나 한국어에서는 가족이나 가족 구성원, 학교, 마을, 국가 등을 공유의 대상으로 인식하기 때문에[7], 이를 표현하는 방식도 영어와 다르다. 특히 학습 초기에 자신이나 자기 주변 사람을 소개하는 상황에서 오류가 잦은 만큼, 교수 시 유의해야 한다.

(23) ㄱ. *나의(내) 엄마 그러시는데~(My mom said~)
ㄴ. 나는 *내 선생님이 정말 좋다.(I really like my teacher.)
ㄷ. *내 나라에 태어나서 행복합니다.(I am so happy to be born in my country.)
ㄹ. *내 회사/학교/동네/반(my company/school/town/class)

한편, 일부 한국어 모어화자는 예문 (24)처럼 공유가 불가능한 사적인 대상까지 '우리'로 표현하는 경향을 보이는데, 올바른 표현으로 보기는 어렵다.

(24) ㄱ. my wife(husband) ?우리/내 아내(남편)
ㄴ. my girl(boy) friend ?우리/내 여자(남자)친구

2) 2·3인칭 단수·복수 대명사 및 대명사화

한국어와 영어의 2인칭 대명사는 용법면에서 크고 작은 차이를 보이는데, 영어의 당신(you)이 평칭과 존칭으로 모두 쓰이는 것과 달리 한국어에서는 주로 평칭으로 사용된다. 특히 예문 (25ㄱ)에서 보듯이 다툼의 장면에서 상대를 낮추는 의미가 되거나, (25ㄴ)처럼 배우자에 대한 호칭으로 사용된다.

(25) ㄱ. A: 당신이 뭔데 남의 일에 참견이야?
B: 누구보고 당신이라는 거야?
ㄴ. 당신, 일요일에 뭐 할 거예요?[아내가 남편에게]

---

7) '가족'이나 '국가'등 개인의 소유물로 보기 어려운 대상에 대해 공유의 대상으로 인식했기 때문이다(고영근 외, 2008:73).

또 한국어는 영어와 달리 성(性)이 문법 범주가 아니므로 문학작품을 제외한 일반 발화에서는 3인칭 대명사 '그', '그녀'가 잘 쓰이지 않을 뿐 아니라, 성의 구분도 거의 되지 않는다. '그, 그녀' 대신 '아버지, 어머니, 남자(여자)친구, ○○○ 선생님, ○○ 씨' 등 일반 명사나 호칭을 사용하여 대상을 지칭하는 것이 일반적이다. 이와 같이 윗사람에 대해 대명사 사용이 제한적인 것은 경어법의 발달과도 관계가 있다.

(26) ㄱ. 저희 어머니는 올해 마흔 두 살이십니다. *그녀/어머니의 고향은 강원도의 한 소읍이십니다. *그녀/어머니는 아홉 살 때까지만 거기서 사시고 그 이후에는 줄곧 서울에 사셨다 합니다.
ㄴ. 수지요? 지금 *그녀는/수지는/∅ 외출중인데요.

이 밖에 한국어의 3인칭 대명사는 단수, 복수 모두 사용이 제한적인데, 영어에서는 예문 (27)처럼 선행 복수명사를 3인칭 복수 대명사 'they'로 받는 것이 자연스러운 반면, 한국어에서는 어색하다.

(27) She looked at her fingernails and wished **they** were longer and better cared for.(그녀는 그녀의 손(톱)/*자신의 손톱들을 보면서 손톱/*그것들이 더 길고 정리가 잘 되었으면 했다)(서계인, 2004:193).

한편, 예문 (28)처럼 다른 사람에게 '언니, 오빠, 이모, 삼촌' 등의 친족어를 사용하는 것도 한국어의 특성 중 하나이다.

(28) 이모, 여기 공기밥 하나 더 주세요. [식당에서]

이와 같이 한국어의 인칭대명사는 영어와 비교하였을 때, 공통점보다 차이점이 많고, 제약도 큰 만큼 영어의 인칭대명사를 한국어로 표현할 때의 주의 사항 및 사용 방법, 일반 명사로의 환원법 등을 학습 초기부터 단계에 맞게 지도하는 것이 좋다.

3) 재귀대명사

한국어의 재귀대명사 '자기'와 같이 선행 명사를 대신하는 문법 요소가 영어에도 존재한다. 단 한국어의 재귀대명사 '자기'는 다음 (29)와 같이 3인칭 주어를 대체하는 기능을 하는 반면, 영어의 재귀대명사는 예문 (30)과 같이 인칭에 관계없이 모든 선행어를 받을 수 있다.

(29) ㄱ. 중도 자기(제) 머리는 못 깎는다.
ㄴ. 평양감사도 자기(저) 싫으면 그만이다.

(30) ㄱ. I baked cookies **myself**. (내가 쿠키를 ****자기**가/직접 구웠어.)
ㄴ. Have you heart **yourself**?
ㄷ. He fancies **himself** as being the best musician in the world. (그는 **자기**가 세계 최고의 음악가임을 자부한다.)
ㄹ. She was eager to live **herself**. (그녀는 자기 삶에 대한 갈망이 있었다.)

영어는 예문 (31ㄱ)처럼 선행사와 동 지시대명사가 같은 절에 나타날 경우 이를 재귀대명사로 받는다. 특히 선행사인 주어가 3인칭인 경우, (31ㄴ)처럼 그 선행사의 종류에 따라 문장의 의미가 달라지는데, 이는 한국어도 크게 다르지 않다.

(31) ㄱ. I hate *me/myself.
ㄱ'. 나는 나를/*자기를 미워한다.
ㄴ. He loves him/himself. (him ≠ himself)
ㄴ'. 그는 그 사람을/자기 자신을 사랑한다.

영어 문장에서는 재귀대명사로 표현되는 것이 한국어에서는 생략되거나 다른 방식으로 표현되는 등 재귀대명사 용법면에서 영어와 한국어는 그 특성을 달리하므로, 재귀대명사의 인칭별 제약에 관하여 두 언어를 비교하여 다루는 것이 좋다.[8)]

3.1.2.5. 주술 관계의 타동성·비(非) 타동성

영어권 학습자들이 가장 많이 범하는 조사 오류 중 하나는 주격조사 '이/가'와 대격조사 '을/를'의 대치 오류이다.[9)] 이는 고석주(2002:546)에서 언급하듯이 대치 오류가 고빈도로 나타났다는 사실은 학습자들이 개별 조사의 정확한 의미와 기능을 여전히 숙지하지 못하고 있음을 의미하기도 한다. 하지만 두 특정 조사 사이의 대치 오류가 영어와 한국어 술어의 타동성·비(非) 타동성[10)] 차이에서 비롯된다는 사실을 간과해서는 안 된다.

영어는 굴절어로서 성분의 문장 내 위치 혹은 전치사로 문장 성분을 표시하지만, 한국어는 첨가어로서 문장 성분마다 격조사라는 성분표지를 통해 성분이 결정되기 때문에 그 성분이 주어이면 주어표지, 목적어이면 목적어표지 등 저마다의 이름표를 갖는다. 따라서 영어권 화자가 그 성분을 그들의 모어에서 목적어로 인식하는지 주어로 인식하는지에 따라 한국어 표현 방식에서 상당한 차이가 생기게 된다. 예문 (32)는 한국어와 타동성이 일치하는 서술어의 예이다.

(32) ㄱ. I wrote a letter. 나는 편지를 썼다.
　　ㄴ. I will follow you. 당신을 따라가겠어요.

---

8) 김정우(1999)에서는 영어와 한국어의 재귀대명사의 기능이 다르므로 영어에서 인칭대명사가 한국어 재귀대명사로 표현되는 경우가 있다고 하였다.
"영어의 재귀대명사는 절(clause) 경계에 묶여서 절을 뛰어넘을 수 없는 데 비해서 한국어의 재귀대명사는 절의 경계를 뛰어넘어 심지어는 문장이나 담화의 차원에서도 그 역할을 할 수 있다(김정우, 1999:10)."

9) 영어권 학습자의 조사 오류 결과는 '대치>생략>첨가>형태>환언'의 순으로 나타났다(고석주, 2002).

10) 본서에서 사용된 '타동성 술어'라는 명칭은 서술어의 보충 성분으로 목적격을 갖는 술어를 뜻하고, '비 타동성 술어'는 그 외의 격을 보충어로 갖는 술어를 뜻한다.

ㄷ. I punched him. 나는 그를 때렸다.

한편, 예문 (33)에서 보듯이 한국어의 소유와 소재를 나타내는 서술어 '있다'는 영어와 한국어의 표현에서 성질을 달리한다.

(33) ㄱ. I have a girlfriend. 나는 여자친구{*를/가} 있다.
ㄴ. There is no pen on the desk. 책상 위에 펜{*을/이} 없다.
ㄷ. I have a lot of friends. 나는 친구{*를/가} 많다.

이러한 특성으로 말미암아 영어권 학습자들이 '있다, 없다' 류의 술어를 사용함에 있어 다음 (34)와 같은 오류를 범하게 된다.[11] 즉, 한국어에서 '있다'와 '없다'는 한 자리 또는 두 자리 논항 서술어로도 모두 쓰이는데, 두 자리 논항으로 쓰일 경우 'have', 'not have'의 논항을 그대로 적용함으로써 오류가 나타나게 되는 것이다.

(34) ㄱ. 내가 기회*를(√가) 있으면 다시 가고 싶어요.
(ENG_중급)(이숙, 2009:186)
ㄴ. 미국에서 한국처럼 선배 후배 관계*를(√가) 없습니다.(ENG_중급)
ㄷ. 남동생이 여동생보다 좀 민감한 성격*을(√이) 있어서 자주 연락해야 될 거 같아서 이 주에 한 번 연락합니다.(ENG_고급)(장미경, 2008:380)

이 밖에도 영어와 한국어 사이에 타동성·비(非) 타동성의 차이를 보이는 술어가 상당히 많은데, 교사는 이를 인식하고 영어권 학습자들이 이를 적절히 사용할 수 있도록 해야 한다. 예문 (35)는 영어에서는 타동성 술어이지만 한국어에서는 주격조사 '이/가'를 동반하는 보충어를 필요로 하는 비 타동성 술어로 쓰인 문장의 예이다.

---

11) 이정노(1991)에서는 "돈을 많이 있어요.", "친구를 필요하세요." 등의 오류는 영어에서 오는 간섭이라고 언급한 바 있다.

(35) ㄱ. I need some money. 나는 돈*을/이 필요해.
ㄴ. I like that guy. 나는 그 남자*를/가 좋아.

한국어에서 '되다'는 주격 보어를 수반하는 비 타동성 서술어인 반면, 이에 대응하는 영어 'become'은 목적격 보충어를 갖는 타동성 서술어로 인식되어 (36)과 같은 오류로 이어지게 된다.

(36) ㄱ. 제가 대학교를 들어갈 때 의사*를(√가) 되고 싶었습니다.(ENG_고급)(장미경, 2008:381)
ㄴ. 내가 대통령*으로(√이) 될 때 다시 협상하겠다.(ENG_고급)(장미경, 2008:382)

영어에서는 보충어를 목적어로 갖는 타동성 술어이지만 한국어에서는 대격이 아닌 주격표지를 갖는 보충어를 수반하므로 교육 시 이를 표현문형으로 제시해 주어야 오류를 피할 수 있다. 특히 첨가어식 언어 표현에 익숙지 않은 언어권의 학습자일수록 주어, 서술어를 따로 제시하는 것보다는 '~이/가 좋다', '~이/가 필요하다'와 같은 표현 형식으로 가르치는 것이 좋다.

이 밖에 'don't have a smart phone(스마트폰이 없다)', 'dislike a dog(개가 싫다)', 'have thin hair(머리숱이 적다)', 'lack confidence(자신감이 부족하다)', 'left $5(5달러가 남았다)', 'become a nurse(간호사가 되다)' 등은 모두 영어와 달리 한국어에서는 주격 보어와 어울리는 비 타동성 술어라는 점에서 영어권 학습자들의 주의를 요한다.[12)]

한편, '궁금하다, 그립다, 두렵다, 막연하다, 무섭다, 미덥다, 밉다, 반갑다, 부럽다, 불쌍하다, 즐겁다, 수상하다, 한심하다, 경이롭다, 괴롭다, 번거롭다, 예사롭다, 흥미롭다, 걱정스럽다, 자랑스럽다, 실망스럽다, 의심스럽다, 원망스럽다' 등의 형용사는 영어에서는 타동성 보어를 취하는 서술어인 반면, 한국어는 영어와 달리 주격 보어와 결합하는 비 타동성 심리 형용사이며, 이들은 중급 이

12) 문용(1999:49-51)를 참고할 것.

상에서 다루는 것이 적절하다.[13)]

3.1.2.6. 존칭성·평칭성 주어의 표현

언어마다 그 언어에 유효한 문법항목이 각기 다른데 주어의 존칭성 여부에 따라 문장 형식(서술어 어미)이 달라지는 한국어의 경어법이 대표적이다. 반면 영어에서는 존칭성 주어에 대한 문장 형식이 따로 존재하지 않는다.[14)] 한국어는 첨가어로서 주어는 주어용 성분 표지를 갖는데 (37)에서 보듯이 [+존칭성] 주어에는 '께서'라는 별도의 존칭성 표지가 쓰인다.

(37) ㄱ. *My brother* is coming over there.(저기 **오빠**가 온다)
ㄴ. *My Mother* is coming over there.(저기 **어머니께서**(가) 오신다)
ㄷ. Seeing Susie, *Michael* invited her to come in.(**마이클**이 수지를 보더니 안으로 들어오라고 한다)
ㄹ. Seeing Susie, *Mother* invited her to come in.(**어머니께서** 수지를 보**시**더니 안으로 들어오라고 하신다)

즉 존칭 명사가 주어로 옴에 따라 한국어는 주어표지가 '이/가'에서 '께서'로 바뀌고, 서술어에는 존대 선어말어미 '-(으)시-'가 결합된다. 경어법은 영어에 존재하지 않는 문법 항목으로 학습부담이 큰 만큼 초급단계부터 교사가 특히 관심을 가지고 지도할 필요가 있다.[15)] 다음 예문 (38)은 한국어의 존칭 주어에 대한

---

13) 조인정(2006:290)을 참고할 것.

14) 반면 영어는 부탁, 요청, 권유, 명령 등의 정도가 격식성(formality)을 통해 달라진다(문용, 1999:184-187).
ㄱ. Wanna cup?
ㄱ'. **Do** you want a cup?
ㄴ. **Would** you like a cup of tea?
ㄴ'. Would you care for a cup of tea?

15) 이영희(2012:300)에서는 영어권 학습자가 어려워하는 문법 항목 조사 결과 학습단계에 관계없이 '경어법'이 높은 빈도를 차지하는 것으로 나타났다.

형태·통사적 특성을 충분히 숙지하지 못하여 생긴 영어권 학습자의 사용 오류이다.

(38) ㄱ. 한국에서는 어른*에게(√들께서) 식사 시작*할(√하실) 때까지 기다려야 됩니다.(ENG_중급)
ㄴ. 우리 근처에 제 부모님이 *있습니다(√계십니다).(ENG_초급)(홍은진, 2004:337)
ㄷ. 마침 우리 아버지*가(께서) 안 손상했습니다(√다치셨습니다).(ENG_초급)(홍은진, 2004:346)

3.1.2.7. 이중주어

한국어의 이중주어문과 정확히 대응하는 영어구문은 없지만, 그 뜻에 가장 가깝게 표현된 영어 문장을 통해 영어권 화자들이 한국어의 이중주어문을 어떻게 인식하는지 예측할 수 있다. 이를 토대로 영어권 학습자를 위한 이중주어문 교육 방안을 모색하는 것이 본절의 요지라고 하겠다. 앞선 논의를 통해 한국어의 소유존재문, 영어의 단일 술어와 한국어의 복합 술어(예_tall: 키가 크다), 두 번째 명사구(NP_2)가 영어문장에서 목적어, 부사어 역할을 하는 경우, 한-영 서술어의 특성 등이 한국어의 이중주어와 깊은 관련이 있음을 확인하였다. 예문 (39)에서 보듯이 한국어 문장은 주어처럼 보이는 요소가 두 개 나타나지만, 영어에서는 단일주어 문형으로 나타난다.[16)]

(39) ㄱ. 코끼리는 코가 길다.
ㄴ. *An elephant* has a long nose.(=An elephant's *nose* is long)

• 초급: 조사 〉 **경어법**
• 중급: 연결어미 〉 **경어법** 〉 관형형 어미 〉 조사
• 고급: 연결어미 〉 **경어법** 〉 관형형 어미 〉 부정

16) 특정한 문맥을 전제로 하지 않는 한 영문번역의 경우 전자가 더 일반적이다(문용, 1999:16).

한국어의 이중주어 구문과 영어의 문장을 비교하면 다음 〈표 21〉의 공식이 성립된다.

〈표 21〉 한국어의 이중주어 구문 공식

구분	공식
영어의 '소유·존재문'	한국어: NP_1는 NP_2가 V ⇌ 영어: NP_1+have+NP_2 ~, There be + ~
영어의 단일 술어문1	한국어: NP_1는 NP_2가 V ⇌ 영어: S(NP_1) + V′(NP_2+V)
영어의 단일 술어문2	한국어: NP_1는 NP_2가 V ⇌ 영어: S(NP_1+NP_2) + V
영어구문에서 NP_2가 목적어	한국어: NP_1는 NP_2가 V ⇌ 영어: S(NP_1) + V + O(NP_2)
영어구문에서 NP_1이 부사어	한국어: NP_1는 NP_2가 V ⇌ 영어: S(NP_2)+V+AD(NP_1), AD(NP_1) + S(NP_2) + V

다음은 각 항목에 속하는 한-영 이중주어 대응구문의 예를 제시한 것이다.

(40) ㄱ. 내 친구는 좋은 차가 있다.

ㄱ′. My friend has **a nice car**. [소유·존재]

ㄴ. 우리 오빠는 머리가 좋다.

ㄴ′. My older brother has **a good brain**.

(41) ㄱ. 제임스는 키가 크다. [한국어의 주술 관계 ↔ 영어의 단일 서술어]

ㄱ′. James is **tall**.

ㄴ. 그는 몸이 건강하다.

ㄴ′. He is **healthy**.

(42) ㄱ. {그녀는 직업이} 선생님이다. [한국어의 NP_1+NP_2 ↔ 영어의 주어]

ㄱ′. **Her job** is a teacher.

ㄴ. {친구는 팔이} 부러졌다.

ㄴ′. My friend's **arm** is broken.

(43) ㄱ. 제임스는 커피가 싫다. [NP_2 ↔ 영어의 목적어]

ㄱ′. James doesn't like **coffee**.

ㄴ. 제임스가 어머니가 좋다.

ㄴ′. James likes **his mother**.

(44) ㄱ. 이 집안이 아들이 귀하다. [NP_1 ↔ 영어의 부사어]

ㄴ. A boy is rare **in this family**.

한국어의 이중주어 문장이 영어에서는 주로 단일주어로 표현되기 때문에 이중주어문을 사용함에 있어서 오류가 많이 발생한다. 예문 (45ㄱ)의 경우 첫 번째 명사는 주어표지를 사용했지만, 두 번째 명사는 목적어표지 '를'을 사용하고 있다. 이는 앞서 언급한 양 언어 간 서술어의 타동성·비 타동성의 차이에 기인한다고 볼 수도 있겠지만, 문장 구조적 측면에서 볼 때, 단일주어만을 허용하는 영어 환경에 익숙한 학습자의 입장에서 당연한 현상으로 해석할 수 있다. (45ㄴ), (45ㄷ)의 경우도 마찬가지로 두 예문 모두 NP_1을 주어로 본 반면, NP_2는 표지 자체를 생략함으로써 문장성분 표기를 보류하고 있음을 알 수 있다.

(45) ㄱ. *내가(√나는) 기회*를(√가) 있으면 다시 가고 싶어요.(ENG_중급)(이숙, 2009:186)

ㄴ. 한국*가(√은) 복잡한 예절*(√이) 많지만 저*(√는) 한국여절*이(√을) *배우십습니다(√배우고 싶습니다).(ENG_중급)

ㄷ. 저는 한국 음식*(√이) 너무 좋아요.(ENG_초급)

이상 한국어 이중주어문의 영어 번역문 대응 양상을 고찰한 결과, 영어에서는 단일 서술어로 표현되는 것들이 한국어에서는 'S+V'형식으로 표현됨에 따라 마치 주어가 2개인 것처럼 보이는 경우가 많았다. '(몸이) 건강하다'라는 말 속에는 이미 '몸'이 내포되어 있지만 이를 주술형식으로 표현하는 것이 한국의 표현법이라는 사실이다. 'lucky(운이 좋다)', 'tall(키가 크다)' 등도 마찬가지다.

지금까지 살펴본 한·영 이중주어 번역문 $NP_2+V \rightarrow V'$, $NP_2+V \rightarrow V+O(NP_2)$ 형식은 이중주어문을 '서술절설'로 보는 학교 문법의 견해와 일치하며, 이는 〈표 22〉 공식으로 설명될 수 있다. 그러므로 이중주어 공식과 일치하는 수량구문[17]을 제외한 나머지 이중주어문을 모두 같은 방식으로 해석할 수 있다는 점에서 영어권 학습자를 대상으로 한 이중주어 교육 시 서술절설이 가장 효과적임을 알 수 있다.

〈표 22〉 영어권 학습자를 대상으로 한 이중주어 공식

NP_1는 NP_2가 V ⇌ $NP_1(S)$ + V′ {$NP_2(s)$+V}
S: 문장의 전체 주어, s: 서술절의 주어

3.1.2.8. 주어 생략[18]

영어에서는 주어가 수와 성 등 문장의 형식을 결정하는 중요한 요소로서 필수적으로 실현되는 반면, 한국어는 문맥이나 상황 등 주어가 확실한 경우에 생략되는 것이 자연스럽다. 단, 명령문에서는 한국어와 영어 모두 주어가 생략된다.

(46) ㄱ. 창문 좀 열어주세요.(=Please open the door.)
ㄴ. 곧장 가세요.(=Go straight on.)
ㄷ. 부끄러워하지 마세요.(=Don't be shy.)

또한 주어를 확인하기 어렵거나 원래부터 없는 무주어문 역시, 영어와 한국어 모두 비슷한 양상으로 나타나므로 학습에 부담을 주지 않는다.

(47) ㄱ. 불이야!(=Fire!)

---

17) 수량구문은 이중주어문 외국어 분석에서 이중주어문으로 보기 어려운 유형으로 분류된 바 있다.

18) 서계인(2004:188)을 참고하였음.

ㄴ. 둘에 둘을 더하면 넷이다.(=Two plus two is four.)

이 밖에 격언이나 속담, 인사 등 틀에 박힌 표현 역시 주어를 따로 설정하기 어렵다.

(48) ㄱ. 그 아버지에 그 아들. (=Like father, like son.)
ㄴ. 그림의 떡. (=Pie in the sky.)
ㄷ. 만나서 반가워요. (=Nice to meet you.)
ㄹ. 한국에 오신 걸 환영합니다. (=Welcome to Korea.)

한편, 한국어에서는 일반적으로 주어가 생략되지만 영어에서는 주어가 실현되는 경우는 다음과 같다.

첫째, 2인칭 청자를 주어로 하는 청유문이나 권유문의 경우, 한국어와 달리 영어에서는 주어가 그대로 실현된다.

(49) ㄱ. Shall **we** dance? (=춤추실래요?)
ㄴ. Will **you** marry me? (=저와 결혼해 주시겠어요?)

둘째, 대등하게 이어진 두 절의 주어가 동일한 경우, 한국어와 달리 영어에서는 주어가 생략되지 않는다.

(50) ㄱ. 나는 그 이야기를 좋아하지만 누가 썼는지는 모른다.
(=I like the story, but I do not know who wrote it.)
ㄴ. 그녀는 가고 싶지만 시간이 없다.
(=Susie likes to go, but she doesn't have time.)

셋째, 한국어의 2인칭 주어 의문문에서 주어는 보통 생략된다.

(51) ㄱ. 뭐가 보이니? (=Can you see anything?)
　　ㄴ. 이 편지 좀 부쳐줄래? (=Will you send this letter for me?)

넷째, 한국어의 무주어문이 예문 (52)와 같이 영어에서는 형식주어 구문으로 표현되기도 한다.

(52) ㄱ. 영업중. (=We are open.)
　　ㄴ. 작년에 비가 많이 왔다. (=We had a lot of rain last year.)

한국어에서는 주어를 인식할 수 있는 범위 내에서 생략이 가능한데, 주어가 대명사인 경우에는 이런 현상이 더욱 뚜렷하다. 이는 형식주어 등 주어를 필수로 하는 영어의 문장 구조와 다르다. 격언, 속담 등 주어가 없는 문장이나 통사적 주어 생략문, 화용적 주어 생략문을 중심으로 영어와 한국어의 차이를 부각하여 가르치는 것이 좋으며, 영어와 달리 한국어에서는 화자의 의지, 상황이나 문맥, 초점 여부에 따라 주어가 생략될 수 있음을 인식하도록 지도한다.

3.2. 일본어권[19)]

3.2.1. 일본어의 주어 개념 및 특징

일본어는 다음 (53)에서 보듯이 주어와 서술어 사이에 목적어가 오는 'SOV[20)]' 형 언어로 기본 통사구조면에서 한국어와 매우 흡사한 형태를 띤다.

---

19) 본절의 내용은 최태옥 외(1990), 김영순(1993), 홍사만 외(2009), 마츠모토 다카히로(2009), 이미숙·설근수 역(2013)을 토대로 하였다.

20) SOV언어는 한국어와 일본어 외에 터키어, 몽골어, 아이누어 등이 있으며, SVO형 언어에는 영어, 인도네시아어, 프랑스어, 중국어, 이탈리아어, 타이어 등이, VSO형 언어로는 켈트어, 아일랜드어, 히브리어, 아랍어 등이 있다. 이 가운데 SOV형 언어가 SVO, VSO 어순의 언어보다 그 수가 더 많다(국립국어원, 2005:49).

(53) 学生が 手紙を 書く。(학생이 편지를 쓴다.)
S O V

일본어에서 '주어'란 예문 (54)와 같이 문장 내에서 '동작', '상태', '판정'의 주체가 되는 '무엇이(何が)'에 해당하는 성분(文節)을 의미하고, '어떻게 하다(どうする)', '어떠하다(どんなだ)', '무엇이다(何だ)'의 내용으로 주어를 설명하는 역할을 하는 성분을 '서술어'라 한다.

(54) ㄱ. 花が 咲く。(꽃이 핀다.)[동작: 무엇이 어떻게 하다]
ㄴ. ここは 静かだ。(여기는 조용하다.)[상태: 무엇이 어떠하다]
ㄷ. これは 本だ。(이것은 책이다.)[판정: 무엇이 무엇이다]

일본어의 주어가 갖는 통사적 특성 즉, '주어 호응 요소'로는 경어 현상, 재귀 대명사화를 들 수 있다. 주어는 'お', 'ご~にある', 명사구 존칭을 통해 주어에 대한 존경을 표시한다.[21] 존경어는 (55)에서 제시하는 바와 같이 주어에 대한 화자의 존경을 표하는 것으로, 먼저 명사구가 화자가 존경할 만한 가치가 있는 사람을 나타내며 통사적으로 특별한 것이어야 한다.

(55) ㄱ. **先生が** 太郎に 花子を ご紹介になった。(최태옥 외, 1990:17)
ㄴ. *太郎が 先生に 花子を ご紹介になった。
ㄷ. *太郎が 花子に 先生を ご紹介になった。

辻村(1988)도 주체 경어법[22]은 주어와 대응하여 사용된다고 하였는데, 이는 곧 문장의 '주어'로 상정되는 인물이 대우의 대상이 된다는 것이다(마츠모토 다카히로,

---

21) 加藤正信(1973:35)은 주체 경어법을 다음과 같이 정의하고 있다.
"文中の人物に対する敬意を表わすもので、述語部分はその主格への敬意を表現している."(문장의 인물에 대하여 존경을 표현하는 것으로 술어 부분은 그 주격에 대한 존경을 표현한다)

22) '주체 경어법'에 대해서는 마츠모토 다카히로(2009)를 참고로 할 것.

2009:33).

(56) ㄱ. ジョンが 手紙を 書く。(존이 편지를 쓴다.)

ㄴ. お父様が お手紙を お書きになる。(아버님께서 편지를 쓰신다.)

위 예문 (56)에서 보듯이 한국어의 경우 [+존경] 자질을 가진 '선생님'이 주어로 쓰일 때 존대 선어말어미 '-(으)시-'[23]가 실현되듯이, 일본어도 마찬가지로 주체 대우 보충법, 어휘 존대 및 'お-になる' 형식의 보조용언이 동사에 실현된다. 반면에 [-존경] 자질을 가지는 'ジョン'의 경우 서술어에 존대 자질을 결합하면 비문이 된다. 즉 주어와 서술어의 존경 자질이 일치해야만 어법에 맞는 문장이 된다는 것을 알 수 있다. 한편 예문 (57)에서 주어가 존대 자질을 가지지 않음에도 불구하고 서술어에 존대 선어말어미가 쓰인 것은 'ゴルフ'나 '娘さん' 때문이 아니라 청자가 존대의 대상이기 때문이다.

(57) ㄱ. ゴルフが 好きでいらしゃるのですか。(골프가 좋으신 겁니까?)

ㄴ. 娘さんが 美人でいらしゃる。(따님이 미인이시다.)

한편, 예문 (58)과 같이 존대 대상의 소유물[24]이 문장의 주어로 쓰일 때도 서술어에 존대 자질이 실현된다.

(58) 内蔵が 大変 お強いようだ。(내장이 꽤 강하신 듯하다.)

---

23) 임홍빈(1985a)는 '-(으)시-'는 주어뿐 아니라 계사 구성의 보어, 속격 구성의 소유주, 목적 대상이나 여격 대상, 청자도 존대 대상으로 삼는다고 보고, '-(으)시-'의 쓰임에는 존대 인물에 대한 화자의 시점 이동과 그 인물이 받는 실제적인 심리적 영향이 크게 작용한다고 보았다(임동훈, 2010:388).

24) 角田(1990)은 소유물 대우에 대한 '소유 경사(cline)'를 제시하면서 다음의 순서로 경어법이 실현되는 것이 자연스럽다고 하였다.

• 신체부위〉 속성〉 의류〉 친족〉 애완동물〉 작품〉 기타소유물

또 일본어의 주어는 재귀대명사화와도 관계가 있는데, 일본어 재귀대명사 '自分'의 선행사가 되는 명사구는 '주어'뿐이라는 사실이다. 예문 (59)에서 '自分'의 선행사는 '太郎'로 재귀대명사 '自分'이 반복된 주어를 대신한다(日本語の單文中に現われてる再歸代名詞「自分」の先行詞はその文の主語以外の構成要素であってはいけない).

(59) 太郎が 花子に 自分の家で 紹介した。(타로가 하나코를 자기 집에 소개했다.)

일본어의 주어는 문장의 주어를 이루는 체언의 구조에 따라 다음과 같이 분류할 수 있다(김영순, 1993:409-410).

첫째, 주어표지 없이 체언만으로 주어가 되는 경우이다.

(60) ㄱ. 花 ありますか。(꽃 있습니까?)
ㄴ. 私 まいります。(저 갑니다.)

둘째, 체언에 주어표지가 붙어 주어가 되는 경우이다.
(61) ㄱ. 人生は 短い。(인생은 짧다.)
ㄴ. 秋が 過ぎた。(가을이 지났다.)

셋째, 용언에 조사나 부조사가 붙어 주어가 되는 경우이다.

(62) ㄱ. するのは 自由だ。(하는 것은 자유다.)
ㄴ. 行くのが いやだ。(가는 것이 싫다.)

넷째, 절이 한 문장의 주어 역할을 하는 경우이다. 이런 종속절을 '주어절'이라 하며, 절이 'のが'로 연결되는 경우 외에도 형식명사 'こと', 'もの', 'ところ'와 결합하여 주어절이 되는 경우도 있다.

(63) ㄱ. 私の作ったのが 一番 きらびやでした。(내가 만든 것이 제일 화려했다.)(이미숙 외 역, 2013:358-359)

ㄴ. 私は ウサギが 泣くことを 聞いたことが ある。(나는 토끼가 우는 걸 들은 적이 있다.)

또 예문 (64)의 밑줄 친 부분이 바로 측면어인데, 측면어는 술어가 나타내는 속성이 주어가 나타내는 사물의 어떤 측면의 속성인가를 나타내는 문의 부분을 말한다(이미숙·설근수 역, 2013:21).

(64) ㄱ. 彼女は あしが 美しい。(그녀는 다리가 예쁘다.)

ㄴ. この子は めかたが とても 重い。(이 아이는 몸이 무겁다.)(이미숙·설근수 역, 2013:22)

일본어는 화자와 청자가 공유하는 정보여서 문맥상 추측이 가능한 경우 그 문장의 주어를 생략할 수 있다.

(65) ㄱ. どこ 行くの。(어디 가?)

ㄴ. 金です。(김입니다.) [자기소개]

ㄷ. もう 食べたい。(더 먹고 싶어.) [화자 자신]

명령문이나 권유문, 2인칭 주어 의문문의 경우에도 주어가 생략되는 것이 보통이다.

(66) ㄱ. 明日は 六時半に 駅に 集まる。(내일은 6시에 역에서 모인다.)(이미숙·설근수 역, 2013:28-29)

ㄴ. さあ 出かけましょう。(자 나갑시다.)

특히 명령문이나 권유문, 때를 나타내는 문, 화자의 감정이나 생리적인 상태를 나타내는 경우, 주체가 일반화되어 있는 경우는 예문 (67)과 같이 주어 없이 쓰는 것이 보통이다.

(67) ㄱ. 何か おいしい ものが たべたいなあ。(뭔가 맛있는 게 먹고 싶어.)[감정]

ㄴ. おひたしには かつおぶしを かけます。(나물에는 가쯔오부시를 뿌린다.)[조리법]

ㄷ. この 山の 向うへは 船でしか 行けない。(이 산 건너편에는 배밖에 못 간다.)[일반진술문]

三上章(1979)는 주어 생략문에 대하여 "청자와 화자가 가까운 사이일수록 공유하고 있는 것이 많으므로 문장 성분이 생략될 가능성이 높다(了解事項を省略するの合理的である)."고 하였다.[25] 그러나 예문 (68)과 같이 자연현상이나 일반적 상황, 감상의 존재 등을 나타내는 문장은 담화 문맥이나 상황의 공유에 의한 주어 생략문이 아니라고 보았다(湯川恭敏·奥津敬一郎, 1975).

(68) ㄱ. 静かだ。(조용하다.)

ㄴ. 熱いですね。(덥네요.)

ㄷ. いい天気だ。(좋은 날씨다.)

지금까지의 논의를 토대로 일본어 주어가 갖는 특징을 정리하면 다음과 같다.

첫째, 일본어 문장에서 주어란 '무엇이(何が)'에 해당하는 말로서 서술어의 동작, 상태, 판정 등 술어의 속성을 나타내거나 설명하는 성분을 뜻한다.

둘째, 주격조사 'が' 이외에 다양한 격조사와 부조사가 체언과 결합하여 주어를 나타내며, 조사가 생략되기도 한다.

셋째, 격조사 'が'와 부조사 'は'는 기능·의미 용법에 있어서 뚜렷한 차이가 있다.

---

25) '了解事項'은 이미 알고 있는 사항 혹은 담화나 문맥에서 이미 제시된 사항을 의미한다.

넷째, 일본어에의 주격은 여격 'に', 속격의 'の'에 의해서도 나타나므로 주어와 주격이 일 대 일로 대응한다고 보기 어렵다.

다섯째, 일본어에는 '측면어'라는 성분이 있는데, 이 측면어를 포함한 문장은 한국어의 이중주어문과 비슷한 양상을 띤다.

여섯째, 화자와 청자가 공유하는 정보로서, 문맥상 추측이 가능한 경우 그 문장의 주어는 생략될 수 있다. 따라서 술어문도 주어를 상정할 수 있다.

일곱째, 주어인 명사구는 존경어화, 재귀대명사화, 동일 명사구 조건 등의 통사적 특성을 갖는다.

3.2.2. 일본어와 한국어의 주어 비교[26)]

일본어권 학습자의 오류는 한·일 간 언어적 유사성에 의해 동일 범주의 오류가 많다고 밝혀진 바 있다(김중섭·이정희, 2008). 이는 한국어와 일본어처럼 언어 속에 내재한 법칙이 비슷할수록 더욱 많은 언어 간섭 현상이 발생한다는(안병곤, 2009:12) 견해와 맥을 같이하는데, 언어가 비슷할수록 타언어권에 비해 문법 항목에 대한 습득이 빠른 반면 유사성으로 인한 간섭도 그만큼 많다는 것이다. 본 절에서는 한국어와 일본어의 문장 및 주어에 관한 공통점과 차이점을 논의하고, 일본어권 학습자를 위한 한국어 주어 교육에서 유의할 점은 무엇인지 살피고자 한다.

언어에 따라 격을 실현하는 방법[27)]이 각기 다른데, 예문 (69)와 같이 일본어는

---

26) 한·일 양 언어는 다른 알타이어계의 언어들과 공유하지 않는 다음과 같은 몇 가지 공통점을 갖고 있어 양 언어가 다른 알타이어계 중에서도 보다 근접한 언어임을 보여 주고 있다(안병곤, 2009:12-13).
   ① 명사나 용언 등에 접속하는 인칭어미가 없다.
   ② 지시어의 체계가 근, 중, 원의 3계열이다.
   ③ 용언의 활용체계 내부에 경어표현의 형태소가 들어 있다.
   ④ [r], [l]의 음운적 구별이 없다.
   ⑤ 고저액센트(한국어의 일부 방언)가 있다.

27) 개별 언어에 따른 격 실현 방법은 다음과 같다(박선옥, 2005:87).
   ① 어순(word order) ② 명사구 표지(NP marking) ③ 교차 지시(Cross-reference)

한국어와 마찬가지로 일명 격조사[28)]로 불리는 명사구 표지(NP marking)에 의해 격이 실현되는 언어 유형이다(박선옥, 2005:82).

(69) ㄱ. 部屋で 太郎**が** 花子**に** 本**を** 与えた。(집**에서** 타로**가** 하나코**에게** 책**을** 주었다.)
ㄴ. 太郎**が** 鉛筆**で** 手紙**を** 書いた。(타로**가** 연필**로** 편지를 썼다.)

이렇게 일본어는 명사 뒤 격조사에 의해서만 격이 실현되며, 어순이 격을 결정하지 않는다. 이러한 격 실현 방법은 한국어와 거의 일치하며, 격을 결정하는 명사구 표지의 차이가 두 언어를 가르는 변수가 되는 만큼 이에 유의하여야 한다.

일본어와 한국어는 모두 서술어가 문미에 위치하는 'SOV형' 언어이다. 서술어와 관형어를 제외한 나머지 성분들의 문장 내 위치는 자유로운 편이며, 어떤 성분을 문두에 놓는지에 따라 화자의 초점이나 의도가 달라질 수 있다. 예문 (70)과 (71)은 일본어와 한국어에서 주어가 문두, 문중, 문미에 놓인 경우를 상정한 것이다.

(70) ㄱ. **太郎が** 鉛筆で 手紙を 書いた。(타로가 연필로 종이에 썼다.)
ㄴ. 鉛筆で **太郎が** 手紙を 書いた。(연필로 타로가 종이에 썼다.)
ㄷ. 鉛筆で 手紙を **太郎が** 書いた。(연필로 종이에 타로가 썼다.)
ㄹ. 鉛筆で 手紙を 書いた **太郎が**。(연필로 종이에 썼다 타로가.)

(71) ㄱ. **나는** 수지와 지하철을 타고 종로에 갔다.
ㄴ. 수지와 **나는** 지하철을 타고 종로에 갔다.
ㄷ. 수지와 지하철을 타고 **나는** 종로에 갔다.
ㄹ. 수지와 지하철을 타고 종로에 갔다 **나는**.

28) 일본어 학교 문법에서는 9개의 격조사 'の, が, を, に, へ, と, より, から, で'를 설정하고 있다.

이와 같이 한국어와 일본어에서는 주어가 문장 내 어느 위치에 놓여도 의미가 크게 달라지지 않음을 확인할 수 있다. 다른 언어와 달리 이렇게 양 언어에서 성분의 위치가 자유로운 것은 격조사와 같은 성분 표지에서 비롯된다. 주어임을 표시하는 전형적인 성분 표지는 한국어와 일본어의 거리를 좁혀주는 중요한 요소로서, 일본어권 학습자가 한국어를 보다 쉽게 익히는 데 장점으로 작용한다.

3.2.2.1. 주어의 개념

일본어 문법서 및 일본어 교육 문법에서는 주어의 개념을 다음과 같이 정의하고 있다.

> "주어와 술어는 문의 골격을 이루는 부분으로 주어는 그 문이 지시하는 사항을 나타내고 술어는 주어가 나타내는 사항에 대해 서술한다. 주어는 보통 '～が', '～は' 또는 격조사가 생략된 형태로 사용된다."(이미숙·설근수 역, 2013:11)

> "주어란 화자가 외계로부터 발견한 객관적인 대상으로서 그 대상이 'なんである(무엇이다)', 'どんなである(어떠하다)', 'どうしている(어떻게 하고 있다)'라고 설명하는 수단으로서 말로 나타내는 문법형식이다."(허인순·박성태 역, 2008:56)

다음은 한국어 문법서에 기술된 주어 정의로서 일본어의 주어 정의와 크게 다르지 않다.

> "주어란 무엇(누가)이에 해당하는 것으로 어찌한다, 어떠하다, 무엇이다(누구이다)의 서술 대상이 되는 주체를 표현하는 말이다."(국립국어원, 2005:57)

- 해가 진다. ↔ 日が 沈む。〈어찌한다〉
- 바다는 파랗다. ↔ 海は 青い。〈어떠하다〉

• 나는 학생이다. ↔ 私は 学生だ。〈무엇이다〉

3.2.2.2. 주어 구성

한국어와 일본어에서는 예문 (72)와 같이 '단일어, 구, 절' 형식으로 주어가 구성되며, 예문 (73)과 같이 수사나 대명사도 주어 역할을 할 수 있다.

(72) ㄱ. 私は 野村です。(저는 노무라입니다.)〈단일주어〉
ㄴ. どこの 桜が 一番 きれいですか。(어디 벚꽃이 제일 예쁩니까?)〈구 주어〉
ㄷ. 私が それを 見るか 見ないかは 私の 自由で ある。(그것을 볼지 안 볼지는 내 자유다.)〈절 주어〉

(73) ㄱ. 十日が いいと おもいます。(십일이 좋을 것 같아.)〈수사 주어〉
ㄴ. どれが よいだろう。(뭐가 좋을까?)〈대명사 주어〉

일본어의 절 주어 구성은 (74)와 같이 'の', 'か'가 붙은 형이 격형식이나 강조형을 취하여 '~のは, ~のが, ~のを, ~のに, ~かも, ~かが, ~かを, ~かには'형이 된다(이미숙·설근수 역, 2013:357-359).

(74) ㄱ. 私の 作ったのが 一番 きらびやかでした。(내가 만든 게 제일 화려하다.)
ㄴ. 我々に とって 誰が 我々の 主任に なる**かが** 問題で ある。(우리에게는 누가 우리들의 주임이 되는지가 문제다.)
ㄷ. 私が それを 見るか 見ない**かは** 私の 自由で ある。(내가 그것을 보는지 안 보는지는 내 자유다.)

특히 구 이상의 긴 주어 구성에서 주어를 수식하는 성분을 이끄는 속격조사의 용법이 한-일 간에 서로 다르므로 유의해야 한다. 예문 (75)에서 보듯이 일본어권 학습자의 작문에는 '의' 과용 오류가 많은데, 일본어 조사 'の'의 사용 영역이 한국

어의 속격조사 '의'에 비해 훨씬 넓기 때문이다. 그러므로 일본어권 학습자들이 범하기 쉬운 조사 '의' 삽입 혹은 생략 환경을 일본어의 경우와 비교하여 제시하는 것이 도움이 될 것이다.

(75) ㄱ. 지난 주*의(√지난주) 3교시 때 다름 학생도 제하고 더같은 마음이라고 말했다.(JAP)(이은경, 1999:52)
ㄴ. 가게*의(√∅) 사람이 김을 조금 주었어요.(JAP_초급)

1) 주어의 수식 성분과 속격조사

일본어의 'の'는 한국어의 '의'에 대응하는 속격조사로서, 용법이 상당 부분 일치한다. 그러나 일본어의 'の'는 '소유, 소속, 소재, 동격, 상호' 등에 사용되는데 반해, 한국어에서는 동격이나 상호명에 대해서는 속격조사를 사용하지 않는다. 이렇게 'の'는 '의'보다 사용 범위가 넓어서 일본어권 학습자들이 이를 한국어에 과잉 적용할 경우 오류가 생길 수 있다.

일본어에서는 둘 이상의 체언이 'の'로 결합되는 반면, 한국어에서는 '의' 없이 체언을 순서대로 나열하는 경우가 많다.[29] 예문 (76)은 한국어와 표현을 달리하는 'の' 체언 수식 구성의 예이다.

(76) ㄱ. 사쿠라*의 꽃(√사쿠라 꽃) ↔ サクラの 花
ㄴ. 결혼*의 이야기(√결혼 이야기) ↔ 結婚の 話
ㄷ. 남존여비*의 사상(√남존여비사상) ↔ 男尊女卑の 思想
ㄹ. 여름방학*의 숙제(√여름방학숙제) ↔ 夏休みの宿題

2) 한국어 의존명사 주어 구성과 일본어 형식명사 주어 구성

한국어에는 '관형형+의존명사' 형식의 주어 구성이 많은데 일본어도 'こと, ところ, もの, とき, とおり, かた' 등 형식상으로만 명사 구실을 하는 '형식명사'를 중

29) 김원호(2010:23)에서는 일본어 'の'를 한국어의 '의'로 해석하는 경우는 50%에 불과하다고 하였다.

심으로 한 주어 구성이 많다. 일본어의 형식명사도 한국어의 의존명사와 마찬가지로 자립성이 없어 단독으로는 문장 성분이 되지 못하고, 예문 (77)처럼 실질적인 의미의 단어와 결합하여 문장을 이룬다.

(77) ㄱ. 나는 너를 이해할 수가 없다.
ㄴ. 갈 데가 없다.
ㄷ. 그 음식을 먹어본 적이 한 번 있다.

(78) ㄱ. 書く ことだ できる。(쓸 수가 있다.)(김경호, 2010:32)
ㄴ. 自分の ことは 良く わからない ものです。(자신에 관한 일은 잘 모르는 법입니다.)
ㄷ. テレビを 見る ところです。(텔레비전을 보고 있는 참입니다.)

이 밖에도 일본어의 'の'는 피수식어의 속성(모양, 특징, 재료, 출신, 종류 등)이나 상황(시간, 장소, 목적 등), 작품이나 사고의 내용을 나타내는 역할을 한다. 한국어의 속격조사 '의'보다 사용 범주가 훨씬 광범위하여 한국어 표현과 일치하지 않는 경우(한국어에서는 주로 생략)가 많다. 한국어의 속격조사 '의'는 일본어와 달리 '소유'와 '소재'의 경우를 제외한 나머지 상황에서는 거의 생략됨을 인지시키고, 특히 초급단계에서 단순히 체언을 열거한 체언 수식형 주어 구성이 많은 만큼 일본어권 학습자들이 속격조사 '의'를 과잉 사용하지 않도록 지도한다.

3) 인칭대명사 주어 구성과 경어법[30)]

가. 경어법

한국어 학습 초기에는 단일 체언으로 된 주어 구성이 주를 이루는데 특히 인칭대명사를 중심으로 한 주어가 많이 다루어지는 만큼 교사는 한·일 양 간 인칭

---

30) 한국어, 일본어, 자바어, 베트남어, 티베트어가 있고, 존경어와 겸양어는 발달했으나 공손어는 발달하지 않은 언어로 몽고어, 순다어, 힌두어가 있다. 또 중국어, 영어, 체코어 등은 존경어만 있고, 겸양어, 공손어는 체계적으로 발달되어 있지 않다(백동선, 2003:37-38).

대명사 공통점과 차이점을 숙지할 필요가 있다. 한·일 모두 일반 인칭대명사와 겸양 인칭대명사[31]가 존재하므로 그 쓰임을 구분하는 것은 어렵지 않으나 각 용법이 정확히 일치하는 것은 아니므로 주의가 요구된다.

일본어는 한국어와 마찬가지로 존경어,[32] 겸양어, 공손어가 체계적으로 발달한 언어로 한국어의 존칭 주어에 대한 존대 선어말어미 '-(으)시-'에 대응하는 표현으로는 존경의 조동사 '~れる', '~られる'가 있다. 단, 한국어의 주격조사 '이/가'의 존칭 표현인 '께서'와 같은 존칭 주격조사는 따로 설정하고 있지 않은 점에서는 차이가 있다.

(79) ㄱ. 여동생**이** 책을 읽는다. (妹**が** 本を 読む。)

ㄴ. 선생님**께서** 책을 읽으**신**다. (先生**が** 本を 読ま**れる**。)

또 한국어의 경우 일기나 수필과 같은 반말 진술문(반말체 문어)의 경우 겸양표현인 '저' 대신 '나'를 사용하는 반면, 일본어는 문체에 관계없이 '僕'의 겸양어인 'わたくし'를 사용한다. 이런 일본어의 습관으로 말미암아 일기나 감상문 등 반말 진술문에 '나' 대신 '저'를 사용하는 경향이 있는데, 이는 바른 표현이 아님을 인식시키고 바로잡아 줄 필요가 있다.[33]

(80) ㄱ. **나**는 그때 처음으로 선생님을 **뵈었다**. [겸양법]

ㄴ. **わたくし**は その時 はじめて 先生に **お会いしました**。(=**저**는 그때 처음으로 선생님을 **뵈었다**.)

(81) ㄱ. 起きる - 起き**られる** (일어나시다)

ㄴ. 話す - 話さ**れる** (이야기하시다)

---

31) 경어법에 의한 일본어의 인칭대명사에 대해서는 이미숙·설근수 역(2013:71), 김경호(2010:27)을 참고로 할 것.

32) 존경어(honorific language)란 화제의 인물에 대한 표현으로 화자가 그 인물에의 경의적 배려를 나타내는 경어를 말한다(백동선, 2003:38).

33) *저(√나)는 두루가쇼코인이다.(JAP_초급)

ㄷ. 聞く - 聞かれる (들으시다)

다음은 일본어와 한국어의 경어법의 개념 및 특징을 비교한 것이다.

"가족을 자신과 준하는 것과 그 외 사람과 구별하고, 자신이 속하는 집단, 회사, 조직 등에 속하는 사람과 같이 [ウチ]로서 다룬다. 공통어의 소재경어는 화자와 화제의 인물과의 관계뿐만 아니라, 화제의 인물이 ウチ인지 ソト인지 따라 영향을 받는다(相對敬語). 한국어의 소재경어는 화자의 화제의 인물과의 관계만으로 결정한다(絶對敬語). 전후의 민주화나 핵가족화의 영향으로 절대경어로부터 상대경어의 흐름이 보인다(眞田信治; 김경호, 2010:394에서 재인용)."

일본어와 한국어는 경어법에서 다음과 같은 공통점과 차이점을 보인다.

첫째, 한국어의 1인칭 대명사 '나'의 겸양표현으로 '저'가 있고, 일본어는 '僕'의 겸양표현으로 'わたし(わたくし)'가 있다.

둘째, 일본어의 2인칭 대명사 'あなた'는 '너(君)'의 존칭 표현인 반면, 한국어의 2인칭 '당신'은 배우자 호칭 또는 상대를 의도적으로 낮추기 위한 의도로 쓰이며, 상대를 대우하기 위해 쓰는 일은 없으므로 유의하여야 한다. 한국어에서는 존칭의 의미를 가진 '당신'을 써야 할 자리에 대명사보다는 '어머니, 아버지, 선생님, 사장님' 등 일반 명사를 사용하는 것이 일반적이다.

(82) あなたの 考えられる とおりです。(당신이 생각하시는 대로입니다.)

(83) ㄱ. 너의 어머니를 만났다.
ㄴ. *君の お母さんに 会った。
ㄴ'. あなたの お母さんに お目に かかった。

셋째, 일본어에서는 (84ㄴ)에서 보듯이 타인에게 자신이나 가족[34], 회사 등 자신이 포함된 집단에 대해서는 경어를 쓰지 않는 것이 보통이나, 한국어는 가족이나 회사에 대해서도 그대로 존칭을 사용한다. 즉 한국어는 윗사람에 대해서는 무조건 존경어를 사용하는 '절대 경어법'의 언어인 반면 일본어는 자기쪽과 상대쪽을 구분하여 사용하는 '상대 경어법'의 언어이다. 따라서 일본어권 학습자들이 한국어의 절대 경어법을 이해하고 이를 적절히 사용하도록 지도해야 한다.

(84) ㄱ. *先生は もう 来たのに 私の父は **こられません**。(=선생님은 벌써 왔는데 우리 아버지는 오지 않으셨다.)

ㄴ. 先生は もう 来たのに 私の父は **来てない**。(=선생님은 벌써 왔는데 내 아버지는 안 왔다.)

넷째, 한국어는 존칭 주어에 대하여 술어에 존대 선어말어미 '-(으)시-'를 붙여 존대를 표현하는 반면, 일본어에서는 존경의 의미를 가진 특수한 존경·겸양동사가 발달하여 한국어보다 복잡한 양상을 띤다. 특히 일본어와 달리 한국어는 일부 동사를 제외하고는 겸양동사가 일본어처럼 심하게 분화되어 있지 않다는 점에 유의한다. 다음 (85)는 일본어권 학습자의 존칭 주어 사용 오류로서, 이는 존칭 주어표지의 부재로 인한 표지 사용 오류에 속한다.

(85) ㄱ. 일본에서 지금 학생이 선생님*에게(√께) 반말을 싸고, 아이가 부무님를 친구같이 생각하고 있습니다.(JAP_초급)(이정희, 2003:138)

ㄴ. 친구 부무님*이(√께서) 일본에서 이본 주말에 게십니다.(JAP_초급)(이정희, 2003:138)

나. 재귀대명사: 한국어 재귀대명사 '자기'와 일본어의 '自分'

34) 일본에서는 가족을 자신(ウチ)에게 준하는 것으로 생각하여 가족을 높이는 표현을 쓰지 않으며 그 외(ソト)의 사람과 구별한다. 자신이 속한 회사나 집단, 조직에 속하는 사람에 대해서도 마찬가지로 'ウチ'로 취급하여 보통 존경어 대신 자신을 낮추는 겸양어를 사용한다(김경호, 2010:406).

한국어의 주어 호응 요소로 알려진 재귀대명사 '자기'에 대응하는 일본어에는 '自分'이 있다. 한국어의 재귀사 '자기'와 일본어의 '自分'은 예문 (86)처럼 의미나 용법에서 큰 차이를 보이지 않으며. 이때 일본어 '自分'은 명사로서 '자기, 자신, 스스로' 등의 의미를 갖는다.

(86) ㄱ. **自分**の ことは 自分でせよ。(=자기 일은 자기가 알아서 해라.)
　　ㄴ. **自分**が 言ったくせに~ (=자기가 말한 주제에~)

한편, 예문 (87)에서 일본어 '自分'은 1인칭 주어인 '나/저'를 받는 대명사로서 한국어와는 다소 차이가 있다.

(87) ㄱ. **自分**の 責任で あります。
　　ㄴ. *자기/저의 책임입니다.

이와 같이 일본어에서 '自分'은 한국어의 재귀대명사의 개념과 달리 명사 또는 대명사로서 쓰이며, 한국어와 달리 1인칭 '나/저'를 대신하는 경우가 많다는 점이다. 그러므로 일본어권 학습자들이 이를 혼동하지 않도록 주의해야 한다.

다. 피동문과 사동문[35)]

한국어와 마찬가지로 일본어에서는 무엇을 '주어' 혹은 '보어'로 하느냐에 따라 능동문과 피동문, 주동문과 사동문으로 나뉜다. 즉 능동문 (88ㄱ)에서는 '太郎'가 동작의 주체가 되고 '次郎'는 동작의 대상이 되는 반면 수동문 (88ㄴ)에서는 동작의 대상인 '次郎'가 주어가 되고 주체는 보어로 쓰였다. 이와 같이 동작의 주체가 주어, 대상이 보어인 문장을 능동문이라 하고 그 역을 피동문(수동문)이라 한다. 한편 (88ㄷ)은 동작을 지시하는 대상이 주어가 되는 사동문으로 이 경우에는 동작의 지시자와 동작주가 문장의 필수 요소가 된다.

---

35) 이미숙·설근수 역(2013:91-101), 안중환(2002)을 참고하였음.

(88) ㄱ. 太郎が 次郎を 殴った。(=타로가 지로를 때렸다.) [능동]

ㄴ. 次郎が 太郎に 殴られた。(=지로가 타로한테 맞았다.) [수동]

ㄷ. 花子が 太郎に 次郎を 殴らせた。(=하나코가 타로한테 지로를 때리게 했다.) [사동]

이렇게 일본어에서 능동, 피동, 사동의 문제는 성분의 위치와 서술어의 형태와 깊은 관계가 있다는 점에서 한국어와 흡사하다. 단 구문의 종류에 따른 서술어의 형식에 있어서는 차이가 있으므로 교수 시 유의한다.

(89) ㄱ. 수지가 영수를 때렸다. [능동]

ㄴ. 영수가 수지한테 맞았다. [피동]

ㄷ. 철호가 수지한테 영수를 때리게 했다. [사동]

'(ら)れる' 단일형인 일본어보다 한국어의 피·사동은 다소 복잡한 양상을 보인다. 또 한국어의 피동 접사 '이/히/리/기' 등은 동사의 음운 조건에 의해 분화되며, 규칙을 정하기 어려울 만큼 복잡한 양상을 띠기 때문이다. 반면 일본어의 '(ら)れる'는 장음동사 어간 접속과 모음동사 어간 접속이라는 간단한 음운 규칙의 적용만 받는다.

(90) ㄱ. 生徒達が 詩集を 作った。(학생들이 시집을 만들었다.)

ㄴ. 詩集は 生徒に よって つくられた。(시집이 학생들에 의해 만들어졌다.)

ㄷ. (母が)　ちゃんが 乳を 吸った。((엄마가) 아기가 젖을 먹었다.)

ㄹ. 母が　赤ちゃんに　乳を 吸わせた。(엄마가 아기에게 젖을 먹였다.)

능동, 수동, 사동은 모두 동작 구성원과 문장의 구성원 간의 관계 방식에 의한 것으로 이러한 구문의 분화에 있어서 무엇보다 중요한 것은 '주어'의 자질이라고 할 수 있다.

3.2.2.3. 주어표지

주어표지도 한국어와 일본어는 매우 흡사한데, 일본어의 주어표지는 'が', 주제표지는 'は' 단일형만 존재한다는 점에서 선행체언의 음운 환경에 따라 '이/가', '은/는'으로 표지의 형태가 달라지는 한국어와 차이가 있다. 이러한 차이로 인한 오류 역시 빈번하므로 학습 초기부터 이를 확실히 구별하도록 지도해야 한다.

(91) ㄱ. 물냉면*가(√이) 아주 맛있어요.(JAP_초급)
ㄴ. 그렇지만 한국요리*은(√는) 맛싰어서 많니 먹어싶어요.(JAP_초급)

1) 한국어의 '이/가'와 일본어의 'が'

한국어의 '이/가'와 일본어의 'が' 용법은 상당 부분 일치하지만 술어에 따라 취하는 표지가 다르므로 주의가 요구된다. 즉, 한국어와 다른 용법에 일본어식 표현을 과잉 적용함으로써 오류를 보이는데, 특히 감정을 나타내는 형용사에서 많이 나타난다.

(92) ㄱ. 故郷が 恋しい。(=고향이 그립다.)
ㄴ. 蛇が 怖い。(=뱀이 무섭다.)
ㄷ. 仕返しが 恐ろしい。(=복수가 두렵다.)
ㄹ. 話しが 面白い。(=이야기가 재미있다.)

동사 술어로서 한국어와 일본어가 취하는 보충어의 격이 동일한 경우는 예문 (93)과 같다.

(93) ㄱ. 金**が** 要る。(=돈이 필요하다.)
ㄴ. 富士山**が** 見える。(=후지산이 보인다.)

반면, 한국어와 보충어 표지를 달리하는 일본어 표현에 대해서는 일본어권

학습자의 한국어 사용 오류가 빈번하게 나타난다. 그 대표적인 표현이 '~ができる,[36) ~がすきです, ~になる, ~がわからない, ~ができない, ~が欲しい, ~が~たい' 등인데 이들 표현은 각각 '~을/를 할 수 있다', '~을/를 좋아하다(좋다)', '~이/가 되다', '을/를 알다/모르다, ~(으)ㄹ 수 있다/없다, ~을/를 갖고 싶다, ~(을/를) ~고 싶다' 등으로 각 서술어가 취하는 격 표지가 모두 한국어와 다르다.[37)]

(94) ㄱ. 日本語が できる。- 일본어를(*가) 할 수 있다.
ㄴ. 漢字が 読める。- 한자를(*가) 읽을 수 있다.
ㄷ. 登山が すきです。- 등산을(*이) 좋아하다(=등산이 좋다.)
ㄹ. 大学生に なる。- 대학생이(*에) 되다.
ㅁ. 韓国語が わからない。- 한국어를(*가) 모르다.

한국어에 대응하는 일본어의 감정 형용사[38)]를 살펴보면, 해당 서술어가 취하는 보어의 성질이 일치하지 않음을 확인할 수 있는데, 가령 한국어의 '모르다'의 경우 대격조사를 취한 '~을/를 모르다'의 형식으로 나타나는 반면, 일본어는 주격조사를 취한 '~가 모르다'의 형식이 된다. 이와 같은 양상을 보이는 서술어로는 '~을/를 할 수 있다(없다), ~이/가 되다, ~을/를 갖고 싶다, ~이/가 좋다, ~을/를 좋아하다, ~(으)ㄹ 수 있다' 등이 있으며, 이러한 서술어에 대하여 일본어 학습자의 오류 빈도가 높은 만큼, 특히 주의를 요한다.

일본어에서는 '좋다', '좋아하다'의 구분 없이 '~が すきです' 단일 형태로 쓰이는 반면, 한국어에서는 '좋다'와 '좋아하다'가 각각 취하는 보충어의 특성이 다르다. 즉, '좋다'는 비 타동성 술어로서 조사 '이/가'를 취하는 반면, '좋아하다'는 타동성 술어로서 조사 '을/를'과 결합한다. 이 문형들은 모두 초급단계에서 높

---

36) 가능동사란 동사 자체에 '~することができる'의 의미가 포함된 동사로 대격조사 'を'를 취하지 않고 'が'를 취한다.

37) 다음 예문은 일본어권 학습자들의 쓰기에 나타난 주어표지 오류들이다.
- 아무리 생각해도 대답*이(√을) 몰라요.(JAP_중급)
- 내일 비가 온다면 공원에서 데이트*가(√를) 할 수 없어요.(JAP_중급)

38) 주로 '희망', '가능' 형용사들이 여기에 속한다.

은 빈도로 사용될 뿐만 아니라 일본어권 학습자들은 조사 사용에 익숙한 편이므로 쓰임이 다른 표현을 중심으로 가르치는 것이 좋다.

또한 서술어와 조사를 따로 제시하여 가르치기 보다는 처음부터 '조사+서술어'의 덩어리 표현으로 제시하는 것이 효과적이다. 한편, 한국어 대응 표현인 '이해하다(=わかる), 할 수 있다(=できる), ~고 싶다(=~たい, ~ほしい)' 등에 대해서는 주격조사 '이/가'를 결합하지 않도록 유의하여 가르쳐야 한다. 특히 피동과 사동 표현에서 서술어 만드는 법에 치우치기보다 조사와 결합된 형태의 문형 중심으로 제시하는 것이 좋다.

다음 예문 (95)는 일본어에서 주격조사를 동반하는 서술어 '~が すき', '~が できる'를 한국어 '~을/를 좋아하다', '~을/를 (으)ㄹ 수 있다' 문형에 그대로 적용시켜서 생긴 오류이다.

(95) ㄱ. 야구*가(√를) 잘 하니까 친구는 저에게 늘 야구를 가르쳤어요.(JAP_중급)
ㄴ. 이곳에서는 공장 구경*이(√을) 할 수 있습니다.(JAP_초급)(홍은진, 2004:293)
ㄷ. 저는 여행*이(√을) 너무 좋아해서 전주와 경북에 가 본 적이 있습니다.(JAP_중급)
ㄹ. 화장이 자연스러운 여자*가(√를) 좋아하지만 화장이 진하고 예쁜 여자도 괜찮습니다.(JAP_중급)(최우영, 1997:48)

2) 한국어의 '의'와 일본어의 'の'

한국어의 속격조사 '의'의 대응형인 일본어의 조사 'の'는 예문 (96), (97)과 같이 주어표지로도 쓰인다(김경호, 2010).[39]

---

39) 한국어의 주격조사 '이/가'와 일본어의 주격조사 'が', 'の'를 중심으로 상호 의미·기능 대응 관계를 살펴보면 일본어의 주격조사 'が'는 주격 '이/가' 외에 소유격을 제외한 목적격, 부사격에 모두 대응하는 양상을 보이며, 일본어의 속격조사 'の'는 부사격 '에서'를 제외하고 주격, 속격, 목적격에 모두 대응하는 양상을 보인다(홍사만 외, 2009:19).

(96) ㄱ. 私が 作ったのが 一番 きらびやかでした。(이미숙·설근수 역, 2013:358)

ㄴ. 私の 作ったのが 一番 きらびやかでした。

ㄷ. *나의/내가 만든 것이 제일 화려했다.

(97) ㄱ. 私が 食べたパンは おいかった。(김경호, 2010:327)

ㄴ. 私の 食べたパンは おいかった。

ㄷ. *나의/내가 먹은 빵은 맛있었다.

일본어에서는 주어와 술어가 바로 아래 체언을 수식하는 경우에 한하여 조사 ‘の’가 주어를 나타내며 그 외의 경우는 한국어와 마찬가지로 が가 주어표지로 쓰이는데[40] 한국어에서는 두 경우 모두 예외 없이 ‘이/가’를 써야함을 주지시킨다. 한국어에서 속격조사 ‘의’가 주어표지로서 사용된 예는 주로 옛 문헌에서 제한적으로 나타난다.

(98) ㄱ. **나의** 살던 고향은 꽃피는 산골.

ㄴ. 吾等은 玆에 我 朝鮮**의** 獨立國임과 朝鮮人**의** 自主民임을 宣言하노라.(독립선언문 中)

또 일본어의 속격조사 ‘の’는 연체[41]수식구 중 주격이나 대상격을 나타내는 경우, 조사 ‘의’가 아닌 ‘이/가’에 대응됨에 유의하도록 가르친다.

(99) ㄱ. 雪の 降る夜 - 눈**이** 내리는 밤(홍사만 외, 2009:20)

ㄴ. 音楽の 好きな者 - 음악**이** 좋은 사람

다음 예문 (100)은 속격조사 ‘の’와 ‘의’의 사용 차이로 인한 오류를 보여준다.

---

40) ガ·ノ교체라고 한다(김경호, 2010:327).

41) 일본어의 연체격은 속격(genitive)에 해당함.

(100) ㄱ. 제 친구*의(√∅) 타캐시 씨는 아주 재미있어요.(JAP_초급)(이정희, 2003:145)

ㄴ. 저는 일본에 미양마 *사람의(√∅) 친구가 한 명 있어요.(JAP_초급)(이정희, 2003:145)

ㄷ. 한국어*의(√∅) 공부는 지금 어렵지만 재미있어요.(JAP_초급)(이정희, 2003:146)

이는 속격조사가 불필요한 한국어의 '체언+체언' 수식 구조가 일본어 표현과 일치하지 않아 생긴 것으로 보인다.

3) '이/가(が)'와 '은/는(は)[42]'의 구별

다음으로 한국어의 '이/가'와 '은/는', 일본어의 'が'와 'は'에 대하여 살펴보자. 한국어의 주격조사 '이/가'는 일본어 주격조사 'が', 보조사 '은/는'은 일본어의 부조사[43] 'は'에 각각 대응한다고 알려져 있으며, 한국어의 '이/가'와 일본어의 'が'는 주격조사, 한국어의 '은/는'과 일본어의 'は'는 주제(theme), 제목(title), 화제(topic) 등의 술어로 기술되고 있다.[44] 그러나 두 언어 모두 주어·주제 중심언어로 한국어의 '이/가'와 '은/는', 일본어의 'が'와 'は'은 학습자들에게 혼돈을 주는 일이 많다. '은/는'과 'は'는 화제 기능이 현저하여 주어표지와 동일시되거나 주격조사와 혼동을 주기 때문이다. 그러나 '은/는'과 'は'는 화제·대조 기능을 하는 전형적인 화용표지로서 격조사 '이/가', 'が'와는 문법적 층위를 달리한다는 점에서 두 용법은 서로 대체하기 어렵다.

그 밖에 한국어의 주격조사 '이/가(が)'와 보조사 '은/는(は)'의 가장 두드러진 의미·형태상의 특징은 '이/가(が)'는 격조사로서 말과 말의 자격을 나타내는 반

42) 홍사만(2002a:147-193)을 참고하였음.

43) 부조사는 여러 가지 품사에 붙어 부사처럼 용언 혹은 그에 준하는 말을 수식하는 기능을 한다.

44) 홍사만(2002a:157-158)는 일본어 학자들의 논지를 바탕으로 '정보성, 문의 종류, 문말 호응, 가의성' 등 네 가지 관점에서 が와 は의 용법을 정리하였는데, 우선 'が'의 기능용법으로 '신정보, 현상문, 문말에 걸리지 않음, 배타성'을, 'は'의 기능용법으로 '구정보, 판단문, 문말에 걸림, 대비성'을 들었다.

면, '은/는(は)'는 고유한 뜻을 선행어에 첨가하는 일을 한다는 것이다. 한편 일본어 격조사 'が'는 체언에는 결합이 가능하지만 종조사(終助詞)[45]에는 붙지 않고, 'は'는 체언 외에 다른 여러 가지 품사는 물론, 주격조사 이외의 격조사에도 결합이 가능하다는 것이다.

이렇게 한국어의 '이/가'와 '은/는', 일본어의 'が'와 'は'가 매우 흡사한 의미·기능을 가짐에도 불구하고 일본어권 학습자들이 '이/가', '은/는'을 구분하는 데 오류를 보이는 이유는 한·일어 두 항목의 용법이 정확히 일치하는 것은 아니기 때문이다. 또한 일본어권 학습자들 역시 두 조사의 의미·용법을 문법적으로 명확히 파악하기 보다는 직관에 의존하는 경우가 많으므로, 이는 오히려 당연한 결과이다.

기본적으로 '이/가', '은/는'의 구분 문제에 대해서는 'が', 'は' 사이의 공통점과 차이점을 중심으로 예문을 통해 가르치는 것이 좋으며, '이/가'와 '은/는'을 구분하는 데 있어서 일본어권 학습자들이 가진 'が'와 'は'에 대한 직관이 장점으로 작용할 수 있다.

두 언어에 나타나는 '이/가(が)'형 주어의 기능 및 용법을 제시하면 다음과 같다.[46] '이/가(が)'형 주어는 다음 예문 (101)~(104)에서 보는 바와 같이 주로 주격, 미지(未知)의 대상이나 미언급 대상, 이중주어문의 두 번째 명사구에 주로 쓰인다. 또한 조사 '이/가(が)'는 특정 대상을 가리키거나 사건을 나타내는 문장 주어에 결합하는 경향을 보이는데, 예문 (105)~(106)이 이에 해당된다. 이 밖에 주요 정보가 주어 그룹 또는 전체에 있을 때, 일반적 상태를 나타내는 형용사문, 종속절의 주어나 복합부분의 주체를 나타내는 단어, 조건절의 주어 및 규정어절, 구성상 바깥쪽보다는 안쪽에 '이/가(が)'가 결합되는 경우가 많으며, 이에 대해서는 예문 (107)~(111)에서 확인할 수 있다.

---

45) 종조사란 문말의 술어가 되는 단어에 붙어 화자와 청자 사이의 인식 차이를 보완하는 일과 관계된 서술어를 말한다. 종조사에는 'よ, ね, さ, わ, ぞ, ぜ, な' 등이 있다(이미숙·설근수 역, 2013:329).

46) 예문 (101)~(111)은 김영순(1993:347), 이미숙·설근수 역(2013:24-27)을 참고하였음.

(101) **花が** 咲いた。(꽃이 피었다.)

(102) **私が** 山田です。(제가 야마다입니다.)

(103) **バスが** 来ました。(버스가 왔다.)

(104) 象は **鼻が** 長い。(코끼리는 코가 길다.)

(105) **人が** 死ぬ。(사람이 죽는다.)

(106) **雨が** やんだ。(비가 온다.)

(107) 가: 中村さんは いらっしゃいますか。(나카무라 씨 계십니까?)

나: **私が** 中村です。(제가 나카무라입니다.)

(108) **西の** 空が くろい。(서쪽 하늘이 검다.)

(109) **あの**子は 背が **高い**。(그 아이는 키가 크다.)

(110) **風が** ふけば、**おけやが** もうから。(바람이 불면 통장사가 수지맞는다.)

(111) 太郎は **花子が** うんだ 子に にて いた。(타로는 하나코가 낳은 아이와 닮았다.)

한편, '은/는(は)'형 주어의 기능 및 용법에 대하여 예문 (112)~(121)을 중심으로 기술하면 다음과 같다. 첫째, 주격이나 속격에 쓰인다. 둘째, 기지(旣知)의 대상에 쓰인다. 셋째, 이미 앞서 언급한 대상을 가리킨다. 넷째, 이중주어문의 첫 번째 명사구에 쓰인다. 다섯째, 일반적인 대상을 가리킨다. 여섯째, 사물의 특징을 나타내는 문의 주어에 쓰인다. 일곱째, 주요 정보가 술어그룹에 있을 때 주어에 は가 붙는다. 여덟째, 형용사가 사물의 성질을 나타낼 때 쓰인다. 아홉째, 문의 주어는 'は'가 되는 경향이 강하다. 열째, 구성상 바깥쪽에 있는 것은 'は'가 쓰인다.

(112) **花は** 咲いた。(꽃은 피었다.)

(113) **私は** 山田です。(저는 야마다입니다.)

(114) **あのバスは** 来ました。(그 버스는 왔다.)

(115) **象は** 鼻が 長い。(코끼리는 코가 길다.)

(116) **人は** 死ぬ。(사람은 죽는다.)

(117) **ダイヤモンドは** 鉄より かたい。(다이아몬드는 철보다 강하다.)

(118) 가: **あなたは** どなたですか。(당신은 누구십니까?)

나: **私は** 野村です。(저는 노무라입니다.)

(119) **炭は** くろい。(석탄은 검다.)

(120) 大雪が 降ったので、**みんなは** 休んだ。(큰 눈이 내려서 모두 쉬었다.)

(121) **太郎は** 花子が うんだ 子に にて いた。(타로는 하나코가 낳은 아이와 닮았다.)

주어를 나타내는 '이/가(が)'형, '은/는(は)'형의 구분·대립 양상을 각각의 결합 정보에 따라 구분·정리하면 다음 〈표 23〉과 같다.

〈표 23〉 '이/가(が)'형 주어와 '은/는(は)'[47]형 주어 비교

'주어+이/가(が)'	'주어+은/는(は)'
주요 정보가 **주어 또는 전체**에 있을 때	주요 정보가 **술어**에 있을 때
사건을 나타내는 문장	**사물의 특징**을 나타내는 문장
동사서술문이 **사건**을 나타내는 경우	동사서술문에서 **시간을 초월**하는 경우
형용사가 **일반적 상태**를 나타낼 때	형용사가 **사물의 성질**을 나타낼 때
종속절의 주어나 **복합부분의 주체**인 경우	대부분 **복문의 문주**
조건절의 주어	**규정절**의 주어

4) 주제의 '은/는(は)'

주지하다시피 한국어와 일본어는 '주어, 주제 부각어'로, 특히 문장의 주제가 한국어의 '은/는', 일본어의 'は'와 결합하여 주어로 쓰이는 일이 많다. 이때 '은/는', 'は'는 문장 내의 다양한 성분과 결합하여 문두에서 선행요소를 그 문장의 화제로 부각하는 기능을 한다.[48]

47) 한편, 이미숙·설근수 역(2013:276-277)에서는 'は'의 의미·기능 중 '강조 용법'을 다음과 같이 분류하고 있다.
- 일반 주어로 쓰이는 경우
- 동류항 중 특정한 사항을 지적하는 경우
- 문장에서 둘 이상의 항이 대립하는 경우
- 문두의 중심이 되는 이야기 제목을 나타내는 경우
- は에 의한 수량명사 강조형: 긍정형에서는 적지 않음을, 부정형에서는 적음을 표시

48) 三上章(1970:59)은 일본어가 영어와 다른 점으로 'は'에 의해 화제가 명확해지는 점을 들었다.

(122) ㄱ. 어제 수지가 명동에 갔다.

ㄴ. **어제는** 수지가 명동에 갔다.

ㄷ. **수지는** 어제 명동에 갔다.

ㄹ. **명동에는** 어제 수지가 갔다.

5) 구정보(기지의 사실)의 '은/는'(は), 신정보(미지의 사실)의 '이/가'(が)

(123) ㄱ. 조교는 누구입니까? [기지+미지]

ㄴ. 조교는 김수지 씨입니다. [기지+미지]

(124) ㄱ. 어느 분이 조교입니까? [미지+기지]

ㄴ. 제가 조교입니다. [미지+기지]

'은/는'의 선행명사는 [+특정]의 지시 기능을 가진다. 화자와 청자 사이에 한정된 지식 즉, 기지 정보만이 화제가 될 수 있다.

(125) *어디는 역이냐?[49)]

'이/가(が)'는 초점 정보에 결합하므로 생략이 어렵고, 선행어가 신정보 혹은 구정보인 반면, '은/는(は)'은 구정보 혹은 잉여적 정보로서 생략이 수의적이고 대용어 표현이 가능한 것이 특징이다.[50)]

(126) 가: 철수는 입학시험에 어떻게 되었니?

나: 철수는 입학시험에 합격했지. ['기지'의 사실]

나': 그는 입학시험에 합격했지.

49) 부정어는 [-특정]으로 '은/는'이 올 수 없다.

50) 화제는 기지 정보로서 정보 전달력이 낮다는 사실은 그 요소의 생략 가능성과도 직결된다(홍사만, 2002b:170).

나″: 합격했지. [생략가능]

(127) 가: 누가 입학시험에 합격했지?

나: 철수가 입학시험에 합격했지. ['미지'의 사실]

나′:*입학시험에 합격했지. [생략불가]

즉 화제는 화자와 청자 사이에 이미 알려진 요소이므로 담화론적으로 수의적 성분이다. 또한 종속문 속의 '은/는'이 화제를 나타낼 경우 '이/가'로 중화되지만, 예문 (128)과 같이 대조를 나타낼 때는 중화되지 않는다(Kuno, 1973:56).

(128) ㄱ. *철수는 좋아하는 사람은 화자이다.

ㄴ. 철수가 좋아하는 사람은 화자이다.

(129) ㄱ. {철수는 왔지만, 영수는 오지 않았다}는 것은 이상하다.(홍사만, 2002b:175)

ㄴ. {라디오는 듣지만 텔레비전은 보지 않는} 사람은 제법 많다.

이와 같이 한국어와 일본어에서 화제는 '은/는(は)'과 결합하여 문두에 나타나며, 기지 요소 즉, 구정보에 관한 기능을 수행한다. 화제의 '은/는'과 대조의 '은/는'을 구별하기 위해서는 다음과 같은 조건들이 고려되어야 하는데, 우선, 주어의 '은/는'은 화제를, 주어 이외의 '은/는'은 대조를 나타내는 경향을 보인다는 점이다. 또, 하나의 문장 속에 두 개의 '은/는'이 있을 때 전자는 '화제', 후자는 '대조'를 나타낸다. 즉, 문맥이나 이야기 장면의 도움으로 비교 대상이 전제되는 경우에는 주로 '대조'의 의미로 해석된다. 마지막으로 대조의 '은/는', 'は'는 '자매항'의 존재를 전제로 한다는 점이다(홍사만, 2002a:175-178).

'は'는 다른 것과의 '구별', '강조'의 의미를 가지는데, 예문 (130ㄱ)의 '僕が'는 서술어의 주체, 즉 동작의 주격을 나타내고 (130ㄴ)의 '僕は'는 '다른 사람은 몰라도 나는'의 의미를 내포한다.

(130) ㄱ. **僕が** 行く。(= **내가** 간다.)

ㄴ. **僕は** 行く。(= **나는** 간다.)

'은/는(は)'은 예문 (131)에서와 같이 격언이나 사실문 등에서 '총칭'을 나타낸다(허인순 외 역, 2008:37-40).

(131) ㄱ. 人間**は** 考える葦である。(= 인간**은** 생각하는 갈대다.)

ㄴ. 男**は** 度胸、女**は** 愛嬌 。(= 남자**는** 배짱, 여자**는** 애교)

ㄷ. 鯨**は** 哺乳動物だ。(= 고래**는** 포유동물이다.)

ㄹ. 日本**は** 島国だ。(= 일본**은** 섬나라다.)

또한 '은/는(は)'은 예문 (132)와 같이 복문·종속절의 주어와 결합한다.

(132) 先生**は** 生徒に 仕事を 頼んだ。(= 선생님은 학생에게 일을 부탁했다.)

ㄱ. 生徒に 仕事を 頼んだ 先生**は**~ (= 학생에게 일을 부탁한 선생님은~)

ㄴ. 先生**が** 仕事を 頼んだ 生徒**は**~ (= 선생님이 일을 부탁한 학생은~)

ㄷ. 先生**が** 生徒に 頼んだ 仕事**は**~ (= 선생님이 학생에게 부탁한 일은~)

(133) 수지**가** 철수에게 돈을 빌렸다.

ㄱ. 철수에게 돈을 빌린 수지**는**~

ㄴ. 수지**가** 돈을 빌린 철수**는**~

ㄷ. 수지**가** 철수에게 빌린 돈**은**~

부정표현의 설의법으로 문 전체를 부정하거나 반어적 의미를 표현하는 경우 부정어사에 '은/는(は)'이 연결될 수 있다(홍사만, 2002a:163).

(134) ㄱ. 어디**는** 못 가겠느냐?

ㄴ. 무엇**은** 제대로 잘하겠느냐?

ㄷ. 언제는 좋아서 죽더니만

ㄹ. 누구는 하고 싶어 한 일이겠느냐?

다음 (135)는 'が', 'は'의 주어 결합 여부에 따라 서술의 주체가 달라지는 예이다(허인순·박성태 역, 2008:45).

(135) お父さんが起きた時 体操します。[주체: 아버지 외]

(나는/오빠는…) 아버지가 일어나셨을 때 체조합니다.

A: (수지 씨는) 언제 체조합니까?

B: (저는) 아버지가 일어나셨을 때 체조합니다.

(136) お父さんは 起きた時 体操します。[주체: 아버지]

(아버지는 일어나셨을 때 체조합니다)

A: (수지 씨의) 아버지는 언제 체조하십니까?

B: (우리) 아버지는 일어나셨을 때 체조합니다.

한국어 '이/가', '은/는', 일본어의 'が', 'は' 용법은 거의 차이를 보이지 않는 만큼, 일본어권 학습자가 '이/가'와 '은/는'을 구분하여 사용하는 데 큰 어려움을 겪지는 않으나 정확한 의미 기능을 알고 사용하기 보다는 직관에 의존하는 경향이 강하여, 예문 (137)과 같은 오류를 보이기도 한다.

(137) ㄱ. 제 생일*이(√은) 8월 3일 이에요.(JAP_초급)

ㄴ. 직업*이(√은) 일본어 선생님이에요. 가족*이(√은) 두 명이에요. (JAP_초급)

6) 주어표지 생략

한국어와 일본어에서는 주어표지 없이 주어가 되기도 하는데 예문 (138)에서 보는 바와 같다.

(138) ㄱ. 아빠∅ 오셨다. 문 열어라.

ㄴ. 너∅ 어디 갔다 왔니?

ㄷ. あなた∅ いたの。(=너 갔어?)(이미숙·설근수 역, 2013:12)

ㄹ. 田中さん∅ 亡くなったの しらなたった。(=다나카 씨 죽은 것을 몰랐다)(홍사만 외, 2009:27)

양 언어 모두 문어체보다는 짧은 구어체에서 격조사가 잘 생략되며, 한국어가 일본어보다 생략의 빈도가 더 높은 편이다.[51] 특히 주격조사가 보조사와 중첩될 때 '주격조사'는 탈락하고, '보조사'만 남는 것[52]은 일본어와 동일하다.[53]

그러나 다음 예문 (139)~(140)처럼 주어표지가 생략되는 것이 일본어에서는 부자연스러운데, 이는 한국어의 주어표지의 생략 정도 및 빈도가 일본어보다 높기 때문이다.

(139) ㄱ. 그 사람∅ 갔다.

ㄴ. 이 꽃∅ 아름답다.

(140) ㄱ. ?その人 行った。

ㄴ. ?この花 美しい。

---

51) 홍사만 외(2009:26-30)에 의하면 격조사가 잘 생략되는 문장은 문어체가 아닌 짧은 구어체 문장이라고 지적한 바 있다. 즉 짧은 대화문은 화자와 청자 사이에 기지의 정보장이 형성되기 쉬우며, 격조사의 생략도 기지의 구정보가 삭제되는 것에 불과하다고 보았다. 그러나 생략의 정도는 언어마다 다르며 한국이 일본에 비해 생략의 정도가 더 큰 편이며, 격조사 생략은 생략문에 대한 언중의 친숙도와 밀접한 관련이 있다고 하였다.

52) 홍사만 외(2009:29)에서는 한국어의 주격조사가 보조사가 올 때 의무적으로 생략되는 현상에 대하여 '격조사, 보조사, 두 조사간의 상호 복합 불가'로 해석하였다.

53) 한국어와 일본어의 조사 중첩은 다음과 같은 양상으로 나타난다.

- 이/가 + 는, 도, 만… → ∅+는, 도, 만…
- 로, 에서, 와/과, + 는, 도, 만… → 로, 에서, 와/과, + 는, 도, 만…
- が+は, も, だけ…→ ∅+は, も, だけ…
- と, へ, から, で + は, も, だけ… →と, へ, から, で + は, も, だけ…

또 주어표지가 관용적으로 생략되는 사례에 대해서는 예문 (141)과 같이 한-일 대응표현을 중심으로 가르치는 것이 좋다.

(141) ㄱ. 기분∅ 나쁘다 – 気分∅ 悪い
ㄴ. 말∅ 많다 – 口数∅ 多い
ㄷ. 기∅ 막히다 – 息∅ 苦しい
ㄹ. 숨∅ 차다 – 息∅ 切れる
ㅁ. 꼴∅ 좋다 – 格好∅ 良い
ㅂ. 키∅ 크다 – 背∅ 高い

3.2.2.4. 이중주어

일본어 역시 한국어처럼 이중주어 문장이 존재하므로 일본어권 학습자에게 한국어의 이중주어문을 가르치는 것은 문제가 되지 않는다. 예문 (142)는 한국어와 일본어에서 모두 이중주어 형식을 취하는 문장의 예이다.

(142) ㄱ. 토끼**는** 꾀**가** 많다.
ㄴ. ウサギ**は** 頭**が** 良い。

(143) ㄱ. 형**은** 눈**이** 크다
ㄴ. 兄**は** 眼**が** 大きい。

다만 일본어 문법에서는 보어문과 수량구문을 이중주어문으로 분류하지 않고, 수량구문은 단일 주어문으로, 보어문의 NP_2는 조사 'に'를 취하는 보어문으로 다룬다는 점에서 차이가 있다.

(144) ㄱ. 계란이 열 개가 썩었다. [수량구문]
ㄱ'. 계란 열 개가 썩었다.

ㄴ. 卵十個が 腐った。

ㄴ′. ?卵十が 個が 腐った。

(145) ㄱ. 꽃이 열매가 된다. [보어구문]

ㄴ. 花が 果実に なる。

한편, 일본어에서는 이중주어문이 한국어에서는 이중주어문이 아닌 경우가 있으므로 주의가 요구된다. 특히 일본어의 가능·희망 동사가 취하는 조사가 한국어와 다르기 때문에 예문 (146), (147)을 이중주어로 표현할 가능성이 높다.

(146) ㄱ. 나는 꿈을 갖고 싶었다. 〈단일주어〉

ㄴ. 私**は** 夢**が** ほしかった。〈이중주어〉

(147) ㄱ. 그 여자는 태국어를 할 수 있다. 〈단일주어〉

ㄴ. 彼女**は** タイ語**が** 話せます。〈이중주어〉

일본어 문법에서는 이중주어문의 해석 방법으로 한국어의 학교 문법과 동일한 '대소주어설'을 수용하는 입장으로(홍사만, 2009:65), 이는 일본어권 학습자에게 한국어의 이중주어문을 어떻게 가르칠 것인가에 대한 단서가 될 수 있다.

한국어 이중주어문의 일본어 번역 결과를 보면, NP_1이 일본어 번역문에서 주어 역할을 하는 경우가 대부분인데,[54] 이는 현행 일본어 문법의 대소주어설과 맥을 같이한다. 이 밖에도 NP_1은 예문 (148)에서와 같이 주어의 일부 혹은 부사어로 쓰인다.

(148) ㄱ. 그녀는 직업이 선생님이다.

ㄴ. **彼女の 職業は** 先生だ。〈NP_1+NP_2=결합주어〉

54) 주어 이외에 융합주어와 부사어로 쓰이는 경우도 있다.

(149) ㄱ. 친구가 팔이 부러졌다.

ㄴ. **友達の 腕の骨が** 折れた。〈NP_1+NP_2=결합주어〉

예문 (150), (151)은 NP_1이 부사어, NP_2가 문장의 주어로 쓰인 경우이다.

(150) ㄱ. 이 집은 아들이 귀하다.

ㄴ. **この一家には 息子が** 少ない。〈NP_1=부사어〉

(151) ㄱ. 냉장고가 먼지가 쌓였다.

ㄴ. **冷蔵庫に ほこりが** 積もった。〈NP_1=부사어〉

일본어에서는 '측면어'를 문장 성분[55]으로 상정하고 있는데 '측면어'란 술어가 나타내는 속성[56]이 주어가 나타내는 사물의 어떤 측면의 속성인가를 나타내기 위해 문을 확대하는 부분을 뜻한다(이미숙·설근수 역, 2013:21). '측면어'는 명사의 が격 및 제로격으로 만들어지는 것이 일반적이며, 예문 (152)의 밑줄 친 곳이 바로 '측면어'에 해당한다.

(152) ㄱ. 象は 鼻が 長い。[57] (이미숙·설근수 역, 2013:21)

ㄴ. アリは 砂糖が 好きだ。

ㄷ. 玉虫は 色が きれいだ。

ㄹ. 坊さんは 年の ころ 五十くらいだった。

일본어의 측면어는 한국어 이중주어문의 NP_2에 해당되는 성분으로 한국어의

55) 문의 성분에는 '주어, 술어, 보어, 수식어, 상황어, 규정어, 진술어, 독립어, 측면어, 제목어'가 있다(이미숙·설근수 역, 2013:11).

56) 술어가 변화를 나타내는 경우에는 주어와 함께 '변화의 주체'를 나타낸다(이미숙·설근수 역, 2013:21).

57) 草野清民(1899)는 술어가 주술구조를 이루는 句라고 보고 「象は鼻が長い」의 '象'을 총주어, 鼻が長い의 '鼻'를 소주어로 처리하였다.

이중주어문을 일본어권 화자에게 가르칠 때 '측면어' 개념을 도입하는 것이 유리하다.

3.2.2.5. 주어 생략[58)]

일본어 역시 한국어처럼 주어가 생략된 채 서술어만으로 이루어진 문장이 많으며, (153ㄴ), (153ㄷ)처럼 명사로만 이루어진 감탄문도 있다.

(153) ㄱ. 綺麗だなあ！(=예쁘구나！)
ㄴ. 火事! (=불이야!)
ㄷ. 雨! (=비다!)

또한 명령문, 청유문과 같이 2인칭을 주어로 하는 문장의 경우, 양 언어에서 모두 주어가 생략된다.

(154) ㄱ. はやく 食べろ。(=빨리 먹어!)
ㄴ. ねえ、ラーメンでも 食べましょう。(=라면이라도 먹읍시다.)
ㄷ. はやく 起きなさい。(=빨리 일어나!)

예문 (155)와 같이 2인칭을 주어로 하는 의문문의 경우에도 특별히 주어에 초점이 놓이지 않는 한, 양 언어에서 모두 주어가 생략된다.

(155) ㄱ. 山の むこうに 一人で 行きましたか。(=산 건너편에 혼자서 갔습니까?)
ㄴ. 山の むこうに 誰と 行きましたか。(=산 건너편에 누구하고 갔습니까?)

청자와 화자가 고정된 대화문 (156)~(158)에서도 주어가 생략되는 편이 더 자

58) 허인순·박성태 역(2008)의 예문 참고.

연스러운데, 이는 일반적으로 화자 자의에 의한 생략으로, 주어가 생략되어도 대화의 흐름은 크게 달라지지 않는다.

(156) A: 行こうか？ (=갈까?)
B: いきますとも！(=가고말고!)

(157) A: 食べる？(=먹을래?)
B: えん。(=응)

(158) A: 今 帰ったよ。(=지금 돌아왔어.)
B: ああ。つかれなかったか。(피곤하지 않았어?)

서술어 '~たい', '~ほしい'처럼 1인칭 화자의 희망을 나타내는 문장에서도 주어가 생략된다.

(159) ㄱ. 君に 会いたい。(=너를 만나고 싶어.)
ㄴ. 車が ほしい。(=차를 갖고 싶어.)
ㄷ. 彼とは二度と会いたくない。(=그와는 두 번 다시 만나고 싶지 않다.)(김경호, 2010:265)

예문 (160ㄱ), (160ㄴ)과 같이 화자의 감정이나 생리적인 상태를 나타내는 경우에도 주어가 생략되는 경향이 있는데,[59] 이는 영어 예문 (160ㄷ)에서 주어 'I'가 필수로 실현되는 것과 대조적이다.

(160) ㄱ. 할아버지가 돌아가셔서 슬프다.(허인순·박성태 역, 2008:53)

---

59) 이를 두고 일본어가 외계의 현상을 자기의 것으로 수용하여 감정을 토로하는 언어이기 때문이라고 보고(허인순·박성태 역, 2008:53), 일본어는 '자신(私は~)'을 대상화해서 문면에 제시하지 않는 언어라고 하였다(森田, 2002; 박혜정, 2010:57에서 재인용).

ㄴ. お爺さんが死んで悲しい。

ㄷ. I'm sad as my grandfather has passed away.

조리법 등 일반적인 진술처럼 행위의 주체가 불특정다수인 경우에도 일반적으로 주어가 생략되는데, 다음 예문 (161)에서 보는 바와 같다.

(161) ㄱ. おひたしには かつおぶしを かけます。(=나물에는 가츠오부시를 뿌린다.)

ㄴ. この 山の 向こうへは 船でしか 行けない。(=이 산 건너편에는 배로 밖에 갈 수 없다.)

시간이나 날씨처럼 따로 주어를 설정하기 어려운 경우에도 한국어나 일본어에서는 주어가 생략되는데, 영어에서 형식주어 'it'을 사용하는 것과 대조적이다.

(162) ㄱ. もう じき 秋に なります。(=벌써 가을이다.)

ㄴ. まだ 十時だ。(=아직 열 시다.)

ㄷ. 寒いね。(=춥구나.)

ㄹ. あめですよ。(=비온다.)

단, 일반적으로 주어가 생략되는 문장도 주체를 확실히 밝혀야 하는 경우에는 (163)과 같이 주어가 실현된다.

(163) ㄱ. おまえは、長崎へ 行け。(=너는 나가사키에 가라.)(이미숙·설근수 역, 2013:28-29)

ㄴ. 明日の 晩は 小林が 泊まれ。(=내일 밤은 고바야시가 묵을 수 있다.)

ㄷ. この 山の 向こうへは 普通の人は 船でしか 行けない。(=이 산 건너편에는 일반인은 배로밖에 갈 수 없다.)

일본어에서는 화자나 청자, 담화 장면이나 문맥에서 이미 알려진 사실이나 정

보 등이 주어로 쓰일 때, 보통 주어가 생략된다.[60)]

(164) ㄱ. あの子は だれ？ ∅ 隣の みよちゃんじゃ ないかな。(=저 아이는 누구지? 옆 집의 미요 아닌가?)(이미숙·설근수 역, 2013:27)

ㄴ. ∅ 今 帰ったよ。ああ。∅ つかれなかったな。(=지금 돌아왔어요. 아 피곤해.)

ㄷ. ∅ お帰りに なるのでしたら、∅ お送りします。(=돌아오는 대로 보내겠습니다.)

ㄹ. ∅ いつ帰るの。(=언제 돌아가?)(김영순, 1993:426)

대화문의 경우 '상대, 때, 장소' 등 발화 장면의 전반을 공유하기 때문에 주어 없이 술어만으로 발화할 수 있다. 누군가 문을 두드렸을 때「はいってます」라고 말하는 경우가 그것인데, 이와 같은 생략문을 '与' 주어문으로 보거나 문장 '僕が はいってます'에서 주어가 생략된 것으로 보았다.

이렇게 청자와 화자가 상황을 이미 이해하고 있으므로 필요하거나 잘 모르는 부분만 보충해서 말하는 경향을 보이며, 이미 알고 있는 것은 생략하게 된다.[61)]

이와 같이 주어 생략은 발화 장면의 공유 즉, 화자와 청자의 인식 및 담화 상황에 의해 이루어지며, 이외의 상황에서는 생략이 수의적이지 않다. 예문 (165)처럼 주어가 3인칭인 경우에는 주어 생략이 어렵다.

(165) ∅ (君は) どこ行くの。(=어디 가니?)

일본어의 주어 생략 양상은 한국어와 매우 흡사하므로, 대응 표현을 중심으로 지도하는 것이 효과적이다.

---

60) 생략문에 대하여 다음과 같이 기술하고 있다(國立國語硏究所, 1960:64).
"省略文には、論理的なあやまりがあるのではない。文の規定のうえで、不完全なものと認めるにすぎない。しかしまた、場面や文脈の助けを借りるならば、どんな文節でも語でも、獨立的に使いうるのであるから、その点で、不整表現の文が、場面や文脈の助けによって、現実にすくなくとも1回は通用したという事情が似ているのである."

61) 森重敏(1982)는 이것을 '표현적 생략'이라고 하였다.

3.3. 중국어권[62]

3.3.1. 중국어의 주어 개념 및 특징

중국어는 인구어와 달리 형식[63]이나 직관적으로 주어로 보기 어려운 여러 현상들이 존재할 뿐만 아니라, 위치나 수(數)일치, 접미사 등으로 주어를 구분하기 어렵다. 이와 같은 주어 판별의 어려움 때문에 주어로 보기 어려운 명사구나 문두 명사구를 '주제'라는 개념을 도입하여 해석하기도 한다(이민숙, 1999). Li & Thompson(1976)도 일찍이 중국어의 문장 구조에 주제 개념을 적용할 것을 제안하고, 중국어를 '주제 부각형 언어(topic-prominent language)'로 분류한 바 있다. 본 절에서는 중국어의 주어를 의미, 형태, 통사론적 측면에서 특성을 고찰하고 중국어에서 주어가 가지는 의미와 개념을 밝히고자 한다.

중국어에서 주어에 대한 정의는 최초의 근대 문법서인『馬氏文通』(馬建忠, 1898)에 제시된 바 있다.

> "凡以言所为语之事物者, 曰起词。凡以言起词所有之动静者, 曰语词。凡句读各有起词。凡句读必有语词, 语词后而起词先者, 常也."
>
> (무릇 말하여지는 사물을 말한 것을 起詞[64](주어)라 한다. 무릇 起詞가 가지고 있는 동정을 말하는 것을 語詞(술어)라 한다. 모든 문장에는 각기 起詞(주어)가 있다. 모든 문장에는 반드시 語詞(술어)가 있으며 語詞는 뒤에, 起詞(주어)는 앞에 오는 것은 항상 그러하다)

즉 '기사(起詞)'는 언급되는 사물을, '어사(語詞)'는 기사(起詞)의 동태적·정태적 상황을 표시함으로써 기사와 어사는 피진술(被陳述)과 진술(陳述)의 관계에 놓

62) 중국어의 주어에 관한 내용은 이민숙(1999, 2000), 김광호(2006)을 참고하였음.

63) 인구어의 경우 단어를 형태에 따라 분류하거나 문장 내 격표지를 통해 행위자와 행위를 구분하는 것이 가능하다.

64) '詞'는 문장성분과 같은 개념으로 '起詞'가 주어에 해당하며, '語詞'는 술어, '止詞'는 목적어를 뜻한다(이민숙, 1999:13).

인다. 기사는 어사 앞에 위치하며, 기사는 행위 동작의 출발자가 된다. 요컨대 『馬氏文通』에서의 주어는 語詞(술어) 앞에 있는 施詞(행위자)를 가리키며, 語詞(술어)의 진술 대상이라고 정의할 수 있다.

『馬氏文通』의 주어 정의는 그 후로도 오랫동안 중국어의 주어 인식에 대한 근간을 이루다가, 黎錦熙(1924)의 『新著國語文法』에서 '주어'와 '술어(謂語)'로 용어를 바꾸고, "주어란 한 문장의 주체이며 말하여지는 사람이나 사물 혹은 일을 표시하며, 흔히 명사나 대명사가 그 기능을 한다."고 정의되었다. 馬建忠과 黎錦熙의 주어 정의는 모두 시사(施事)만을 주어로 취급하였으며, 의미를 중심으로 한 정의라는 점에서 일치한다.

邢公畹(1955)은 형태 표지가 없는 중국어에서 '어순'이라는 통사적 중요성을 강조하였다. 즉 문장의 주제 사물을 표현하는 성분이 문두에 놓인 것이 바로 주어이며, 주어는 진술의 대상이자 발화의 출발점이라고 하였다.

黎錦熙(1955)는 주어란 주제 사물을 표현하거나 진술을 이끌어내는 화제이자 화자가 말하고자 하는 '무엇'으로서, 문장의 '주뇌(主腦)'라고 하였다. 즉 화자가 진술하고자 하는 어떤 사건이나 사물이 곧 주어라는 것이다. 한편 王力(1956:173)[65]은 주어는 사물을 가리키며, 술어가 지시하는 행위(능·피동도 포함)나 성질 및 속성도 이에 포함된다고 하였다.

"主语是句子的组成部分, 它通常是由名词, 代词或具有名词用途的词(有时加上附加语来表现的;它指称事物, 谓词所指称的行为包括主动, 被动), 性质或属性是属性属于这一事物的."

(주어는 문장의 구성성분으로 일반적으로 명사, 대명사 혹은 명사적 용법을 가진 단어로 표현된다. 주어는 사물을 가리키며 술어가 가리키는 행위나 성질, 속성은 사물에 포함된다)

---

65) 王力(1956)은 주어와 목s적어의 문제에서 주어에 대한 정의를 바로 내려야만 목적어 문제도 해결된다고 주장하며 "주어는 문장 구성 성분으로서 일반적으로 명사, 대명사, 명사구로 표현된다. 주어는 사물을 지칭하며 술어동사가 지칭하는 행위, 성질, 속성 등이 여기에 해당된다."고 언급한 바 있다.

주제를 주어와 동일시하는 관점을 비판했던 王力(1956)과 달리, 趙元任(1968:69-70)은 '주제'의 개념을 사용하여 '주어'를 정의하였다.

"The grammatical meaning of subject and predicate in a Chinese sentence is topic and comment, rather than actor and action."

(중국어 문장에서 주어와 술어의 문법적 의미는 행위자(actor)와 행위(action)가 아니라 주제(topic)와 평언(comment)이다)

趙元任(1968)에 의하면 중국어 문장에서 주어와 술어의 관계는 '행위자-행위'라기보다 '주제-평언'의 관계로서 '행위자-행위' 관계는 '주제-평언'의 특정한 경우라고 하였다. 주어는 글자 그대로 말하기 위한 주제이며, 술어는 그 주제에 대한 해석으로, 문두에 놓이는 모든 성분[66]을 주어로 간주하고 주어와 주제를 동일한 가치의 개념[67]으로 보았다. 주제의 개념 등장 후, 주어 정의는 '~은 ~이다'라는 식의 명제적 정의는 불가능해지고, 대신 주어가 갖는 각각의 개별적·지엽적 특성을 통해 주어의 개념을 밝히는 노력을 하게 되었다.

胡裕樹(1981:349)은 세 가지 다른 측면에서 주어를 정의하였는데, 이는 의미 통사, 화용의 세 층위에서 내린 정의로서 그 내용은 다음과 같다.

첫째, 주어는 술어 동사에 대하여 말하는 것이다.
둘째, 주어는 진술의 대상이다.
셋째, 주어는 화제를 가리킨다.

朱德熙(1982)에 의하면 '주어란 이미 알고 있는 확정된 사물로, 화자가 선택한 주어는 가장 흥미로운 주제이며, 술어는 주제에 대한 진술이다'라고 정의하였다.

---

66) 명사, 동사, 시간명사, 처소명사, 전치사구, 주술구 등을 모두 포함한다.

67) 趙元任(1968:84)에 의하면 주어가 담화의 주제 설정 기능을 하므로 주어를 주제로 간주하는 것이 합리적이라고 보았다. 또한 주어와 직접 관계를 맺는 동사보다는 술어 전체와 관련지어 정의하고자 하였다.

또한 '주어는 반드시 술어 앞에 놓여야 하고, 그 사이에 휴지를 두거나 어기사를 첨가할 수 있으며, 주어와 술어를 구성하는 동사는 다양한 의미 관계를 갖는다'고 정의하였다.

한편 呂叔湖(1979)는 '주어는 동사의 목적어 가운데 골라, 주제 위치에 놓은 것에 불과하다'고까지 하였다. 즉 중국어에서 주어는 술어 앞에 위치하는 체언 가운데 화자가 자유롭게 선택할 수 있다는 것이다.

또, 邢福義(1991:321-322)은 문법적으로는 주어는 술어와 진술·피진술의 관계이고, 의미적으로는 행위 동작의 施事, 受事, 與事가 되며, 화용적으로는 한 문장의 화제라고 정의하였다.

이상의 논의를 정리하면, 중국어에서 주어의 정의는 통사-의미적 관점이 분리된 관점에서 둘을 통합하는 방향으로 바뀌었으며, 朱德熙(1982)에 의해 표현으로까지 그 층위가 확대되었음을 알 수 있다. 중국어에서 '주어'는 술어(謂語)에 대하여 성립하는 개념으로 진술의 대상이면서, 문장 첫머리에서 해당 문장의 이야기가 되는 성분이라고 정의할 수 있다. 중국어의 주어와 주제[68]에 대한 학자들의 관점 및 방법론을 정리하면 다음과 같다. 첫 번째는 王力, 呂叔湖, 黎錦熙 등의 학자들에 의해 제시된 '주제-주어 혼동론'으로, 주어로 설명이 불가한 부분을 주제 개념을 도입하여 설명한 관점이다. 두 번째는 趙元任, 朱德熙 등이 제기한 '주제-주어 동등론'으로서 주어와 주제를 동일시한 견해다. 다음은 '주제-주어 구별론'으로 주어와 주제를 통사적으로 엄격히 구분한 견해로 Li & Thomson, 湯延池, 申小龍, 曹逢甫 등이 주장하였다.

3.3.1.1. 중국어 주어의 의미적 특성

의미 중심의 주어 분석은 주어가 동사와 맺는 의미 관계를 기초로 한다. 또한 주어의 의미론적 특성은 주어가 갖는 핵심적인 자질로서 무엇보다 주어와 동사의 선택 관계(selectional relation)를 들 수 있다. 즉 한 문장의 주어와 동사는 항상 일

68) 이민숙(1999:60)에서는 중국어의 주어와 주제의 공통점으로 '진술의 대상으로 문두에 위치하고, 한정성을 지니며, 뒤에 어기사를 넣을 수 있다'고 하였다.

정한 의미상의 선택 관계가 있다는 것이다.

주어가 동사와 선택 관계[69]에 있다는 것은 주어의 의미론적 특성 가운데서도 중요한 특질로 동사 '死'의 주어로 [+animate] 자질을 가진 유정명사만 올 수 있으며, 동사 '娶'의 주어로는 '여성명사'만이 올 수 있다. 이를 재해석하면 동사가 주어를 결정한다고도 볼 수 있는데, 일단 동사를 알면 대체로 어떤 성질의 주어가 나올 것이라는 예측이 가능하다는 이야기다. 예문 (166)에서 보듯이 동사 '嫁'는 오직 여성명사만을 주어로 취할 수 있고, '摇动'은 구체 명사만을 주어로 한다는 점에서 주어-서술어 사이의 상호 선택·의존 관계를 보여준다.

(166) ㄱ. **李小姐**嫁林先生。(이양이 임 선생에게 시집을 갔다.)
ㄴ. **他**把桌子使劲地摇动。(그는 책상을 힘껏 흔들었다.)

두 번째 주어의 의미 특성으로 Li & Thomson(1976:461)이 언급한 '한정성(definiteness)'을 들 수 있다. '한정성'이란 청자가 알고 있음을 미루어 발화하는 것으로 중국어에서는 주어만이 한정성을 가진다. 다음 예문 (167ㄱ)은 (167ㄴ)과 달리 한정성을 갖는 것을 확인할 수 있다.

(167) ㄱ. 来**客**了。(손님 오셨다.)[불특정 대상]
ㄴ. 客**来**了。((그) 손님이 오셨다.)[특정 대상]

주어의 세 번째 의미특성은 행위자(agent, 施事) 특성으로서 이 의미 자질은 王力을 비롯한 黎錦熙 등의 학자에 의해 주어 판정 기준으로 사용되었다. 이들은 위치에 관계없이 문내의 시사(施事)를 모두 주어로 처리하고, 수사(受事) 명사는 모두 목적어로 보는 것이다. Li & Thomson(1976)이나 湯延池(1978), 曹逢甫(1979) 등은 모두 주어가 동사와 선택 관계를 가지는 점을 주어의 가장 큰 특징으로 들고, 특히 행위자가 문장의 주어임을 보편 현상으로 처리하였다. 그러나 예문 (167')와

69) Li & Thomson(1976), 湯延池(1978) 등은 주어가 동사와 선택 관계에 있음을 주어의 가장 큰 특징으로 보았다.

같이 의미론적 특성만으로는 주어를 충분히 설명하기 어려운 측면이 있다.[70)]

(167′) ㄱ. **北京**有个故宫。(북경에 고궁이 있다)
ㄴ. **北京**城里有个故宫。
ㄷ. **在北京**城里有个故宫。

3.3.1.2. 중국어 주어의 형태적 특성

주어가 문장 표면구조에서 나타내는 일반적인 특성으로는 '주어-동사 일치(agreement)', '격표지(case mreker)', '단어 위치(position)' 등이 있다. 그러나 중국어는 주어-동사 간의 형태적 일치 관계나 격표지가 없으며, '위치'만이 중국어의 주어 특성에 해당된다. 그러나 曺逢甫(1979:20)에 의하면 중국어는 주어표지가 없는 대신 '介詞(전치사)를 동반하지 않는 특성'이 있음을 지적한 바 있다. 즉 예문 (168ㄷ)처럼 개사(介詞)가 없는 명사구만이 주어가 될 수 있다는 것으로, 개사(介詞)의 유무에 의해 주어 자격이 결정될 수 있음을 밝힌 것이다.

(168) ㄱ. **在郊外**有一座官公大像。(王力, 1956:178)
ㄴ. **在北京**城里有个故宫。
ㄷ. **北京城**里有个故宫。

두 번째 주어의 형식적 특성은 문장 내 위치로서, 주어는 문장의 좌측(sentence-initial position) 끝에 놓이는 것이 일반적이다.[71)] 즉 명사구가 술어동사와 맺는 의미관계와 상관없이 술어 앞에 놓이면 주어, 뒤에 놓이면 목적어로 보는 것이다.

70) 王力은 의미를 중심으로 주어를 분석하였지만, 위 예문의 해석에 있어서는 일관성을 보이지 않았다. 王力은 예문에서 '北京'과 '北京城里'를 주어로 분석한 반면, '在北京'은 부사어로 보았는데 그 이유는 전치사 때문이었다. 이런 주어 분석 태도는 의미보다는 형식에 치우친 것으로 분석 방법에 있어서 일관성이 부족함을 알 수 있다.

71) 주어가 문두에 놓인다는 사실은 Li & Thomson(1976)에 의해서도 지적되었다.

의미 관계로 주어를 판단하는 것을 비판한 徐仲華(1955:287)[72]는 문장의 의미는 오로지 어순에 의해 결정되며, 주어 등의 성분을 판단하기 위한 우선 조건은 '어순'이라고 주장하였다. 이는 형태 표지가 없는 중국어의 특성을 고려할 때 '어순'의 중요성을 부각한 견해이다.[73] 어순을 중심으로 한 주어 분석은 의미 중심의 주어 분석에서 해석의 어려움을 겪었던 문제들을 비교적 손쉽게 해결하는 것처럼 보인다.

(169) ㄱ. 钱花完了，精力也较尽了。

ㄴ. 台上坐着主席团。

ㄷ. 王冕七岁上死了父亲。

그러나 어순을 중심으로 주어를 분석할 경우 예문 (170)과 같은 '雙 NP' 문장의 해석은 한계에 부딪히게 된다.

(170) ㄱ. 他也什么事情都做。

ㄴ. 这样的事情谁肯干。

같은 어순파인 邢公畹(1955:41-42)와 徐仲華(1955)의 주어 분석이 서로 엇갈리는데, 邢公畹(1955)은 특정한 근거 없이 '什麼事情', '這樣的事情'을 주어로 본 반면, 徐仲華(1955)는 '他', '誰'를 주어로 보았다.[74] 이를 토대로 볼 때 동사 앞의 명사구를 주어로 보는 기준만으로는 雙 NP 문장의 주어를 판별하는 데에 한계가 있음을 알 수 있다. 왜냐하면 문두에 雙 NP가 올 경우 주어 판별의 기준을 제공하는 것은 '위치'보다는 NP 각각의 '의미'이기 때문이다(이민숙, 1999:27).

---

72) '어순파'는 어순을 중국어의 '문법 표지'로 간주, 명사구가 술어와 의미 관계가 없더라도 술어 앞에 있으면 주어, 뒤에 있으면 목적어로 보았다.

73) '어순파'들은 어순을 기준으로 문두 체언을 주어, 동사 뒤 체언은 목적어로 보았다.

74) 徐仲華(1955)는 목적어 '什麼事情'이 '都'의 도움으로 주어 앞에 놓인 것이라고 설명하였다.

3.3.1.3. 중국어 주어의 통사적 특성

이 밖에도 주어에 관한 여러 통사적인 현상을 들 수 있는데, 우선 한 문장 안에 주어와 동일 지시 관계에 있는 명사(구)가 재귀대명사로 바뀌는 '재귀대명사화'가 그 첫 번째 특징이다.

(171) ㄱ. 小明很会照顾小明。(이민숙, 1999:27)

ㄴ. 小明很会照顾**自己**。(=소명은 자기 자신을 잘 돌본다.)

둘째, 주어와 같은 지시 대상인 명사(구)가 대명사로 대치되는 '대명사화'가 일어난다.

(172) ㄱ. 老张跟老张的朋友一起出去了。(이민숙, 1999:27)

ㄴ. 老张跟他的朋友一起出去了。(=장씨는 그의 친구와 함께 나갔다.)

셋째, 주절과 종속절의 주어가 같을 때 종속절의 주어가 생략되는 동일 명사구 삭제(Equi-NP deletion) 현상이다. 다음 예문 (173ㄴ)에서 John이 두 동사의 행위자이므로 후행하는 종속절의 주어(John)가 생략된 것이다.

(173) ㄱ. *John 想 Mary 去.(이민숙, 1999:28)

ㄴ. John 想去. [John 想 (John) 去].

넷째, 동사 연속 문장(serial-verb sentence)에서 주어가 생략될 수 있다.

(174) ㄱ. 我花了钱享受。(=나는 즐기기 위해 돈을 썼다.)(이민숙, 1999:28)

ㄴ. 我花了钱, 我享受。(=나는 돈을 쓰면서 즐겼다.)

이와 같이 중국어의 주어는 술어가 언급하고자 하는 진술의 대상으로 개사의 동반 없이 주로 문두나 동사 앞에 위치한다. 중국어의 주어를 구별하는 기준으로는 '어순'과 '의미'가 있지만, 어느 한 가지 기준만으로는 주어를 분별하기는 어렵다. 특히 쌍(雙) NP 문장을 어순으로 설명하는 것은 한계가 있다. 지금까지의 논의를 토대로 중국어 주어의 특성을 세 가지 측면에서 정의할 수 있다.

- 의미적 특성: 주어는 동사와 일정한 선택 관계를 지니며 한정성을 띤다.
- 형태적 특성: 주어는 항상 문두에 위치하는 명사로서, 개사를 동반하지 않는다.
- 통사적 특성: 주어는 재귀대명사화, 동일 명사구 삭제에서 중요한 기능을 한다.

3.3.2. 중국어와 한국어의 주어 비교

한국어와 중국어는 계통적으로 각각 알타이어족, 한장어족(漢藏語族)에 속하고, 형태론적으로는 교착어, 고립어에 속하며, 'SOV', 'SVO'형 언어로서 공통점보다 차이점이 많다.

한국어는 주격조사가 주어 인식의 척도로 작용하는 데 반해, 중국어는 주어, 목적어 등의 성분을 구분짓는 형태적 표지가 없으므로 어순상의 전후 위치와 행위자 및 수동자 관계를 근거로 성분을 구분한다. 즉 일차적으로는 어순으로 주어를 판별하고, 그 위치에 따라 성분의 속성에 대한 분석이 이루어지는 것이다. 그러나 이렇게 의미, 통사적 기준을 절충한 주어 판별에도 여전히 설명하기 어려운 문장들[75]이 존재하기 때문에 담화·화용적 측면에서 주제와 비교하여 주어를 해석하려는 움직임이 생겨나게 되었다.[76]

중국어는 어순으로 성분이 표시되기 때문에 어순에 따라 문장의 의미가 달라

75) '这一种事，我的经验最丰富了.'라는 문장의 경우 문두의 명사구는 뒤 절이나 서술어와 아무런 의미 관계를 갖지 않는다.

76) 중국어에서 '주어'와 '술어'의 문법적 의미는 '행위자(actor)-행위(act)'의 관계이기보다 '주제-평언' 관계이며, '행위자-행위' 관계는 '주제-평언' 구조의 일부분일 뿐이라고 정의하고 있다(김광호, 2007:3).

질 수 있다. 가령, 예문 (175)에서처럼 '我'를 어디에 두는지에 따라 전혀 다른 문장이 된다. 중국어에서 성분의 위치는 '격'을 함축하는데, '문두'는 '주격'을, '문미'는 '대격' 또는 '보격[77]'을 의미한다.

(175) ㄱ. **我**爱他。(**나는** 그를 사랑한다.)
ㄴ. 他爱**我**。(그는 **나를** 사랑한다.)

그러므로 어순을 파악하지 못하면 중국어 문장을 이해하고 표현하는 데 어려움을 겪을 수 있다. 이와 달리 한국어는 '조사'라는 성분 표지가 있어서 성분의 문장 내 위치가 비교적 자유롭다. 예문 (176)에서 보듯이 '나'가 문두, 문중, 문미에 어디에 놓이든 주어임이 명확하다.

(176) ㄱ. **나는** 그를 사랑한다.
ㄴ. 그를 **나는** 사랑한다.
ㄷ. 그를 사랑한다 **나는**.

즉 중국어에서는 어순의 개념을 확실히 이해하는 것이 중요한 반면, 한국어는 문장 성분에 적합한 조사를 선별하는 능력이 중요한데, 그러기 위해서는 한국어의 문장 성분에 대한 이해가 선행되어야 한다. 특히 한국어의 주격조사는 중국어 개사의 대응형이 존재하지 않기 때문에 학습 부담이 상대적으로 크다고 할 수 있다.

(177) ㄱ. **草莓**好吃吗? 딸기**가** 맛있니? [∅-가]
ㄴ. **眼镜**没了。안경**이** 없어졌다. [∅-이]

---

77) 중국어에서 보어와 목적어는 서술어 바로 뒤에 놓인다.
- 他不是**棒球选手**。그는 야구선수가 아니다.
- 哥哥成了**军人**在前方工作。오빠는 군인이 되어 전방에서 일한다.

(178) ㄱ. 你**跟**他说吧。(너는 **그와** 이야기해라.)
ㄴ. 我**在**校门口等你。(교문**에서** 너를 기다릴게.)
ㄷ. 他**自来**香港。(그는 홍콩**에서** 왔다.)
ㄹ. 他**对**我很好。(그는 **나에게** 아주 잘해준다.)
ㅁ. 一直**朝**前走。(계속 앞**으로** 간다.)

또, 박정구 외 역(1989:40)에서 지적하듯이 중국어는 '주제 부각어'로서 문장의 기본 구조가 주제(화제)-진술(평언)의 관계로 이루어지므로 주어의 개념을 구조적으로 명확히 하기가 어렵다. 또한 중국어의 기본 어순이 SVO형에서 점차 SOV형 구조로 변해가고 있는 추세라는 점에서 전형적인 SVO언어라고 보기는 어려운 형편이다(박정구 외 역, 1989:47; 태평무, 2005).

(179) ㄱ. 我在买书呢。[S+V+O]
ㄴ. 我**把**书买了。[S+O+V]

이렇게 중국어는 SVO·SOV형 언어로서의 특징을 동시에 갖고 있는데, 먼저 전치사가 존재한다는 점, 조동사가 동사 앞에 놓이는 점, 복문의 어순이 SVO형인 점은 중국어의 SVO형적 특성을 입증하는 예이다. 한편, 전치사구가 동사 앞에 놓이는 점, 후치사의 존재, 관계절이 피수식 명사 앞에 위치하는 점, 소유구가 피수식 명사 앞에 놓이는 점, 상을 표시하는 접미사가 동사 다음에 위치하는 점, 일부 부사가 동사 앞에 오는 사실 등은 중국어가 SOV형 언어로서의 성격을 동시에 갖고 있음을 입증하는 증거라고 하겠다(박정구 외 역, 1989:45).

이어지는 절에서는 한국어와 중국어의 주어 및 주어 관련 요소를 비교·대조함으로써, 중국어권 학습자들이 한국어 교육 시 겪을 수 있는 어려움을 예측하고, 주어 교육에서 유의해야 할 점은 무엇인지 논의할 것이다.

3.3.2.1. 주어의 어순 및 호응

중국어에서 주어는 서술의 대상으로 동작의 주체일 수도 있고 동작을 받는 객체일 수도 있으며 시간이나 장소가 주어 역할을 한다는 점에서 한국어와 흡사하다.

(180) ㄱ. **我**喝茶了。(나는 차를 마신다. [동작 주체]

ㄴ. **我**被骂了。(나는 욕을 먹었다. [동작 객체]

ㄷ. **他**是学生。(그는 학생이다. [서술 대상]

한국어에서는 서술어를 수식하는 기능을 하는 부사어가 중국어에서는 보어의 형태를 취함에 따라 한국어의 SV, SOV형 어순이 중국어에서는 다음 예문 (181)과 같이 SVC형 혹은 SVCO형을 취하게 된다.

(181) ㄱ. [SOV] 여동생은 빵을 먹는다.

ㄱ'. [SVO] 妹妹吃面包。

ㄴ. [SV] 여동생은 다 먹었다.

ㄴ'. [SVC] 妹妹吃完了。

ㄷ. [SOV] 여동생이 빵을 다 먹었다.

ㄷ'. [SVCO] 妹妹吃完了面包。

중국어에서 주어가 될 수 있는 성분은 명사, 대명사, 수사를 비롯한 구(句) 형식 등으로 한국어와 크게 다르지 않다. 이 밖에 형용사나 동사도 주어로 쓰일 수 있는데, 고립어의 특성상 한국어처럼 명사형 어미의 결합 없이도 체언 역할을 할 수 있고 경우에 따라 '的'자구 형식을 띠기도 한다. 그러나 복잡한 어미 결합이 없어 한국어와 같은 구 형식의 주어 구성이 어렵게 느껴질 수 있다.

(182) ㄱ. 네가 가는 것도 괜찮다.

ㄱ′. **你去**也可以。

ㄴ. 네가 말한 것이 모두 옳다.

ㄴ′. **他说的**都对。

(183) ㄱ. [형용사-명사] 虚心是一种美德。(겸손은 일종의 미덕이다.)

ㄴ. [동사-용언의 체언형] 去恐怕不行。(가는 건 아마 어렵겠지.)

ㄷ. [명사구-명사구] 你们两位都到这儿来。(너희 둘 이쪽으로 와라.)

ㄹ. [동사구-동사구] 学习汉语很有意思。(중국어를 공부하는 것이 매우 재미있다.)

ㅁ. [주술구-주술구] 你去也可以。(네가 가는 것도 괜찮다.)

ㅂ. [的자구-주술구] 他说的都对。(그가 말하는 것은 모두 옳다.)

특히 한국어에서는 주어를 수식하는 관형어가 용언인 경우, 시제 및 서술어의 종류가 관형형 어미를 결정하므로 이에 유의하여야 한다.

(184) ㄱ. 나는 네가 **한** 일이 옳다고 믿는다.

ㄴ. 지금 네가 **하는** 일이 무엇인지 궁금하다.

한편, 한국어의 재귀대명사 '자기'와 중국어 '自己'는 형태는 동일하지만, 용법이 달라서 중국어권 학습자들이 흔히 오류를 보이는 항목이기도 하다. 둘 사이의 가장 큰 차이점은 한국어의 재귀대명사 '자기'는 3인칭 주어만 대체가 가능한 반면 중국어의 '自己'는 예문 (185)에서 보듯이 1, 2, 3인칭 주어 모두 대체가 가능하다는 점이다.

(185) ㄱ. **我**穿**自己**的衣服。나는 내 옷을 입는다. [1인칭]

ㄴ. **你自己**做功课。너 자신이 숙제를 해라. [2인칭]

ㄷ. **李四**在责备**自己**。이사는 가기 자신을 책망한다. [3인칭]

한편, 중국어에도 한국어의 '자기'와 동일한 형태의 재귀대명사 '自己'가 존재하는데, 두 용법의 세부 차이를 인식하지 못하고 단순히 동일 형태라는 이유로 구분없이 사용하는 경우 예문 (186)과 같은 오류로 이어질 수 있다.

(186) ㄱ. 내가 보면서 이 방식 통해서 ***자신**의(√ ∅) 스트래스가 풀인수 있습니다.(CHI_중급)

ㄴ. 집에서 공부하고 생활을 ***자기**가(√ 내가) 다 잘 처리하지만 여기에서 문제를 많합니다.(CHI_중급)

ㄷ. ***자기**(√저는) 외국에서 생황에서 힘들어지만 노력하고 ***자기**에(√내) 미래를 충실할 것입니다.(CHI_중급)

ㄹ. 그리고 ***자기**(√내) 무역회사가 만들고 싶은 생각은 점점 심해진다.(CHI_중급)(홍은진, 2006:334)

3.3.2.2. 주어표지

중국어는 조사 없이 어순에 의해 성분이 결정되는 '고립어'이므로 중국어권 학습자들이 조사나 어미 등에 의해 문법 기능이 달라지는 교착어인 한국어를 배우는 데 많은 어려움을 겪는다. 중국어는 자기가 말하고자 하는 문장을 만들기 위해서는 필요한 어휘를 순서에 맞게 배열하면 되기 때문에 한국어의 조사는 매우 낯설고 불편한 요소가 아닐 수 없다. 그래서 중국어권 학습자들의 쓰기나 말하기에서 개별 성분에 필요한 조사를 누락시키는 것을 어렵지 않게 발견할 수 있는데, 이는 상당 부분 그들의 모어 습관에서 비롯된 간섭 때문이다. 이렇게 조사 누락 오류[78]는 중국어권 화자들을 대상으로 한 오류 분석 연구에서 매우 높게 나타나는 반면, 조사 대치 오류는 다른 언어권에 비해서 상대적으로 낮은 편이다.

---

78) 박소영(2008)에 의하면 중국어권 한국어 학습자의 조사 오류 중 격조사 오류가 전체의 76.8%에 이른다고 밝힌 바 있다. 또 이정희(2002:176)에서는 '중국어권〉영어권〉일본어권' 순으로 조사 오류율이 높게 나타났으며, 특히 생략, 형태, 환언 오류율이 타 언어권에 비해 높게 나타났다.

고석주(2001)의 결과를 통해서 알 수 있듯이 개별 조사 항목에 대한 의미와 기능에 대하여 충분히 숙지하지 못하여 대치 오류가 높게 나타나고, 그로 인한 조사 누락 오류가 그 뒤를 잇는다. 조사 누락은 크게 두 가지 원인에서 비롯되는데, 그 첫 번째는 조사 체계 없이 순서에 맞게 성분을 나열하는 방식으로 문장을 만들던 모어 습관에서 찾을 수 있다. 두 번째는 개별 조사 항목에 대한 숙지가 충분치 못하여 의도적으로 조사 사용을 회피하려는 데에서 비롯된다. 실제 중국어권 학습자의 조사 오류는 다른 언어권에 비해 대치 오류가 적고 생략(누락) 오류는 상대적으로 높은 것도 같은 이유 때문이다. 중국어권 학습자들은 초급단계부터 보조사에 비해 주격조사 습득에 큰 어려움을 겪는 것으로 나타나는데, 그런 현상들이 조사 사용의 회피 즉 조사 생략 오류로 나타나게 된다. 예문 (187)은 주어표지 생략 오류를 보이는 중국어권 학습자들의 쓰기 사례이다.

(187) ㄱ. 기숙사 축제*(√가) 해마다 한 번 밖에 없다.(나은영, 2006:37)
ㄴ. 선생님들이 우리*(√가) 힘들고 집 생각하는 것을 알아봤는 것 같다.(박종호·황경수, 2012:86)
ㄷ. 두 시간*(√이) 지나서 고수동굴이란 관광지 도착했어요.
ㄹ. 사람의 도움이 필요할 때 한국 학생들*(√이) 다 도와 준다.

한국어와 중국어의 주어 사용에 있어서 가장 큰 차이점은 주어의 위치와 표지라고 할 수 있다. 중국어에는 주어를 나타내는 표지가 따로 없기 때문에 문장 내 위치 혹은 서술어와의 의미관계로 주어를 알 수 있지만, 한국어는 주어표지가 있어 한 문장의 주어를 한눈에 파악하는 것이 가능하므로 어순이 중국어에 비해 자유로운 편이다.

김경훤(2008:8)에서는 중국어권 학습자들의 쓰기자료 분석 결과 주격조사 사용에 유난히 큰 혼란을 겪는 이유가 무엇인지 연구가 필요하다고 지적한 바 있다. 다음 (188)은 중국어권 학습자의 주어표지 오류의 예로서, 목적어표지가 주어표지를 대체하여 생긴 경우이다.

(188) ㄱ. 따뜻한 느낌*을(√이) 생길 수 있다.(김경훤, 2008:9)

ㄴ. 나는 거짓말 하는 사람*을(√이) 미워요.(CHI_중급)(진가리, 2012:30)

ㄷ. 소중한 인연*을(√이) 있어야 합니다.

ㄹ. 이 일을 완성하려고 하면 적어도 5시간*을(√이) 필요하다고 생각한다.(CHI_중급)(진가리, 2012:29)

ㅁ. 나는 명동 칼국수*를(√가) 너무 그리워요.(CHI_중급)(진가리, 2012:30)

위 예문 (188)에서 보듯이 중국어권 학습자의 주격조사 오류를 보면, 주격조사 생략 및 주격조사와 대격조사 사이의 대치가 두드러진다.[79] 주어와 목적어의 성분 표지를 구분하여 적절히 사용하는 것은 비조사권 학습자가 공통적으로 겪는 어려움 중 하나인데, 한국어의 격조사는 화자가 한국어를 발화함과 동시에 각각의 문장 성분을 확실히 인지하고 있음을 전제해야만 올바로 사용하는 것이 가능하기 때문이다. 중국어권 학습자들이 격조사를 올바로 사용하지 못한다는 것은 곧 한국어에서 무엇이 주어이고 무엇이 목적어인지 명확히 인식하지 못하고 있음을 의미한다. 중국어로 화자의 뜻을 온전히 전달하기 위해서는 단어의 위치가 중요하듯 한국어에서는 해당 성분에 알맞은 표지를 결합하는 능력이 무엇보다 중요하다. 따라서 중국어권 학습자를 대상으로 한 주어 교육에서는 주어의 의미, 기능에 따라 주어표지를 적절히 결합하는 능력을 기르는 데 초점이 맞춰져야 한다.[80] 성분 표지가 맞지 않더라도 맥락에 의해 학습자가 전달하는 의미를 이해하지 못하는 것은 아니겠지만, 그것이 근본적으로 외국어 교육이 추구하는 바는 아니기 때문이다.

학습자가 생각하는 문장의 주어와 서술어 간의 의미·문법적 관계를 모국어에

79) 중국어권 학습자의 조사 오류의 특성 중 하나가 '이/가'와 '을/를'의 상호 대치 오류인데 이는 첫째, 어휘적 속성에 대한 오해, 둘째, 통사 규칙의 오적용, 셋째, 개별 어휘의 타동성 및 자동성의 차이 등 주로 세 가지 요인에서 비롯된다고 본다.

80) Master(1995)에서는 고급 영어 학습자를 대상으로 영어 관사를 잘못 사용한 예를 수정해 주고 빈번히 틀리는 용법에 대하여 교실에서 간단히 설명과 토론을 한 결과 관사 오류가 줄어드는 결과가 나타났다고 보고한 바 있다. 한국어도 마찬가지로 조사와 같은 유의 문법 항목에 대해서 교사가 오류 및 유의점들에 관심을 가진다면 고질적인 조사 오류에 있어서도 개선의 여지는 충분하리라고 본다.

의존하여 결정해서는 안 되며, 한국어와 중국어 간의 문장성분 관계가 반드시 일치하는 것은 아님을 주지시키도록 한다. 예문 (189)의 밑줄 친 부분과 같이 동작이나 행위의 결과, 도구, 장소, 존재, 출현 등은 모두 중국어에서 목적어(賓語)로 간주되는 반면 한국어에서는 각각 다른 성분으로 쓰인다.

(189) ㄱ. 做饭 밥을 하다. [목적어-목적어]

ㄴ. 下雨 비가 오다. [목적어-주어]

ㄷ. 住宾馆 호텔에 묵다. [목적어-부사어]

언어마다 문장을 이루는 성분이 다르게 구성될 수 있다는 사실을 인식하는 태도는 교사는 물론 학습자에게도 필요하다. 중국어에서 목적어로 기능하는 성분이 한국어에서는 주어로 실현되는 다양한 사례를 통해 학습자들이 이러한 현상에 익숙해지도록 유도하여야 한다.

(190) ㄱ. 整天**没有时间吃饭**。(하루종일 **밥 먹을 시간이 없다.**)

ㄴ. 我最近**吃坏了肚子**。(나는 요즘 **배탈이 났다.**)

중국어에도 영어의 전치사, 한국어의 조사의 성격을 갖는 '개사'라는 문법 형태소가 있지만, 한국어의 조사와 그 성격 면에서 적지 않은 차이[81]가 있다. 무엇보다 한국어는 교착어로서 조사의 기능이 매우 발달되어 있지만, 중국어는 개사 의존도가 낮다. 또 한국어의 조사는 후치사로서 명사 뒤에 놓이지만, 중국어의 개사는 전치사로서 명사(구) 앞에 놓인다. 개사는 본디 실사에서 온 것으로 때에 따라 여전히 실사 역할을 하기도 하는 데 반해 한국어의 조사는 실사에서 왔지만 오직 조사로서만 기능한다. 한국어의 조사는 의미·기능면에서 다의적이지만 중국어는 각각의 개사가 기능적으로 분화되어 있다. 중국어의 개사는 개사끼리 덧붙여 쓸 수 없지만 한국어의 조사는 격조사와 보조사, 보조사와 보조사끼리 연이

81) 홍사만(2009:436-437) 참고.

어 쓸 수 있다는 점에서도 차이가 있다. 중국어권 학습자의 한국어 조사 오류가 많은 이유는 자신의 모국어에서 조사의 개념을 찾을 수 없기 때문이다. 즉, 한국어의 주격조사 '이/가'나 보조사 '은/는'에 직접 대응하는 문법 항목이 중국어에 없다는 사실은 중국어권 학습자들의 주어표지 오류와 밀접한 관계가 있다고 하겠다.

1) '이/가'와 '은/는'

다른 언어권과 마찬가지로 '이/가', '은/는'의 구분 문제는 중국어권 학습자들 역시 높은 오류를 보이는 항목이다. 조사 '이/가'와 '은/는'의 차이를 중국어로 구분하는 것이 쉽지 않다는 사실을 예문 (191), (192)를 통해서도 확인할 수 있다.

(191) A: 你叫什么名字。(이름이 뭐예요?)
B: **我**是李明。(**저는** 리밍입니다.)

(192) A: 谁是李明。(**누가** 리밍 씨입니까?)
B: **我**是李明。(**제가** 리밍입니다.)

한국어의 주어표지 '이/가'뿐 아니라 주제표지인 '은/는'에 대응하는 요소가 중국어에 없기 때문인데, 먼저 '이/가'와 '은/는'의 가장 대표적인 기능인 주어 혹은 주체로서의 '이/가', 주제표지로서의 '은/는'의 개념을 효과적으로 설명하기 위하여 중국어의 '주술술어문'을 도입하는 것을 고려해 볼 수 있다. 중국어는 언어 유형 분류에서 밝힌 바와 같이 '주제 부각형 언어'로서 중국어에서 주제는 술어와 의미적으로 직접적인 관계가 없으면서 문두에서 후행절의 의미를 한정하는 역할을 한다. 특히 중국어의 '주술술어문'은 한국어의 이중주어문과 같은 중국어의 문장 형식으로서 한 문장 안에 주제와 주어가 동시에 출현하는 문장 구성 형식을 취한다. 주제와 대조의 기능을 하는 보조사 '은/는' 역시 예문 (193)에서 보듯이 중국어 대응형이 존재하지 않고 주로 문두에 놓여, 어순으로 표현된다.

(193) ㄱ. 儿童是国家的宝贝。(어린이는 나라의 보배다.)

ㄴ. 哲洙很聪明但是弟弟却不是。(철수는 총명하지만, 동생은 그렇지 않다.)

중국어의 '주제'의 개념 및 한국어의 이중주어문이라고도 할 수 있는 '주술술어문'의 도입을 통해 '이/가'와 '은/는' 교수 방안을 모색해 볼 수 있다. 특히 중국어에서 주어와 주제는 모두 문장의 진술 대상으로서 문두에 놓이고, 한정성을 지닌다는 공통점이 있지만, 주어는 술어와 직접적인 관계를 맺는 반면, 주제는 그렇지 않다는 점에서 차이가 있다. 또 주제는 주술구 전체의 의미 범위를 한정하는 기능을 한다는 점에서 주어와 차이를 보인다. 즉 주제는 술어와 의미적으로 직접적인 관계가 없으면서 문두에서 후행절의 의미를 한정하는 역할을 하는 특징이 있다. 중국어에서 주제와 주어의 특성을 다음과 같이 정리할 수 있다.

첫째, 주제와 주어가 한 문장에 동시에 출현할 수 있다.
둘째, 주제는 하나지만 주어는 여럿일 수 있다.
셋째, 술어가 주어는 결정할 수 있지만, 주제는 결정할 수 없다.

(193′) ㄱ. 这颗树 叶子 很大 。(이 나무는 잎이 매우 크다.)(방인영, 2011:42)
주제 주어

ㄴ. 他 胆子 很小 。(그는 담이 작다.)
주제 주어

한국어 '이/가'와 '은/는'에 대응하는 중국어 문장 특성을 제시하면, 다음 〈표 24〉와 같다.

〈표 24〉 한국어와 중국어의 '이/가', '은/는' 대응 표현

이/가	은/는
존현문(有, 在)	1인칭 주어
초점	일반적 사실 및 총칭

의문사 의문문의 대답	대하여성(关于)
부정칭, 미지칭	격대체
주술술어문의 NP_2	주술술어문의 NP_1
신정보	구정보
내포절	내포문
강조	비교·대조
	전제항을 가지는 경우

중국어의 '주제'는 '문두성, 구정보성, 대하여성, 한정성'을 특징으로 한다는 점에서 한국어의 보조사 '은/는'과 공통점을 보인다. 주제어는 문장이 진술하는 대상인 '한정 명사구'로 보는 한편, 주어는 동사의 행위와 존재의 관계를 가진 명사구로 파악한다. 즉 주제어는 한 문장의 틀을 설정하여 그 안에 문장의 나머지를 제시하고 한정적으로 청자가 알고 있는 처소나 시간을 제한하여 언급하는 기능을 한다. 따라서 예문 (194)와 같이 시간·처소구 역시 주제가 될 수 있다(박정구 외 역, 1989:117-121).

(194) ㄱ. 昨天雪下得很紧。(어제 눈이 몹시 줄기차게 내렸다.) 〈시간구〉

ㄴ. 墙上爬着很多劈虎。(벽에 많은 도마뱀이 기어다니고 있다.) 〈처소구〉

ㄷ. 婚姻的事我自己做主。(혼사는 내가 스스로 알아서 하겠다.) 〈명사구〉

ㄹ. 出去喝茶我请你。(차 마시러 나가는데 내가 대접할게.) 〈동사구〉

ㅁ. 张三明天去美国我觉得很奇怪。(장삼이 내일 미국에 간다는 것은 내가 생각하기에는 정말 이상해.) 〈절〉

ㅂ. 住，台北最方便；吃，还是香港好。(살기에는 타이베이가 제일 편하고, 먹는 것은 그래도 홍콩이 좋다.) 〈동사〉

다음 (195)는 한국어의 주제표지 '은/는'과 중국어 표현이 상호 대응하는 경우를 예문과 함께 제시한 것이다. 한국어의 모든 '은/는'의 용법을 중국어로 표현하는 것은 어렵겠지만, 특히 한국어의 조사 '이/가'와 '은/는'을 처음 접하는 중국어권 한국어 초급 학습자를 대상으로 두 조사의 용법 차이를 이해시키고, 조사 오류를 줄이는 데 도움이 될 것이다.

(195) ㄱ. **我**是大学生。(나는 대학생이다.) 〈1인칭 주어〉

ㄴ. **地球**是圆的。(지구는 둥글다.) 〈총칭, 일반적 사실〉

ㄷ. **电脑**他是专家。(컴퓨터는 그가 전문가다.) 〈关于~(=에 대해 말하면)〉

ㄹ. **那个车**我已经卖了。(그 차는 내가 벌써 팔았다.) [대격] 〈격 대체〉

ㅁ. **那年**他很紧张。(그 해에는 그는 바쁘게 지냈다.) [처소격]

ㅂ. **象**鼻子长。(코끼리는 코가 길다.) 〈이중주어문 NP_1의 '은/는'〉

ㅅ. **一名男子**在山上迷路了。**他**从山掉下来以后~(백수진, 2011:160) 〈구정보〉

(한 남자가 산에서 길을 잃었다. 그는 산에서 굴러 떨어진 후~)

ㅇ. **我**喜欢她做的料理。(나는 그녀가 한 요리를 좋아한다.) 〈내포문〉

ㅈ. **兄**个子高 **弟**个子矮。(형은 키가 크고 동생은 키가 작다.) 〈비교·대조〉

ㅊ. 那个餐厅**料理**很好吃。(그 식당은 음식이 맛있다.) 〈전제항 내포〉

ㅊ'. 那个餐厅**料理**很好吃。(*但是价格很贵*) (그 식당은 음식은 맛있다. 하지만~)

〈표 25〉 중국어 문장에서의 '이/가'

구분	예문
존재문(有, 在)	• 门口在一个孩子。(입구에 (한) 아이가 있다.) • 我没钱。(나는 돈이 없다.) • 张三有女朋友。(장삼은 여자 친구가 있다.)
부정칭, 미지칭	• 谁是北京大学的学生。(누가 북경대 학생입니까?) • 墙上挂着什么。(벽에 무엇이 걸려 있습니까?) • 哪个队赢了呢。(어느 팀이 이겼어요?)
의문사 의문문의 주어	가: 我们班里谁最大。(우리반에서 누가 제일 나이가 많지?) 나: 张三是我们班年龄最大。(장삼이 제일 많아요.) 가: 是谁告诉他的。(누가 그에게 말했어?) 나: 是张三告诉他的。(장삼이 말했어.)
이중주어문 NP_2	• 象鼻子长。(코끼리는 코가 길다.) • 首儿人口多。(서울은 인구가 많다.) • 他身体好。(그는 몸이 좋다.)
내포절 주어	• 我喜欢{她做的料理}。(나는 그녀**가** 한 요리를 좋아한다.) • 我想看{他穿韓服的样子}。(나는 그가 한복 입은 모습을 보고 싶다.)
신정보	• 昨天我家来了一位客人。他送给我一件礼物。 (어제 우리집에 손님이 오셨다. 그는 나에게 선물을 하나 주셨다)

중국어는 주제와 주어를 통사적 성분으로 갖는 언어로서 주제와 주어의 구분이 확실하다. 또한 중국어는 한국어의 조사처럼 격을 표시하는 성분이 없으므로 단어들 사이의 의미 관계 및 어순을 통해 성분을 파악한다. 중국어의 주어가 갖는 대표적인 특징은 바로 서술어와의 직접적인 관련성으로, 이는 주제와 주어를 구분하는 중요한 단서가 된다. 한 문장에 주제와 주어가 동시에 출현하는 문장을 중국어에서는 '주술술어문'이라고 하며, 주술술어문의 주제와 주어를 구분하는 중요한 요소 역시 서술어와의 관련성이다. 다음 문장의 서술어 '多'가 필요로 하는 직접적 성분은 '张三'이 아닌 '女朋友'이며, '女朋友'는 '张三'에 소속된다. 즉 서술어를 직접 설명하는 성분은 주어, 문장 전체를 설명하는 요소는 주제라고 볼 수 있다. 따라서 주제 속에는 주어가 포함되는 것이 일반적이다.

(196) ㄱ. 张三 女朋友 多。
ㄴ. *张三多。
ㄷ. 女朋友多。

중국어권 학습자의 주어표지 교육과 관련하여 가장 중점적으로 다루어야 할 것은 주어표지 생략 문제, 주격-대격조사의 대치 문제, '이/가'와 '은/는'의 구분 문제로 나누어 볼 수 있다. 중국어에는 한국어의 주격과 대격에 대응하는 요소가 없고,[82] 어순이 성분을 결정하기 때문에 조사는 중국어권 학습자들이 배우기에 쉽지 않은 문법 요소라고 할 수 있다. 박종호·황경수(2012)에 의하면 중국어권 학습자의 조사 오류는 주격조사(33.4%)와 대격조사(36.9%)가 거의 대부분을 차지하며, 오류 유형으로는 대치 오류(주격: 80.8%, 대격: 82%)가 가장 높은 것으로 나타났는데 이 결과를 보더라도 중국어권 학습자들이 한국어 학습에서 어려움을 겪는 요소가 무엇인지 파악할 수 있다. 더욱이 한국어에서는 주어인 것이 중국어에서는 목적어로 나타나는 등, 양 언어 사이에 성분 차이를 보이는 경우가 적지 않

82) 부사격조사와 유사한 요소가 중국어에도 존재하기 때문에 주격조사에 비해 부사격조사의 오류율이 낮게 나타난 것으로 보인다. 보조사의 경우도 한국어 '만'은 중국어의 '只', '도'는 중국어의 '也'에 대응하기 때문에 오류가 적다(박종호·황경수, 2012:89).

으며 이런 차이가 오류로 이어지게 되는 것이다.

중국어에서는 '동사-목적어' 구조가 한국어에서는 다른 형식으로 나타난 경우이다. 중국어의 목적어 성분이 단순히 '을/를'에 대응하는 것이 아니라 '대상, 방식, 처소' 등 다양한 의미 관계를 이루는 만큼 그것이 대상인지 방식인지 등을 인지하고 있어야만 한국어로 정확히 표현할 수 있다.

(197) ㄱ. 出去了一个人。(한 사람이 나가다.)[주체](박덕준·박종한, 1996:11)
ㄴ. 起五更。(5경이 지나다.)[시간]

한편, 다음 예문 (198)은 보조사 '은/는' 대신 주어표지 '이/가'를 사용하여 오류가 된 예이다. 문두 명사에 보조사 '은/는'이 결합되면 해당 명사가 문장의 주제가 되어 자연스럽게 문장의 초점이 주제를 진술하는 평언에 놓이게 되는데, 예문 (198ㄱ), (198ㄴ)은 해당 명사가 모두 문장의 주제로 쓰였으므로 보조사와 '은/는'과 결합하는 것이 자연스럽다. 예문 (198ㄷ)의 문두 명사는 구정보로서 구정보 표지 '은/는'이 결합되어야 자연스러운 문장이 된다. 중국어권 학습자들은 이 둘의 사용을 명확히 구분하는데 어려움을 느끼는 만큼 중급단계에 이르러서도 오류가 지속적으로 나타나는 경향이 있다.

(198) ㄱ. *제가(√저는) 중국에서 온 삼학년 학생입니다.(CHI_중급)
ㄴ. 공부를 하는 이유*가(√는) 대학에 가고 싶기 때문입니다.(CHI_중급)(박소영, 2008:40)
ㄷ. 그 사람*이(√은) 다른 사람을 약 올린 걸 좋아하는 것 같아요.(CHI_중급)(이정희, 2003:183)

다음 예문 (199)는 주어표지 '이/가' 대신 보조사 '은/는'을 사용하여 오류를 범한 예이다. (199ㄱ)은 주어 '우리'를 강조하는 기능을 가진 주어표지 '가'가 사용되어야 하는 경우인데, 보조사 '는'을 사용함으로써 오류문이 되었다. 예문 (199ㄴ)에서 주어표지 '이/가'를 동반한 문두 명사는 명사 자체에 초점이 놓이는 반면,

문두 명사에 보조사 '은/는'이 결합하게 되면 명사보다는 명사에 대한 진술(comment)이 부각되는 경향이 있으므로, 문두 명사에 주어표지 '이/가'가 결합하는 것이 자연스럽다.

(199) ㄱ. 대학생으로써 우리*는(√가) 해야 하는 일은 열심히 공부하는 것이다.(CHI_중급)(진가리, 2012:11)
ㄴ. 여동생*은(√이) 계속 댄스 배우는 것에 대해 아버지*가(√는) 반대의 뜻을 표했습니다.(CHI_중급)(진가리, 2012:11)
ㄷ. 부모*는(√가) 되어야 부모의 마음을 알 수 있다고 했다.(CHI_고급)(박소영, 2008:55)
ㄹ. 최선을 다해서 한국사람*은(√이) 운영하는 회사에서 일하고 싶습니다.(CHI_중급)(진가리, 2012:13)
ㅁ. 시간*이(√은) 시간일 뿐이다.(CHI_중급)(김경훤, 2008:9)
ㅂ. 제*가(√는) 그렇게 생각하지 않습니다.(CHI_중급)

예문 (200)은 해당 명사가 내포문의 주어인지 모문의 주어인지에 따라 표지가 달라지는데, 먼저 (200ㄱ)에선 내포문 '우리가 가려고 했던'의 주어 '우리'에는 '이/가'가 결합되며, 모문의 주어 '곳'에는 '은/는'이 결합된다. (200ㄴ)도 같은 원리인데, 이를 정확히 인식하지 못할 경우 이와 같은 대치 오류가 생기게 된다.

(200) ㄱ. 우리*는(√가) 가려고 했던 곳*이(√은) 원래 홍엽곡이지만 반장 때문에 결국 가지 못했습니다.(CHI_중급)(진가리, 2012:16)
ㄴ. *제가(√나는) 부정부패 현상*은(√이) 정말 안 좋은 현상이라고 생각한다.(CHI_중급)(진가리, 2012:16)

2) 주어표지 생략

중국어는 한국어의 조사와 같은 격표지 없이 위치만으로 성분이 결정되기 때문에 중국어권 학습자들은 어휘들을 단순히 나열하여 문장을 표현하려는 경향을

보인다.[83)]

(201) ㄱ. 저 어머니∅ 선생님입니다.(CHI_초급)
ㄴ. 그리고 한국어능력시험등급∅ 아닙니다.(CHI_초급)

중국어권 학습자의 조사 오류 양상을 살펴보면, 대치 오류에 비해 회피에 의한 생략(누락)이 많은 편인데, 틀리게 표현하기보다는 사용하지 않는 쪽을 택하는 것이다. 이는 일종의 회피 전략으로서 비조사권 학습자들에게서 흔히 나타나는 현상이다.

(202) ㄱ. 우리*(√가) 좋아하는 밴드(김경훤, 2008:10-11)
ㄴ. 생활에 관심을 갖는 것*(√이) 아니라
ㄷ. 이런 남자*(√가) 나를 선택할까?
ㄹ. 사람들은 자기*(√가) 사랑하는 사람이 행복하기를 바라고 언제나 슬픔과 괴로움*(√이) 없기를 바랍니다.(CHI_중급)(자이웨이지, 2005:32)

그러므로 중국어권 학습자들을 대상으로 격표지의 기능 및 중요성을 인식시킬 필요가 있고, 특히 구어에서는 상황에 따라 격표지가 생략되는 일이 있지만 이는 다분히 화자의 의도가 포함된 것으로 단순히 구어라는 이유로 아무런 조건 없이 표지를 생략해서는 안 됨을 인식하도록 한다. 또 구어보다 문어에서 조사 생략이 제한됨을 주지시킬 필요가 있다. 다음은 한국어의 주어 및 주어표지사용과 관련하여 중국어권 학습자를 가르칠 때 주의해야 할 사항이다.

첫째, 문두 성분이라고 해서 모두 주어는 아니므로 주어표지 '이/가'를 결합해서는 안 됨을 주지시킨다.

둘째, 중국어에서 문두 성분은 주로 주제나 주어이지만, 한국어에서는 반드시 그런 것은 아니라는 점을 언급한다.

83) 박소영(2008:36)에서는 중국어권 한국어 학습자의 조사 사용 회피 및 조사의 중요성에 대한 인식 부족, 조사의 정확한 쓰임에 대한 지식 부족 등을 지적한 바 있다.

셋째, 중국어에서 주어는 위치와 의미를 고려해야 하는 반면, 한국어에서 주어는 위치보다 주어표지 및 서술어와의 의미 관계가 더 중요함을 가르친다.
넷째, 중국어 표현에서는 목적어에 해당하는 성분일지라도 한국어 표현에서는 목적어 이외의 성분으로 대응하는 경우가 있음을 인식시키도록 한다.
다섯째, 구어에서는 주어표지가 생략되는 일이 많지만 문어에서는 구어에 비해 주어표지 생략이 제한됨을 주의시킨다.

주격조사 '이/가' 오류는 전 언어권에 걸쳐 초급단계[84]에서 높게 나타나는 반면(고석주, 2001), '은/는' 오류는 중급단계에서 높게 나타난다. 조사 오류는 상당 부분 학습자의 모어의 간섭에서 비롯되는 경우가 많은데, 중국어권 학습자의 경우도 예외는 아니다. 어순에 의해 기능이 결정되는 중국어와 비교하여, 한국어에서의 조사 사용이 낯설게 느껴지기 때문이다.

따라서 중국어권 학습자들을 대상으로 하는 주어 교육에서는 무엇보다 주어표지에 대한 교육이 강조될 필요가 있다. 표지 없이 문장을 표현하는 모국어 방식이 그대로 전이될 가능성이 있고, 단어의 나열만으로 발화하는 습관이 한국어의 숙달도를 저해할 가능성이 있기 때문이다.

3.3.2.3. 이중주어

중국어에서 이중주어문이란 한 문장 안에 주제와 주어가 모두 들어 있는 문장을 가리키며,[85] 주제와 주어의 관계를 전체-부분(whole-part) 관계로 본다. 즉 주제어는 부류(class)를, 주어는 하위집단(subset)을 나타낸다는 것이다. 즉 주제어는 문장이 진술하는 대상으로서의 한정 명사구이고, 주어는 동사의 행위, 존재와 관계가 있는 명사구로 본다는 점에서 지금까지의 논의와 크게 다르지 않다.

---

84) 중국어권 화자의 조사 대치 오류는 고석주(2001:557)를 참조할 것.

85) 초기의 문법 학자들은 이중주어문의 문두 명사구를 주어로 보았기 때문에 이중주어문의 주어를 두 개로 분석하였다.

• 象(주어) 鼻子(주어) 长(술어)。
  주어 / 술어

이와 같은 중국어의 주제 개념은 중국어권 학습자에게 한국어의 이중주어문을 가르치는 데 중요한 단서가 될 수 있는데, 실제로 한국어의 이중주어문은 주제와 주어가 한 문장 안에 동시에 출현하는 중국어의 '주술술어문'과 매우 닮아 있다. 중국어의 주술술어문에서 화제는 문장이 진술하는 대상인 한정 명사구, 주어는 동사의 행위의 주체 혹은 실재하는 대상으로 본다(박정구 외 역, 1989:119).

(202) ㄱ. 这颗树 叶子 很大。(이 나무는 잎이 매우 크다.)(방인영, 2011:42)
　　　주제　주어

ㄴ. 象鼻子长。(코끼리는 코가 길다.)(박정구 외 역, 1989:116-117)

ㄷ. 张三朋友多。(장삼은 친구가 많다.)

ㄹ. 这个孩子眼睛很大。(이 아이는 눈이 매우 크다.)

한국어의 이중주어문의 문장 형식이 '주제+주어' 형식의 주술술어문과 항상 일치하는 것은 아니지만, NP_1이 문장 전체를 포괄하는 주체로서의 기능을 하고, NP_2는 서술어와 관련성이 가장 높다는 측면에서 이중주어문 교수 시 중국어식 이중주어문인 주술술어문 형식으로 접근하는 것이 적절하다.

중국어권 학습자의 이중주어 오류는 예문 (204)와 같은 방식으로 나타나게 되는데, (204ㄱ)의 첫 번째 명사인 '한국'은 문장 전체의 주제[86]에 해당하는 것으로 주제표지 '은/는'과 결합하는 것이 적절하고, 두 번째 명사 '자연'은 서술어와 직접 관련을 맺는 주어로서 주어표지가 결합되어야 한다. 이 밖의 (204ㄴ), (204ㄷ), (204ㄹ)의 NP_1, NP_2 모두 같은 원리에 의해 표지가 결합되는데, 이에 대한 이해가 부족한 오류로 이어지게 된다.

(204) ㄱ. 한국*의(√은) 자연도 아름답고 사람들도 참 친절해요.(CHI_중급)

ㄴ. 저는 한국의 음식*을(√이) 싫습니다.(CHI_초급)(김정은 외, 2004:94)

ㄷ. 제*가(√는) 꿈들이 다 바뀠어요.(CHI_중급)(홍은진, 2006:337)

---

86) NP_1을 이중주어문의 대주어로 NP_2를 이중주어문의 소주어로 보기도 한다.

ㄹ. 제*가(√는) 키*(√가) 크지만 별로 예쁘지 않습니다.(CHI_중급)(진가리, 2012:56)

3.3.2.4. 주어 생략

중국어는 주어보다 주제가 부각되는 언어인 만큼 주어가 주제와 나란히 한 문장에 실현되는 경우도 있지만, 주어 없이 주제만 나타나거나, 주어와 주제 모두 생략되는 문장이 적지 않다. 대표적으로 중국어에서는 명령, 청유, 불특정 주어, 자연현상을 진술하는 문장에서 보통 주어가 생략되는데, 이는 한국어와 흡사하다.

(205) ㄱ. 吃吧。(먹어)(박정구 외 역, 1998: 37)
ㄴ. 好冷啊! (춥네/아이고 추워!)
ㄷ. 走吧。(가자.)
ㄹ. 朋友多, 路好走。(친구가 많으면 이로움이 많다.)
ㅁ. A: 吃饭了吗? (밥 먹었니?)
B: 吃了。(응, 먹었어.)
ㅂ. 下雨了。(비가 온다.)/ 刮风了。(바람이 분다.)
ㅅ. 昨天念了两个钟头的书。(어제 두 시간 동안 책을 읽었다.)

중국어의 경우 문어체보다는 일상 대화에서 주어가 생략되는 일이 많은데 이 역시 한국어와 크게 다르지 않다. 또 문맥상 언급의 필요성이 적은 1인칭 주어가 생략되기도 하는데, 특히 구어에서 이런 경향이 두드러진다.

(206) ㄱ. 昨天念了两个钟头的书 。(어제 두 시간 동안 책을 읽었다.)(박정구 외 역,1989:37)
ㄴ. 好冷啊! (너무 춥다!)
ㄷ. 困了。(졸려.)

또 주어가 불특정한 격언이나 속담에서 주어가 생략되는 점 역시 한국어와 흡사하다.

(207) ㄱ. 现在不努力学习，以后就没有好的生活。
(지금 열심히 공부하지 않으면, 나중에 좋은 생활을 기대하기 어렵다.)
ㄴ. 在家靠父母，出外靠朋友。(집에 있을 때는 부모님께 의지하고 집을 떠나서는 친구에게 의지한다.)[속담]

특히 명령문의 주어나 주제는 예문 (208)과 같이 생략되는 것이 보통이다.

(208) ㄱ. 吃! (먹어!)(박정구 외 역, 1989:425)
ㄴ. 乖! (얌전히 있어!)(박정구 외 역, 1989:425)
ㄷ. 请上坐。(앉으세요.)(박정구 외 역, 1989:427)
ㄹ. (我们)走吧。(가자/갑시다.)

한편 예문 (209)와 같은 '주제어-진술구문(topic-comment construction)'의 경우, 주어가 무엇인지 추측할 수 있는데 '그 책'과 '집'은 행위와 직접적인 관계가 없으므로 주어가 아닌 주제이다. 이와 같은 중국어의 주제어 진술구문은 행위자가 생략된 한국어의 '피동문'과 매우 흡사하다.

(209) ㄱ. 那本书出版了。그 책은 출판했다.(책이 출판되었다.)(박정구 외 역, 1989:115-116)
ㄴ. 房子造好了。집은 다 지었다.(집이 다 지어졌다.)

다음 예문 (210)은 중국인 학습자가 한국어로 피동문을 만들 때 범하는 표지 오류로서, 진가리(2012:27)에서는 중국어권 학습자들은 동사의 형태만으로는 사동태인지 피동태인지 파악하는 것이 쉽지 않기 때문에 표지 사용에 있어서도 주어, 목적어표지 사이에서 혼란을 겪음을 지적하고 있다.

(210) ㄱ. 너무 피곤해서 눈*을(√이) 감겼어요.(진가리, 2012:27)

ㄴ. 작년에 운동장 주변에 잔디밭*을(√이) 깔렸습니다.

ㄷ. 우리는 부모님의 체면*을(√이) 깎이는 일을 하면 안 됩니다.

예문 (211)은 주어와 주제가 모두 생략된 경우인데 이미 화자가 주제(주어)를 지정하고 있기 때문에 (211 B)에서 주어가 생략된 것이다. 이러한 화용적 주어 생략은 한국어와 크게 다르지 않다.

(211) A: 你看李四没有。(이사 못 봤어?)

B: 没看过。(못 봤어.)

중국어는 주제를 필수 성분으로 하는 언어로, 주제가 남고 주어는 생략된 경우, 주어와 주제 모두 생략된 경우는 있어도, 주어만 남고 주제가 생략된 경우는 드물다. 한국어와 마찬가지로 주어 생략은 문어에 비해 구어에서 빈번한데, 이러한 주어 생략의 양상은 한국어와 중국어가 비슷하다. 다음 예문 (212ㄱ)은 주어가 출현함으로써 문장이 어색해진 경우에 속하고, (212ㄴ)은 주어가 생략됨으ㄴ로써 문장이 모호해진 경우이다.[87)]

(212) ㄱ.*저는(√∅) 아무리 훌륭한 매체도 양면성이 있습니다.(CHI_고급)(황영애, 2013:19)

ㄴ. *(√?)극장에 영화를 봐 있습니다.(CHI_중급)(이정희, 2003:181)

특히 주어 생략은 전후 발화 문맥에 따라 수의적으로 일어날 가능성이 큰 만큼, 주어 생략에 의한 문장 오류 여부를 판단하기 위해서는 이 모든 가능성을 염

87) (212ㄴ)은 전후 문맥에 따라 주어 생략이 수의적으로 일어날 수 있는 문장으로, 하나의 문장만으로 오류 여부를 판단하기는 어렵다. 같은 문장이라도 다음의 예에서는 오류로 판단하기 어려운 측면이 있다.
예) 저는 지금 용산에 있습니다. 영화를 보고 있습니다.

두에 두어야 한다. 중국어는 영어와 같이 어순이 중요한 SVO형 언어이지만, 영어와 달리 문장 내 주어의 위치나 생략이 자유로워지고 있는 추세로, 특히 구어 담화에서 주어 생략 빈도가 높은 편이다. 그러므로 한국어 교사는 이를 숙지하고 중국어권 학습자들이 모어의 주어 생략을 한국어에 과잉 적용하지 않도록 유의하여 교육하도록 한다.

3.4. 인도네시아어권[88)]

3.4.1. 인도네시아어의 형태적·통사적 특징

인도네시아어는 말레이어족[89)]에 속하는 언어로 인도네시아어의 사용 인구는 세계 8위, 약 2억 명으로 말레이어족 중에서 사용 인구가 가장 많다. 인도네시아어는 한국어와 같은 교착어[90)]에 속하면서 '주어 중심 언어(subject-prominent language)'이다. 또한 음운체계가 단순하고 시제, 성, 수, 격에 따른 굴절현상(inflections)이 없으며, 접사 활용이 다양한 특징이 있다. 특히 상이나 시제보다 태(態)가 문장 구조를 좌우하는 힘이 강한데, 여기서 '태'란 문장의 동사가 표현하는 동작과 그 문장의 주어, 목적어 등의 성분 간 관계를 말한다(플로리안, 2008a:2). 인도네시아어는 'SVO'어순으로 종결어미가 없고, 문장 성분 표시 기능을 하는 주격, 대격 등의 격조사가 없다. 본절에서는 인도네시아어가 가지는 주요 형태·통사적 특징 및 주어, 성분 생략의 특성을 한국어와 비교하여 살펴보도록 한다.

---

88) 인도네시아는 약 300여 개의 민족과 742개의 민족어가 있으며, 인도네시아를 모어로 하는 국민은 약 4천만 명 정도다. 나머지는 인도네시아어를 제2언어로 하거나 아예 쓰지 않는다고 알려져 있으므로 인도네시아어를 말하고 이해할 수 있는 국민은 전체 인구의 약 75% 정도 된다고 할 수 있다(Fkorian Carolus Horatianus, 2008b:228).

89) 인도네시아어 외에 말레이어, 타갈로그어, 자바어, 하와이어 등도 말레이어족에 속한다.

90) 교착어는 고립어와 굴절어의 중간 성격을 지닌 것으로 어근에 접사가 결합되어 문장 내에서의 각 단어 기능을 하며, 굴절어와 달리 어간에서의 어형 교체가 일어나지 않는다(고영근, 2006:5).

3.4.1.1. 인도네시아어의 일반적 형태·통사적 특징

인도네시아어의 형태적·통사적 특성 가운데 기본적인 사항을 중심으로 제시하면 다음과 같다.

첫째. 인도네시아어는 동사 뒤에 목적어가 오는 'SVO' 어순이다.

(213) Saya[91](I) + suka(like) + pisang(Banana). (나는 바나나를 좋아한다.)

둘째. 인도네시아어에는 조사가 없기 때문에 격이 명사에 직접 나타나지 않고, 어순이나 문맥에 의해 정해진다.[92]

(214) ㄱ. Langit biru. (하늘이 푸르다.) [주격]

ㄴ. Itu buku Andi. (그것은 안디의 책이다.) [속격]

ㄷ. Dia me-mukul anjing. (그는 개를 때린다.) [대격]

셋째. 소유격을 만들 때는 명사 뒤에 인칭대명사를 두기 때문에 영어처럼 인칭대명사의 형태 변화가 없다.

(215) ㄱ. buku(a book) + saya(I)(내 책)

ㄴ. adik(brother) + Anda[93](you)(당신의 동생)

넷째. 인도네시아어는 시제(tense) 표현이 없기 때문에 시제에 의한 동사변화가 없는 대신 '부사어'로 시제를 표현한다.

(216) ㄱ. Dia **PERGI** ke korea tahun lalu. (→He went to Korea last year)

ㄴ. Dia akan **PERGI** ke korea pada musim gugur ini. (→He will go to Korea in this autumn)

---

91) 1인칭 대명사에는 'saya'와 'aku'가 있는데 보통 'saya'를 사용하며, 'aku'는 친구나 동년배 사이, 아이가 부모에게 사용할 수 있다. 'Saya'는 공식적이거나 거리감이 있을 때 쓰며, 외국인이 인도네시아인과 대화 시 사용 가능한 1인칭 대명사이다(고영훈, 2006:28).

92) 인도네시아어는 주로 '어순'에 의해 성분의 의미가 정해진다.

93) 'Anda'는 '당신'에 해당하는 2인칭 대명사이다.

다섯째. 인도네시아어는 주어의 성(性)이나 수(數)에 따른 동사 변화가 없는 대신 '접두사'가 발달되어 있는 것이 특징인데,[94] 같은 어근이라도 어떤 접두사가 붙느냐에 따라 단어의 기능이나 의미가 달라진다.

여섯째. 영어의 'be동사'에 해당하는 말이 통상적으로 생략되며 동사가 연속하여 올 수 있다.

(217) ㄱ. Saya orang Korea.(나는 한국 사람입니다.)
ㄴ. Beliau guru.(그분은 선생님입니다.)

일곱째. 인도네시아어는 화자가 핵심 내용을 먼저 말하는 경향이 있다. 즉, 말하려는 내용이 'cantik(=pretty)'일 경우 'Cantik katanya.'이라고 하지 'Katanya cantik.'이라고 하지 않는다는 것이다.

(218) ㄱ. Gemuk bandannya.(그는 뚱뚱하다.)
ㄴ. Gateng pacarku.(내 애인은 잘생겼다.)

여덟째. 인도네시아어에서는 시간이나 장소 부사어가 대체로 문미에 놓인다. 단 시간 부사는 문장의 앞이나 뒤에 모두 올 수 있다.

(219) ㄱ. Sekarang Saya ada di[95] Jakarta.(나는 지금 자카르타에 있습니다.)
ㄴ. Saya ada di Jakarta sekarang.

아홉째. 인도네시아어에는 주제어가 있지만 주제어를 표시하는 조사가 없기 때문에 타동문의 피동주를 주제어로 만들기 위해 피동법이 중시된다(Donna, 2010:13).

---

94) 다음은 'ajar(=교육, 지도)'를 어근으로 갖는 인도네시아어의 예이다.
예) mengajar(가르치다), belajar(공부하다/배우다), pengajar(선생님), pelajalan(학생), pelajaran(과/과정/연구), ajaran(강의/이론), terpelajar(교육받은/학식있는)

95) 'ada di'는 '~에 있다'를 뜻하는 전치사이다.

3.4.1.2. 인도네시아어 주어의 개념 및 특징

인도네시아어의 주어 특성으로는 '주어 문두성, 주어 결정 시 어순 및 문맥의 중요성, 주어표지의 부재, 명령문이나 청유문에서의 주어 생략, 문어보다 구어에서 잦은 주어 생략, 영어의 it, there와 같은 형식주어의 부재, 주어·서술어 간의 성 수시제 일치 부재' 등을 들 수 있다. 각각의 특징을 예문을 통해 살펴보도록 한다.

첫째, 인도네시아어에서 주어란 '무엇이'에 해당하는 말로서, 다음 예문의 Saya가 주어에 해당된다.

(220) ㄱ. **Saya pergi.**(나는 간다.)

ㄴ. **Saya mahasiswa.**(나는 대학생이다.)

둘째, 인도네시아어 문장의 기본 형식은 기능칸(gatra;slot)의 종류에 따라 3가지로 나뉜다. 이들은 각각 한국어의 '무엇이 어찌한다', '무엇이 어떠하다', '무엇이 무엇이다'에 대응되는데, 주체자칸, 피수식자칸, 피분류자칸은 '무엇이'에 해당되고, 행위칸은 '어찌하다', 형용칸은 '어떠하다', 피분류칸은 '무엇이다'에 해당된다(전태현, 1993:162-163).

〈표 26〉 인도네시아어의 기본 형식

형식	구성	예문
1	주체자 + 행위	Dia tidur.(그는 잔다) 주어-행위자, 술어-행위 Nasi ditanak.(밥이 지어진다) 주어-목적, 술어-행위
2	피수식자 + 형용	Kakek tua.(할아버지는 늙었다) 주어-피수식자, 술어-형용
2	피분류자 + 분류	Ayah guru.(아버지는 선생님이다) 주어-피분류자, 술어-분류

셋째, 인도네시아어에는 조사가 없기 때문에 격이 명사에 직접 나타나지 않고, 어순이나 문맥에 의해 정해진다.[96]

96) 인도네시아어는 주로 '어순'에 의해 성분의 의미가 정해진다.

(221) ㄱ. Langit biru.(하늘이 푸르다.) [주격]

ㄴ. Itu buku Andi.(그것은 안디의 책이다.) [속격]

ㄷ. Dia me-mukul anjing.(그는 개를 때린다.) [대격]

넷째, 인도네시아어는 주어를 생략하면 명령문이나 청유문이 된다.

(222) ㄱ. Naik taksi itu!(저 택시를 타시오.)

ㄴ. Berangkatlah sekarang juga!(지금 출발하시오.)

ㄷ. Tunggu saja di sini!(여기에서 기다리시오.)

ㄹ. Tolong[97] sampaikan salam saya kepada Pak Andi.(안디 선생님께 안부 전해 주세요.)

다섯째, 공손 명령문에서는 보통 2인칭 주어가 생략되고 문두에 'Silakan(=please)'가 결합된다.

(223) ㄱ. Silakan duduk.(앉으세요.)

ㄴ. Silakan masuk.(들어오세요.)

여섯째, 청유문에서도 명령문처럼 2인칭 주어가 실현되지 않는다.

(224) ㄱ. Marlilah minum.(마시자.)

ㄴ. Mari makan.(먹자.) [구어]

일곱째, 주어가 1, 2인칭인 능동문을 수동문으로 만들기 위해서는 먼저 능동문의 목적어를 주어로 한 후 능동문 주어를 그 다음에 두는데, 이때 동사에서 접두사 'me-'를 삭제한다. 능동문의 주어가 3인칭인 경우에는 목적어를 주어로 하고 수동 접두사 'di-'를 붙인 후 능동문의 주어를 'oleh(=by)' 뒤에 붙이는데 'oleh'는 보통 생략된다(고영훈, 2006:153).

(225) ㄱ. Saya mencuci mobil ayah.(나는 아버지의 차를 세차했다.)

ㄴ. Mobil ayah saya cuci.

---

97) 'Tolong'은 문두에 놓여 명령문을 완곡하게 만드는 표현으로 '~해 주세요'의 의미를 갖는다.

3.4.1.3. 인도네시아어의 성분 생략의 특징

인도네시아어는 주어나 목적어의 생략이 잦은 편으로 문맥상 이해 가능한 문장 구성 요소들은 보통 생략된다. 가령 'seddang apa?(뭐 해?)'의 경우 인도네시아어에서는 2인칭 주어(kamu=you)가 생략되는데, 예문 (226ㄱ)에서와 같이 영어에서는 주어가 생략되지 않는 것과 대비를 이룬다(황바이, 2008:43).

(226) ㄱ. What are you doing?

ㄴ. ∅ seddang(하다) apa(무엇)?

또한, 인도네시아어는 문맥 상 기지 정보(given information)에 대하여 '대용'보다는 '생략'을 택하는 언어로서 화자와 청자 사이에 주어진 정보는 보통 생략된다.

(227) A: Dia orang mana?(그/그녀는 어느 나라 사람입니까?)

B: ∅ Orang Korea.(한국 사람입니다.)

(228) Andi belajar bahasa Korea ∅ Belajarnya sudah dua tahun.(안디는 한국어를 공부한다. (그는) 공부한 지 벌써 2년이 되었다.)

위 예문 (227)에서 보듯이 인도네시아어 대화체에서의 주어 생략은 매우 자연스러운 현상이며, 생략하지 않아도 비문이 되는 것은 아니지만 문맥상 어색해질 수 있다. 주어 등 성분 생략이 인도네시아어의 화용 연구에서 차지하는 비중이 높은 것도 같은 이유에서이다. 예문 (229)와 같이 명령문에서도 2인칭 대명사 주어 'kamu'가 보통 생략된다.

(229) ㄱ. Keluar dari sini.(여기에서 나가라.)(전태현, 1993:155-157)

ㄴ. Tutuplah pintu itu.(그 문을 닫아라.)

ㄷ. Silakan masuk.(어서 들어오십시오.)

ㄹ. Mudah-mudahan sehat selalu.(늘 건강하시기를.)

이와 같이 인도네시아어에서는 구어의 경우 청자와 화자의 관계, 문맥이나 상황에 따른 주어 생략이 잦은 반면, 문어에서는 주어가 잘 생략되지 않는다.

(230) ㄱ. mari makan.(먹자) [구어]

ㄴ. marilah **kita** makan.(먹자) [문어]

다음 예문 (231) 역시 주어 성분이 생략된 형태로, 주어가 동일한 두 문장이 접속사(dan)로 연결되면서, 3인칭 대명사 주어 'dia(=he/she)'가 생략되었다.

(231) ㄱ. **Dia** dari Seoul dan ∅ sekretaris.(그녀는 서울에서 왔으며, 비서입니다.)

ㄴ. **Dia** belajar bahasa Indonesia dan ∅ tinggal di Bandung.(그는 인도네시아어를 배우며 반둥에서 삽니다.)

3.4.2. 인도네시아어와 한국어의 주어 비교

인도네시아어는 한국어와 달리 SVO형 어순을 취한다. 또 한국어는 시제, 서법, 양태, 화계에 따라 다양한 어미로 문장이 구성되는 데 반해, 인도네시아어는 시제나 어미, 조사, 종결어미가 없다는 점에서 한국어와 계통적으로 근본적인 차이를 보인다.

Fkorian(2008b:232-237)은 인도네시아어와 한국어는 언어학적 측면에서 매우 다르기 때문에 인도네시아 학습자를 대상으로 한 한국어 문법 교육 시 정확한 설명이 필요하며, 어순 및 어미, 조사, 시제에 유의하여 가르쳐야 한다고 언급한 바 있다.

이 밖에 한국어와 인도네시아어 모두 문맥이나 상황에 따라 주어가 생략될 수 있고, 형식주어가 없으며, 성(性)과 수(數)가 문법범주로서 존재하지 않는다는 공통점이 있다. 그러나 한국어는 SOV형 어순을, 인도네시아어는 SVO형 어순을 가지는 것 외에, 한국어는 시제와 어미, 이중주어, 격조사, 경어법이 존재하는 데 반해 인도네시아어는 존재하지 않는다는 점에서 다르다.

본절에서는 주어 및 주어 관련 문법 요소를 중심으로 두 언어를 비교하고, 인도네시아어권 학습자들을 대상으로 한국어 주어 교육 시 주의해야 할 점은 무엇인지 항목별로 논의할 것이다.

3.4.2.1. 주어 어순 및 호응

한국어는 '주어+목적어+서술어'의 어순을 가지는 반면, 인도네시아어는 영어와 같은 '주어+서술어+목적어'를 기본 어순으로 한다.

(232) 안디는 빵을 먹습니다. ↔ Andi makan roti.
S O V S V O

한국어와 인도네시아어는 상반되는 어순을 갖는데, 다음 〈표 27〉에서 차이를 확인할 수 있다.

〈표 27〉 인도네시아어와 한국어의 어순 비교(외국어연구보급회, 1996:74)

주어	서술어			목적어	부사어
명사구	부정사	조동사	동사	명사	부사구
① Saya teman	⑥ tidak	⑤ bisa	④ menulis	③ surat	② di rumah saya.
내 친구	없다	할 수	쓰다	편지	우리 집에서
주어	**부사어**		**목적어**		**서술어**
내 친구는	우리집에서		편지를		쓸 수 없다

인도네시아어는 주어와 술어를 연결하는 한국어의 조사나 영어의 be동사 성격을 가진 문법 항목(=연계사) 없이 주어와 술어만으로 문장을 이루는 것이 특징이다.

(233) ㄱ. 이것은 책상이다. 〈한국어〉

ㄴ. This is a desk. 〈영어〉

ㄷ. Ini(=this) meja(=a desk). (이것은 책상이다) 〈인도네시아어〉

한국어의 어순은 학습 초기 인도네시아어권 학습자들이 가장 혼동을 느끼는 부분인 만큼, 교사는 이를 미리 인지하고 인도네시아어와 한국어 문형의 비교를 통해 한국어 문장 특성을 이해하도록 유도해야 한다.

3.4.2.2. 인칭대명사

한국어는 인칭대명사의 쓰임이 제한적이고, 일반명사를 선호하는 데 반해, 인도네시아어는 영어와 같이 인칭대명사가 발달되었다. 단, 인도네시아어는 3인칭 대명사에 성의 구분이 없고(she, he=dia), 지시대명사에 유정·무정의 구분이 없는 것이 특징이다(이것, 이분=ini). 또 한국어의 1인칭 대명사가 평칭(나, 우리)과 겸양칭(저, 저희)으로 구분되듯이 인도네시아어 역시 1인칭 평칭(aku=나, kita=우리)과 겸양칭(saya=저, kami=저희)으로 구분이 된다는 공통점이 있다. 한국어와 인도네시아어의 인칭대명사를 비교하면 다음 〈표 28〉과 같다.

〈표 28〉 한국어와 인도네시아어의 인칭대명사 비교[98)]

인칭	단수		복수	
	인도네시아어	한국어	인도네시아어	한국어
1인칭	Saya	저	Kami(청자 제외)	저희
	Aku	나	Kita(청자 포함)	우리
2인칭	Anda/Saudara	당신	Anda sekalian Saudara sekalian	당신들
	Kamu engkau bapak, ibu	너 너 선생, 부인	kamu sekalian engkau sekalian bapak, ibu sekalian	너희
3인칭	Beliau(겸양)	그분	Beliau Sekalian	그분들
	Dia/Ia	그/그녀	Mereka	그들/그녀들

98) 플로리안(2008a:33-34)을 참고하였음.

한국어 교사는 인도네시아어권 학습자로 하여금 인칭대명사의 과잉 사용을 지양하게 하고, 인도네시아어 인칭대명사의 평칭, 겸양칭을 비교하여 '나', '저'를 구분하게 하는 것이 좋다.

3.4.2.3. 주어 구성

인도네시아어는 수식어가 피수식어 앞에 놓이는 한국어 구성과는 반대로 '피수식+수식'의 순서로, 대명사는 명사 뒤에서 명사를 수식하거나 후행 명사가 선행 명사를 수식하는 방식[99]을 취한다. 특히 단일주어에서 복합주어로 주부가 확장될 때 인도네시아어권 학습자들이 혼란을 느낄 수 있으므로 양 언어의 수식구조의 차이를 확실히 인지하도록 지도해야 한다. 인도네시아어의 수식 구조는 〈표 29〉와 같이 뒤에서 앞으로 수식하는 우측 확장 형태를 띠는데, 이는 한국어와 정확히 반대 방향이다(안영호, 2007:70).

〈표 29〉 인도네시아어의 수식 구조

큰 집	rumah(집)②	besar(크다)①		
그 큰 집	rumah(집)③	besar(크다)②	itu(그)①	
친구의 집	rumah(집)②	teman(친구)①		
내 친구의 집	rumah(집)③	teman(친구)②	saya(나)①	
내 아버지 친구의 집	rumah(집)④	teman(친구)③	ayah(아버지)②	saya(나)①
	←	←	←	수식방향

인도네시아어와 한국어의 수식 표현은 한국어 학습 초기부터 중급단계에 이르기까지 학습자들이 어려워하고, 쉽게 개선되지 않는 문법 요소 중 하나이다. 특히 모어의 구성 방식을 그대로 적용한 예문 (234)와 같은 오류가 나타난다.

(234) ㄱ. 2004년에 방송된 *대장금 사극 드라마는(√사극 드라마 대장금은)

99) 내 동생: adik(동생) saya(내)
전화번호: nomor(번호) telepon(전화)

~(INDO_중급)(박경재, 2014:80)

ㄴ. 최근에는 *한국 음식은 여러 가지(√여러 가지 한국 음식이) 인기가 많다.(INDO_중급)(박경재, 2014:80)

어순이란 곧 해당 언어만의 방식이나 순서로 사고하고 인지함을 뜻하며, 수식, 피수식 구성 역시 마찬가지다. 그러므로 한국어 교사는 이런 사실을 미리 인지하고 학습 초기부터 주의하여 가르치도록 한다.

3.4.2.4. 주어와 시제

인도네시아어는 한국어와 달리 '시제'에 의한 동사 변화 없이 예문 (235)처럼 동일한 형태의 동사로 현재, 과거, 미래를 모두 표현할 수 있다. 따라서 (236)처럼 시간을 지정하는 조동사나 시간 부사(sekarang, dulu, nanti 등)를 사용하여 특정 시제를 표현하게 된다.

(235) Andi **pergi** ke kantor. (안디는 사무실에 간다/갔다/갈 것이다.)

(236) ㄱ. Andi membaca buku itu **sekarang**. (**지금** 그 책을 **읽는다**.) [현재진행]

ㄴ. Andi membaca buku itu **dulu**. (**전에** 그 책을 **읽었다**.) [과거]

ㄷ. Andi membaca buku itu **nanti**. (**후에** 그 책을 **읽을 것이다**.) [미래]

또 인도네시아어는 영어와 달리 주어의 인칭[100)]이나 수에 의한 동사 변화 없이 예문 (237)과 같이 1~3인칭 및 단·복수 주어에 대하여 같은 술어가 실현되는 점은 한국어와 동일하다.

---

100) 인도네시아어의 인칭대명사는 격변화가 나타나지만 위치만 달리할 뿐 어형의 변화는 없다.
[주격] Saya orang Korea.(나는 한국 사람입니다.)
[소유격] Nama saya Andi.(내 이름은 안디입니다.)
[대격] Dia memanggil saya tadi.(그가 아까 나를 불렀어요.)

(237) ㄱ. Saya/Anda/Dia **minum** kopi. (나는/당신/그는 커피를 마신다.)
ㄴ. Kami/Kalian/Mereka **minum** kopi. (우리/당신/그들은 커피를 마신다.)

3.4.2.5. 주어표지

조사는 비조사권 모국어를 가진 학습자들이 한국어 학습 시 가장 어려워하는 문법 항목으로서 인도네시아어권 학습자 역시 예외는 아니다.[101] 인도네시아어권 학습자의 조사에 대한 부담은 조사 오류로 이어지는데, 주어표지의 생략, 대치, 첨가 오류 등이 그 예이다. 인도네시아 한국어 초급 학습자들의 쓰기 자료에 의하면 동사, 형용사의 잘못된 구분에 의한 주격, 대격 조사의 상호 대치 오류가 많은 것으로 나타났다. 이런 사용 양상은 조사 체계가 없는 모어를 가진 초급 학습자들의 발화에서 주로 나타나는 오류로서 자동사와 타동사의 구분 및 주어와 목적어의 구분 등이 제대로 되지 않은 상태에서 조사까지 구분하여 사용해야 하는 부담감에서 비롯된다. 이런 오류들이 중·고급단계에 가서도 개선되지 않는 경우가 많은데, 이를 미연에 방지하기 위한 단계별 교수방안이 마련되어야 한다. 특히 한국어 학습자 입장에서 '이/가'와 '을/를'의 구분이 모호하거나 영어식 해석과 차이를 보이는 'need'나 'like' 류의 서술어에 대해서는 초급단계에서부터 조사와 서술어가 결합된 표현 형식으로 제시하는 것이 좋다. 왜냐하면 비조사언어권의 학습자일수록 조사 사용 자체에 부담을 느끼는 것은 물론, 조사를 성분에 맞게 구분하는 능력이 부족하기 때문이다. 또한 모어에서 타동성을 띠는 술어의 속성이 한국어에서도 그대로 적용되는 것이 아니므로 이에 대한 지도가 필요하다. 다음 예문 (238)은 인도네시아 초급 한국어 학습자의 주어표지 오류의 예인

101) 다음은 한국어 문장을 배울 때 가장 어려운 것이 무엇이냐는 질문에 대한 인도네시아 초급 학습자의 답변이다.

Q: What is the hardest thing when you learn korean sentences? What is the reason for your answer?

A: One of them is subject and object marker. Till this day I still a bit confused about it. Although not much but still not as good as I want to be. Maybe because all other language I learned don't have those marker so I can't see which is which.

데, 이는 양 언어 간에 상호 격을 달리하는 서술어의 특성에 기인한다.

(238) ㄱ. 생일에 동생한테서 시계를 받고 싶어요. 저는 시계를 좋기 때문이에요.(INDO_초급)
ㄴ. 텔레비전을 받고 싶어요. 제방이 텔레비전을 없기 때문이에요.
ㄷ. 노트북을 받고 싶어요. 저는 노트북을 필요하기 때문이에요.
ㄹ. 커플옷을 받고 싶어요. 저는 커플옷을 귀엽기 때문이에요.

특히 인도네시아 초급 학습자들의 경우 '을/를'과 '있다/없다'를 함께 사용하는 경향이 있는데, 이는 모어에서 '있다/없다'의 보충 성분을 목적어로 인식하는 것에서 비롯된다. 서술어 '필요하다'의 보충성분에 대격조사 '을/를'을 붙이는 오류도 많이 나타나는데, 이는 영어에서 서술어 'need'의 필수성분을 목적어로 인식하는 데 따른 것으로 해석된다. 인도네시아 학습자들은 목적어와 보어를 구분하는 것에도 오류를 보이는데 서술어 '되다'의 보충어 표지로 '이/가' 대신 '을/를'을 사용하는 것이 그것이다.

인도네시아 학습자들이 보이는 조사 오류는 영어권 학습자들의 오류 양상과 매우 흡사하며, 오류 양상 역시 전형적이어서 서술어의 선행 성분을 별도로 가르치기보다는 '~이/가 아니다', '~이/가 되다' 등 '조사+서술어'의 표현 형태로 가르치는 것이 좋다.[102] 이 밖에 '필요하다', '있다/없다', '끝나다', '걸리다', '남다/모자라다', '좋다/싫다', '그립다', '무섭다', '보고 싶다', '지루하다', '재미있다/재미없다', '어렵다/쉽다' 등 역시 하나의 표현 문형으로 가르쳐야 할 서술어에 속한다.

인도네시아어와 한국어는 계통적으로도 매우 다를 뿐 아니라 인도네시아어는 문법에 비해 어휘가 발달한 언어이므로, 교사는 인도네시아 한국어 학습자를 교육할 때 정확한 설명을 통해 이해력을 높이도록 해야 한다. 또 인도네시아어에는 한국어와 같은 주격조사의 개념이 존재하지 않기 때문에 예문 (239)와 같은 주어

102) 최호철 외(2001)은 한국어 교육에 필요한 기본 문형을 조사 결합 형식으로 설정하고 있다.

표지 생략이나 (240)과 같은 형태 오류, (241)과 같은 '이/가', '은/는'의 대치 오류가 빈번한데, 모두 모어의 간섭 현상으로 볼 수 있다.

(239) ㄱ. 한국 드라마를 보면 *한국문화(√가) 많이 나온다.(INDO_중급)(박경재, 2014:90)
ㄴ. 먼저 일어나기 전에 *우리(√는) 기다려야 해요.

(240) ㄱ. 2NE1은 아직 달성하고 싶어 하는 목표*이(√가) 있다.(INDO_중급)(박경재, 2014:70)
ㄴ. 문법*가(√이) 얼엽습니다. (INDO_초급)
ㄷ. 동생*가(√은) 파리 가고 싶어해요.(INDO_초급)

(241) ㄱ. 우리*가(√는) 케이팝이나 한국 문화에 관심이 있는데 그래도 우리 인도네시아 문화를 잊으면 안 된다.(INDO_중급)(박경재, 2014:76)
ㄴ. 한국 사극 드라마를 통해 우리*가(√는) 한국의 역사적인 전통적인 모습들도 볼 수 있다.(INDO_중급)(박경재, 2014:76)

또한 다른 언어권과 마찬가지로 인도네시아어에는 경어법이라는 문법 범주가 없기 때문에 학습 초, 존칭 주어 표지 및 존대 선어말어미 '-(으)시-'를 활용한 서술어 표현에 어려움을 느끼게 된다. 따라서 존칭 명사의 격과 관계없이 주어표지 '께서'를 일괄적으로 사용하거나, 존칭 여격조사인 '께'와 존칭 주격조사 '께서'를 혼동하는 오류를 보이므로 이에 유의하도록 지도한다.

3.4.2.6. 이중주어

인도네시아어는 영어와 같은 '주어 부각형 언어'로서 통사적으로 주제가 문장에서 부각되는 일은 없다. 그러나 예문 (242)는 인도네시아 현지 한국어 학습자를 대상으로 한 조사[103]에서 '인도네시아어에도 이중주어가 있다'고 답한 학습자가 표현한 문장이다.

(242) ㄱ. Gajah **hidungnya** panjang. (코끼리는 **코가** 길다.)
주제어 주어
ㄴ. Anjing itu **bulunya** putih. (그 개는 **털이** 하얗다.)
ㄷ. Laut **warnanya** biru. (바다는 **색이** 파랗다.)
ㄹ. Laki-laki itu **wajahnya** tampan. (그 사람은 **얼굴이** 잘생겼다.)
ㅁ. Pohon palm **daunnya** besar. (팜 나무는 **잎이** 크다.)

이와 같이 다수의 인도네시아 학습자가 주어와 주제의 개념을 인정하는 만큼 한국어에서도 이중주어문 사용 빈도가 높게 나타난다. 그러나 주어로 간주되는 두 NP에 결합되는 표지에 대해서는 다소 혼란을 느끼고 있음을 알 수 있다. 다음 예문 (243)은 이중주어문이 바르게 쓰인 예이고, 예문 (244)는 오류문이다.

(243) 미라 씨는 지곱이 회사원입니다. (INDO_초급)

(244) ㄱ. 제*가(√는) 동해 오빠가 만나고 싶기 때문이에요. (INDO_초급)

103) 조사는 총 45명의 인도네시아 한국어 초·중급 학습자를 대상으로 실시되었으며 각 문항에 대한 응답 결과는 다음과 같다.

인도네시아 학습자의 이중주어에 관한 인식(%)

질문	예	아니오
· 인도네시아어에는 서술어 한 개에 주어가 2개인 이중주어문이 있다.	93.33	6.66
· 한국어에는 주어가 둘인 문장이 있다.	88.88	11.11
· 주어가 둘인 경우, 둘 다 진짜 주어가 될 수 있다.	82.22	17.77
· 이중주어문의 존재는 한국어의 고유한 특성이다.	35.55	64.44
· 이중주어문은 언어 보편 원리에 비추어 볼 때 적절하다.	84.44	15.55

조사 결과를 토대로 이중주어에 관한 인도네시아 학습자의 인식을 정리하면, 다수의 인도네시아어권 학습자들은 한국어 이중주어의 존재를 인식하고 있으며, 위치만으로 주어를 판별하지 않으며, 문장 특성에 따라 이중주어도 가능하다고 생각한다. 또한 이중주어 현상을 한국어에만 존재하는 특수 현상이 아닌 언어 보편적인 현상으로 인식하고 있으며, 다수의 응답자가 인도네시아어에도 이중주어가 있다고 인식하고 있음을 알 수 있다.

ㄴ. 저는 노트북*을(√이) 필요하기 때문이에요. (INDO_초급)

이중주어문에 나타나는 표지 오류는 한국어와 인도네시아어 술어의 타동성, 비 타동성과 관련이 있는데, 인도네시아어권 학습자가 인식하는 서술어의 타동성, 비 타동성은 영어권 학습자와 흡사한 양상을 보이는 바, 예문 (245)와 같이 '필요하다(need), 있다/없다(have, not have), 좋다/싫다(like/dislike)' 등을 타동사로 인식하는 것이다.

(245) ㄱ. 마라나타에서는 한국어 과정*을(√이) 있습니다.(INDO_중급)
ㄴ. 저는 노트북*을(√이) 필요하기 때문이에요.(INDO_초급)
ㄷ. 저는 시계*를(√가) 좋기 때문이에요.(INDO_초급)
ㄹ. 친한 친구한테서 우산을 받고 싶어요. 우산*을(√이) 없기 때문에. (INDO_초급)

이중주어에 대한 인도네시아어권 학습자의 인식 결과를 보더라도 한국어의 이중주어문형을 가르치는 데 큰 어려움은 없을 것으로 예상되며, 보다 구체적인 교육방안은 이어지는 절에서 논의할 것이다.

3.4.2.7. 주어 생략

인도네시아어는 구어체에서는 어순보다는 억양이나 강세로 의미를 전달하는 데 반해 문어체에서는 어순 및 문장 형식을 엄격히 지킨다. 즉, 구어체에서 대화 상황이나 문맥에 따라 주어를 생략하는 것은 한국어와 크게 다르지 않다.[104] 전

---

104) 인도네시아어의 구어체에서는 동사 'pergi(가다)', 'datang(오다)', 'ada(있다)' 등 서술어가 생략되는 일이 있는데 이때 전치사 'dari(에서)', 'ke(로)', 'di(에)' 등이 동사의 기능을 대신하게 된다. 한국어 대화체에서는 문맥에 따라 주어가 생략되는 일은 많지만, 문맥이나 상황에 대한 정보 없이 인도네시아어에서처럼 전치사(조사)가 서술어 기능을 대신하는 일은 드물다.

• Pak guru itu **dari** Korea. 그 선생님은 한국에서 (왔습니다.)

형적으로 주어가 정해진 의문문의 2인칭 주어나 1인칭 화자를 주어로 하는 발화나 (공손)명령문, 청유문 등에서 주어가 생략되는 현상은 두 언어의 공통된 특성이므로 교수 시 큰 주의를 요하지 않는다.

(246) ㄱ. ∅ 어디가세요? ↔ ∅ Bergi?

ㄴ. ∅ 식사하셨어요? ↔ ∅ Makan?

ㄷ. ∅ 뭐 하세요? ↔ ∅ seddang apa?

다음 예문 (247)과 같이 청자와 화자가 확정된 대화에서는 응답 시 주어 'aku', 'kamu'가 생략되고 서술어만 실현되었는데, 이는 한국어의 주어 생략 현상과 흡사하다.

(247) A: apakah **kamu** tahu alamat ini?(=Do **you** know this address?)

B: tidak tahu (= ∅ don't know)

(248) A: Mau makan apa **kita** siang hari ini?

(=What **we** want to eat for lunch today?)

B: ∅ Bagaimana kalau ramen?(=How about ramen?)

2인칭 주어를 갖는 명령문이나 청유문에서 주어가 생략되는 한국어의 현상과 동일하게 인도네시아어에서도 주어가 생략된다.

(249) ㄱ. ∅좀 앉으세요. ↔ ∅ Silakan duduk.

ㄴ. ∅점심 먹읍시다. ↔ Mari (kita)[105] makan siang.

ㄷ. ∅사무실에서 담배를 피우지 마시오.↔ ∅ Jangan merokok di dalam

• Ibu saya **ke** pasar. 우리 어머니는 시장에 (가셨습니다.)

• pak direktur **di** katornya. 사장님은 사무실에 (계십니다.)

105) 영어의 'let's'와 같은 의미로 'kita(=we)'는 주로 생략된다.

kantor.

한편, 예문 (250)은 주어의 누락으로 인한 인도네시아어권 학습자의 문장 오류로, 주어가 단일하지 않은 한 편의 글에서는 특정한 장치 없이 주어가 생략될 경우 비문이 될 수 있다. 인도네시아어권 학습자의 글에는 주어가 누락된 문장이 많은데, 모어의 성분 생략 현상과 관계가 있다.

(250) 동생가 파리 가고 싶어해요. *(√저도 동생이) 파리 갔으면 좋겠어요. (INDO_초급)

이와 같이 형식주어 개념의 부재나 구어에서의 주어 생략 현상 등을 통해 인도네시아어의 주어는 문장 내에서 고정적·필수적으로 실현되는 성분은 아님을 알 수 있다. 따라서 인도네시아어권 학습자를 대상으로 한국어의 주어 생략 현상을 이해시키는 데 어려움은 없을 것으로 보인다.

4

한국어 주어 교육의 현황

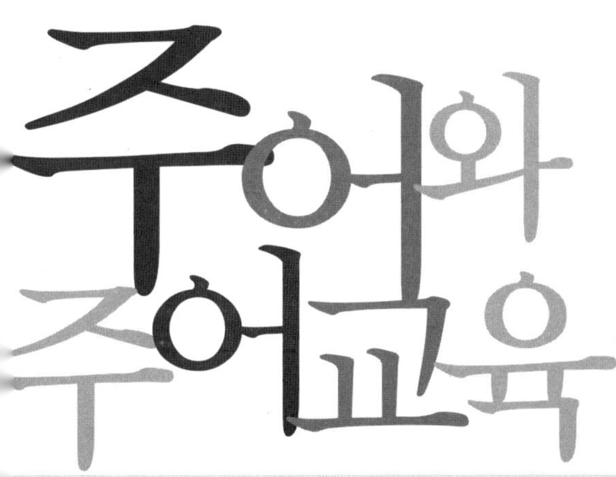

4.1. 1960~1990년대 한국어 교재에서의 주어 기술 현황

본절에서는 2000년대에 출간된 최근의 한국어 교재를 살펴보기에 앞서 1960년대부터 1990년대 출간되었던 대표 한국어 교재를 통해 각 시대별로 주어를 어떻게 기술하고 다루어 왔는지 파악함으로써 주어 교육의 흐름을 읽고 그 안에서 시사점을 얻고자 한다.

먼저 1960년대에 출간된 한국어 교재로 최병문(1960)이 있는데, 여기에서는 주어 대신 '임자말', 서술어 대신 '풀이말'이라는 용어를 사용하고 있다. 최병문(1960)에서는 한국어의 가장 단순한 문장구조로 이름씨(명사)와 풀이토(서술조사), 사람대이름씨(대명사)와 도움토(조사)로 이루어진 문장 구성을 최초로 언급하고 있으며,[1] 이어서 임자말과 풀이말, 임자말, 매김말, 풀이말이 더해진 확장형 문장 구성을 차례로 제시하고 있다. 기본문형을 따로 설정하고 있지는 않지만 한국어 문형에 대한 설명이 교재 전반에 걸쳐 부각되어 있고, 임자자리토(주격조사)[2]와 같은 격조사와 문장 구성의 관계 및 피·사동문에서의 문장성분의 변형 등이 강조되고 있다.

1970년대에 출판된 대표적인 한국어 교재로는 박창해·박기덕(1973)[3]과 강윤호·김명희(1979), 서울대학교 어학연구소(1979)가 있다. 먼저 박창해·박기덕(1973)은 한국어의 형태적 측면에 초점을 둔 교재로서 문장 구성이나 통사적인 면보다는 조어법(형태론)을 중심으로 기술하고 있다. 특히 단어와 단어의 관계를 표시하는 기능을 하는 조사나 어미에 초점을 맞추어, 주어 등 문장 성분에 붙는 표

1) 최근에 발간되고 있는 한국어 교재들에서는 가장 단순한 문장 구성으로 '주어+서술어' 구조를 제시하는 것과 대조적이다.
 • 수미는 학생이에요.(고려대 1-1) • 안녕하세요? 저는 박영민입니다.(이화여대 1-2)

2) 최병문(1960:130-131)에서는 '가, 이, 께, 서'를 '임자 자리 토씨'로 설정하고 있다.

3) 박창해·박기덕(1973). 『한국어 1』. 서울: 연세대학교 출판부. 본 교재는 총 20단원(unit)으로, 각 단원은 ① conversation, ② pronunciation, ③ grammar notes and drills로 이루어져 있다. 이 교재는 1971년부터 연세대학교 한국어학당의 교재로 사용되었다.

지를 비롯하여 여러 가지 기능의 격조사와 보조사, 어휘나 문법 항목을 자세히 기술하고 있다. 어순이나 기본문형을 따로 설정하고 있지 않으며, 각 성분을 이루는 품사, 그 성분을 표시하는 전형적인 표지, 그리고 서술어의 개념을 패턴화하여 기계적으로 말하는 연습이 교재의 주를 이룬다. 주어에 있어서도 주어로서의 명사(구), 명사(구)를 주어로 만드는 전형적인 주어표지인 '이/가', '께서'를 중심으로 기술하고 있다.

1980년대의 한국어 교재로는 장숙인(1982)[4]와 고대민족문화연구소(1986)가 있는데, 먼저 장숙인(1982)에서는 '이/가'와 '은/는'을 모두 주어표지로 기술하고 있으며, 고대민족문화연구소(1986:87-89)은 '이/가'를 주어표지(the subject particle), '은/는'을 주제(the topic particle) 및 대조표지(the contrast particle)로 명확히 구분하고 있다. 특히 '이/가'는 주어가 신정보(new information), '은/는'은 구정보(old information)일 때 주로 결합되므로 처음 언급된 주어 이외의 나머지 주어에서는 주로 '은/는'이 결합된다고 기술하고 있다. 고대 민족문화연구소(1986:17)의 문장 및 주어에 대한 기본 입장을 살펴보면, 한국어의 문장 구조에 대한 기술에서 한국어는 영어와 달리 '주어-목적어-서술어'로 된 SOV언어임을 명시함으로써 한국어의 기본 구조 및 어순을 명확히 하고 있다. 특히 한국어 문장에서 가장 중요한 성분은 '서술어'임을 밝히고, 문장의 모든 성분은 문맥이나 상황이 명확한 경우에 한해 생략이 가능하나 서술어는 생략에서 제외된다고 기술하고 있다.

1990년대에 이르러 한국어 교재 및 기존 교재의 개정판이 본격적으로 출간되기 시작하였는데, 이화여자대학교 언어교육원(1990), 연세대학교 한국어학당 편(1992)이 대표적이다. 이화여자대학교(1990)에서는 주어라는 성분을 따로 강조하여 기술하지는 않지만 학습 초반부터 매 단원마다 '구조'라는 이름으로 한국어 문장의 기본 구조를 설명하고 있다.

---

4) 장숙인(1982)는 연세대학교 한국어학당 단기 한국어 과정을 위해 만들어진 실용 한국어 회화 교재로서 다양한 대화 상황을 주제로 총 90unit으로 되어 있으며, 각 unit은 'dialogue, grammar note, pattern practice, pronunciation'으로 구성되어 있다.

〈표 30〉 문장 '구조'의 제시(이화여자대학교 언어교육원, 1990: 1-2)

이거 뭐예요? - (이거) 예요. 나 누구예요? - (나) 예요.
가: 이거 나무예요? 나: 예, (이거) 나무예요. 아니요, {(이거) 나무 아니예요.} (이거) 나비예요.

또한 이화여자대학교(1990)은 한국어 학습 초반부터 괄호를 이용해 주어표지 및 주어 생략의 가능성을 제시하고 있다.

(1) A: 선생님이 뭐 해요?(이화여자대학교 언어교육원, 1990:17, 1-3)
B: 선생님이 가요.(=선생님∅ 가요, = ∅ 가요)

(2) A: 누가 가요?
B: 선생님이 가요.(=선생님∅ 가요)

(3) ㄱ. 어머니(가) 뭐 해요?(이화여자대학교 언어교육원, 1990: 1-4)
ㄴ. 민호(가) 어디(에) 가요?(이화여자대학교 언어교육원, 1990: 1-5)

또 '이/가'와 '은/는'을 완전히 구별하여 1-15과 이전까지 주어표지로서의 '은/는'을 문장에서 찾기가 어려운데, 한국어의 주격조사는 오직 '이/가' 뿐임을 강조하는 이화여자대학교 언어교육원(1990)의 기본 관점을 반영한다고 할 수 있다.[5] 연세대학교 한국어학당 편(1992:21)도 주어와 서술어가 한국어 문장의 최소 구성 요소임[6]을 명확히 하고 있다. 이상 1990년대의 대표적인 한국어 교재들을 살펴

5) '은/는'에 관한 문법(구조)은 (이화여자대학교, 1990: 1-19)에서 보조사 '도, 만'과 함께 최초로 제시된다.
- 어머니는/영민이도 안경을 안 썼어요.
- 아버지는/아버지만 안경을 썼어요.

6) "A Korean sentence is made up of at least two words, and is always concluded with a VERB(with a sentence final ending). <u>Korean sentences contain a subject and a verb.</u>"

본 결과, 당시의 주어 연구 경향을 반영하듯 한국어의 문법적 특성 가운데서도 '주어+서술어' 구성의 한국어의 통사적 특징이 교재 곳곳에 반영되어 있음을 알 수 있다. 특히 '주어'와 '주제'는 서로 층위가 다른 개념으로서 '이/가'는 주어를, '은/는'은 주제를 대표하는 표지임을 확실히 구분하여 제시하고 있으며, 그 예문은 (4)~(6)과 같다.

(4) ㄱ. 저기 앨버트가 옵니다.
ㄴ. 나는 학생입니다.

(5) A: 전화가 어디에 있습니까?
B: 전화는 우체국 옆에 있습니다.

(6) ㄱ. 날씨가 좋습니다.(The weather is good.)
ㄴ. 날씨는 좋습니다.(I'm not speaking of the other thing~)

4.2. 한국어 교재에서의 주어 기술 현황

본절에서는 한국어의 주어와 관련하여 고려대, 서울대, 연세대, 이화여대에서 출판된 한국어 교재와 가나다 학원의 교재를 중심으로 한국어 주어 제시 양상을 고찰함으로써 주어에 관하여 각 교재들이 어떤 관점을 취하고 있으며, 문제점은 무엇인지 살피고자 한다. 분야를 막론하고 교과서는 그 교육과정을 반영하는 거울과 같은 역할을 한다. 그러므로 한국어 교재를 통해 현재 한국어 교육의 방향을 파악할 수 있으며, 특히 본서에서 다루는 한국어의 주어를 비롯한 주어와 관련된 문법 항목들에 대한 교육 현황을 구체적으로 고찰할 수 있을 것으로 본다. 그럼으로써 현재 한국어 주어 교육에서 보완해야 할 점이 무엇인지, 그것을 주어 교육 내용에 어떻게 반영할 것인지 그 구체적 방안을 모색하고자 한다.

의사소통능력 향상을 목표로 집필된 최근의 한국어 교재들을 살펴보면 특별히 '주어'라는 문법 항목을 전면에 드러내고 있지는 않지만, 각 교재들만의 주어에 대한 인식 및 관점이 교재 전반을 통해 직·간접적으로 드러나 있다. 본서에서 분석대상으로 삼은 총 5종의 교재들은 해당 한국어 기관뿐 아니라 전용 교재가 출간되지 않은 국내외 한국어 교육 기관에서도 널리 사용되고 있는 대표적인 한국어 교재들이다. 본절에서 실시한 교재 분석은 특정 교재의 좋고 나쁨을 판단하기 위함이 아닌 한국어 주어 교육 현황을 파악함으로써 부족하거나 비어있는 곳을 발견하고, 이를 보완하려는 데 목적이 있다. 본절에서는 주어 개념에 대한 정의, 주어 관련 항목 가운데 그 문장의 주어를 확인시켜주는 직·간접적인 요소들에 대한 기술, 주어 호응 및 어순, 주어 구성, 주어표지, 이중주어, 주어 생략에 관한 대상 교재들의 관점 및 기술 내용을 구체적으로 살펴보고자 한다. 분석 대상이 되는 교재는 다음 (7)과 같다.[7)]

(7) ㄱ. 고려대학교 한국어문화교육센터(2008). 재미있는 한국어 1-6권
ㄴ. 서울대학교 언어교육원(1980). 한국어 1-6권
ㄷ. 연세대학교 한국어학당(2007-2009). 연세 한국어 1-6권
ㄹ. 이화여자대학교 언어교육원(2010). 이화 한국어 1-1~4-2권
ㅁ. 가나다한국어학원 교재 연구회(1999). 가나다 한국어 초급 1-2권, 중급 1-2권

4.2.1. 주어

4.2.1.1. 주어의 정의 및 개념

주어는 언어를 구성하는 중심 개념으로서 한국어의 어순이나 기본 문형을 중

7) 본서의 분석 대상 교재는 우리나라의 대표격 한국어 교육 기관에서 출판된 교재로, 각 기관 모두 자체적으로 교재를 출판하고 있으므로 해당 기관의 교재를 고찰하는 것은 그 교육 기관의 한국어 교육 현황 및 교육적 관점을 가장 면밀히 살필 수 있는 방법이 될 수 있다. '가나다 한국어'는 학교가 아닌 사설 한국어 교육 기관에서 출간한 한국어 교재이면서, 동시에 인도네시아 마라나타 대학교 한국어 센터의 교재로 사용되고 있어 교재 분석에 포함하였다.

심으로 주어의 형태·의미·통사적 특징을 직·간접적으로 제시하고 있기 때문에 주어에 대한 개념을 파악하기 위해서는 먼저 각 교재에서 기술하는 한국어의 기본 어순 및 기본 문형을 살펴볼 필요가 있다. 기본적인 문장 구성이나 문장 성분에 대한 언급은 대부분 학습 초반부에 이루어지므로 한국어 초급 교재에서 그에 관련된 기술을 찾아 볼 수 있다. 주어에 대한 기술은 주로 어순을 통해 초급 전반부에 소개되는데, 다음은 고려대 1-2[8]에 제시된 '어순' 관련 설명이다.

> "기본 어순은 주어-목적어-동사이다. 그러나 명사나 동사만으로는 문장 안에서 주어, 목적어, 서술어로 쓰일 수 없으며, 보통 문법 표지나 어미가 동반된다."
>
> (the basic word order is subject-object-verb. However, nouns and verbs cannot be used as ' subject', 'object', or 'predicate' in sentences in their bare form, Those elements are usually accompanied by grammatical particle(s) or ending(s).)

나는(S) 책을(O) 읽어요(V).
I(S) read(V) a book(O)

고려대 교재에서는 '주어' 개념에 대한 정의를 포함하여 어순에 대해 기술하고 있다. 즉, '어순'을 통해 주어 등 주요 성분의 문장 내 위치를 비롯한 각 성분들의 조사·어미와의 결합 등을 설명하고 있다. 즉 주어는 문장의 주성분 중 하나로서 문두에 위치하며, 주어를 나타내는 특정 표지와 결합하여 주어임을 표시한다. 그러나 주어를 표시하는 특정 표지에 관한 설명이 빠져 있고, 예문의 주어표지로 보조사 '은/는'을 제시하고 있기 때문에 학습자의 오해를 불러일으킬 소지가 있다.

고려대 교재에서는 '한국어 기본문형'을 설정하는 대신 문법 구조(grammatical structure)라는 명칭으로 별도로 다루고 있으며, 가르치고자 하는 문장 형식을 "noun은/는 noun이에요/예요(고려대 1-1)." 같은 방식으로 제시하고 있다. 또한

---

8) 1-2는 1권 2과, 2-1은 2권 1과를 의미하며 이어지는 논의에서도 동일한 방식으로 표시하였음을 밝혀 둔다.

문맥(context)을 통해 이해 가능한 성분은 생략될 수 있음을 다음과 같이 밝히고 있다.

> "The word in parentheses can be possibly omitted if it is understood from context."(고려대 1-1)

서울대 교재는 '조사+서술어' 형식으로 주요 문형을 제시하고 있는데,[9] 특히 서울대 1-1에서 'N은 무엇입니까?'라는 문형에 대하여 '은/는'을 화제(topic) 표지, 'N이/가 A-습/ㅂ니다'의 '이/가'를 '주어(subject)표지'로 설명하고 있다.

연세대 교재의 경우 '-이/가 아니다', '-에 가다', '-지 않다', '-고 싶다' 등 일부 문형에 대해서만 문장 형식을 제시하고 있을 뿐 기본 문형이나 어순, 주어와 문장 성분에 관계된 기술은 찾아보기 어렵다.

한편, 이화여대 1-1에서는 '문장 만들기'라는 코너를 통해 어순, 주어 형식, 문장 성분, 주어 생략 등의 개념을 간략히 제시하고 있다. 즉, 한국어의 문장은 '주어+서술어', '주어+목적어+서술어'의 순서로, 주어 뒤에 주격조사 '이/가', 목적어 뒤에는 목적격조사 '을/를'이 결합되며, 주어와 목적어의 위치 바꿈이 가능하고, 주어가 이미 알려진 상황일 경우에는 생략할 수 있다고 기술하고 있다.

이상 한국어 교재에서 제시하고 있는 주어 개념 및 정의에 대한 기술에서 공통된 부분을 중심으로 정리하면 다음과 같다.

첫째, 주어는 문장의 주체가 되는 성분으로 목적어, 서술어와 함께 한국어의 대표적인 주성분 중 하나로 한국어는 '주어-목적어-서술어' 어순을 갖는다.

둘째, 명사(상당어)에 일명 주격조사라고 불리는 일정한 표지가 결합된 형태로 주어가 되며, 주어의 문장 내 위치는 비교적 자유롭다.

셋째, 주어가 상황이나 문맥에 의해 파악이 가능한 경우, 생략이 쉽게 일어난다.

---

9) 1급에서는 기본 문형을 통한 설명이 주를 이루다가 2급으로 올라가면서 실제 문장 구조를 보여주는 데 한계가 있기 때문에 기본 형식을 통한 문형 제시가 급격히 감소한다.

분석 대상 교재 및 문법서에 제시된 주어 기술 방식을 고찰한 결과, 주어표지에 대한 설명 부족, 전형적인 주어표지가 아닌 보조사가 결합된 형태의 주어를 대표로 제시한 점, 자유어순에 대한 기술 등은 그 제시 단계가 초급 전반부임을 고려할 때 학습자에게 혼란을 줄 여지가 있다고 판단된다. 특히 '이/가', '은/는'이 거의 동시에 학습되지만 교재에서 의미 차이를 분명하게 제시하지 않고 있기 때문에 두 조사 모두 주어표지로 인식될 우려가 있으므로 이에 대한 적절한 조치가 필요하다. 또한 초급단계는 한국어의 가장 기본적이고 중립적인 문법 개념을 학습하는 시기인 만큼 어순의 자유에 대하여 지나치게 강조하기보다는 중립적이고 전형적인 한국어의 어순[10]을 중심으로 다루되, 자유 어순 형식에 대해서도 순차적으로 구체적인 상황이나 예문을 통해 다루는 것이 적절하다.

4.2.1.2. 주어 호응 요소

'주어 호응 요소'란 주어가 문장에서 생략되었을 때에도 그 문장의 주어를 확인하게 하는 주어와 긴밀한 관계를 맺는 문법 요소를 뜻한다. 임홍빈(1985a)에서는 주어의 존재를 입증하는 주어 확인 요소로 재귀대명사 '자기', 복수표지 '들', 피동과 능동, 존대 선어말어미 '-(으)시-'를 든 바 있다. 주어 호응 요소를 한국어 교육에서 별도로 가르치는 일은 드물지만 이런 주어 호응 요소들이 교재 본문에 반영되어 있을 뿐만 아니라, 교재에 반영된 내용은 자기 학습을 통해서 한국어 학습자들에게 영향을 미칠 수 있으므로 고찰할 필요가 있다. 본절에서는 임홍빈(1985a)가 언급한 네 가지 주어 확인 요소를 중심으로 이들에 대한 한국어 교재에서의 제시 양상을 살필 것이다.

1) '주체 경어법'과 존대 선어말어미 '-(으)시-'

주체 경어법[11]은 존칭 주어에 대하여 서술어 어간에 '-(으)시-'를 연결하여 주

10) 초급단계에서는 주어가 어느 위치에나 놓일 수 있다고 제시하기보다는 '문장 처음에 놓이는 것이 가장 일반적이다'라고 기술하는 것이 적절하다.

11) 학교 문법에서의 명칭으로 전통적으로 '존경법'이란 술어가 쓰여 왔으며, '주체 높임법' 혹

어를 높이는 경어법의 한 갈래이다(임홍빈 외, 1995:379). 존대 선어말어미 '-(으)시-'는 초급단계에서 제시되는 주어 호응 요소로서 존칭 주어표지인 '께서'와 비슷한 시기에 제시된다. 문장의 주어만이 존대 선어말어미 '-(으)시-'와 호응하기 때문에 대표적인 주어 호응 요소로 인식되고 있다. 각 교재에서 제시하고 있는 '-(으)시-', '께서' 등 주체 경어법[12]과 관련된 주어 호응 요소들에 관한 기술 내용으로는 고려대의 경우 '-(으)시-', '께서' 모두 문장 내에서 '주어'에 대한 존경을 표시하는 요소로 기술하고 있고, 연세대 역시 주격조사 '께서'를 '존칭 주어표지(the honorific subject particle)'라는 용어로 설명하고 있다. 이화여대는 '-(으)시-'를 '주어 존경 어미'로 설명하면서 주어로 쓰인 인물에 존경을 표시하는, 주어와 긴밀한 요소라고 설명하고 있다. 예문 (8)은 한국어 교재에 나타난 어미 '-(으)시-'에 의한 간접 존대의 예이다.

(8) ㄱ. 이리나 씨는 점심이 좋으세요, 저녁이 좋으세요?(가나다 2-3)
ㄴ. 찾는 모델이 있으세요?(가나다 2-10)

경어법을 교수함에 있어서 무엇보다 중요한 것은 단계에 맞는 순차적인 제시이다. 단순히 존칭 주어라고 해서 모든 주어표지를 '께서'로 대체할 수 있는 것은 아니고, 존칭 주어가 아니더라도 존대 선어말어미 '-(으)시-'를 결합하는 간접 존대의 개념도 있기 때문이다. 그러나 대부분의 교재가 주체 경어법의 전형만을 다루고 있을 뿐 존칭 주어의 신체 일부, 소유물, 관련 인물 등 간접 존대에 대해서는 다루지 않고 있다. 경어법은 한국어의 고유한 특성 이자, 주체 경어법은 주어 일치 요소를 포함하는 만큼, 경어법의 내용도 난이도에 따라 단계별로 제시할 필요가 있다.

2) 재귀대명사 '자기'

은 '주체 대우법'이라고도 부른다(임홍빈 외, 1995:379).

12) 한국어 교재에서 '주체 경어법'이란 용어를 사용하고 있지는 않지만 주체 경어법은 한국어의 대표적인 주어 일치 요소이므로 다루도록 한다.

재귀대명사란 3인칭 주어가 문장 내에 반복되어 나타날 때, 원래의 주어를 대신하는 문법 요소로서 대표적으로 '자기'가 있다. 재귀대명사의 제시 순서는 보통 중급단계 이후로, 단원의 성격에 따라 교재마다 조금씩 차이가 있다. 그러나 중복된 주어를 대신하는 재귀대명사 '자기'의 용법에 대해 기술하는 경우는 드물며, 주어 호응 요소로서의 '자기'의 용법이 포함된 본문 역시 고려대(5-1)를 제외하고는 나타나지 않는다.

(9) **저 애**도 또래 친구들은 부모님이나 주위 어른들에게 어리광도 부리고 사랑받으면서 사는데 자기는 그러질 못해서 그게 제일 속상하대.(고려대 5-1)

한편, '자기' 외에 주어에 대한 존경 정도에 따른 재귀대명사 '저', '당신'에 관한 용법 역시 찾아보기 어렵다.

3) 복수접미사 '-들'

대부분의 교재에서는 초급단계에서 '-들'을 '복수접미사(plural suffix)'로만 설명하고 있을 뿐 부사나 조사 뒤에 붙어 주어 호응 요소로서 기능하는 경우에 대한 언급은 드물다. 가나다 한국어에서 유일하게 주어 호응 요소로서의 접미사 '-들'을 다음과 같이 기술하고 있다.

> [-들]
> It is added to nouns or pronouns that can be counted, to show that they are plural. It is also used after adverbs and phrase and ending, besides nouns. Here, it expresses that the subject of an action or status is plural(가나다 3-25).

주어가 생략되더라도 복수접미사 '-들'의 존재를 통해 해당 문장의 주어가 복수임을 알 수 있다는 것이다. 굳이 복수표지 '-들'이 주어 호응 요소임을 강조하지 않더라도 '체언+-들' 형식 이외에 '부사+-들', '조사+-들' 형식 역시 구어에서 자주 쓰이므로 이해 문법 차원에서 제시할 필요가 있다.

(10) ㄱ. 어서들 와.
ㄴ. 열심히들 하세요.
ㄷ. 적당히들 마셔라.

특히 주어 호응 요소로서의 '-들' 용법은 주어가 생략된 형태가 많으므로 이에 대한 이해가 뒷받침되지 않으면 학습자들이 문장을 이해하는데 혼란을 줄 우려가 있으므로 교사는 이에 주의하여 가르치도록 한다.

4) 피동문과 사동문

주지하다시피 능동문과 피동문, 주동문과 사동문의 교체 양상은 한국어 주어의 존재를 입증하는 중요한 문법 범주라고 할 수 있다. 한국어는 인구어와 달리 피동문이나 사동문이 그리 발달한 언어는 아니지만 거의 전 교재가 피동문과 사동문을 필수로 다루고 있으며, 제시 단계는 중급 초반부에서 중반부 정도다.

능동문과 피동문 관련 항목은 주로 중급 이후에 제시되는데, 서울대는 능동문과 피동문의 상호 전환 과정에서의 주어의 역할이나 관련성보다는 피동 접사 '이/히/리/기'를 이용한 피동사 형성에 초점을 두어 기술하고 있다.

(11) ㄱ. 바다**가** 보입니다.(←나는 바다를 봅니다.)(서울대 3-8)
ㄴ. 주소**가** 바뀌었어요.(←나는 주소를 바꿨어요.)

(12) ㄱ. 내가 친구를 웃겼어요.(←친구가 웃었어요.)(서울대 3-17)
ㄴ. 어머니가 아이에게 우유를 먹여요.(←아이가 우유를 먹어요.)

고려대 역시 중급에서 피동과 능동을 제시하고 있는데, 능동문의 목적어 즉 피동문의 주어와 다른 주체 사이의 관계를 중심으로 피동문과 능동문을 설명한다는 점에서 차별된다.

Passivization

A **subject** is doing something by one's own will in 'active(능동)' sentence, while a **subject** is influenced by another person's behavior in 'passive(피동)' sentence.(고려대 3-11)

피동문 기술에 있어서 연세대도 고려대와 비슷한 양상을 보이나 피동문의 주어와 능동문의 목적어와의 관계에 대한 기술은 제외되었다.

In Korean, one attaches the adhesive syllables '이, 히, 리, 기' to show that the form is passive. Passive forms show the influence of another person's action to one's action.(연세대 3-2)

가나다 한국어에서는 피동문과 능동문의 상호 관련성을 '주어'를 중심으로 기술하고 있다.

If affixes such as '이, 히, 리, 기' are attached after stems of verbs, the target that should originally be spaced on **the object becomes the subject.** It means that 'it received someone else's actions or behaviors.' This is called a passive in grammar terms.(가나다 3-21)

특히 피동문이 관용적으로 쓰이는 경우가 있는 만큼 이에 대해서는 따로 제시할 필요가 있다. 왜냐하면 피동문에 익숙한 언어권의 학습자들은 피동을 학습한 후 능동문을 굳이 피동문으로 바꾸려는 경향을 보이기 때문이다. 또 피동문에서 가장 중요한 요소라고 할 수 있는 주격조사와 피동사의 호응을 강조할 필요가 있는데, 교재에서도 피동문과 사동문의 형식보다 접사를 이용하여 피동사나 사동사를 만드는 방법을 중심으로 기술하고 있기 때문에 피동사나 사동사를 알아도 문형이 틀리는 경우가 빈번하기 때문이다.[13] 또 한국어는 피동문, 사동문의 사용

13) ㄱ. 소중하고 아름다운 추억*이(√을) 다 사진에서 남겼습니다.(CHI_중급)
ㄴ. 이 방식 통해서 자신의 스트레스*가(√를) *풀인 수(√풀 수) 있습니다.

이 비교적 제한적이므로 전형적인 피·사동문을 중심으로 제시하는 것이 바람직하다.

지금까지 살펴본 주어 호응 요소에 대한 한국어 교재 및 문법서의 기술 양상을 정리하면, 주체 경어법에 대한 기술은 존칭 주어와 존대 선어말어미 '-(으)시-'의 관계를 중심으로 초급단계에서 적절히 기술되고 있는 반면, 간접 존대에 대해서는 제시가 미흡한 편이다. 재귀대명사 '자기'나 복수접미사 '-들'에 대한 내용은 초급 수준의 기본적인 용법에서 벗어나지 않으며, 이 밖의 주어 관련 항목에 대한 부분은 거의 다뤄지고 있지 않다. 특히 능동문과 피동문, 주동문과 사동문의 주어 실현 양상에 있어서 피동문이나 사동문을 만드는 피·사동 접사에만 초점이 맞추어져 있을 뿐 능동문과 피동문, 주동문과 사동문 간의 성분 변환, 그 중에서도 피·사동화의 핵심적인 사항이라고 할 수 있는 새로운 주어의 도입에 관한 내용은 보완이 필요한 것으로 나타났다.

4.2.1.3. 주어 구성

한국어의 주어가 될 수 있는 품사로는 체언 또는 체언 상당구, 체언 이외의 품사, 구, 절 등 매우 다양한데, 본절에서는 한국어 교재에서 다루고 있는 주어 구성 방식을 살피고, 보완해야 할 점은 무엇인지 파악하고자 한다.

조사를 제외한 주부의 핵심 요소에 따라 주어 구성 방식이 결정되는데, 그것이 체언인지, 체언이라면 그것이 자립 체언인지 의존명사인지, 체언 외 품사가 변하여 체언이 되었는지 등의 여부에 따라 구분된다. 한국어 초급 교재의 텍스트에서는 예문 (13)과 같이 명사, 대명사 등 주로 자립 체언으로 된 주어 구성이 주를 이룬다.

(13) ㄱ. <u>저</u>는 미국에서 왔어요.(연세대 1-1)
ㄴ. <u>이것</u>이 무엇입니까?(가나다 1-5)

ㄷ. 드라마로 한국어 능력*이(√을) 높일 수 있습니다.
ㄹ. 이후에 한국에서 생활*(√이) 너무 *기대합니다(√기대됩니다).

ㄷ. 누가 가르칩니까?(가나다 1-6)
ㄹ. 거기에 슈퍼마켓이 있어요.(고려대 1-5)

초급 전반부에서는 '체언의 병렬형', '관형어+체언' 등 명사구 형식으로 된 주어 구성도 나타난다. 주로 〈체언+속격조사 '의'+체언〉, 〈체언+체언〉 형식을 띤다.

(14) ㄱ. 제 취미가 요리입니다.(가나다 1-19)
ㄴ. 휴대폰 번호가 있습니까?(가나다 1-10)
ㄷ. 내 방에는 책상과 침대가 있어요.(서울대 1-8)
ㄹ. 무역 회사 일이 처음이지만 열심히 하겠습니다.(연세대 2-1)

용언이 체언형 어미와 결합하여 명사구 형식으로 된 주어 구성 역시 초급단계에서 제시되는데, 그 예는 다음 (15)에서 보는 바와 같다.

(15) ㄱ. 주말에는 표 사기가 어렵지요?(연세대 1-10)
ㄴ. 요즘은 더우니까 밥 먹기도 싫고 기운도 없어요.(가나다 2-13)
ㄷ. 이 시간에 택시 잡기가 힘들 텐데 어떻게 하지요?(서울대 2-22)
ㄹ. 기다리는 사람이 많아서 앉기가 힘들겠어요.(서울대 2-21)

한편, 다음 예문 (16)은 관형형 용언의 수식을 받아 명사구가 된 주어 구성의 예로서 관형형 어미를 배운 이후인, 초급 후반부에 제시되는 것이 보통이다.

(16) ㄱ. 고향에서 찍은 사진이 있으면 보여 주세요.(연세대 2-2)
ㄴ. 기다리는 사람이 많아서 앉기가 힘들겠어요.(서울대 2-21)

예문 (17)은 자립 체언이 아닌 '의존명사[14)]'가 주어의 핵심 요소가 되는 경우인데, 의존명사 중심의 주어 구성이 나타나는 시기는 초급 후반부쯤 시작되어, 교재별로 조금씩 차이를 보인다. '것'은 의존명사 가운데 가장 이른 시기부터 가장 높은 빈도로 제시되는 의존명사로 '것+이', '것+∅'의 축약형인 '게', '거'의 형태로도 많이 제시된다. 의존명사의 특성상 항상 수식어가 결합된 형태인 구 이상의 형식으로 나타난다.

(17) ㄱ. 한국 음식 중에서 유명한 게 뭐예요?(연세대 2-2)
ㄴ. 설악산은 제가 가 본 적이 있어요.(고려대 2-10)
ㄷ. 또 다른 거 시키실 분 계세요?(가나다 2-4)
ㄹ. 택시 타는 곳이 저기 있군요.(서울대 2-22)

예문 (18)은 명사절이 주어로 구성된 문장의 예이다.[15)]

(18) ㄱ. 그가 한국을 떠났음이 분명하다.
ㄴ. 지구가 둥근 것은 오래 전에 증명되었다.

한국어 교재에서 다루고 있는 주어 구성소는 주어표지와 결합하는 선행 성분이 무엇이냐에 따라 '체언' 중심의 주어 구성, '체언형' 중심의 주어 구성, '의존명사(형)[16)]' 중심의 주어 구성으로 나뉘고, 각 유형은 구성 형태에 따라 단일 구성, 구 구성, 절 구성 등으로 세분화된다. 학습 단계에 따른 주어 구성소의 유형 및 주부의 범주를 제시하면 다음과 같다.

---

14) 임호빈 외(1997:17-58)에서는 의존명사로 '것, 겸, 김, 나름, 나위, 따름, 대로, 대신, 동안, 등, 듯, 리, 만, 만큼, 망정, 무렵, 바, 뻔, 뿐, 수, 양, 적, 줄, 지, 참, 채, 체, 탓, 터, 편, 한'의 총 31가지를 제시하고 있으나, 이 중 한국어 교육에서 주어 구성에 쓰이는 것은 '것, 리, 수, 적, 지' 등으로 제한적이다.

15) 한 문장을 명사절로 만들기 위해서는 서술어에 명사형 전성 어미 '-(으)ㅁ', '-기'를 붙이거나, '관형사형 전성어미+것'의 형태로 명사절을 만든다(국립국어원, 2005:159).

16) '의존명사형'은 의존명사는 아니지만 자립해서 쓸 수 없는 체언을 말한다.

1) 단일체언 주어 구성

자립체언과 주어표지 결합 형식은 한국어 교재의 초급단계에서 고급단계에 이르기까지 지속적으로 나타나는 기본적인 주어 구성이다. 특히 의문대명사 '무엇, 누구' 등과 주어표지가 결합된 주어 구성은 초급 초반부터 비중있게 나타난다.

(19) ㄱ. 저는 야마다입니다.(가나다 1-4)
ㄴ. 이것이 무엇입니까?(가나다 1-5)
ㄷ. 누가 가르칩니까?(가나다 1-6)

2) 체언형 주어 구성

'-기' is attached to a verb stem, indicating a rule or something that the subject needs to do. It is often used in a to-do-list type memo or public signs.(고려대 3-1)
예) 오늘 할 일: 수미에게 전화하기, 보고서 제출하기

용언의 체언형을 중심으로 하는 체언형 주어 구성은 동사, 형용사의 명사형의 학습 시기와 때를 같이하여 대략 한국어 교재의 초급 중반부에서 후반부에 제시된다.

(20) ㄱ. 주말에는 표 사기가 어렵지요?(연세대 1-10)
ㄴ. 요즘은 더우니까 밥 먹기도 싫고 기운도 없어요.(가나다 2-13)
ㄷ. 이 시간에 택시 잡기가 힘들 텐데 어떻게 하지요?(서울대 2-22)

특히 '싫다, 섭섭하다, 힘들다' 등의 경우 '-기 싫다/섭섭하다/힘들다' 등 정형화된 표현으로 쓰이는 만큼 표현 형식으로 제시하는 것이 적절하다.

3) 의존명사 주어 구성[17]

다음은 '것, 데, 바, 이, 곳, 분, 명, 날' 등 의존명사를 중심으로 하는 주어 구성[18]으로서 한국어 교재에 따라 다소 차이가 있으나 초급 후반부부터 제시되는 것이 보통이다. '의존명사 주어 구성'은 중·고급단계에 이르기까지 꾸준히 나타나는 데 반해, 본 구성 방식에 대한 구체적인 설명이 제시되는 경우는 드물다.

한국어 교재에 나타난 '의존명사형 주어 구성'을 살펴보면, 고려대의 경우 2-2부터 주어로서의 '-는 것' 구성이 본문에 제시되기 시작한다. 다음은 고려대에서 제시하고 있는 의존명사 '것'에 대한 설명이다.

> [-는 것] is attached to a verb stem, and it changes that verb into a noun in -ing form. Such an -ing noun can function as a subject or object in a sentence.
> 예) 한국어를 공부하는 것이 재미있어요.(고려대 1-1)

의존명사 주어 구성[19]을 구성하는 의존명사의 단계별 분포 및 제시 양상은 다음 〈표 31〉과 같다.

〈표 31〉 의존명사(형)의 단계별 분포

단계	것	일	곳	적	분	날	면	수	때	경우	바	리	점	데	이	편	감	지
초	■	■	■	■	■	■					■							
중	■	■	■	■	■		■	■	■	■		■						
고	■	■	■	■	■		■	■	■	■	■		■	■	■	■	■	■

(21) 모형 자동차를 만드는 게 제 취미예요.(고려대 2-2)

17) 임호빈 외(1997:17-47)에서는 의존명사(dependent nouns)를 '완전한 독립성을 가지지 못하여 제 홀로는 쓰이지 못하고, 항상 수식어의 꾸밈을 받아 의존적으로 쓰이는 명사'라고 기술하고, 의존명사의 예로 '수, 것, 적, 줄, 지, 중, 뿐, 지경, 리, 참, 터, 바, 채, 무렵, 겸, 탓, 만큼' 등 총 31개를 제시하고 있다.

18) '것+이'의 축약형 '게', '거'에 대한 언급이 이루어져야 한다.

19) 의존명사 외에 비자립명사도 포함한다.

(22) 리밍 씨는 한국에서 결혼식에 가 본 일이 있어요?(가나다 2-9)
(23) 택시 타는 곳이 저기 있군요.(서울대 2-22)
(24) 그런 모임에 가 본 적이 없어서 기대가 돼.(연세대 2-4)
(25) 또 다른 거 시키실 분 계세요?(가나다 2-6)
(26) 솔직히 그런 면도 있어요.(고려대 6-2)
(27) 어떻게 이럴 수가 있어요?(고려대 6-1)
(28) 그렇지만 문화가 다르기 때문에 좋은 점도 있어요.(가나다 4-14)
(29) 마음은 있으나 말로 표현하기 힘들 때가 있어요.(가나다 4-17)
(30) 사람마다 추구하는 바가 다르므로 저는 그들이 틀렸다고 생각하지 않습니다.(연세대 1-2)
(31) 없을 리가 있겠어요?(가나다 4-30)
(32) 아이를 믿고 맡길 데가 없더라고요.(고려대 6-9)
(33) 한국에서는 남도 가족처럼 언니나 형이라고 부르는 경우가 많아요.(가나다 4-4)
(34) 통일이 늦어지면 늦어질수록 살아생전 가족 한 번 못 만나고 세상을 떠나는 이들이 늘어나는 거야.(고려대 6-2)
(35) 이런 날은 스키 타러 가면 재미있는데…(가나다 2-15)
(36) 6월 항쟁이 일어난 지도 꽤 오랜 시간이 흘렀는데요.(고려대 6-6)
(37) 너는 어느 쪽이 더 중요하다고 생각하는데?(고려대 3-13)
(38) 그런 해석은 좀 지나친 감이 있는 것 같습니다.(고려대 6-8)

의존명사 '것'과 주어표지가 결합된 형식의 주어 구성은 대체로 동사, 형용사의 관형형과 '것'이 결합한 형식으로 초급 전반부에서 고급에 이르기까지 전반적으로 빈번하게 쓰이는 주어 구성이다. 특히 구어체에서는 '것+이'의 축약형인 '게'와 '것을'의 축약형 '걸', 주어표지의 생략형인 '거(=것+∅)'의 사용 빈도가 높다. 그러나 일부 교재를 제외한 대부분의 교재에서 의존명사 '것' 중심의 주어 형식에 대한 설명은 찾아보기 어렵고 '게'가 '것이'의 축약형이라는 사실도 거의 언급되지 않는다. 한국어 교재의 본문이 대부분 구어를 토대로 하는 만큼, 학습자의 실제적인 언어 사용 능력 향상을 위하여 구어의 어휘 축약이나 발음 간소화 현상에 대한 부가 설명이 필요하다.

특히 의존명사의 종류에 따라 결합하는 관형형 어미도 달라지는데, 이러한 의존명사별 특성을 알지 못하면 각각의 항목들을 용법에 맞게 적절히 쓸 수 없다. 또 의존명사의 비자립성에 대한 인식 부족으로 인한 오류도 적지 않은데, 가령 '것(thing)'의 개념에만 의지하여 이를 하나의 독립된 명사로 인식하는 것이 그 예이다. 이러한 현상은 한국어 교육 내용이 이를 포괄하지 못하는 데 원인이 있다.

지금까지 살펴본 바와 같이 의존명사를 중심으로 한 주어 구성이 한국어 교재 전 단계에 걸쳐 고빈도로 출현하는 것에 비해, 주어 구성 방식에 대한 기술은 미흡한 편임을 알 수 있다. 특히 의존명사의 종류에 따라 어미의 종류, 문장 형식이 달라지므로 이에 대한 설명이 마련되어야만 오류를 낮추고 학습자의 적극적인 사용도 기대할 수 있을 것이다.

4.2.2. 주어표지

대부분의 한국어 교재에서는 '이/가(subject particle)', '께서(honorific subject particle)'를 한국어의 대표적인 주어표지로 설정하고 있다. 본절에서는 한국어 교재를 중심으로 주어표지 제시 방식 및 기술 양상을 살필 것이다.

4.2.2.1. 일반 주어표지

국립국어원(2005)에서 정하는 주어표지는 '이/가' 외에 '께서', '에서', '(이)서[20]' 등 총 4가지다. 그러나 대부분의 한국어 교재에서는 '이/가', '께서'만을 일반 주어표지로 기술하고 있고, 그 외의 주어표지는 제시하고 있지 않다. 특히 단체 주격조사인 '에서'와 수량 체언에 결합하는 주격조사 '(이)서'의 경우 중·고급단계에서도 주어표지로 다루고 있지 않으며, 학습자들도 이를 주어표지로 인식하는 경

20) '(이)서'의 문법 범주에 대한 이견은 크게 '주격조사설, 보조사설, 후치사설, 접어설'로 나뉜다(황화상, 2012:72-73).

우가 드물다.[21)]

한국어의 주어표지에 관한 설명은 일반적으로 초급단계에 제시되며, 중급 이후부터는 별도의 설명을 찾기 힘들다. 주어표지 '이/가'의 경우 주어표지로서의 기능 이외에 고유한 의미를 더하는 보조사처럼 사용되는 경우도 본문에 제시되고 있지만 문법적인 기술로 이어지지는 않는다. 한국어에 대한 기본 소양이나 직관을 가진 내국인을 대상으로 하는 국어교육과 한국어에 대한 기본지식 및 직관이 부족한 외국인 학습자를 주요 대상으로 하는 한국어 교육은 대상이 다른 만큼 교육 목표 역시 서로 다르다. 내국인에게는 필요 없는 문법 항목이 한국어 교육에서는 체계적인 교육을 요하는 항목이 되기도 하는데 '이/가', '은/는' 역시 그 중 하나다. 즉, 보조사는 고유한 의미를 더할 뿐, 주어표지를 대체하지 못하여 주격조사 '이/가'가 보조사와 결합 시 탈락하는 것은 고유한 의미가 없는 문법 형태소이기 때문이다. 이러한 현상 때문에 다수의 학습자들이 보조사 '은/는'을 주격조사로 오인하는 일이 많은데, 한국어 교사가 이를 숙지하고 있어야만 학습자들이 주어표지를 바르게 인식하도록 도울 수 있다.

다음으로 각 한국어 교재에서 단계별로 제시하고 있는 '이/가'의 기능 및 용법으로는 주격조사, 보격조사, 이중주어문의 주어(명사구) 표지 등이 공통 기능에 해당된다. 그 밖에 일부 교재에서 '이/가'의 초점 및 지정(배타) 용법을 추가 기술하고 있다.

한국어 교재에 실린 주어표지 '이/가'의 용법을 살펴보면 전형적 주어표지 즉, 주격조사로서의 '이/가'와 서술어 '되다/아니다'에 대응하는 보격조사, 이중주어문 NP_2의 표지, 마지막으로 선행 체언을 강조하는 용법 등으로 나뉜다. 이 중 주격조사, 보격조사로서의 '가'는 대부분 초급단계에서 제시되는 반면, 명사나 명사 상당구 이외의 품사, 대표적으로 용언의 활용형에 결합하여 강조의 의미를 더하는 '이/가'의 용법은 중급이나 고급단계에서 주로 제시되고 있다. 그러나 이러한 주격조사의 다양한 기능에 대한 의미·용법상의 차이를 단계적으로 기술하고

21) 인도네시아 한국어 학습자를 대상으로 한 조사 결과 '에서'와 '(이)서'를 주어표지로 인식하는 경우(53.3%)가 그렇지 않은 경우(46.7%)보다 근소한 차이로 높게 나타났으나 유의미하게 보기는 어렵다.

있는 교재는 드물다.

이 밖에도 주어표지 '이/가'는 예문 (39)에서 보듯이 부사나 용언의 활용형 어미 뒤에 붙어 해당 성분을 강조하는 기능을 하기도 하는데, 이런 용법은 주로 중급 후반이나 고급단계에서 나타난다. 이때의 '이/가'는 선행 성분을 강조하는 기능을 하므로 주어표지로 보기는 어렵다.

(39) ㄱ. 그런데 경제적 지원이 다가 아니잖아.(고려대 5-1)
ㄴ. 서울 같지가 않아요.(고려대 5-7)

4.2.2.2. 주어표지 생략

1) 주어표지의 생략

주격조사는 문법적 관계를 나타내는 문법 항목인 만큼 해당 성분이 주어임이 확실한 경우 쉽게 생략된다. 한국어 교재에 나타나는 주어표지 생략은 주로 '의존명사형' 주어 구성을 중심으로 구어체에서 쉽게 찾을 수 있다.[22] 고려대 교재 텍스트에 나타난 주어표지 생략문은 주로 구어 특성에 의한 생략을 특징으로 하는데, '것이'의 '거'로의 축약 현상 등, 예문 (40)~(43)에서 보는 바와 같다. 짧은 회화체에서는 표지가 생략되는 것이 더 자연스러운 경우가 많고,[23] 이때 주어표지의 생략 여부가 문장 간 의미 차이를 크게 유발하지는 않는다.

(40) ㄱ. 선생님∅ 계십니까?(서울대 1-11)
ㄴ. 선생님이 계십니까?

(41) ㄱ. 우리∅ 어디에서 내려요?(서울대 1-14)
ㄴ. 우리가 어디에서 내려요?

---

22) 주어표지의 생략은 주로 대화체에서 많이 나타나는데, 이는 대화체의 경우 화자와 청자 사이에 화용론적인 공유 인지의 장을 설정하고 있기 때문이다(홍사만, 2002b:120-121).

23) 지역에 따라서 주어표지 생략의 양상에 차이가 있으나 본서에서는 논외로 한다.

(42) ㄱ. 여기 먼지 굴러다니는 거∅ 보이지?(고려대 4-4)
ㄴ. 여기 먼지 굴러다니는 것이 보이지?

(43) ㄱ. 무슨 안 좋은 일∅ 있었어요?(고려대 6-2)
ㄴ. 무슨 안 좋은 일이 있었어요?

이와 달리 주어표지를 생략하지 않으면 의미가 달라지는 경우에 대해서도 별도의 주의가 요구되는데, 다음 예문 (44), (45)가 이에 해당된다. (44ㄱ)에서 '윌슨 씨'는 2인칭 주어로 쓰인 반면, 주어표지가 결합된 (44ㄴ)의 '윌슨 씨'는 3인칭 주어로 보는 것이 자연스럽다. 한편, (45ㄱ), (45ㄴ)에서 '영희 씨'는 둘 다 2인칭 주어로 쓰였지만, 주어표지 결합 여부에 따라 화용상의 의미 차이가 발생하는데, (45ㄴ)은 '영희'에 주어표지 '가'가 결합되면서 '영희가 야구를 좋아하는지 몰랐다'는 화자의 의도를 내포하게 된 것이다. 이렇게 주어표지 '이/가'는 단순히 주어표지로서의 기능 외에 의미·화용적 기능에 대해서 학습자의 이해를 돕는 단계별 교육이 필요하다.

(44) ㄱ. 윌슨 씨 어디에 가십니까?
ㄴ. 윌슨 씨가 어디에 가십니까?

(45) ㄱ. 영희 씨 야구를 좋아하세요?
ㄴ. 영희 씨가 야구를 좋아하세요?

다음 예문 (46)~(47)을 중심으로 주어표지의 생략 여부에 따른 의미 변화에 대해 살펴보기로 한다.

(46) A: 뭐예요?
B: 이거∅ 가루비누예요.

(47) A: (이 중에서) 뭐가 가루비누예요?

B: (바로) 이게 가루비누예요.

이와 같이 주어표지가 생략되어도 의미가 거의 변하지 않는 '중립적 생략'이 있는 반면, 생략 여부에 따라 문장의 의미가 바뀌는 '비중립적 생략'이 있다는 점을 상기시킬 필요가 있다.[24] 또한 국립국어원(2005:410)에서 지적한 바와 같이 주어표지가 언제 생략되느냐보다 언제 생략되지 않느냐[25]에 초점을 맞추어 가르치는 것이 중요한데, 현행 교재에서 이를 반영한 내용을 찾기는 쉽지 않다.

2) 주어표지의 생략과 보조사의 결합

본절에서는 한국어 교재의 주어에 나타난 주어표지의 생략과 보조사의 결합 양상을 살핀다. 이와 같은 유형에는 주격조사가 아닌 격조사가 주어표지처럼 쓰인 경우와 보조사가 주격조사와 결합함으로써 주격조사는 생략되고 보조사만 남는 경우, 크게 두 가지로 나눌 수 있다. 그러나 한국어 교재의 경우 대격이나 속격표지[26]가 주어 자리에 쓰인 문장을 찾기 어려우므로 여러 가지 보조사가 주어표지로 쓰인 예들을 중심으로 논의하겠다.

'은/는, 만, 도' 등의 보조사가 주어 자리에 놓여 주어표지처럼 보이는 경우가 있는데, 이는 성분 결합의 제약을 받지 않는 보조사 특성에 의한 것으로 주어표지 분류의 근거가 되지 않는다. 다만 특정한 의미 없이 문법 기능을 담당하는 격조사가 고유한 의미를 가진 보조사를 만나면 대체로 탈락하는 경향[27]이 있기 때

24) 억양에 의해서도 문장의 의미가 달라질 수 있으나 본서에서는 논외로 한다.

25) 국립국어원(2005:410)에서 제시하는 주어표지 생략이 어려운 경우는 다음과 같다.
① 주어가 분명하더라도 서술어의 필수 성분 중 다른 성분이 생략된 경우
② 특정한 것을 지정하여 말하는 경우
③ 주어의 뜻을 강조하는 경우
④ 주어의 수식어가 긴 경우
⑤ 내포문에 쓰인 주어의 경우에 쓰인 경우

26) 전형적인 주격조사가 아닌 그 외 격조사가 주어표지로 쓰인 예는 주로 옛글들을 통해 찾아볼 수 있다. 일본어에서는 속격표지 '의'가 정식 주어표지로 사용되고 있음을 보더라도 한국어 문장에서 속격표지가 주어표지로 쓰인 것이 당시 일제의 영향이라는 지적도 없지 않다.

문에 남아 있는 보조사를 주어표지로 인식할 가능성이 있다. 이런 경우에도 주어표지는 여전히 생략된 주격조사 '이/가'이며, 보조사가 결합된 명사구는 그 자체가 명사상당어구를 형성하여 체언 역할을 하는 것이다.

한국어 교재에서 주어표지로 사용되는 주요 보조사는 바로 '은/는'인데, 최근에는 '은/는'이 '이/가'보다 교재에 먼저 제시되는 경향이 있다. 그 이유는 초급 교재에서 다루는 '자기소개'나 '1인칭' 중심의 발화 등 단원의 주제 및 기능에 주된 원인이 있다. 그 결과 보조사 '은/는'이 주어표지로 인식될 우려가 있으며, 실제로 일부 교재에서는 보조사 '은/는'을 주어표지(subjective marker)로 기술하고 있다.

한국어 교재에서는 보조사 '은/는'을 주제(topic or theme)표지로 설명하고 있지만 주어표지 '이/가'와의 구분이나 기능의 차이, 조사 중첩 원리에 대해서는 기술하고 있지 않기 때문에 두 항목의 차이를 인지하고 구분할 수 있는 기회가 부족한 상황이다. 특히 초급교재에서 보조사 '은/는'의 주어 결합 비율이 높은데, 초급에 사용된 다수의 문장이 1인칭 주어로 되어 있으며, 이때 문장의 주어와 주제가 서로 일치하는 경우가 많기 때문이다.

(48) A: 저는 김현중이라고 합니다.(고려대 2-1)
B: 만나서 반갑습니다. 저는 최호철입니다.

(49) ㄱ. 사과는 다섯 개에 2000원입니다.(고려대 2-4)
ㄴ. 재활용 쓰레기는 화요일에 버려야 하니까 저 상자에 넣어.(고려대 2-10)
ㄷ. 갈비탕이나 비빔밥은 돼요.(서울대 2-17)

연세대도 마찬가지로 '이/가'보다 '은/는'을 먼저 교재에 수록하고 있다. '은/는'의 주요 기능인 주제표시 기능을 비롯하여, '비교', '격대체' 기능에 대해서도 기술하고 있다. 이러한 '은/는'의 기능 중 '주제'를 제외한 나머지 기능에 대해서

27) 주격조사 '께서, 에서, (이)서'는 탈락되지 않음.

는 '은/는①', '은/는②', '은/는③' 등으로 구분하여 단계에 맞게 순차적으로 제시하는 것이 바람직하다.

다음은 연세대 1-1에서 제시하고 있는 '은/는'의 의미·기능이다.

> [화제/주제] This particle is used with a noun to denote the topic or theme if a sentence. When the noun ends in a consonant, use -은, When the noun ends in a vowel, use -는. (서울은 한국의 수도입니다.)
> [비교/대조] It is also used to express comparison or emphasis.
> (동생은 키가 큽니다. 저는 키가 작습니다.)
> [격대체] It can be attached to all case particles, except for subject and object particles which drops in case when this topic particle is used.
> (도서관에는 언제 갔습니까?)

특히 (50ㄷ)에서 제시하고 있는 '은/는'의 '격통용' 기능은 격조사 '이/가'와 '은/는'이 결합 가능하며, 이렇게 격조사와 '은/는'의 결합 시 격조사 '이/가', '을/를'은 탈락한다는 내용을 담고 있다. 그러므로 (50)과 같이 표현하는 것이 학습자의 이해를 도울 수 있다.

(50) ㄱ. 철수는 학생이다.(가+는 → ∅+는)
　　ㄴ. 영희가 밥은 잘 먹는다.(를+는 → ∅+는)
　　ㄷ. 학교에는 운동장이 있다.(에+는 → 에는)

이와 같이 보조사 '은/는'의 격대체 기능에 대한 간단하고 핵심적인 설명을 통해 '은/는'을 주격조사로 오인하거나 잘못 사용하는 일을 피할 수 있을 것이다. 단, 연세대에서는 보조사 '은/는'의 여러 가지 기능을 1-1에서 한꺼번에 제시하고 있는데, 주요 기능과 부차적 기능을 구분하여 순차적으로 제시하는 것이 교수·학습면에서 적절하다. 일부 교재에서는 보조사 '은/는'의 비교, 대조, 격대체 기능을 배제하고 주제표지로서의 기능만을 기술하고 있는데, 교재 및 텍스트 성격에 맞게 수정되어야 한다.

다음 예문 (51)~(53)은 '은/는' 이외의 다양한 보조사들이 명사상당어와 결합하여 주어 자리에 놓인 경우에 속한다. 이들은 '은/는'과 마찬가지로 문장 내 성분과 결합이 자유로우며, 주격조사와 결합 시 보조사만 남고, '이/가'는 탈락한다. 단, 예문 (52ㄷ)처럼 보조사 '만'과 결합한 주격조사는 예외적으로 탈락하지 않는 경우도 있다.

(51) ㄱ. 학교 앞에 꽃 가게도 있고 빵집도 있어요.(연세대 1-6)
ㄴ. 나도 지난번에 동생한테 MP3를 선물했어요.(이화여대 1-8)
ㄷ. 이 집은 냉면도 맛있고 갈비도 맛있습니다.(가나다 1-15)

보조사 '만'은 '한정, 자동적 조건, 한도, 강조' 등의 기능을 하는 보조사로서, '대상이 유일함'을 나타낸다. 보조사 '까지', '조차' 등도 체언과 결합하여 명사상당어구를 이루어 주어 노릇을 하는데, 그 예는 다음 (52)~(53)에서 보는 바와 같다.

(52) ㄱ. 청소년들만 여드름이 나는 게 아닙니다.(고려대 2-14)
ㄴ. 저만 늦는 줄 알고 걱정했어요.(서울대 3-7)
ㄷ. 돈만이 전부가 아니다.

(53) ㄱ. 철수조차 시험에서 떨어졌다.
ㄴ. 여기까지가 우리 집 땅이다.

4.2.2.3. '이/가'와 '은/는'

〈표 32〉는 한국어 교재에서 다루고 있는 문법 항목으로서의 '이/가'와 '은/는'의 제시 순서 및 의미·기능에 대한 내용을 표로 정리한 것이다.

〈표 32〉 교재별 '이/가'와 '은/는'의 제시 순서 및 의미 · 기능

	이/가		은/는	
	단계	내용	단계	내용
고려	1-5	주어표지	1-1	주제표지
서울	1-2 1-6[28]	보어표지 주어표지	1-3	주제표지
연세	1-1 1-2	보어표지 주어표지	1-1	주제표지 비교·대조표지
이화	1-2 1-3	보어표지 주어표지	1-2 1-7	주제표지 대조표지
가나다	1-5 1-6	보어표지 주어표지	1-4	주어표지 주제표지

〈표 32〉에서 보듯이 조사 '이/가'에 대해서 공통적으로 주어 및 보어표지 기능에 대하여 기술하고 있다. 단 보어표지라는 용어는 배제하고 서술어 '이다/아니다'에 어울리는 표지로서 '이/가'를 문형으로 제시하는 점이 특징이다. '이다'의 부정형이 교재 초반에 제시되는 만큼 보어표지 기능이 주어표지 기능보다 먼저 제시되는 것이 보통이다.

보조사 '은/는'은 특정 교재를 제외한 대부분의 교재에서 '주제(topic)' 또는 '화제(theme)' 표지로 기술하고 있는데, 교재 단원의 특성상 주어표지 '이/가'보다 먼저 제시된다. 그러나 주제나 화제가 구체적으로 무엇을 의미하는지, 사용에 있어서는 주어표지'이/가'와 어떻게 다른지에 관해서는 거의 설명하고 있지 않기 때문에 학습자의 이해 및 적절한 사용을 유도하기는 어려워 보인다. 또 격조사, 보조사 간의 상호 중첩 규칙에 대한 내용도 거의 제시되어 있지 않다.

앞선 연구에서 지적하듯이 '이/가'와 '은/는' 사이의 상호 대치 오류가 많은 것은 두 항목의 기능이 서로 비슷하기 때문이다.[29] '이/가'가 전형적인 주어표지임에도 불구하고 해당 성분에 초점이 놓이는 경우를 제외하고는 '은/는'이 주어표

28) 서울대 1-6에서는 'N이/가 A-ㅂ니다/습니다'의 문형과 함께 주어표지 '이/가'를 제시하고 있다.
29) 이은희(2011) 등 여러 연구들을 통해서도 '이/가'와 '은/는'의 상호 대치 오류는 다른 조사들 간의 상호 대치 오류에 비해 압도적으로 높게 나타났다(고석주, 2002; 김정숙·남기춘, 2002; 김정은, 2003; 이훈, 2006; 이은희, 2011; 김령, 2012; 김영일, 2012 등).

지를 대체하는 경우가 많다. 그 결과 주어표지에 대한 명확한 기준을 세울 수 없게 되어 '이/가', '은/는' 간 대치 오류가 많아지게 된다. 한국어 교재를 살펴보면, 보조사의 의미, 용법은 비교적 구체적으로 제시하고 있는 반면, 격조사에 대한 설명은 미흡한 편이다. 특히 '이/가', '은/는'의 경우 '이/가'는 주어표지, '은/는'은 주제표지라는 설명이 거의 유일한 기술일 뿐, 두 항목의 의미·기능상 차이점 및 구분 방법은 제시되어 있지 않다.

한국어 교재에서 다루고 있는 주어표지에 관한 문제점 가운데 하나는 우선 '이/가'와 '은/는'의 제시에 관한 것으로 한국어 학습자들이 두 조사의 구분에 어려움을 겪고 있지만 그것을 해결할 만한 단서를 교재에서 제공하고 있지 않다는 점이다. 학습 초기부터 두 조사가 지속적으로 제시되고, 복문에서는 두 조사가 동시에 출현하기 때문에 항목의 차이를 명확히 가늠하기 쉽지 않다. 단순히 두 조사가 유사한 표지라는 설명만으로는 긍정적인 교육 효과를 기대하기 어려울 것이다.

'이/가'와 '은/는'은 그 용법이 비슷하여 구분이 어려워 보이지만 모어 화자들은 직관적으로 두 조사가 사용되는 상황을 구별할 만큼 의미나 기능이 구분되는 것이 사실이다. 단지 한국어 교육에서 그것을 순차적으로 어떻게 구분하여 가르칠 것인지에 대한 구체적 방안이 제시되어 있지 않기 때문에 어려움을 느끼는 것이다. 그러므로 '이/가'와 '은/는'의 의미 기능을 학습 단계에 맞게 구분하고, 그에 해당되는 예문을 충분히 제시함으로써 개선될 수 있다. 이는 제5장에서 보다 구체적으로 논의될 것이다.

두 번째는 주격조사의 의미·기능 단계별 제시의 미흡으로, '이/가'는 전형적인 주어표지로서의 역할 외에도 '강조'의 기능이 초급 후반부 텍스트부터 나타나고 있지만 이에 대한 기술을 교재에서 찾아보기 어렵다. 문법적 기술 없이 한국어 학습자들 스스로 본문의 내용만으로 '이/가'의 부수적인 기능을 파악하기는 쉽지 않으며, 이는 오류로 이어질 수 있다.

세 번째는 전형적인 주어표지 설정의 문제이다. 학교 문법에서 정하고 있는 주어표지는 '이/가, 께서, 에서, (이)서' 네 가지인 데 반해 한국어 교재에서는 '에서'와 '(이)서'는 주어표지로 제시되고 있지 않다. '에서'와 '(이)서'를 이른 시기부터 주어표지로 다룰 필요는 없으나, 두 조사가 주어표지의 특성을 상당 부분 내포하고 있는 만큼 한국어 문법이 비교적 안정되는 시기인 중급 이후에 이해 문법 차원에서 제시할 필요가 있다.[30)]

네 번째는 학교 문법에서 보격조사로 다루고 있는 '-이/가+-되다/아니다' 문형에서 '이/가'의 제시 방법에 관한 것이다. 대부분의 한국어 교재에서는 보격문을 문형으로만 제시하고 있는데, 한국어 교육적 관점에서 재고(再考)의 여지가 있다.

다섯 번째는 주어표지 생략에 대한 문제로, 대부분의 교재에서 회화체에서는 주어표지가 생략될 수 있다고 간단히 언급하고 있다. 그러나 실질적으로 학습자의 대화는 물론 작문에서 주어표지가 누락되는 경우가 상당히 많다. 구체적으로 언제 주어표지가 생략될 수 있는지 주어표지가 생략이 불가한 상황은 언제인지 이해 차원에서 기술된다면, 학습자의 과도한 표지 생략 오류를 최소화할 수 있을 것이다.

여섯 번째, 조사의 중첩 규칙에 대한 설명이 미흡하다. 특히 격조사 '이/가'와 보조사 '은/는'이 중첩할 때 '이/가'는 탈락하고 '은/는'만 남는 현상을 통해 조사의 중첩 원리를 익힐 수 있을 뿐 아니라 조사 중첩 오류도 개선될 수 있다. 조사는 종류에 따라 결합 및 탈락 양상이 달라지는데, 이에 대한 전반적인 특성을 제시함으로써 다양한 보조사가 주격조사와 결합하여 주어표지로 놓이는 경우 생기는 오류를 줄일 수 있다.

그동안 격조사 '이/가'와 보조사 '은/는'을 구분하는 문제에 대한 다양한 연구들이 있었다. 그럼에도 불구하고 '이/가'와 '은/는'의 문제는 한국어 학습자들은 물론 한국어 교사들에게도 여전히 문제로 남아있다. 보조사 '은/는'은 현 한국어 교재에 '주제표지'로 소개되고 있고 심지어 어떤 교재는 '주어표지'라고 기술하고 있다. '주제'와 '주어'를 한 마디로 정의하기란 한국어 전문가들도 쉽지 않은데 주제 혹은 주어표지라는 설명으로 학습자들의 올바른 이해나 사용을 기대하는 것은 지나치게 낙관적인 태도일 것이다.

---

30) 전형적인 주어표지의 설정에 있어서는 한국어 학습자들의 주어표지 사용 현황을 고찰함으로써 보다 상세화될 것이다.

한국어 필수 문법들은 초급에서 상당 부분 제시되며, 늦어도 중급단계를 넘지 않는다. 특히 주격조사 '이/가'나 '은/는'은 초기 학습 항목으로서 초급 이후에 다시 반복·심화되는 경우는 드물다. 더욱이 의사소통능력을 강조하는 최근 교육의 특성상 문법 용어나 개별 문법 항목에 대한 교육보다는 자연스런 담화 및 문맥 상황에서 학습을 유도하는 데 초점을 두기 때문에 유사항목을 명시적으로 가르치지 않는 것이 보통이다. 그러나 외국어 교육의 특성상 특정 항목에 대한 이해 및 교육의 결핍은 다음 단계까지 영향을 미쳐 오류로 이어질 수 있다. 그중에서도 '이/가'와 '은/는'의 대치 오류는 고급단계에서도 꾸준히 나타나는 오류 중 하나[31]로 해당 항목에 대한 충분한 입력 없이 중간언어를 형성하거나 회피함으로써 이런 결과가 나타나는 것이다.

앞서 언급했듯이 상당수의 교재에서 보조사 '은/는'을 주격조사 '이/가'보다 먼저 제시하고 있고,[32] 둘 사이의 간격도 멀지 않아 거의 동시에 두 조사에 대한 학습과 사용이 이루어진다. 다음 예문 (53)은 '이/가'와 '은/는'이 교재 본문에서 함께 제시되고 있는 예이다.

(53) A: 영미 씨, 하나 커피숍이 어디에 있어요?(고려대 1-5)
B: 하나 극장을 알아요?
A: 네, 알아요. 공원 옆에 있어요.
B: 하나 커피숍은 하나 극장 4층에 있어요.
A: 고마워요.

김정숙·남기춘(2002:31)[33]에서는 '이/가'와 관련한 약 50%의 오류 중 과반수

31) 김정숙·남기춘(2002:32)에서도 '이/가'와 '은/는'의 대치 오류는 학습자의 단계가 높아져도 크게 개선되지 않는 수정이 어려운 오류라고 지적한 바 있다.

32) 기관에 따라 '이/가'가 먼저 제시되는 교재도 있고, 교재 구성에 따라 '이/가'보다 '은/는'이 먼저 제시되는 경우도 많다. 문법 항목의 제시 순서는 무엇보다 교재의 각 단원들이 어떤 내용이나 모습으로 꾸려지는지에 가장 많은 영향을 받기 때문에 그러한데 대부분의 외국어 교육에서도 그렇듯 '자기소개'가 첫 단원으로 나오는 경우가 많은 만큼 조사 '은/는'이 '이/가'보다 먼저 제시되거나 둘이 함께 제시되는 것이 자연스럽다.

33) 한국어 초급과 중급 학습자를 대상으로 '이/가', '은/는'의 사용 발달 과정을 조사하였다.

가 '이/가'를 누락시킨 오류이고, 그 나머지인 5%는 '을/를', '은/는'과의 대치 오류임을 밝히고 있다. 초급에서는 '이/가'의 오류 양이 '은/는'의 두 배에 달하는 반면, 중급으로 갈수록 '이/가'의 오류율은 감소하고 '은/는'의 오류율은 증가함을 보였다. 특히 '이/가'와 '은/는'의 대치 오류는 학습자의 단계가 높아져도 크게 개선되지 않는 오류라고 할 수 있다(김정숙·남기춘, 2002:32).

주어표지와 관련하여 가장 시급한 문제는 '이/가'와 '은/는'의 용법 및 기능에 따른 단계적·순차적인 제시라 할 수 있다. 현재 한국어 교재에서 기술하고 있는 주어표지에 대한 내용은 주로 선행어의 음운 환경에 따른 이형태 즉, 형태적인 측면에 비중을 두고, 각각의 용법에 대한 기술은 미흡한 편이다. 교재에 따라 '이/가'와 '은/는'의 제시 순서 및 양상이 각기 다르게 나타나는데, 중요한 것은 문법 항목의 제시 순서가 아닌 학습자의 바른 사용을 돕는 충분한 교육적 제시라고 할 수 있다. '이/가' 역시 주어표지로서의 기능 외에 '강조, 지정, 초점' 등의 담화·화용적 의미와 기능을 갖는 바, 학습 초기에 일회성으로 제시하고 마는 것이 아니라 단계에 맞게 용법을 익힐 수 있도록 교육적 차원에서 보완이 필요하다. 즉 각 단계에 맞는 '이/가'와 '은/는'의 의미기능에 관한 제시와 설명, 문맥에 적절한 예문들이 교재 구성에 맞게 배치되도록 해야 한다. 지금까지 한국어 교육 현장에서 부각되지 못했던 주어표지 관련 교육에 대해서 다각적인 측면에서의 논의와 고민이 필요하다고 하겠다.

4.2.3. 이중주어

본절에서는 한국어 교재별로 나타난 이중주어문의 개별 양식 및 해석 방안에 대해 살필 것이다. 본서의 분석 대상이 되는 한국어 교재에서는 한국어 이중주어문에 대한 개념이나 기본 입장을 밝히고 있지는 않지만, 거의 전 교재에서 초급 단계부터 이중주어 문형이 꾸준하고 다양하게 출현하고 있음을 확인할 수 있다.

본서에서는 임홍빈(1974)[34]의 이중주어문 분류 방식을 토대로 '이/가'가 다양

34) 정태적인 문장에서 '이/가'는 속격이나 여격, 처격을 주제로 인도하며, 그 외 주격이나 대격, 조격에 대하여 같은 기능을 수행한다(임홍빈, 1974:142).

한 격을 주제로 대체하는 기능을 하는 '격대체 유형'과 '비격대체 유형'으로 구분하였다. 격대체 유형은 다시 속격, 여격, 대격, 처격형으로 나누고, 비격대체 유형은 보격형(-되다/아니다), 수량형, '~의 생각에는(견해)'형, '~에 대해 말하자면(주제)'형 등 총 8개 유형으로 분류하였다.[35]

(가) 격대체 유형

ㄱ. 속격형(의): 그는 키가 크다.

ㄴ. 여격형(에게): 그는 빚이 많다

ㄷ. 대격형(를): 역사책이 읽기가 쉽다.

ㄹ. 처격형(에서): 서울은 명동이 유명하다

(나) 비격대체 유형

ㄱ. 보격형(-되다/아니다): 아이가 어른이 된다.

ㄴ. 견해형(= -의 생각에는): 나는 꽃이 좋다.

ㄷ. 수량형[36]: 사과가 두 개 썩었다.

ㄹ. 주제형(= -에 대해 말하자면): 꽃은 장미가 예쁘다

교재 분석 결과 초급 교재에서 우선적으로 다뤄지는 이중주어 구문은 '보격형', '속격형', '처격형'이 대표적인 것으로 나타났다. 단원의 성격에 따라 다르나 '견해형'과 '대격형'도 학습 초반에 나타난다. 이는 격의 도입, 언어 기능 및 단원 내용, 문법의 제시 순서 등과 관련이 있으므로 교재에 따라 도입 순서에 차이가 있다. 대부분의 교재는 초급 전반부에 이중주어 형식의 문장이 출현하고 있는데, 그 예는 다음 (54)에서 보는 바와 같다.

(54) ㄱ. 영진 씨는 어느 계절이 좋아요?(고려대 1-8)

ㄴ. A: 오늘은 날씨가 어떻습니까?(서울대 1-6)

---

35) 분류 방식은 임홍빈(1974)를 토대로 하되, 명칭은 필자가 문형의 성격에 맞게 고친 것이다.

36) 수량형은 NP_1의 표지를 생략해도 문장이 자연스러운 것이 특징이다.

B: 오늘은 날씨가 좋습니다.

ㄷ. 불고기는 맛이 어떻습니까?(연세대 1-4)

고려대는 타 교재에 비하여 이중주어문의 출현 빈도가 높은데 반해, 문장 형식에 대한 설명은 제시하고 있지 않다. 그러나 교재 전반부에 '이/가'를 주어표지, '은/는'을 주제표지로 기술하고 있으므로 학습자들은 이중주어 형식 역시 이와 관련지어 인식할 가능성이 높다. 서울대는 이중주어 문형 '(N은/는) N이/가 -습/ㅂ니다(N N be A)'을 제시하고, '은/는'을 화제표지, '이/가'를 주어표지라고 기술하고 있다. 이는 NP_1을 '주제', NP_2를 '주어'로 보는 서울대의 관점을 확인하는 근거가 된다. 연세대는 이중주어 문형이 가장 빠른 시기에 제시되고 있으나 관련 설명은 역시 빠져 있다. 이와 같이 이중주어문이 한국어 교재 본문에 반영되고 있는데 반해, 관련 문형에 대한 설명이 제시되는 경우는 드물다.

초·중급 교재에서는 다양한 격대체 이중주어 유형이 출현하고 있으며, 그 외 보격형, 수량형, 견해형, 도입형도 교재에 따라 그 비중은 다르지만 나타나고 있음을 확인할 수 있다. 처격, 속격형의 제시 순서가 비교적 이른 편이고, 대격과 여격형은 상대적으로 늦게 제시되고 있다. 비격대체 유형의 경우 견해형이 제시 순서도 이르고 빈도도 높은 반면, 주제형과 보격형의 경우 제시 순서도 늦고, 빈도도 낮은 편이라고 할 수 있다. 이중주어문의 출현은 주로 초급1, 2 단계에 집중되어 있고, 중급에서도 비중은 낮지만 여전히 나타나고 있다. 반면에 예문 (55)에서 보듯이 단계가 높아질수록 이중주어문의 NP_2가 확장되거나 문중에 부사절이 삽입되어 전형적인 이중주어 구문이라고 보기 어려운 경우가 많았다.

(55) ㄱ. 한자는 글자 수가 많을 뿐만 아니라 어려워서 사람들이 쉽게 배울 수가 없었다고 해요.(서울대 3-31)

ㄴ. 저는 아무래도 연장자인 서귀자 씨가 받는 게 좋겠습니다.(고려대 6-2)

초급부터 고급단계에 이르기까지 다양한 이중주어 구문이 본문에 사용되고 있는데 반해 이중주어의 개념이나 문장 형식에 대한 설명은 미흡한 편이다. 일반적으로 하나의 서술어에 하나의 주어가 대응하는 문장 형식에 익숙해져 있는 학습자들이 이중주어문을 수용하는 것은 그리 단순한 문제는 아니다. 무엇보다 교재에서 '이/가'와 '은/는'을 어떻게 기술하고 있는지에 따라 이중주어문 해석에 대한 기본관점이 엇갈릴 수 있을 것이다. 이중주어문의 기본형식을 'N이/가 N은/는 V'라고 할 때 '이/가'와 '은/는'을 모두 주어표지(subjective marker)로 정의하고 있는 교재의 사용자라면 두 명사구를 모두 주어로 인식할 것이고, 반면에 '이/가'를 주어표지, '은/는'을 주제표지로 기술한 교재의 사용자라면 '주제설'의 입장을 따르게 될 것이다.

한국어 교육에서 이중주어문의 해석 방법을 논의하는 것은 한편으로는 지나치게 문법 위주라는 비판을 받을지 모른다. 그러나 이중주어문은 국어학에서도 논의가 끊이지 않을 만큼 독특한 한국어의 문법 요소로서 다른 언어에서는 드문 현상인 만큼 한국어를 처음 접하는 한국어 학습자라면 궁금증을 갖기에 충분하다. 한 언어에 있어서 문법 교육은 학습자들에게 그 언어의 구조를 알게 함으로써 보다 완성도 높은 언어를 구사하게 하는 것을 목적으로 한다. 그러한 관점에서 볼 때 이중주어문 역시 각 단계의 학습자가 수용할 수 있는 범위 안에서 해석 방법을 기술하는 것이 바람직하다. 각 한국어 교재에 나타난 이중주어문을 유형별로 분류하면 다음과 같다.

가. 속격형
- 불고기는 맛이 어떻습니까?(연세대 1-4)
- 오늘은 날씨가 어떻습니까?(서울대 1-6)

나. 대격형
- 중요한 물건은 우리가 싸는 게 나아.(연세대 2-10)

다. 처격형
- 우리 고향에는 산이 많습니다.(연세대 1-3)
- 이 집은 뭐가 맛있어요?(이화여대 1-10)

라. 여격형
- 저는 평일에 집안일이 많아요.(이화여대 1-6)

• 미키 씨는 시간이 있을 때 보통 무엇을 해요?(고려대 2-2)

마. 보격형

• 의자는 나무 의자가 아니라 검정색 천 의자예요.(이화여대 2-7)

바. 견해형

• 영진 씨는 어느 계절이 좋아요?(고려대 1-8)
• 저는 제주도가 제일 좋았어요.(연세대 1-10)

사. 주제형

• 다른 것은 뭐가 있어요?(이화여대 1-8)
• 단풍은 어느 산이 유명해요?(가나다 2-14)

이상 초·중급 교재에서는 수량형을 제외한 총 7가지 유형의 이중주어 구문이 출현하고 있음을 확인하였다. 전형적인 이중주어문은 초급과 중급단계를 중심으로 나타났으며, 고급의 경우 NP_1, NP_2 중 일부가 확장된 형태가 많아 전형적인 이중주어문과는 다소 거리가 있었다. 주지하다시피 한국어 교육에서 이중주어 교육이 학습 단계별로 순차적으로 이루어질 수 있도록 각 교재별 이중주어구문의 출현 양상 및 단원의 성격에 대한 고려가 선행되어야 할 것이다.

4.2.4. 주어 생략과 무주어문

본절에서는 한국어 교재에 나타난 주어 생략문과 무주어문의 특성 및 사용 조건 등을 살펴보도록 한다.

4.2.4.1. 통사적 주어 생략[37)]

통사적 주어 생략은 선행 발화를 전제하지 않는 '자의성'이 없는 주어 생략 형태를 말한다. 특히 명령문이나 청유문, 감탄문 등의 경우 주어가 무엇인지 예측

37) 임홍빈(1985)에서는 '통사적 공범주'라는 명칭을 사용하였다.

이 가능하더라도 특별히 주어를 강조하려는 목적이 없는 한 주어가 없는 것이 자연스러운데, 예문 (56)은 교재 본문에 수록된 통사적 주어 생략의 예이다.

(56) ㄱ. 잠깐만 기다리세요.
ㄴ. 좀 깎아 주세요.(이화여대 1-8)
ㄷ. 어디 봅시다.
ㄹ. 여기 앉읍시다.(이화여대 1-10)
ㅁ. 그럼 비빔밥 둘 시킵시다.(이화여대 1-10)

통사적 주어 생략은 주어를 실현함으로써 문장이 어색해질 수 있으므로 생략의 자의성이 인정되는 화용적 주어 생략에 비해 교육적 중요성이 크다. 이런 통사적 주어 생략문의 경우 한국어 모어 화자는 직관적인 사용이 가능하지만 외국인 학습자는 그렇지 않기 때문에 단계에 맞게 예문을 중심으로 가르칠 필요가 있다.

다음 예문 (57), (58)에서 보듯이 2인칭 주어를 상정하는 명령문이나 청유문에서는 주어가 생략되는 것이 일반적인데, 이는 다른 언어에서도 마찬가지이다.

(57) ㄱ. 그럼 ∅ 이번 주말에 가 볼까요?(가나다 2-12)〈청유·제안〉
ㄴ. 토요일에 친구들하고 스키 타러 갈 건데 ∅ 같이 가시겠어요?(가나다 2-15)

(58) ㄱ. ∅ 갈비 2인분하고 물냉면 두 그릇 주십시오.(가나다 1-15)〈명령〉
ㄴ. 그러면 ∅ 여기하고 여기에 서명 좀 해주세요.(가나다 2-18)

4.2.4.2. 화용적 주어 생략

화용적 주어 생략은 선행 발화 즉 대화 상황이나 문맥을 전제로 하는 화자의 '자의성'이 있는 주어 생략을 뜻한다. 따라서 주어 없이도 의미전달에 문제가 없으며, 주어를 쉽게 추측·복원할 수 있는 것이 특징이다. 예문 (59), (60)은 본문에 나타난 화용적 주어 생략의 양상이다.

(59) A: 수미 씨는 학교에 뭘 타고 와요?(고려대 1-10)
B: ∅ 버스를 타고 와요.

(60) A: 집에서 학교까지 ∅ 얼마나 걸려요?
B: ∅ 30분 정도 걸려요. 린다 씨는 학교에 어떻게 와요?
A: 전 기숙사에 살아요. 그래서 ∅ 걸어와요.

위 예문에서 보듯이 한국어 교재에 수록된 본문은 일부 특정 단원 및 고급단계를 제외하고 구어체[38]를 중심으로 구성되기 때문에 구어의 특성이 반영되며, 주어 생략 현상 역시 그러하다.[39] 화자와 청자가 암묵적으로 인지하는 범위 내에서 주어가 생략되며, 주어 실현 여부가 의미차이를 유발하지 않는 것이 특징이다. 다음 예문 (61)의 경우 주어가 모두 생략되었음을 확인할 수 있다.

(61) A: ∅ 오랜만이에요. ∅ 휴가는 잘 보냈어요?(이화여대 1-6)
B: 네, ∅ 잘 보냈어요.
A: ∅ 휴가에 뭐했어요?

---

38) 대화에서 필수 성분인 주어나 목적어가 생략되는 것은 특정 상황이 이미 주어져 있으므로 그러한 성분이 외현되지 않아도 얼마든지 예측 및 복원이 가능하기 때문이다(김정남, 1998:202).

39) 박청희(2013a:239-245)에서는 문장의 종류에 따른 주어 생략 양상에서 구어 전사(70.08%)〉드라마 대본(64.56%)〉에세이(61.32%)〉소설(60.05%) 순으로 구어에서의 주어 생략이 높게 나타났으며, 특히 구어 자료에서 주어 생략이 잦은 것에 주목할 것을 언급하고 있다. 특히 같은 논문에서 구어 자료의 경우, 상황 정보에 의한 주어 생략(73.30%)이 다른 문장 종류에 비해 월등히 높게 나타났다. 주어가 생략된 문장의 경우 평서문(58.82%), 의문문(71%), 명령문(84.93%), 청유문(82.07%), 감탄문(74.11%)으로 명령문〉청유문〉감탄문〉의문문〉평서문의 순으로 나타났다. 문장 종류에 따른 주어 생략 양상의 경우 단문(49.45%), 접속문(81.82%), 내포문(74.51%), 비교문(9.56%)으로 비교문을 제외한 모든 문형에서 주어 생략 비율이 타 성분에 비해 매우 높게 나타났다.

B: ∅ 제주도에 다녀왔어요.

A: 그래요? ∅ 얼마 동안 여행했어요?

B: ∅ 3박 4일 동안 여행했어요.

A: ∅ 거기에서 뭐 했어요?

B: ∅ 한라산에 올라갔어요. 그리고 ∅ 바닷가에서 수영도 했어요.

초급단계에서 많이 나타나는 주어 생략 유형은 '화용적 주어 생략'으로 화용적 주어 생략은 고정된 발화 환경에 의한 주어 생략 및 선행 주어의 반복으로 후행 문장의 주어가 생략되는 현상으로 구분된다. 특히 고정된 발화 환경에 따른 주어 생략은 전체 주어 생략 현상 중 가장 높은 빈도를 차지한다. 화자와 청자가 정해져 있어 주어 생략 현상은 주로 구어에서 두드러지게 나타나는데, 문맥 속에 청자와 화자가 이미 정해져 있어 굳이 상대를 언급할 필요가 없어 주어가 생략되는 형태이다. 또 문맥에 의한 주어 생략 현상 중 선행 문장의 목적어가 후행 문장의 주어로 이어져 생략되는 유형도 낮은 빈도로 확인되었다.

이와 같이 고정된 청자와 화자를 전제로 한 주어 생략은 현실어에 가까운 담화 형식을 추구하는 많은 한국어 교재들에 공통적으로 나타나는 현상이기도 하다. 지금까지 살펴본 주어 생략 현상은 상황[40] 및 대화 문맥을 전제로 자의적으로 주어 생략이 가능한 예로 주어의 생략 여부가 문장 의미에 큰 영향을 주지 않는 화용적 주어 생략에 속하며, 주어 사용 여부가 큰 의미차를 유발하지 않는 만큼, 이해 차원에서 가볍게 언급하는 것으로 충분하다.

다음은 선행 발화에서 주어였던 성분이 다음 발화에서도 주어로 이어지는 경우 생략되는 현상으로서, 다음 예문 (62)~(65)에서 생략된 성분은 선행 발화문의 주어와 동일하다.

(62) A: 사장님 계십니까?(가나다 1-8)

40) 박청희(2013a:225)에서는 이를 '상황 정보에 의한 생략의 원리'로서 명령문에서의 2인칭 주어 생략과 청유문에서의 1인칭 복수 주어 생략, 권유나 명령의 2인칭 주어 생략, 의문문에서의 2인칭 주어 생략 등을 포함하였다.

B: 네, ∅ 계십니다.

A: 사장님께서 지금 무엇을 하십니까?

B: 지금 ∅ 손님을 만나십니다. 잠깐만 기다리십시오,

(63) A: 은행이 어디에 있습니까?(가나다 1-11)

B: ∅ 2호선 시청역 근청에 있습니다.

(64) A: 부모님께서도 안녕하십니까?

B: 네, ∅ 안녕하십니다.

A: 부인께서도 안녕하십니까?

B: 네, ∅ 잘 있습니다.

A: 아이들도 잘 있습니까?

B: 네, ∅ 잘 있습니다.

(65) A: 사과가 얼마입니까?(가나다 1-14)

B: ∅ 한 개에 1000원입니다. ∅ 달고 맛있습니다.

문맥상 화자와 청자가 한정되거나 주어가 확실한 경우, 주어는 보통 생략된다. 2인으로 구성된 대화문의 경우 화·청자가 일정하기 때문에 주체와 대상이 거의 주어로 실현되지 않고 있다. 본문이 시작되는 첫 문장부터 주어가 생략되는 것도 이런 이유 때문인데, 이는 구어라는 특수 상황과 밀접한 관련이 있다.

지금까지의 주어 생략은 선행 문장의 주어가 다음 문장으로 이어지는 경우에 관한 것이었다면, 예문 (66)은 선행 문장의 '목적어'가 후행하는 문장의 주어와 동일한 경우 후행 문장의 주어가 생략되는 경우이다.

(66) ㄱ. 이 김밥을 상우 씨가 만들었습니까? ∅ 정말 맛있습니다.(가나다 1-19)

ㄴ. 이거 드세요. ∅ 일본 과자입니다.(가나다 1-21)

한국어는 주어-서술어를 문장의 필수 성분으로 하는 언어이다. 하지만 구어의 경우 그 특성상 대부분의 발화가 대화자에 집중되어 발화가 간결해지고, 기 전제된 대상 성분의 생략이 빈번하게 이루어진다. 즉, 발화의 주어가 '나' 아니면 '상대방'이라는 암묵적인 전제에 의해 생략이 자연스럽게 이루어지게 된다.

(67) A: 안녕하세요? <u>윤상우</u>입니다.
B: 안녕하세요? <u>마리</u>예요. 만나서 반가워요.
A: ∅ 한국말을 아세요? ∅ 한국말을 얼마나 배우셨어요?
B: ∅ 한 4개월쯤 배웠어요.

위 예문 (67)은 초급 교재에 실린 본문의 일부로 위 대화에서 주어는 단 한 차례도 실현되고 있지 않다. 이렇게 주어를 생략한 채로 발화할 수 있는 것은 발화의 주어가 모두 '윤상우' 본인 혹은 상대자 '마리'임을 전제로 하기 때문이다. 주어가 생략되었지만, 발화자 모두 '주어'라는 성분을 전제하고 발화한다는 사실이다. 또한 초급은 기본적인 생활 회화 수준을 목표로 하므로 대화의 주제 역시 개인 신상이나 관심사, 사적 업무를 중심으로 하게 된다. 따라서 문장의 주어도 '나' 혹은 '상대방'에 초점이 맞춰지는데, 이 부분에 대해서는 중급이나 고급단계의 주어 생략과 교육 내용을 다루는 절에서 보다 자세히 논의하도록 한다.

초급단계의 교재를 분석한 결과 '화용적 주어 생략'과 '통사적 주어 생략' 모두 고르게 분포하고 있음을 확인할 수 있다. 초급단계는 '관용적 주어 생략문'을 학습하는 시기이므로 학습 초반부터 통사적 주어 생략문을 자연스럽게 학습하게 된다. 또한 대부분의 한국어 교재가 '구어'를 본문으로 사용하고 있으며, 한국어 모어 화자가 사용하는 말에 가장 가까운 언어를 모델로 하기 때문에, 빈번하게 주어가 생략되는 구어의 언어 특징을 배우게 된다.

이어서 지금까지 살펴본 초급단계의 주어 생략 현상을 한국어 교육적 측면에서 어떻게 접근하고 가르칠 것인지 생각해보도록 하자. 한국어 학습자들이 처음으로 접하게 되는 한국어 표현은 아마도 "안녕하세요?"와 같은 종류의 문형일 것이다. 이런 '안녕하세요' 류의 관용 표현 역시 엄격히 보면 주어가 생략된 표현이지만, 이런 관용 표현을 주어, 목적어, 서술어로 분석하려고 하는 사람은 아마 없을 것이다. 말 그대로 틀에 박힌 표현이기 때문이다. 초급 수준에서 필수적으로 학습해야 하는 주어 생략형 관용 표현은 한정되어 있으며, 이런 관용 표현을 가르칠 때 주어나 주어 생략의 개념을 논하는 것은 큰 의미가 없다.

다음은 초급 교재 주어 생략문의 대부분을 차지하는 화용적 주어 생략에 관한 것이다. 화용적 주어 생략이 나타나는 경우는 선행 문장의 주어가 후행 문장의 주어로 나타나는 경우와 대화자가 고정되어 있어 굳이 화자와 청자를 주어로 언급할 필요가 없는 경우로 나눌 수 있다. '화용적 주어 생략'이 전제하는 것은 '주어의 존재가 필요 없다'가 아니라 이미 화자와 청자는 '주어의 존재를 알고 있다'는 사실이다. 즉 주어에 초점이 배제된 대화 상황에서는 주어가 생략된 경제적인 문형을 선호한다는 점이다. 따라서 이런 문형을 대할 때 학습자들로 하여금 그 문장의 숨어 있는 주어의 존재를 언급함으로써 한국어 구어 문장의 특성을 자연스럽게 인식시키는 것이 좋다. 그렇게 함으로써 한국어 화자들이 선호하는 구어의 발화 유형은 어떠한지, 한국어에서 주어는 어떤 양상으로 나타나는지 인식할 수 있기 때문이다. 또 구어에서는 새로운 주어가 도입되는 경우를 제외하고 문맥 내 동일한 주어가 반복될 경우, 생략하는 것이 자연스럽다는 점도 함께 언급할 필요가 있다.

다음은 명령문과 청유문의 주어 생략인데, 명령문과 청유문은 문장 자체가 이미 2인칭, 1인칭 주어를 각각 전제로 하는 문형으로 한국어 이외에 여러 다른 언어에서도 주어가 실현되지 않는 것이 보통이다.

다음 예문 (68), (69)는 일명 '형식주어', 즉 주어가 특정대상을 지칭하지 않고 불특정 다수를 대상으로 하는 주어 생략에 관한 것인데, 주로 초급단계에 나타난다. '날씨, 교통, 경제 관련' 등 형식주어 구문의 경우에서도 주어가 생략되는데, 초급 교재에서는 다음 (68)과 같은 예문들이 다뤄지고 있다. 이런 문장들은 날씨나 금융, 교통 등 공적인 상황에서 불특정 대상을 주어로 하기 때문에 일반적으로 주어가 생략된다.

(68) A: ∅ 여기에서 세종문화회관에 어떻게 가요?(가나다 1-29)

B: ∅ 지하철 5호선을 타고 광화문 역에서 내리세요.
A: ∅ 몇 번 출구로 나가요?
B: ∅ 7번 출구로 나가세요. ∅ 경복궁 쪽으로 조금만 걸어가면 왼쪽에 있어요.

(69) ㄱ. ∅ 축의금은 보통 얼마쯤 해요?(가나다 2-9)
ㄴ. ∅ 장마가 끝나니까 정말 덥네요.(가나다 2-13)
ㄷ. ∅ 그 카드로 송금도 돼요?(가나다 2-18)

4.2.4.3. 무주어문

앞서 논의한 바와 같이 '무주어문'은 주어의 실체를 파악하기 어려워 원래 주어가 없는 문장으로 보기도 한다. 일반적인 주어 생략과는 성격이 다르며, 언어 보편적 현상에 속한다. 가령, '불이야!', '큰일났네' 등과 같은 표현은 중국어, 영어, 일본어, 인도네시아어에서도 주어가 생략되는 것이 그 예이다. 이와 같이 무주어문은 예외적이고 특수한 표현에 한정되는 만큼 문법적인 설명을 가하지 않아도 좋다.

지금까지 살펴본 한국어 교재에 나타나는 주어 생략 및 무주어문의 특징은 다음과 같다.

■ 주어 생략의 특징
ㄱ. 선행 문장의 주어가 다음 문장에서도 주어로 쓰이는 경우 생략 가능하다.
ㄴ. 선행 문장의 목적어가 다음 문장의 주어로 쓰이는 경우 생략 가능하다.
ㄷ. 대화 문맥 상 화자와 청자가 전제된 경우, 주어는 생략 가능하다.
ㄹ. 청유문이나 명령문의 주어는 주로 생략된다.
ㅁ. 주어가 불특정 다수인 경우, 즉 형식주어는 보통 생략된다.
ㅂ. 관용적으로 주어 없이 쓰이는 문형이 있다.

4.3. 한국어 학습자의 주어 사용 현황

한국어 학습자가 한국어 습득 과정에서 보이는 주어 사용의 양상은 자못 다양하기까지 하다. 학습 단계와 학습자들의 모국어에 따라 주어의 사용 양상에는 차이를 보여, 일반적으로는 주격조사의 정확한 사용에 부담을 느끼고, 영어권 학습자들의 경우에는 생략이 가능하거나 생략하여야 자연스러운 문장의 경우에도 굳이 주어를 사용하기도 하고, 주어와 호응하는 문법 요소들의 적절한 사용에 어려움을 겪기도 한다. 더구나 한국어 주어가 가지고 있는 이중주어 구문의 사용에 관한 학습 단계를 거치면서는 적잖이 힘들어 하는 경우를 어렵지 않게 접할 수 있다.

여기서는 한국어 학습자들이 학습 과정에서 경험하게 되는 주어 사용 현황 가운데 특히 오류 양상에 주목하기로 한다. 주어와 호응하는 적절한 조사 선택의 문제라든가 서술어와의 호응, 대명사의 사용, 또는 이중주어와 관련된 문제와 주어 및 조사의 생략 등과 관련한 오류 양상들이 그것이다.

본장에서는 오류의 개념 및 유형을 토대로 한국어 학습자의 쓰기에 나타난 주어 사용에 관련한 오류를 분석하기 위한 절차를 세우고, 각 언어권별·단계별로 나타난 한국어 학습자의 주어 사용 및 오류 양상을 분석한다.

4.3.1. 오류의 개념 및 유형

오류 식별의 기준은 문법성(grammaticality)과 용인 가능성(acceptability)을 두 축으로 한다. 문법성은 문법적으로 오류가 없는 것을 말하고, 용인 가능성은 그 언어가 사용되는 사회 내에서의 수용 가능성을 의미한다(이정희, 2003:69). 곧 이 두 가지 요건에 맞지 않을 때를 오류로 보는 것이다.[41] 그럼 이러한 오류가 나타나

41) Corder(1981)은 문장 오류의 범주를 4가지로 구분한 바 있다.
① 오류가 없고 모어화자가 수용할 수 있는 경우
② 모어화자가 수용할 수 있고, 적절치 않으며, 오류를 포함하는 경우
③ 모어화자가 수용할 수 없고, 적절하며, 오류를 포함하는 경우
④ 모어화자가 수용할 수 없고, 적절치 않으며, 오류를 포함하는 경우

는 원인은 무엇일까? Brown(2007)은 학습자 오류의 원인을 언어 간 전이, 언어 내 전이, 학습의 장, 의사소통 전략으로 분류한 바 있다. 언어 간 전이란 모국어의 영향에 의한 오류를 뜻하고, 언어 내 전이란 목표어의 언어 특성에 의해 생기는 오류를 말한다.

특히 오류 분석 시 오류와 실수의 경계를 구분하는 것이 중요한데, 학습자 스스로 틀린 발화를 즉각적으로 수정할 수 있으면 단순 실수[42]로 본다. 반면 오류는 지속·반복적이고 교정이 쉽지 않으며, 학습자 스스로 무엇이 틀렸는지 알지 못한다는 점에서 실수와 구분된다.

4.3.1.1. 오류 분석의 대상 및 절차

본서의 오류 분석은 학습자의 주어 사용에 관한 오류만으로 범위를 한정하고 있다. 주어 사용 오류 분석을 위한 절차는 〈표 33〉과 같은 순서로 진행된다.

〈표 33〉 주어 사용 오류 분석 절차

자료 입력 ➜ 오류 여부 판별 ➜ 오류 수정 ➜ 오류 유형 분류 ➜ 오류 원인 분류

정문과 오류문 여부에 관계없이 먼저 학습자의 모든 자료를 입력하는데, 이는 전반적인 학습자의 주어 사용 양상을 범주별로 한눈에 파악하기 위한 기본 절차이다. 다음은 입력한 자료를 바탕으로 주어 사용에 한하여 정문, 오류문 여부를 파악하는 단계를 거치는데, 여기서 중요한 것은 오류가 반드시 주어와 관계된 것이어야 한다는 점이다.[43] 본서에서는 다음의 다섯 가지 범주를 중심으로 한국어 학습자의 주어 사용 오류 양상을 분석하고자 한다.

---

42) '실수'에 해당하는 예는 아래와 같다.
- 한국에서는 밥그릇을 왼쪽*어(√에) 놓고 국그릇을 오른쪽*어(√에) 놓습니다. (ENG_중급)
- 맨하탄은 미국 도시중에 가장 다양하고 활발한 도시*으로(√로) 유명합니다. (ENG_고급)

43) 발음이나 어휘, 맞춤법, 시제 등 주어와 직접적인 관련이 없는 오류는 포함하지 않았다.

① 주어 호응

가. 경어법: '께서'와 '-(으)시-'의 호응(그 외 주어 호응 요소)

나. 주어와 서술어의 호응

② 주어 구성

가. 단일 주어 구성: 인칭 대명사의 사용, 용언의 체언형 주어 구성

나. 확장 주어 구성: 관형어와 주어의 수식 관계, 의존명사형의 주어 구성

③ 주어표지

가. 일반, 특수 주어표지 오류: 생략, 대치, 첨가

나. '이/가'와 '은/는'의 구분

④ 이중주어

⑤ 주어 생략

가. 주어 생략의 유형: 통사적 주어 생략, 화용적 주어 생략

나. 과잉 주어 생략

다. 과잉 주어 사용

이어서 위의 범주를 토대로 분류한 오류문에 대하여 정문으로 수정하는 작업을 실시한다. 이렇게 함으로써 학습자의 오류 여부를 더욱 확실히 알 수 있고, 오류의 유형은 무엇인지 또 원인은 무엇인지를 구분할 수 있기 때문이다. 오류에 대한 표기법은 James(1998)을 참고로 예문 (70)과 같이 하였으며, 오류문 수정은 '동일 의미 내 최소 수정'을 원칙으로 한다.

(70) ㄱ. 물냉면*가(√이) 아주 맛있어요.(JAP_초급)

ㄴ. 가방*을(√이) 아주 쌌어요.(JAP_초급)

다음은 주어 사용 오류 분석에 사용된 언어권별 학습자의 쓰기 자료의 출처이다.

가. 영어권: 서울 K대학교 한국어센터 초~고급 학습자의 쓰기

나. 일본어권: 서울 K대학교 한국어센터 초~고급 학습자의 쓰기
다. 중국어권: 서울 S대학교 한국어센터 초~고급 학습자의 쓰기
라. 인도네시아어권[44]: 인도네시아 반둥市 M대학교 한국어센터 한국어 초~중급 학습자의 쓰기

4.3.1.2. 오류 유형[45]

많은 앞선 연구가 입증하듯 대부분의 오류는 목표어에 대한 과잉 일반화에서 비롯되지만, 그 밖의 중요한 원인이 바로 모어 간섭에 의한 오류일 것이다. 학습자 모어의 간섭에서 비롯된 다양한 오류의 예를 제시하면 다음 (71)과 같다.

(71) ㄱ. 지금 *대통련 노무현(√노무현 대통령)이 한국에서 중료한 상징이다. (ENG_고급)
ㄴ. 아버지의 말 마음속에서 *놓습니다.(CHI_중급)
ㄷ. 한국은 정말 발달한 *국(√나라)[46]이고 여기에서 살하는 사람이 열정입니다.(CHI_중급)
ㄹ. 한국어를 잘 말하면 더 재미있게 여행*이(√을) 할 수 있어요. (JAP_초급)
ㅁ. 저는 여행*이(√을) 너무 좋아해서 전주와 경북에 가 본 적이 있습니다.(JAP_중급)

---

44) 인도네시아어권 한국어 학습자의 경우 다른 언어권과 달리 유일하게 현지에서 한국어 교육이 실시되었고, 학습 과정이 한국에 비해 덜 체계화된 이유로 인하여 같은 단계라고 하여도 한국어 수준이 다른 언어권과 차이가 있음을 밝혀 둔다.

45) Selinker(1974)는 오류의 원인을 ① the native language, ② training procedure, ③ the learner's approach to the materials, ④ the learner's approach communicating with native speakers, ⑤ overgeneralization of target language rules의 다섯 가지로 분류하였다.

46) 중국어 어휘 간섭으로 초급단계 학습자의 경우 모국어를 직접 대치하여 사용하는 코드전환(code-switching)의 예들이 나타나는데 특히 영어권 화자가 많이 코드 전환 전략을 사용하며, 중국어권 학습자의 경우 한자를 그대로 한글로 옮겨 쓰는 모국어 전이의 예가 많다(이정희, 2003:123).

중국어권이나 영어권 학습자의 경우, 조사를 사용하지 않는 모어의 영향으로 단계가 높아지더라도 꾸준히 주어표지 오류가 나타난다. 특히 중국어는 문장의 성분이 위치에 의해 부여되기 때문에 한국어를 발화할 때도 표지를 모두 누락한 채, 말하고 싶은 어휘만을 나열하여 문장을 만드는 경우가 많다.

4.3.2. 한국어 학습자의 주어 사용 오류

문법성이 떨어지더라도 의사소통이 가능하다면 문제가 없으나, 문법성이 있더라도 의사소통이 원활하지 않으면 바른 문장으로 보기 어렵다(이동혁·유혜원, 2009:195). 특히 외국인 한국어 학습자가 산출해 낸 문장에 대한 오류 판정 기준이 원어민과 완전히 같을 수는 없다.

한국어 학습자의 주어 사용에 대한 오류는 한국어 원어민이라면 거의 산출할 가능성이 없는 주어 사용 양상에 대하여 다루게 될 것이다.[47] 특히 성분 호응, 주어표지 사용이나 생략, '이/가'와 '은/는'의 구분, 주어 생략 등 모어 화자라면 직관적인 사용이 가능한 항목에 있어서 한국어 학습자의 오류가 빈번한 것으로 나타난 만큼, 본절에서는 이를 고찰하고, 교육 방안을 마련하는 데 기초로 삼을 것이다.[48]

학습자 언어권에 적절한 교육 방법을 고안해 내는 것은 외국어 교육이 궁극적으로 추구하는 바이다. 그러기 위해서는 그 언어권 학습자가 기본적으로 안고 있는 학습에 대한 장점과 단점을 파악하고 그에 적합한 교육 방법을 고안할 필요가 있다. 특히 새로운 언어를 처음 배우기 시작하는 단계에 있어서 학습자가 기댈

---

47) Lennon(1991:182)에 의하면 오류란 동일한 문맥이나 유사한 언어 생성의 조건에서 원어민 화자가 생성할 가능성이 거의 없는 학습자가 생성한 언어 형식이나 언어 형식의 조합이라고 정의하였는데, 이는 본서에서 논의하는 외국어로서의 한국어 주어 사용 오류에 적용 가능한 정의라고 할 수 있다.

48) 본서의 오류 분석은 거대 말뭉치를 토대로 한 통계분석은 아니며, 한국어 학습자의 언어권별·단계별 주어 사용 양상을 파악하기 위한 것이다. 오류 분석의 목표 자체가 어떤 언어권 어떤 단계의 학습자가 통계상 오류가 많고 적음을 밝히는 것은 본서가 추구하는 바가 아니다. 즉 한국어 학습자들의 주어 사용 양상을 통해 주어 교육에서 놓치고 있는 것은 무엇이고, 무엇을 중심으로 교육과정을 구성할 것인지에 대한 해답을 얻고자 하는 것이다.

수 있는 지식은 모어에 관한 것이므로 언어 학습 초기에 모어가 외국어 학습에 미치는 영향은 매우 크다. 그러므로 이 시기에 학습자의 언어권을 고려한 교육적 접근이 효과적이다. 학습자 언어권별로 오류 패턴을 살펴보면 전혀 다른 유형의 모어를 배경으로 하는 학습자의 경우, 특정 언어권에서는 매우 높은 빈도로 나타나는 오류가 다른 언어권에서는 거의 나타나지 않는 것을 볼 수 있다. 중국어권 화자가 발음하기 어려워하는 한국어 발음과, 일본어 화자가 어려워하는 발음이 각기 다른데, 이는 모어 발음 환경을 중심으로 발음 기관이 다르게 발달하기 때문으로, 문법도 마찬가지다. 주어가 문장 내에서 고정적인 위치에서 필수로 실현되는 영어권과 주어보다는 주제가 발달하고, 상대적으로 주어가 놓이는 위치가 자유로운 중국어권 학습자가 인식하는 주어가 완전히 같다고 보기는 어려울 것이다. 또 무정성 주어 사용이 빈번한 영어권과 유정성 주어가 중심이 되는 일본어권 학습자의 주어 사용 양상은 매우 다를 수밖에 없다.

그렇다고 하여 한국어 학습자가 범하는 오류가 모두 그들의 모어에 기인한다는 것은 아니다. Dulay & Burt(1973)에 의하면 모어 간섭에 의한 오류율은 실제로 3% 밖에 되지 않으며, 대부분은 목표어 학습 중에 일어난다고 지적한 바 있다. 실제 학습자의 오류를 분석해보면 그들이 학습한 규칙의 과다 적용, 과잉 일반화, 그릇된 유추나 분석, 학습 전략 등에 의해 발생하고 있음을 알 수 있다.[49] 그럼에도 불구하고 주어의 사용은 모어가 갖고 있는 기본 인지적 측면의 영향을 많이 받으며, 모어 화자가 '유창하다'고 느끼는 외국인의 한국어 발화를 살펴보면 주어 사용이 과하지도 부족하지도 않다. 주어로서의 체언 선정이 자연스럽고 문장의 주어가 신정보인지 구정보인지, 앞 문장의 정보를 되받는 것인지의 여부에 따라 선별하여 쓸 수 있다.

또한, 오류 분석은 원인을 파악하는 것이 중요한데, 모어 간섭에 의한 오류를 제외한 나머지 원인에 의한 오류(목표어나 교육과정에 의한 오류)는 그 명확한 원인을 파악하기도 어렵지만 동일한 교재, 동일한 교육과정에서 한국어를 배운 동

49) James(1998:185)는 오류의 발생 요인을 다음과 같이 총 7가지로 제시한 바 있다.
① false analogy, ② misanalysis, ③ incomplete rule application, ④ exploting redundancy, ⑤ overlooking coocurrence restrictions, ⑥ hypercorrection, ⑦ overgeneralization

일 언어권의 학습자의 오류 양상이 다른 사실에 대해서는 개인차라는 점 외에 달리 명확한 원인 규명이 어려울 것이다. 그러므로 한국어를 처음 접하는 학습자를 대상으로 모어 환경에 따른 간섭을 최소화하는 방안을 고려하는 것이 가장 필요하다는 것이 본서의 입장이다. 그 밖에 목표어 학습 과정에서 오는 오류를 최소화하기 위해서는 학습 단계별 순차적 접근이 필요할 것인데, 그에 대한 단계별 교육 방안은 장을 달리하여 논의할 것이다.

4.3.2.1. 주어 호응[50] 오류

본절에서는 단순한 주어-서술어 호응 오류를 비롯하여 어순 오류 및 주어를 밝히기 어려운 오류를 다룬다. 주어와 서술어는 문장의 두 축을 이루는 필수 성분이며, 두 성분 사이의 의미·통사적 긴밀성은 모든 문장의 필수 요건이다. 아무리 한국어가 자유 어순이라고 하여도 문장 성분의 적절한 위치 선정은 여전히 바른 문장의 중요한 요건이며, 주어와 서술어의 거리가 지나치게 멀어지면 주어, 서술어의 호응관계 및 문장의 의미가 모호해진다. 다음 예문 (72)는 주어와 서술어 사이의 의미·형식상의 호응 오류로서 의미상 호응이 안 되거나 주·술부 형식 및 어휘 선택이 적절치 못하여 오류로 분류되었다.

(72) ㄱ. 선생님들 덕분에 한국어를 할 수 있으니까 자신이 있고 *자랑합니다(√자랑 스럽습니다).(INDO_중급)
ㄴ. 이후에 한국에서 생활*(√이) 너무 *기대합니다(√기대됩니다).(CHI_중급)

50) 곽수진 외(2010:47-49)에 의하면 주어와 서술어의 호응이 이루어지지 않는 절의 빈도가 비호응 오류 중 절수 대비 감소하여 비호응 오류 절에서의 비중 감소를 보이는 반면, 전체 총 절수로 보았을 때 오류율이 증가한다고 밝힌 바 있다. 또한 학습 수준이 높아져도 문장 쓰기 능력 즉, 통사적·의미적 정확성이 크게 개선되지 않는다고 지적하였다. 아울러 정확하고 바른 문장을 쓰기 위해서는 한국어의 문장 구조, 문장 성분, 문장 성분의 호응 관계, 성분을 이루는 어휘, 구, 절에 대한 교수가 보완되어야 한다고 하였다. 그 밖에 문장의 구조와 함께 문장을 이루는 구성 성분에 대한 격 인식, 각 문장 성분들이 문법적, 의미적, 통사적으로 서로 어울려야 자연스런 문장이 된다는 것을 단계적으로 인식시켜야 한다고 하였다.

ㄷ. 한국은 정말 발달한 국이고 여기에서 살하는 사람이 *열정입니다(√열정적 입니다/열정이 있습니다). (CHI_중급)

ㄹ. ?한국 전통*을(√은) 우아한 모습을 상징하고, 한국 사람의 modest한 이미지를 나타냅니다. (ENG_고급)

예문 (73)은 문장의 주어가 무엇인지 파악하기 어려운 경우에 속한다.

(73) ㄱ. ?한국 전통*을(√은) 우아한 모습을 상징하고, 한국 사람의 modest한 이미지를 나타냅니다. (ENG_고급) 한국 전통을 ~ 나타냅니다.

ㄴ. 뉴욕 전통은 고등학교 졸업식 전에 친구들와 함께 부로드외이 뮤지컬을 보러갑니다(√보러 가는 것입니다). (ENG_고급) 뉴욕 전통은 보러 갑니다.

ㄷ. 한국의 *마는(√맛은) 매운 음식 김치, 불닭하고 떡복기가 상징하는 것이다. (ENG_고급)

ㄹ. 제 기대는 이 과정을 나중에 사용할 수 있습니다.[51](INDO_중급)

이처럼 주어가 바로 서지 않으면 온전한 문장을 이루기 어렵다. 물론 주어가 명확하지 않아도 필자의 의도는 전달될 수 있지만, 좋은 문장의 요건과는 거리가 멀어질 수밖에 없다.

영어에서는 주어가 길고 복잡해질 경우, 형식주어인 'it'이나 'there'를 주어 자리에 놓고, 원래 주어를 문미로 보내는 반면, 한국어는 형식주어라는 문법 요소가 없기 때문에 긴 주어를 문두에 그대로 둔다. 예문 (73ㄴ), (73ㄷ)의 경우 주어가 각각 '뉴욕 전통은', '한국의 *마(√맛)는'으로 간단하지만 정문에서는 주어가 길

51) 인구어권 학습자의 경우 추상성 명사를 주어로 쓰는 경우가 많은데, 그런 경우 주어와 호응하는 서술어를 찾기도 어렵지만, 한국어 문장으로 표현했을 때 부자연스러운 경우가 많다. 예문 (73ㄹ)의 경우에도 보편적인 한국어 문장이었다면, '저는 이 과정이 나중에 도움이 되기를 기대합니다.'라고 하지, '제 기대는'을 주어로 하지는 않을 것이기 때문이다. 이렇게 학습자 모어에서는 자연스럽게 사용되는 추상성 주어가 한국어에서는 어색한 경우가 많으며, 여기에서는 오류로 분류하였다.

어지게 된다. 이는 주어가 단순히 단일 자립 체언[52]으로 구성되는 경우는 문제가 안 되지만, 주부가 길어지고 복잡해질수록 주어를 어떻게 구성할 것인가에 대한 문제는 그리 간단치 않다. 이는 근본적으로 한 문장의 주어에 대한 언어권에 따른 인식 차이로 볼 수 있는데, 필자라면 누구나 무엇을 주어로 삼아 문장을 기술할 것인지 결정을 하고 문장을 만들어 가기 때문이다. 이 밖에 주어 호응 오류의 대부분은 주어-서술어 사이에 일정한 형식을 가지는 '표현 문법'에 대한 지식 부족으로 나타나는 경우가 많다.

어순 관련 오류도 넓게 보아 주어 호응 오류로 볼 수 있다. 어순은 모어의 영향을 많이 받는 요소 중 하나로, 영어나 중국어처럼 한국어와 어순이 다른 언어권의 학습자들에게서 어순 뒤섞임 오류를 많이 발견할 수 있다. 특히 중국어권 학습자의 어순 오류 특성은 주어가 문장 내에 불규칙적으로 나타나는 것인데, 이는 중국어의 주어가 문두, 문중, 문미에 관계없이 자유롭게 위치할 수 있기 때문이다.[53]

4.3.2.2. 주어 구성 오류

본절에서는 주어 혹은 주부의 구성에 관한 오류를 다룬다. 초급단계부터 단일 주어 구성뿐 아니라 용언의 관형형 수식을 받는 명사구 주어 구성이나, 의존명사형 주어 구성이 나타나지만, 이를 오류 없이 정확히 사용하기란 쉽지 않다. 특히 한국어와 모어 간 인칭대명사의 용법 차이에 의한 주어 오류도 적지 않다.

(74) ㄱ. 한국은 정말 발달한 국이고 여기에서 [*살하는(√사는) 사람이] 열정입니다. (CHI_중급)

ㄴ. [제가 *이해도 줄 수 있고(√?이해할 수 있고/이해해 줄 수 있고) 취미도 많이 같은 사람 *만날 수 있는(√만날) 자신이] 있습니다.(CHI_중급)

ㄷ. [한국문화를 상징하는 *한(√하는) 것*이(√은)] 한복입니다.(ENG_고급)

---

52) 단, 주어가 유정성 주어인지 무정성 주어인지에 대해서는 또 다른 논의가 전개될 수 있다.

53) 박정구 외 역(1989)를 참고하였음.

다음은 주어로 사용되는 체언 자체에 오류가 있는 경우로, 한국어의 경우 1인칭대명사 '나' 외에도 '저'라는 겸양 표현이 문맥이나 상황, 문체에 따라 구분되는데, 초급단계에서 가장 높은 빈도로 쓰이는 주어가 '나'인 만큼 '나'와 '저'의 대치 오류도 빈번하다. 일본어의 경우 한국어처럼 '나'에 대응하는 'ぼく(僕)'와 '저'에 대응하는 'わたし(私)'의 구분이 있고, 인도네시아어 역시 일반적인 '나'라는 뜻의 'Aku'와 'Aku'의 겸양 표현인 'Saya'가 있기 때문에, '나', '저'를 구분하는 데 큰 어려움을 겪지 않는다. 하지만 그 용법이 정확히 일치하는 것은 아니어서 여전히 오류를 보인다. 한편, 일본어나 인도네시아어 이외의 언어권에 속하는 학습자, 특히 중국어권이나 영어권 학습자의 경우 '나'와 '저'를 구분하는 데 학습 초기부터 어려움을 겪는다. '나'와 '저'의 구분 오류는 비단 초급뿐 아니라 높은 단계에 있는 학습자에게도 꾸준히 나타나는 오류라고 할 수 있는데, 각 언어권별로 나타난 '나', '저'의 구분 오류[54]는 다음 (75)와 같다.

(75) ㄱ. *제(√내) 성격은 섬세하면서도 털털한 편이다.(ENG_고급)
　　ㄴ. *저는(√내가) 세상에 제일 좋아하는 사람은 엄마다.(CHI_초급)
　　ㄷ. *저(√나)는 두루가쇼코인이다.(JAP_초급)
　　ㄹ. *네(√제) 친구의 이름이 steffi예요.(INDO_초급)

이 밖에도 3인칭 대명사 사용 오류도 나타나는데, 한국어의 경우 문학 등 특별한 경우를 제외한 일상적인 구어나 문어에서는 '그/그녀' 등의 3인칭 대명사나 2인칭 대명사 '당신'의 사용이 제한적이며, 특히 가족이나 윗사람에게 사용하는 일이 드물다. 인구어에서는 반복되는 명사를 대명사로 받는 '대명사화'가 일반적이지만 한국어는 선행 명사를 다시 같은 명사로 받는 경향이 있다. 또한 대명사의 쓰임이 제한적이어서 아버지나 어머니를 '그', '그녀', 혹은 '당신'으로 대체하

54) '나', '저'의 구분 오류에 제시한 오류문들은 문어와 구어 상황, 반말과 존대말 어미에 맞게 둘을 바르게 구분해서 쓰지 못한 문장의 예로서, 동일 학습자는 '이다, 입니다' 등 어미의 존대, 평대의 구분 오류가 다른 문장에는 나타나지 않는다는 점에서, 여기에서는 주어의 오류로 다루었다.

는 일이 없고, 같은 어휘가 반복되어도 동일하게 '아버지', '어머니'로 받는 것이 보편적이다. 아래 예문 (76)은 반복되는 명사 '엄마'를 대명사 '당신'으로 대체함으로써 문장이 어색해진 경우이다.

(76) 엄마, *당신(√엄마)을 내 꿈이 알아요? (중략) *당신(√엄마)은 그 꿈이 괜찮아요?(INDO_중급)

4.3.2.3. 주어표지 오류

많은 앞선 연구가 입증하듯이 한국어 학습자가 가장 많은 오류를 범하는 문법 범주는 바로 조사이다(이은경, 1998; 김유미, 2000; 이정희, 2003 등). 주어 사용에서도 예외는 아닌데, 주격조사 자리에 대격조사나 속격조사를 쓰거나 주격조사와 다른 보조사를 중첩해서 쓰는 등의 오류는 학습단계를 불문하고 흔히 나타나는 현상이다. 특히 본서에서는 학습자의 일반·특수 주어표지 사용 양상을 비롯하여 표지 누락, 대치, 첨가, 생략 등을 살피고 특히 꾸준히 높은 빈도로 나타나는 '이/가', '은/는'의 대치 오류를 중심으로 주어표지 사용 양상을 분석할 것이다.[55)]

주격조사의 단순 이형태 오류는 조사를 처음 접하는 초급단계 학습자에게서 언어권을 불문하고 높은 빈도로 나타난다. 이는 조사 언어권 화자인 일본어 학습자에게서도 빈번하게 나타나는데, 일본어의 조사는 이형태 없이 'が(이/가)', 'は(은/는)' 한 가지 형태만 존재하기 때문이다. 그런데 초급단계에서의 주어표지 형태 오류는 일본어권 학습자에게서 주로 나타나고 비조사권 초급 학습자의 경우 표지를 생략하는 경우가 많다. 예문 (77)은 주어표지의 단순 형태 오류이다.

(77) ㄱ. 물냉면*가(√이) 아주 맛있어요.(JAP_초급)
ㄴ. 그렇지만 명동*는(√은) 재미있었어요.(JAP_초급)

55) 이정희(2003:96)에서도 주격조사와 보조사 '은/는'의 대치 현상은 고급단계의 학습자에게서도 꾸준히 나타나는 오류 현상 중 하나이며, 가장 높은 오류율을 보이는 항목이라고 지적하였다.

ㄷ. 또한 미국보다 한국*가(√이) 나이대문 여절을 많습니다.(ENG_중급)

이어서 격조사 사이의 대치 오류에 관하여 살펴볼 것인데, 주격조사 대신 대격, 속격, 부사격조사를 대치 사용한 경우이다.[56] 격조사 대치 오류 가운데 가장 높은 빈도를 차지하는 것은 대격과 주격 간의 대치 오류인데, 이는 여러 가지 원인이 있겠지만 예문 (78)에서 보는 바와 같이 언어별 술어가 갖는 타동성 차이에 의한 경우가 많다.

(78) ㄱ. 예를 들어, 미국에서 한국처럼 선배 후배 관계*를(√가) 없습니다. (ENG_중급)
ㄴ. 또한 미국보다 한국가 나이대문 여절*을(√이) 많습니다.(ENG_중급)
ㄷ. 원래는 성격은 명랑해서 친구*를(√가) 많습니다.(CHI_중급)
ㄹ. 저는 노트북*을(√이) 필요하기 때문이에요.(INDO_초급)
ㅁ. 한국어*를(√가) 너무 어렵지만 재미있습니다.(INDO_중급)

그 밖에 주격조사 대신 속격이나 대격조사를 사용한 오류도 꾸준히 나타나는데, 특히 일본어의 경우 속격조사 'の'가 정식 주격조사로 쓰이기 때문이다. 실제 중세와 근대 한국어의 표현에서는 속격조사가 주격조사로 기능하는 경우가 많았지만, 요즘에는 거의 드물다.

(79) ㄱ. 그*의(√가) 한 말 '성공은 mix blessing'입니다.(CHI_중급)
ㄴ. 한국*의(√은) 자연도 아름답고 사람들도 참 친절해요.(CHI_중급)
ㄷ. 한국에서는 어른*에께(√이) 식사 시작할 때까지 기다려야 됩니다. (ENG_중급)
ㄹ. 밥*을(√이) 맛있었어요.(JAP_초급)

56) 대격, 속격, 부사격 대신 주격조사를 사용한 오류의 예는 본 논의에서는 제외하도록 한다.

예문 (80)은 조사 첨가에 의한 오류로 주격조사와 보조사가 결합하면서 주격조사가 탈락하는 현상을 인식하지 못하여 오류가 된 것이다.

(80) ㄱ. 시간*이도(√도) 없습니다.(INDO_초급)
ㄴ. 우리 호텔 사장님하고 친구들*이도(√도) 난에게 지원합니다.(INDO_초급)
ㄷ. 그리고 여러 것*이도(√에) 감심 있으니까 지식이 많이 있어요.(JAP_중급)

주어표지 생략은 비조사권 학습자에게서 흔히 나타나는 오류로 조사 사용이 부담스러운 한국어 학습자들의 학습 전략이 오류로 나타나는 경우도 있고, 평소의 구어 습관이 문어로 이어지는 경우도 있다. 특히 문장 내 위치만으로 성분이 결정되는 언어권의 학습자에게서 주로 나타난다. 다음 예문 (81)은 주어표지 생략 오류의 예이다.

(81) ㄱ. 한국에서는 어른은 밥을 잡서기 시작한 다음에 다른 사람들*(√이) 먹거야 합니다.(ENG_중급)
ㄴ. 그의 한 말*(√은) '성공은 mix blessing'입니다.(CHI_중급)
ㄷ. 우리 아빠*(√는) 자주 좋은 가족이 있으면 좋은 아이가 있다고 했습니다.(CHI_중급)
ㄹ. 한국어*(√는) 정말 재미있습니다.(INDO_중급)

'이/가', '은/는'의 대치 오류는 매우 높은 빈도로 나타나는 오류로서 영어, 중국어, 인도네시아어권 학습자는 물론 일본어 학습자에게서도 꾸준히 나타난다.

(82) ㄱ. 한국에서는 어른*은(√이) 밥을 잡서기 시작한 다음에 다른 사람들*(√이) 먹거야 합니다.(ENG_중급)
ㄴ. 원래*는(√∅) 성격*은(√이) 명랑해서 친구를 많습니다.(CHI_중급)

ㄷ. *제가(√저는) 중국에서 온 삼학년 학생입니다.(CHI_중급)

ㄹ. 오후에 *제가(√저는) 혼자 하숙집에 있었습니다.(JAP_초급)(이정희, 2003:97)

ㅁ. 네 친구의 이름*이(√은) steffi예요.(INDO_초급)

'이/가', '은/는'의 대치 오류는 여러 가지 원인이 있겠지만 무엇보다 체계적인 교육의 부재를 원인으로 들 수 있다. 한국어 교재에 나타난 주어 기술 현황을 통해 확인할 수 있듯이 문장 및 문장성분에 대한 기술이 체계적·단계적으로 이루어지고 있지 않기 때문에 단계가 바뀌어도 오류가 지속되는 것이다. 현 한국어 교육은 문법 지식 교육의 축소로, 가르치지 않은 문법 지식의 습득은 학습자의 몫으로 남는 것이 사실이다.

주어표지 사용에서 문제가 되는 것 중 하나는 바로 학습자가 한 가지 표현만을 기계적으로 사용하는 것이다. 특히 비조사권 학습자들의 경우, 조사 사용에 대한 부담이 상대적으로 클 수밖에 없기 때문에 문맥을 고려하지 않고 자신에게 익숙한 조사만을 사용하는 경우가 많다.[57] 오직 주격조사 '이/가'만을 주어표지로 사용하는 것이 그것인데, 이런 경우 '이/가', '은/는'의 대치 오류가 자연스럽게 발생하게 된다. 다음 예문 (83)은 이와 관련한 인도네시아 초급 학습자의 글이다.

(83) 안녕하세요. 인도네시아에서 21살은 ○○○입니다. 지금은 제가 대학생이에요. 한국 드라마와 한국노래를 좋아해요. 그 때문에 제가 한국어 이해하고 싶어요. (중략) 우리 기본적인 수업이 갔어요. 우리 ○○○선생님하고 ○○○선생님 마났어요. 기분이 너무 좋아요. 우리 초보 공부했어요. 아 너무 힘들었어요. 제가 한국어 너무 싫어요. 너무 어려워요. 머리가 정말 아파요. (중략) 제가 할 수 있어요. 그래서 쉬워요, 그러나 모든 듣기 가장 어려운 생각해요. 시험은 드디어 도착했습니다. 제가 열심히 공

57) 김령(2013:100)에서는 중국인 학습자의 '이/가', '은/는' 사용 오류 원인으로 학습자의 체계적인 지식 부족과 맥락을 고려하지 않은 기계적인 쓰기 경향을 지적하였다.

부했어요. 제가 그 기본적인 수준 수업이 시작합니다. (중략) 제가 진보된 수준 수업이 갔어요. 저 기분이 좋아요. 한 선생님이 나왔어요. 제가 선생님에게 기다렀어요. 왜 안왔어요? 몇 주후에 선생님이 나왔어요. 이름이 ○○○선생님이에요. 너무 예뻐요. 키가 커요. 날씨에요. ○○○선생님이 너무 똑똑해요. 그래서 제가 한국어 너무 좋아해요. 제가 한국어 사랑해요.(INDO_초급)

4.3.2.4. 이중주어 오류

이중주어문이란 한 문장 안에 주어처럼 보이는 요소가 둘 이상 존재하는 문장 형식을 뜻하는데, 이는 일본어와 중국어를 제외한 다른 언어권에서는 좀처럼 보기 드문 현상이다. 일본어[58]의 경우 이중주어문에 대한 연구가 한국어보다 선행되었고, 중국어에는 한국어 이중주어문과 유사한 일명 '主謂謂語句(주술술어문)[59]' 이라는 문장 구조가 존재한다. 그러므로 일본어와 중국어권 학습자들의 이중주어 수용이 타언어권에 비해서 용이할 것으로 예측되는 바, 이어서 각 언어권 학습자들의 이중주어문 사용 양상을 살펴보도록 하겠다.

(84) ㄱ. 한국*가(√은) 복잡한 예*(√이) 많지만 저 한국여절 배우십습니다. (ENG_중급)
ㄴ. 제 친구는 키가 크고 머리가 긴 편입니다.(ENG_중급)
ㄷ. 제 생각게 미국 식사문화보다 한국 식사문화는 더 예절이 있습니다. (ENG_중급)

일본어권 화자가 사용한 이중주어문은 모어의 영향으로 'NP$_2$ 목적격형'이 많

58) 일본어의 경우 이중주어문에 대한 해석 방법으로 우리의 학교 문법과 동일하게 NP$_2$를 서술절의 주어로 보는 '서술절설'이 지지를 얻고 있으나 결론을 얻고 있지는 못하다.

59) 중국어 '주술술어문'의 예는 다음과 같다.
象 鼻子 长。(코끼리는 코가 길다.) / 中国 人口 多。(중국은 인구가 많다.)

은 편이다.

(85) ㄱ. 저는 딸이 만나고 싶어요.(JAP_초급)
　　ㄴ. 그래서 친구는 성격 사교적 사람이 만나고 싶어요.(JAP_중급)

한편, 인도네시아 학습자가 사용한 이중주어 문형을 보면 오류가 많은데,[60] 이는 학습자가 표현하고 싶은 이중주어문을 적절히 인식하지 못하기 때문인 것으로 보인다. 예문 (86)은 서술어의 타동성 차이에 의한 오류로, 원칙적으로는 이중주어 형식과도 관련이 있으므로 재언급하기로 한다.

(86) ㄱ. 저는 노트북*을(√이) 필요하기 때문이에요.(INDO_초급) [처격형]
　　ㄴ. 한국 드라마*를(√는) 다너*를(√가) 많이 있습니다.(INDO_중급) [처격형]
　　ㄷ. 저는 커플옷*을(√이) 귀엽기 때문이에요.(INDO_초급) [견해형]

4.3.2.5. 주어 생략[61]·과잉 오류

한국어 학습자들의 쓰기에 나타난 주어 생략 및 과잉 오류를 살펴본 결과, 쓰기의 주제에 따라 주어 생략의 양상도 차이를 보였는데, 특히 서술 대상이 정해진 '소개글'에서 주어 생략이 잦았다. 단 서술의 대상이 둘인 문장의 주어가 생략되는 경우 서술의 주체가 모호해지므로 유의해야 한다.

(87) ㄱ. *(√또 한복은) 한국 전통을 우아한 모습을 상징하고 한국 사람의 mod-

60) 인도네시아 다수의 학습자들(대상의 93%)이 그들의 모어에 이중주어가 존재한다고 인식하고 있다.

61) 생략은 회복 가능성에서 차이가 있는데, 문맥에 따라 정확한 회복이 가능한 경우를 '완전한 생략(strict ellipsis)'이라고 하고, 의미적으로는 회복이 가능하지만 선행어와 생략된 부분이 형태적으로 완전히 일치를 보이지 않는 경우를 '일반 생략(general ellipsis)'이라고 한다(김봉국, 2004:66).

est한 이미지를 나타냅니다.(ENG_고급)

ㄴ. *(√저는) 재 이름는 좋아해요.(JAP_초급)

ㄷ. 동생가 파리 가고 싶어해요. *(√저도 동생이) 파리 갔으면 좋겠어요. 그래서 *(√동생은) 내년이 파리에 가려고 해요.(INDO_초급)

ㄹ. *(√저는) 어마(엄마)가 만들(만든) 음식을 좋아합니다.(INDO_초급)

ㅁ. 저는 유럽으로 가 보고 싶습니다. 왜냐하면 *저는(√∅) 유럽에는 안 가 봤어서 입니다.(JAP_초급) 〈주어 과잉〉

4.3.3. 분석 결과

주어를 바르게 사용하기 위해서는 구정보로서의 주어에 대한 적절한 생략과 다른 주어로의 대치, 주어를 둘러싼 여러 가지 성분들과의 적절한 호응, 주어의 의미나 기능에 맞는 주어표지 사용 등을 고려해야 하므로, 한 문장을 주어를 바르게 사용하기란 쉽지 않다. 특히 쓰기는 말하기에 비해 보다 정확한 표현이 요구되는데, 말하기는 청자와 화자 사이의 대화 맥락을 전제로 하므로 모호한 부분에 대한 추가 질문이 가능하지만 글쓰기는 일정한 맥락을 토대로 하기 때문에 주어를 정확하게 사용하지 않으면 가독성이 떨어져 좋은 글이 되기 어렵다.

지금까지 한국어 학습자의 작문에 나타난 주어 사용 특성을 주어 사용 범주에 따라 정리하면 다음과 같다. 먼저 영어권과 중국어권 학습자[62]의 경우 비조사권인 모어의 영향으로, 주어표지 사용에 많은 문제점을 드러내고 있는데, 특히 구어에서 표지를 생략하는 습관이 문어에 전이되거나, 용법 및 기능에 관계없이 한 가지 표지만을 획일적으로 사용하려는 경향이 강하다. 그 밖에 한국어 서술어[63]의 (비)타동성의 차이로 인한 주격과 목적격조사 간의 대치 오류도 빈번하다.[64]

62) 김령(2012:101)는 중국어권 학습자를 대상으로 한 '이/가', '은/는' 교육 방안으로 '이/가', '은/는'의 의미·화용적 기능에 따른 차이점을 맥락을 통하여 교육할 것을 제안하였다.

63) '있다/없다', '필요하다', '되다', '존재하다', '많다/적다' 등이 있다.

64) 외국인 학습자의 입장에서 '이/가'와 '을/를'의 사용 구분이 난해하거나 영어식 해석과 차이를 보이는 가령, 'need'와 같은 서술어에 대해서는 초급단계에서부터 조사와 서술어가 결합된 덩어리(chunk) 형식으로 제시하는 것이 좋다. 왜냐하면 특히 비조사 체계 언어권의 학습

또 영어의 경우 무정성 주어와 형식주어의 사용 등 주어의 의미·형식면에서 한국어와 많은 차이를 보이는데, 무정성·추상성 주어 사용으로 인하여 비문이 되는 경우가 많다.

일본어권 학습자의 주어 사용 오류는 전반적으로 타언어권에 비해 적은 편이다. 단, 한국어와 같은 조사권 언어이지만, 조사가 한국어와 같이 선행 음절의 종류에 따라 이형태로 분화하지 않고 단일 형태를 사용하기 때문에 주어표지의 단순 형태 오류가 많은 편이다. 특히 일본어에서는 속격조사 'の'의 용법을 한국어에 그대로 적용함으로써 문장이 어색해지기도 한다. 일본어권 학습자의 경우 타언어권에 비해 'NP_2 대격형'[65] 이중주어문의 사용 빈도가 높은데 특히 NP_1, NP_2의 표지 오류가 많다. 특히 소개문처럼 기술 대상이 되는 성분이 명확하거나 예측이 가능한 경우, 생략되는 경향이 강하다. 일본어권은 한국어와 유사한 만큼, 모어의 과잉 적용에 의한 오류가 많은 편이다.

중국어권 학습자는 중국어와 한국어의 기능이나 의미 차이가 있는 대명사 사용에 의한 국소적인 주어 오류가 나타난다. 가령, 중국어 '自己'는 보편적으로 1인칭 '나'를 가리키는 반면, 한국어의 '자기'는 3인칭 주어 외에도 상황에 따라 1, 2, 3인칭 대명사도 사용된다. 이 밖에 한국어에서는 주어로 거의 사용하지 않는 3인칭대명사 '그(他)', '그녀(她)', '그들(他们)'을 주어로 사용하거나 가까운 친구를 '~씨'로 받는 등의 표현도 모어 간섭 오류에 속한다. 중국어권 학습자의 경우 주어표지에 있어서도 다양한 오류들이 나타났는데 학습단계가 낮을수록 주어표지의 단순 생략이 많고, 특히 주격조사와 목적격조사 간 대치 오류는 단계가 높아져도 꾸준히 나타났다. 조사 사용의 부담과 용법에 대한 혼돈으로 '주격조사-부사격조사', '주격조사-속격조사' 사이의 대치 오류 현상도 빈번하다. 중국어는 주제 중심어의 특성상 한국어 표현에 있어서도 이중주어 사용이 잦은 편이다. 단 이중주어문에서도 표지 오류가 많아서 여전히 의미가 모호하거나 부자연스러운

자들은 조사 사용 자체도 부담일 뿐 아니라 조사를 성분에 맞게 구분하여 사용할 수 있는 직관력이 떨어지기 때문이다..

65) NP_2 대격형은 'NP_1가 NP_2를'의 의미를 갖는 이중주어문으로서 '나는 사과가 먹고 싶다.'와 같은 유형이 이에 속한다.

문장이 많았다. 또 주어의 과잉 사용으로 비문이 되는 경우도 있었다.

인도네시아어권 학습자의 경우도 한국어 인칭 대명사에 대한 인식 부족 및 모어의 영향으로 '그/그녀(Dia)', '당신(Anda)' 등을 주어로 사용하는 경우가 많았다. 특히 상급자에 대한 지칭 및 호칭 오류 빈도가 높게 나타났다. 인도네시아어권 학습자의 주어표지 오류도 대치, 생략 등 영어권과 큰 차이를 보이지 않는다. 특히 인도네시아 초급 학습자의 경우 'N을/를'과 '있다/없다'를 함께 사용하는 오류가 많은데, 이는 모어 '있다/없다'의 보충 성분을 목적어로 인식하는 것에서 비롯된다. 특히 서술어 '필요하다'의 보충어에 목적격조사 '을/를'을 붙이는 오류가 많은데, 이것은 인도네시아어가 서술어 'need'의 필수성분을 목적어로 인식하는 데 따른 것으로 보인다. 인도네시아 학습자의 주어 사용에서 두드러진 특징 중 하나는 잦은 주어 생략인데, 지시 대상이 둘 이상일 때 주어를 생략하는 오류가 많았다.

한국어 학습자 전반에 걸쳐 가장 빈번하게 나타나는 오류는 주어 호응 및 주어 구성[66]에 관한 것인데 주어 구성이 길고 복잡해질수록 주어의 수식 성분의 어미 사용 오류 및 서술어와의 비호응 양상이 두드러진다. 특히 의존명사를 중심으로 하는 주어 구성의 경우 의존명사 앞에 필수적으로 오는 수식 성분에 대한 적합한 형식을 찾지 못하여 비문이 되는 경우가 많았다. 또 주어를 수식하는 관형어의 시제 표현과 관계가 있는 관형형 어미의 오류도 많았다. 특히 학습자가 표현하고자 하는 주어의 내용과 형식이 길어짐에 따라 표현이 장황해지고 주어, 서술어 간 호응도 어색해지는 것을 확인할 수 있다.

한국어 학습자의 주어 사용 오류가 높은 단계에서도 개선되지 않고 지속되는 경우가 많은데, 이를 방지하기 위한 단계별 교수방안이 필요하며 이에 대해서는 장을 달리하여 논의할 것이다.

---

66) '용언의 관형형+체언' 형식의 주어 구성에서 적지 않은 오류가 나타나고 있는데, 단순한 형태 오류에서부터 용언의 관형형에 대한 문법 지식의 부족으로 인한 오류, 즉 용언의 현재, 과거, 미래형을 비롯한 형용사, 동사의 관형형 표현에 이르는 오류 등이 주를 이루었다.

5

한국어 교육을 위한 단계별 주어 교육 내용

본장에서는 학습단계에 맞는 주어 교육 내용을 마련하고자 한다. 교육과정(curriculum)이란 교육기관에 의한 교과 활동이나 계획, 프로그램을 총칭하는 것으로 학습자의 요구, 교육목적 및 목표, 교수요목(syllabus), 교재, 교수·학습법, 평가 등을 포함한다. 본장에서는 앞서 분석한 한국어 교재를 근거로 각 학습단계에 필요한 주어 교육 내용 및 항목의 범주를 설정·배열하고 각 항목에 필요한 중점 교수·학습 내용을 마련함으로써 실질적으로 학습자의 주어 사용 능력을 높이는 데 도움을 주고자 한다. 모든 문법 교육의 최종 목표는 학습자의 의사소통능력 향상에 있으며, 특히 주어는 모든 발화의 시작인만큼 적기에 이루어지는 주어 교육은 학습자의 한국어 이해 및 표현 능력을 한 단계 끌어올리는 데 중요한 역할을 할 것이다.

5.1. 한국어 주어 교육과정 설계의 원리

각 학습단계에 알맞은 주어 교육의 목표, 내용, 방법을 설정하고 무엇보다 정확한 문법 항목의 학습을 통해 학습자의 의사소통 능력을 높일 수 있는 학습자 중심의 수업을 설계하도록 한다. 〈표 34〉는 Brown(1995)이 제시한 교육과정의 구성요소이다.

〈표 34〉 교육과정의 구성요소(Brown, 1995)

요구분석(needs analysis)
목적(goals)과 목표(objectives)
시험(testing)
교재(materials)
교수법(teaching)
평가(evaluation)

한편, 김정숙(2002)에서는 '교수요목 설계 절차'를 〈표 35〉와 같이 제시하였다.

〈표 35〉 교수요목 설계 절차(김정숙, 2002)

학습자의 요구 조사
↓
교육 목적 및 목표 설정
↓
교육 내용 선정 및 방법 결정
↓
교육 내용의 배열 및 조직
↓
평가 방법 설계

주어 교육은 특정한 과제나 언어 기능을 수행하기 위한 것이 아니나, 한국어의 이해와 표현 전반에 걸쳐 전방위적인 관계를 맺고 있는 필수 문법 항목이라고 할 수 있다. 하지만 한국어 교육 현장에서 주어가 적극적으로 교수되고 있는 상황이 아니므로 이에 대한 구체적인 교육 단계와 방법을 마련한다는 점에서 의미가 있다.

학습자들의 주어 사용 양상을 고찰해봄으로써 학습자들이 한국어로 주어를 표현할 때 어려워하는 것은 무엇이고 많은 오류를 보이는 것은 무엇인지를 확인하여 그에 적합한 교육 범주를 정하고 가르쳐야 할 구체적인 항목을 파악할 수 있을 것이다.

본 주어 교육용 교육과정 구성은 쓰기에 나타난 학습자의 단계별 주어 사용 오류 양상 결과를 토대로 한다. 더불어 각 단계별 주어 교육 후 달성하게 될 학습자의 주어 사용 능력 및 성취 수준을 제시함으로써 교육의 목표를 더욱 명확히 할 것이다. 이어서 교육 내용의 선정 및 배열에서는 각 학습단계별로 필요한 주어 교육 항목을 선정하고 각 항목을 점진적이고 순환적으로 가르치기 위한 교수·학습 내용의 순서 및 절차를 제안할 것이다.[1)]

1) 한국어문법 교육에서 다의적인 문법 항목은 한 번에 소개되는 체계적 접근보다는 각각의 의미에 따라 분할 교육되어야 한다고 지적된 바 있다(이해영, 2003:79). 주어 관련 항목에 대해

한국어 학습자의 주어 사용 양상에 관한 고찰 결과, 가장 큰 오류로 지적되었던 다섯 가지 범주인 주어 호응, 주어 구성, 주어표지, 이중주어, 주어 생략 및 무주어와 그 범주를 구성하는 세부 문법 항목에 관한 내용을 초급, 중급, 고급 전 단계에 걸쳐 주어 교육과정을 구성하도록 한다.

기존 한국어문법 교육에서 주어에 관련된 교육 내용은 초급 전반부 혹은 늦어도 중급 초반부에 모두 제시되었다. 한국어문법은 그 특성상 한 가지 문법 항목이 단일한 의미·기능을 가지는 경우는 드물며, 문맥이나 문체, 상황에 따라 여러 가지 기능과 용법을 갖는 것이 보통이다. 따라서 문법 교육에서 요구하는 내용과 순서대로 학습자가 모든 항목의 의미·기능을 이해하고 표현하기란 쉬운 일이 아니다.

한국어 학습자가 한국어를 보다 완벽히 구사하기 위해서는 문법 항목의 의미·통사·화용적 기능까지 이해하고 표현할 수 있어야 하는데, 그러기 위해서는 한 가지 문법 항목을 일회적 혹은 한꺼번에 가르쳐서는 안 되고, 각 항목의 난이도에 따라 단계적이고 순환적인 교육이 이루어져야 한다.

본서에서는 학습자 요구 조사 및 평가 방법 설계를 제외한 학습자 상황 분석, 교육 목표 설정, 교육 내용 선정 및 방법 결정, 교육 내용 배열 및 조직, 교수 모형 설계에 대한 논의를 〈표 36〉의 절차로 전개해 나갈 것이다. 본서의 주어 교육과정의 첫 번째 절차인 학습자의 요구 조사에 해당하는 학습자 분석은 다음과 같은 과정으로 진행된다.

〈표 36〉 한국어 주어 교육과정의 설계 절차

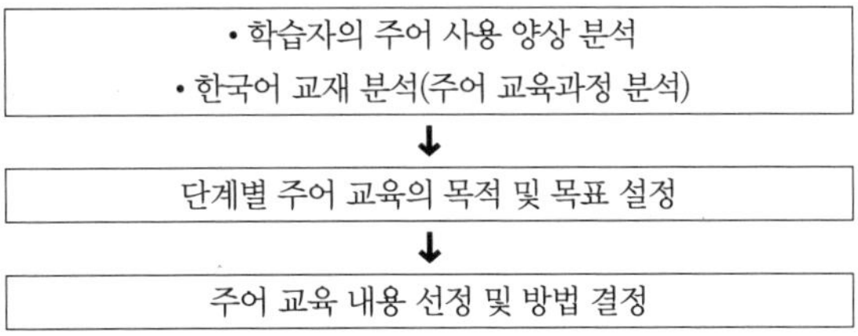

• 학습자의 주어 사용 양상 분석 • 한국어 교재 분석(주어 교육과정 분석)
↓
단계별 주어 교육의 목적 및 목표 설정
↓
주어 교육 내용 선정 및 방법 결정

서도 같은 방식으로 접근해야 한다.

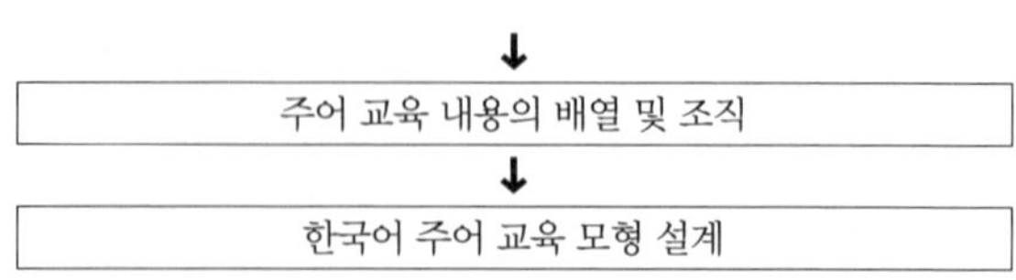

한국어 주어 교육 방안 마련을 위해 우선적으로 고려해야 할 점은 학습자 모국어에 따른 주어 관련 항목 기술 방안, 모국어 예문을 활용한 모국어와의 비교 설명, 언어 특성 고려한 교육 항목의 우선순위 결정, 고빈도 오류 및 사용 빈도를 고려한 교육 순서 결정, 구어와 문어의 차별점, 유사항목의 비교·대조 교육, 단계적·순차적 제시 등이다. 지금까지 논의한 주어 관련 교수 항목에 대한 구체적인 단계 및 세부내용을 비롯한 주어 교육과정 설계 절차는 절을 달리하여 본격적으로 논의하겠다.

5.2. 단계별 주어 교육과정의 설계

본절에서는 주어 교육에 필요한 학습단계를 다음 〈표 37〉과 같은 내용으로 상정하기로 한다.

〈표 37〉 단계별 문법 교수의 특성

초급	의사소통기능 중심의 교수(개별 형태 중심) 정형화된 의미나 형식 범주의 제시 필요(전형적인 유형 제시)
	↓
중급	개별 문법 용법[2] 및 기능 중심의 교수(다양한 의미·기능을 중심으로 제시)
	↓
고급	의미, 문법 범주, 담화 기능을 중심으로 한 문법 내용의 체계적인 교수

2) 민현식(2002:80)에서는 개별 문법 항목(discrete item) 교수·학습의 효율성에 대해 언급하면서 방대한 하나의 언어를 학습하는 데, 문법 범주만큼 정제화, 계열화된 지식 영역이 없다고 하였다.

모든 교육과정이 그러하듯이 학습단계를 고려한 교육과정의 구성에는 학습자의 요구 분석의 결과와 학습자의 선호 학습 방법 또는 교육 기관의 여건 등이 변수로 작용하게 된다. 그런 의미에서 본서에서 제시하는 교육과정의 내용은 어찌 보면 다양한 가능성 가운데 하나를 제시하는 시안(試案)의 성격을 가지게 된다. 하지만 이를 바탕으로 하여 다양한 변수를 적용하게 된다면 성격이 다른 교육 환경에서도 충분히 활용이 가능하다.

5.2.1. 초급

초급단계는 한국어문법에 대한 배경지식이 부족한 학습자들이 새로운 문법 항목을 학습해가는 시기이므로 초급 과정에서는 학습자들이 한국어 문장에 대한 기본 원리를 이해할 수 있도록 체계적으로 교육 내용을 구성해야 한다. 현 한국어 초급 교재에서 다뤄지고 있는 주어 관련 기술 내용을 살펴보면, 주어의 어순, 간단한 주술 호응 형식 및 문형, 전형적인 주어표지 '이/가', '께서', 주어표지 '이/가'와 주제표지 '은/는'의 차이점 및 용법에 대한 간략한 기술, 한국어 (특히 구어)에서 주어 생략의 가능성에 대한 기술 등이 주를 이룬다. 초급 전반부부터 본문에 나타나는 이중주어문이나, '이/가'와 '은/는'의 기능 및 용법에 대한 구분, 주어표지 생략, 주어에 결합하는 다양한 표지, 구·문어에서의 주어 생략 조건 등에 대한 기술은 전반적으로 부족한 편이다. 무엇보다 근본적으로 이들 주어 관련 기술 순서에 대한 체계적인 접근이 부족한 점이 단적인 문제로 지적될 수 있다. 모든 외국어 문법 교육이 그러하듯이 아무리 단일한 기능만을 가진 문법 항목이라 하더라도 그것을 언제, 왜, 어떻게 도입할 것인지에 대한 교육적 고려가 선행되어야 한다. 대표적으로 한국어의 주어표지를 예로 들더라도 각각의 표지가 단일한 기능이나 용법을 갖는 경우는 드물다. 그러므로 각 표지가 갖는 의미·용법 등을 한 번의 제시만으로 끝내서는 안 되며, 학습자 단계 및 교육 내용에 부합되도록 단계적이고 순차적으로 제시할 수 있어야 한다. 외국어 학습의 특성상 문법 항목이 가지는 내용을 한꺼번에 가르치거나 제시할 수는 없기 때문이다.

특히 학습자의 모어와 한국어의 구조가 다른 경우, 한국어의 기본 구조에 익숙해지는 데 어려움을 겪을 수 있으므로 한국어 문장의 두 축을 이루는 주어와 서술어를 중심으로 이해를 다져나갈 수 있도록 교육 기반을 마련해야 한다. 또 한국어는 첨가어로서 모든 성분이 격조사[3]라는 특정 표지를 통해 해당 성분을 표시하게 되므로 무엇보다 다양한 조사의 종류와 기능에 익숙해지는 것이 중요하다.

5.2.1.1. 초급단계 주어 교육의 목표

한국어 교육 기관[4]이 정하는 초급단계의 전반적인 학습 목표 및 내용을 통사적 측면과 관련하여 정리하면 〈표 38〉과 같다.

〈표 38〉 한국어 기관의 초급 교육과정 및 교육 목표[5]

		교육과정	세부 교육 목표
초급	1급	한국어의 기본 구조와 기능을 이해하고 정확히 사용할 수 있어야 하며, 기본적인 생활에 필요한 언어 능력을 갖춘다.	· 한글의 기본 구조를 익힌다. · 기본적인 인칭 및 지시대명사, 수사를 안다. · 조사와 어미 등 기초문법요소를 이해하고 한국어의 구문구조를 파악하여 적절히 사용한다. · 화자와 청자의 관계에 따른 문법 표현방식을 알고 존대법 어미 '-(으)시-'를 사용할 수 있다. · 관계에 따른 호칭 표현을 할 수 있다. · 기본 의사표현(인사, 자기소개, 음식주문, 물건사기, 대중교통 이용, 길묻기 등)을 할 수 있다. · 학교생활에 관한 간단한 표현이나 날씨 등 기본적인 묘사가 가능하다.

3) 학교 문법에서는 격조사를 '주격, 보격, 대격, 속격, 서술격, 부사격, 호격' 등 총 7개로 분류하고 있다(이관규, 1999).

4) 고려대, 서울대, 연세대 한국어 기관에서 정하는 단계별 교육 목표 및 내용을 중심으로 한 것이다.

5) 한국어학당의 교육과정을 토대로 하되 문법 및 주어 교육과 관련이 있는 내용을 중심으로 재구성하였다.

초급	2급	1급의 단문을 토대로 복문을 정확히 구사할 수 있으며 존대법을 부분적으로 이해하여 반말과 존댓말을 적절히 구사할 수 있다. 일상 및 간단한 업무 처리에 관한 표현을 구사할 수 있다.	· 복문 및 중문을 정확히 구사할 수 있다. · 화계(speech level)를 이해하고 상황에 맞는 반말을 쓸 수 있다. · 일상생활 및 기본 업무 처리에 필요한 기본 문형을 이해하고 사용한다. · 조사를 더욱 정확히 사용할 수 있다. · 일상생활에 필요한 기본적 의사소통(길 찾아가기, 갈아타기, 표 사기, 우체국 이용, 집안 일, 간단한 수리, 여행, 병원, 문병, 자동차 관련 표현)을 할 수 있다.

초급단계에 필요한 주어 사용 능력을 표현·이해 영역으로 구분하여 제시하면 다음과 같다.

■ 표현 능력

ㄱ. SOV 어순에 따라 한국어를 정확히 표현할 수 있다.

ㄴ. 단일체언으로 주어를 표현할 수 있다.

ㄷ. 다양한 구 형식으로 주어를 표현할 수 있다.

ㄹ. 한국어의 수식어-피수식어 관계를 알고 바르게 표현할 수 있다.

ㅁ. 한국어의 주어표지 '이/가'를 형태 오류 없이 사용할 수 있다.

ㅂ. 존칭 주어표지 '께서'와 존대 선어말어미 '-(으)시-'와의 호응을 이해하고 표현할 수 있다.

ㅅ. 서술어 '있다/없다', '되다/아니다', 심리 형용사 등은 주격조사 '이/가'와 호응함을 안다.

ㅇ. 한국어에서의 이중주어문의 존재를 알고 보격형, 수량형 이중주어문을 바르게 표현할 수 있다.

ㅈ. 화자와 청자가 정해진 대화 상황에서 주어의 과잉 사용없이 자연스럽게 말할 수 있다.

ㅊ. '이/가'는 주어표지로서의 기능 외에 '강조'의 의미·기능이 있음을 알고 표현할 수 있다.

ㅋ. '은/는'은 주제표지로서의 기능 외에 '대조'의 의미·기능이 있음을 알고

표현할 수 있다.

ㅌ. 의존명사 '것'을 중심으로 하는 주어 구성을 바르게 표현할 수 있다.

ㅍ. 인칭대명사를 적절하게 주어로 표현할 수 있다.

■ 이해능력

ㄱ. 한국어는 SOV를 기본 어순으로 함을 이해한다.

ㄴ. '이/가'는 주어표지, '은/는'은 주제표지로서 주어가 주제표지 '은/는'과 결합할 경우 그 문장은 서술어에 초점이 놓임을 이해한다.

ㄷ. 존칭 주어표지 '께서'와 존대 선어말어미 '-(으)시-'와의 호응을 이해한다.

ㄹ. 선행 발화의 주어가 다시 반복될 경우 생략될 수 있음을 이해한다.

ㅁ. 생략된 주어를 파악하고 다시 원래 주어로 복귀시킬 수 있다.

ㅂ. 한국어에서는 '가족'이나 '윗사람'에 대한 대명사 사용에 제한이 있음을 안다.

ㅅ. 한국어는 영어와 같은 '대명사화'가 적용되지 않음을 안다.

이와 같이 초급단계에서는 기본적인 문장 구조와 기본적인 조사를 이해하고 사용할 줄 아는 능력을 기르는 것을 목표로 한다. 이를 주어 사용 능력과 관련지어 보다 구체적인 교육 내용 선정 방식에 관하여 논의하도록 한다.

5.2.1.2. 주어 교육 내용의 선정 및 방법

주어 사용 능력은 바른 문장 표현의 첫걸음인 만큼, 초급단계부터 수준에 맞는 적절한 주어 교육이 꼭 필요하다. 본절에서는 초급단계에 맞는 주어 사용 능력을 기르기 위한 교육 항목 및 세부 내용을 선정하고 계획함으로써 학습자들의 바른 문장 생성 및 발화에 도움을 주고자 한다.

〈표 39〉 초급단계 주어 교육을 위한 문법 항목의 세부 내용

구분		문법 항목	교육 내용
주어 호응·구성	성분 호응	✔기본 문장 구조 ✔기본문형 ✔주-술 호응 ✔어순	한국어와 같은 SOV형 언어의 특성을 안다. '주어+서술어', '주어+목적+서술어' 구조를 이해하고 표현한다. 한국어 문장 성분의 표현법 및 기본 어순을 알고 표현한다. '주어-서술어'가 통사적으로 호응하도로 표현한다. : 높임 호응('께서'+'-(으)시-' 호응), 시제 호응 등 '주어-서술어'가 의미적으로 호응하도록 표현한다. 시간어[6]가 주어로 쓰인 경우, 시제에 맞게 표현할 수 있다.
	주어 구성	단일 구성	자립체언 주어 구성 문체·문맥에 맞는 인칭/지시 대명사의 사용(나/저, 우리/저희) 적절한 호칭의 사용 체언형 주어 구성
		구 구성	자립명사 병렬 주어 구성의 특성 및 어순을 이해한다. 명사 병렬 구성의 순서 및 특성을 안다. 예) 일인분 떡볶이(×) / 떡볶이 일인분(○) '관형어+자립체언' 형식의 주어 구성을 알고 표현한다. '관형형 전성어미형', '명사+속격조사형' '관형어+의존명사' 형식의 주어 구성을 알고 표현한다.
주어표지	일반 표지	이/가	한국어의 교착어적 특성을 안다. '이/가'의 형태적(음운론적) 특성 보어표지로서의 '이/가' 주어표지로서의 '이/가'(c.f. 주제표지로서의 '은/는')
		께서	존칭 주어표지 '께서' '께서'와 '-(으)시-'의 호응
	특수 표지	보조사	주어표지로서의 보조사 '은/는, 도, 마다, (이)나, 까지' 보조사와 주격조사의 결합(이/가, 께서+보조사)
	이/가: 은/는	신·구정보	'이/가' & '은/는'의 기본 특징 및 차이점 주제표지로서의 '은/는' 신정보 표지로서의 '이/가' & 구정보 표지로서의 '은/는'
		강조·대조	강조 표지로서의 '이/가' & 대조 표지로서의 '은/는'
이중주어	서술절의 주어(서술절설)		이중주어로 나타나는 문장을 단문이 아닌 복문으로 다룬다, 즉, 두 번째 주어를 서술절의 주어로 해석하고, 초급에서는 진정한 이중주어문을 다루지 않는다.

6) '내일은 비가 ?온다/*왔다/오겠다.'와 같이 시간어가 주어인 경우 외국인 학습자의 오류가 나타날 가능성이 많다.

주어 생략	통사적 생략	상투적인 인사말, 명령문, 청유문 등을 이해한다. 통사적으로 주어가 생략되는 문장을 이해하고 바르게 표현한다.
	화용적 생략	주어 생략이 화자에 의해 결정되는 화용적 생략을 이해한다. 화용적 주어 생략에서 주어의 유무에 따른 문장의 의미 차이를 안다. 문맥상 주어가 확실한 경우 화자의 의도에 따라 생략이 가능함을 안다.

5.2.1.3. 주어 교육 내용의 배열

1) 전반적 주어 사용

주어 사용에 관한 교육 내용은 크게 주어 호응과 주어 구성에 관한 내용으로 나뉜다. 여기에서 주어 호응이란 성분 호응 및 어순 문제와 관련이 있으며, 주어 구성은 주어를 이루는 구성소에 관한 전반적인 문제를 의미한다. 성분 호응은 바른 문장을 구사하기 위한 가장 기초적이고도 필수적인 문법 항목으로서, 특히 주어와 서술어는 한국어의 문장을 구성하는 최소한의 필수 성분으로서, 주술 호응은 크게 문법적 호응과 의미적 호응으로 구분된다. 초급에서 다루어야 할 문법적·의미적 호응으로는 예문 (3), (4)에서 제시하는 바와 같이 일명 주어 호응 요소로 불리는 '께서'와 '-(으)시-'의 호응인 '높임 호응'과 '시제 호응'이 있다. 주어와 서술어의 호응 문제에 있어서 서술어 선택의 중요성도 크지만, 서술어의 오류 여부에 대한 결정권은 주어에 있는 달려 있는 만큼 주어의 비중 역시 크다고 할 수 있다. 한국어의 주어는 인구어와 달리 성, 수의 일치 등 문장 형식을 결정하지는 않지만, 서술의 주체로서 서술어의 문법적·의미적 특성을 좌우하기 때문이다.

(3) ㄱ. 동생이 학교에 갔다/*가셨다.
ㄴ. 아버지께서 회사에 *갔다/가셨다.

(4) ㄱ. 오늘은 비가 온다/*왔다/*올 것이다.
ㄴ. 어제는 *토요일이다/토요일이었다/*토요일이겠다.

ㄷ. 내일은 소풍을 간다/*갔다/갈 것이다.

아울러 호응과 함께 주어 사용에서 중요한 것은 주어 구성에 관한 것인데, 한국어 문장은 형식주어가 존재하지 않기 때문에 긴 주어[主部]가 나타날 수 있고, 수식어-피수식어 어순의 수식성분을 갖는다. 한국어의 주어는 체언 및 체언 상당구를 주어 성분의 선행어로 하므로, 초급에서는 주로 단일 체언인 명사, 대명사, 수사 중심의 주어와 구형식의 주어가 주를 이루게 된다. 특히 한국어에서는 복수 대명사 '우리'가 단수 대명사 '나'를 대체하는 경우가 많은데, 이는 다른 언어권에서는 드문 현상인 만큼, 자기소개 등 개인에 관한 표현을 중심으로 학습 초기부터 가르치는 것이 좋다. 이 밖에 예문 (5)에서 보듯이 '나', '저'가 조사와 결합될 때 나타나는 형태 변화에 대해서도 주의하도록 한다.

(5) ㄱ. 나/저
ㄴ. 내/제가 그 일을 했습니다. [주격]
ㄷ. 나의(내)/저의(제) 연필 [속격]
ㄹ. *내/우리 집은 안암동이다.

특히 1인칭 대명사 '나'와 겸양표현인 '저' 사이의 대치 오류가 특히 눈에 띄는데, 예문 (6ㄱ)과 같은 반말 문어체에서는 '저'가 아닌 '나'로 표현해야 한다는 사실을 충분히 숙지하지 않아 생긴 오류가 많으므로 주의를 요한다.

(6) ㄱ. 나/*저는 학생이다.
ㄴ. *나/저는 학생입니다.

또 한 가지 주의해야 할 대명사로는 2인칭 대명사 '당신'이 있는데, 애인이나 부부 사이에 사용하는 2인칭 대명사로서 쓰임에 제한을 받으며, 높임말이 아니므로 존칭성 주어에 사용할 수 없다. 따라서 부모님이나 웃어른 등 존칭성 명사를 주어로 사용하고자 할 때에는 예문 (7)과 같이 대명사 대신 호칭이나 지칭, 직급 등 일반명사를 사용하는 것이 자연스럽다는 사실을 초급단계부터 주지시키도록 한다.

(7) ㄱ. 할아버지, *당신이/할아버지가 먼저 드십시오.
ㄴ. 나는 할머니가 한 분 계시다. *그녀/할머니는 올 해 70세이시다.

한국어는 속격조사의 결합 없이 체언만 나열함으로써 수식 형식을 이루기도 한다. 그러나 예문 (8)에서와 같이 언어마다 어순이 다를 수 있으므로 주어 교육 시 한국어의 특징을 언어권별로 비교하여 언급할 필요가 있다.

(8) ㄱ. 국수 열 그릇/*열 그릇 국수
ㄴ. 떡볶이 일인분/*일인분 떡볶이

먼저 초급단계에서 가르쳐야 할 사항은 주어가 문장 첫머리에 온다는 것이다. 한국어가 자유어순 언어라고는 하여도 문장의 중립적 해석을 전제로 할 때, '문두성'은 여전히 주어 판별의 우선 조건이라고 할 수 있다. 한국어의 기본 문형이 '무엇이'라는 의미·형식으로 시작한다는 점이 이를 뒷받침한다. 이 밖에 주체경어법과 관련한 내용으로, 존칭 주어표지 '께서'와 존대 선어말어미 '-(으)시-'의 호응을 통해 주어인 존칭 명사(구)에 대한 정보가 서술어에 반영된다는 것을 가르쳐야 한다. 이는 초급에서 다루어야 할 대표적인 주어 호응 요소라고 할 수 있다.

다음으로 살필 내용은 주어의 구성과 관련한 문제들이다. 한국어 교육의 문형 빈도에 관한 연구에서 SOV, SV문형이 전체의 83% 이상을 차지하는 것으로 나타났다. 이는 문장표현에 있어서 정확하고 바른 필수 성분 구사의 중요성을 의미하는 결과라고 할 수 있다. 구조가 단순하더라도 문장이 길어지면 각 성분의 길이도 길어지므로 수식 관계가 문법적으로 어긋나거나 부자연스러워질 가능성도 커진다. 그러므로 학습단계가 높아짐에 따라 각 성분을 바르게 표현하는 능력의 중요성도 높아진다. 그뿐만 아니라 문장의 주어를 표현하는 방식도 복잡하고 다양해지는데, 본서에서는 이런 '주어 구성'에 대한 교육적 측면도 단계적으로 살펴볼 것이다.

다음은 임호빈 외(1997),[7] 고영근 외(2008)을 근간으로 주어 구성 분류를 재구성한 것이다.

■ 주어 구성 분류

가. 자립체언형: 봄이면 진달래가 핀다.

나. 명사구형: 새 옷이 많다.

다. 용언의 관형사형+일반명사형: 걷는 사람들이 많다.

라. 용언의 관형사형+의존명사형: 저기 서있는 분이 우리 회사 사장님입니다.

마. 명사구 나열형: 벌과 나비가 날아온다.

바. 명사절형: 우리 학교가 승리하였음이 틀림없다.

사. 의문문, 인용절 등: 이제 저들의 퇴로를 어떻게 차단할 것인가가 초미의 문제로 남아 있다. / 사느냐 죽느냐가 문제다.

이를 통해 주어 구성 표현을 학습단계에 따라 어떻게 도입하고 가르칠 것인지 교수·학습 순서 차원에서 도움을 받을 수 있을 것이다.[8] 특히 단독 사용이 어려운 '의존명사형 주어' 구성은 오류가 많은 만큼, 명사구 주어 구성의 하위분류로 두었다. 또한 '명사구' 주어 구성의 경우, 명사구를 이루는 수식성분의 유형, 수식을 받는 체언의 자립성 여부에 따라 세분화하였다.[9]

---

7) 임호빈 외(1997:6)에서는 주어의 구성 성분으로 '체언', '용언의 명사형', '명사절'과 주격조사의 결합 구성 세 가지를 제시하고 있다.
- 철수가 옵니다. [체언형]
- 한국말을 배우기가 힘들죠. [용언의 명사형]
- 아침마다 일찍 일어나기가 어려워요. [명사절]

8) 내국인을 위한 한국어문법서인 고영근 외(2008)에서는 의존명사형 주어 구성을 따로 분류하고 있지 않다.

9) 모든 예문은 김성화(1990), 임호빈 외(1997), 국립국어원(2005), 고영근 외(2008)를 토대로 하였다.

〈표 40〉 학습단계에 따른 주어 구성

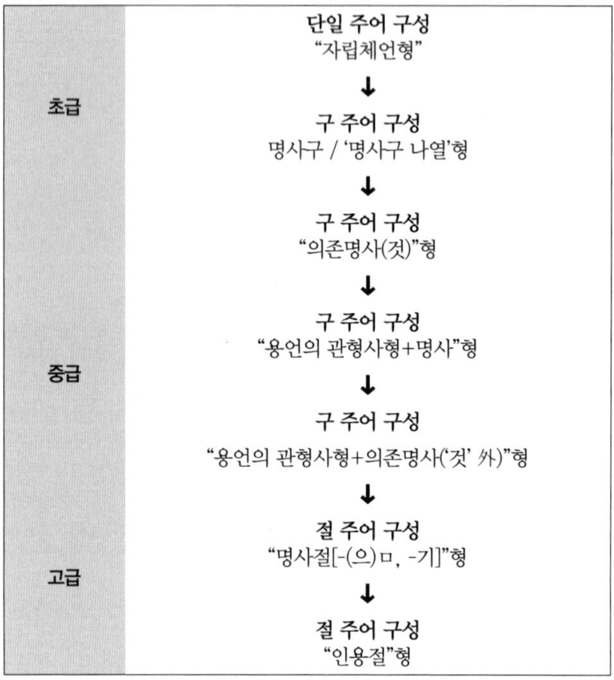

주지하다시피 한국어는 영어처럼 대명사나 형식주어가 발달한 언어가 아니므로 주부(主部)가 길고 복잡해지는 경우가 많다. 따라서 주어 구성에 대해 주의를 기울이지 않고 문장을 만들다보면 서술의 주체가 모호해지거나 문장 호응이 부자연스러워지기 쉽다. 초급단계에서는 가장 단순한 구조인 단일 주어 구성부터 학습해나가게 되는데, 단일 주어 구성은 초급에서 가장 보편적인 주어 형식으로 명사, 대명사 등 단일체언이 주어의 선행명사로 나타난다. 이 시기에 주의할 점은 사용 빈도가 높은 인칭 대명사 ‘나, 저, 우리, 당신’ 등의 사용에 관한 것으로서, 인칭 대명사는 사용 빈도가 높고 타 언어와 구별되는 한국어 고유의 특성이 있는 만큼, 주의하여 가르치도록 한다.

주어는 체언 또는 체언 상당구가 주격조사와 결합하는 것이 보통이지만, 예문 (9)와 같이 경우에 따라 부사가 조사와 결합하여 주어 역할을 하기도 한다. 초급에서 다루는 주제 및 언어 기능의 특성상 이와 같은 형식의 주어가 초급 전반부에 다뤄지게 된다.

(9) ㄱ. 오늘이 몇 월 며칠이에요?(연세대 1-5)
 ㄴ. 지금은 딸기가 아주 싱싱하고 맛있습니다.(고려대 2-4)

다음으로 주어를 수식하는 관형어에 의해 주부가 확장된 주어 구성 형식에 대하여 살펴보도록 한다. 초급단계의 구 주어 형식은 체언의 나열을 통해 수식 구조를 이루거나, 속격조사가 결합된 체언 혹은 관형형 어미와 결합한 용언이 주어의 수식어로 쓰인 경우 등으로 나누어 볼 수 있다.

(10) ㄱ. 하나 커피숍은 하나 극장 4층에 있어요.(고려대 1-5)
 ㄴ. 우리 고향에는 산이 많습니다.(연세대 1-3)
 ㄷ. 51번 좌석 버스가 왜 이렇게 안 오지요?(서울대 2-21)
 ㄹ. 김치, 불고기, 한복은 모두 한국을 대표하는 것들이다.
 ㅁ. 대학 때 전공은 한국어가 아니라 이탈리아어였습니다.(고려대 2-1)
 ㅂ. 내 이상형은 키가 크고 어깨가 넓은 남자입니다.(고려대 2-7)
 ㅅ. 아침과 낮의 기온 차이가 큽니다.(고려대 2-3)

한국어에서 둘 이상의 명사를 연결하는 방법 중 한 가지는 명사와 명사를 조사 없이 나란히 나열하는 형식으로 예문 (10ㄱ), (10ㄴ), (10ㄷ)의 '하나 커피숍', '우리 고향', '51번 좌석 버스'가 그것이다. 두 번째는 명사와 명사 사이에 속격조사 '의'를 연결하여 확장하는 것인데 '친구의 누나', '나의(내) 책상'과 같은 형식이 그것이다. 이때 무조사 결합형을 쓸지, 속격조사 결합형을 쓸지 결정하는 것은 초급 학습자에게 부담이 될 수 있으므로 전형적인 용법을 중심으로 지도한다.

그 밖에 초급단계에 다루어야 할 중요한 구 주어 구성은 '의존명사형' 주어 구성인데 의존명사 '것'과 그를 수식하는 관형어를 중심으로 하는 형식으로 나타난다. 초급단계에서는 의존명사 '것'을 중심으로 하지만 중·고급단계로 높아지면서 다양하고 개별적인 문법 제약을 갖는 의존명사들로 점차 확장된다.

(11) ㄱ. 산에 올라가는 **것**은 아주 힘들지만 기분이 좋습니다.(고려대 2-2)
ㄴ. 설악산은 제가 전에 가 본 **적**이 있어요.(고려대 2-10)

의존명사 주어 구성에서는 의존명사를 수식하는 수식 어미와 서술어와의 호응에 대하여 주의하여 가르칠 필요가 있는데, 학습자의 쓰기 자료 결과 시제, 품사에 관련된 관형형 어미 오류가 많고 의존명사구와 서술어의 호응이 어색한 경우가 많기 때문이다. 용언의 관형형은 초급 문법 항목으로 다뤄지는 중요한 요소인 만큼 해당 항목 교수 시 주어와 연관지어 가르치면 보다 효율적일 것이다. 특히 초급에서는 사람이나 사물, 공간을 대용하는 기능을 하는 의존명사가 나타나는데, 사람의 '분', '이', 사물의 '것', 공간의 '곳'이 그것이다.

그 밖에 단위성 의존명사에 대해서도 필수적으로 다루어야 하는데, 이때 한국어와 다른 수식·피수식 구성을 갖는 언어와 비교하여 제시해 주는 것이 좋다.

(12) ㄱ. 사과 한 개
ㄴ. 남학생 한 명
ㄷ. 연필 한 자루

2) 주어표지

가. 일반적 주어표지: '이/가', '께서'

한국어 문장의 가장 큰 특징은 조사가 체언의 성분을 결정한다는 사실이다. 체언의 위치만으로 성분이 결정되는 영어나 중국어와는 매우 대조적이다. 그러나 한국어 초급 학습자들이 이런 한국어의 특성에 익숙해지는 데 적지 않은 노력이 필요하며, 교육적 측면에서도 사용빈도, 난이도 등을 고려한 단계에 맞는 적절한 교육이 요구된다.

문장 필수 성분인 '주어' 역시 일정한 주어표지를 통해 문장에서 주어 역할을 하게 되는데 학교 문법이 정하는 전형적인 주어표지로는 '이/가, 께서, 에서, (이)

서' 총 4가지가 있다. 이 중 초급에서 다루는 주어표지로는 '이/가'와 존칭 주어표지인 '께서'가 있다.

'이/가'는 한국어의 가장 대표적인 주어표지로 수많은 조사 가운데 학습자들이 가장 먼저 배우는 격조사이다. 초급 전반부와 중반부에서는 '이/가'의 가장 기본적이고 전형적인 주어표지로서의 기능을 가르치되, 이때의 '이/가'는 특정한 의미 없이 격표지 기능만을 담당한다는 사실을 언급한다. 초급 전반부에서는 '이/가'의 기본적인 통사적 기능과 형태적 특성을 가르쳐야 하는데, 즉 '이/가'는 문장의 주어를 나타내는 문법 표지로서 선행명사가 자음으로 끝나는 경우에는 '이', 모음으로 끝나는 경우에는 '가'를 사용한다는 점을 강조한다. 일본어에서는 선행어의 음상과 관계없이 한 가지 주어표지만을 사용하는 만큼, 일본어권 학습자들이 일본어 주어표지와 발음이 유사한 '가(が)'만을 사용하지 않도록 주의시킨다. 조사를 처음 접하거나 그렇지 않은 학습자일지라도 이러한 '이/가'를 형태적으로 익숙하게 구분하여 사용하는 것은 쉽지 않은 과정이므로 교사는 학습자의 '이/가'의 형태 오류가 다음 단계까지 이어지지 않도록 유의하여야 한다.

(13) ㄱ. 비가 온다.
ㄴ. 눈이 온다.

한편, 예문 (14)와 같이 보격조사로서의 '이/가'의 기능에 관해서는 현 한국어 교재에 제시된 바와 같이 문형 'N이/가 아니다', 'N이/가 되다'에 한정하여 가르치는 것이 좋은데 왜냐하면 한국어에서 보어를 갖는 서술어는 '되다/아니다' 두 종류 뿐이기 때문이다.

(14) ㄱ. 아니요, 구두가 아닙니다.(서울대 1-2)
ㄴ. 나중에 한국어과 교수가 되고 싶어서 한국어 교육학을 전공하고 있습니다.(고려대 2-1)
ㄷ. 대학 때 전공은 한국어가 아니라 이탈리아어였습니다.(고려대 2-1)
ㄹ. 청소년들만 여드름이 나는 게 아닙니다.(고려대 2-14)

초급에서 다루어야 할 주어표지 '이/가'의 중요한 용법 중 하나는 서술어 '있다/없다'류, '증상' 및 '날씨' 관련 진술, 감정 형용사[10] 등과의 결합이다. 특히 서술어 '있다/없다'류와 '좋다/싫다'와 같은 기호 형용사는 영어에서 취하는 보충어의 격과 차이가 있어 학습자들이 오류를 일으킬 가능성이 크므로 학습 초기부터 유의하여 가르치도록 한다. 예문 (15)는 한국어 초급 교재에 전형적으로 '이/가' 표지가 결합된 문형을 제시한 것이고, (16)은 그와 관련한 영어권, 중국어권, 일본어권 학습자들의 오류 양상을 보인 예이다.

(15) ㄱ. 아버지와 어머니가 계시고, 형이 하나 있습니다.(서울대 1-17)
ㄴ. 배가 고프지요?(서울대 2-13)
ㄷ. 아마 저녁에는 비가 올 거예요.(연세대 1-9)
ㄹ. 질문이 있으면 해 보세요.(서울대 2-18)

(16) ㄱ. 미국에서 한국처럼 선배 후배 관계*를(√가) 없습니다.(ENG_중급)
ㄴ. 원래는 성격*은(√이) 명랑해서 친구를(√가) 많습니다.(CHI_중급)
ㄷ. 저는 *그걸(√그게) 싫으니까 더 예쁘게 되고 싶습니다.(JAP_중급)
ㄹ. 그리고 통통하기 때문에 운동하거나 많이 먹지 않은 것*을(√이) 좋겠어요.(JAP_중급)

한편, (17)에서 보듯이 '나, 저, 누구'와 같은 대명사가 주어표지 '이/가'와 결합 시 형태가 바뀌는 사실에 대해서도 반드시 언급할 필요가 있다.

(17) ㄱ. *저/제가 일곱 시쯤 다시 전화할게요.(고려대 1-11)
ㄴ. 미팅은 *나/내가 한국에서 제일 해 보고 싶은 일이었습니다.(고려대 2-7)
ㄷ. *누구가/누가 아직 안 왔어요?(서울대 2-2)

---

10) 초급에서 다루는 감정 형용사로는 '(N이/가) 그립다, 보고 싶다, 슬프다, 기쁘다, 아프다, 즐겁다' 등이 있다.

다음 (18)은 이중주어표지로서의 '이/가'의 용법을 제시한 것이다. 이중주어는 'NP_1은/는 NP_2이/가 V'를 기본으로 가르치는데 이때 '이/가'는 NP_2의 표지로 쓰인다. 초급에서는 기본적인 문형만을 가볍게 다루며, 이중주어와 관련한 세부적인 교육 내용은 해당 절에서 논의하도록 한다.

(18) ㄱ. 린다 씨는 취미가 뭐예요? (고려대 2-2)
ㄴ. 런던은 요즘 비가 많이 와요. (고려대 2-3)
ㄷ. 너는 얼굴이 좀 탔네. (고려대 2-6)

한편 자음으로 끝나는 한국인 이름 뒤에는 '이가'가, 모음으로 끝나는 이름 뒤에는 '가'가 붙는 반면, 외국인 이름은 자음으로 끝나더라도 '이'만 결합이 가능하다. 외국인 학습자를 대상으로 하는 한국어 교육의 특성상 '호칭+표지'에 관한 언급이 초급단계에 제시되는 것이 바람직하다.

(19) ㄱ. 영숙*이/이가 학교에 간다.
ㄴ. 준우가/*이가 학교에 간다.
ㄷ. 마이클이/*이가 학교에 간다.
ㄹ. 제니가/*이가 학교에 간다.

특히 의존명사 '것'과 '이'의 결합형인 '것이'가 '게'로 바뀌는 사항에 대해서도 언급할 필요가 있는데, 특히 구어에서는 '게'가 주로 사용되므로 가르치지 않으면 두 형태를 별개로 인식할 우려가 있다.

(20) ㄱ. 모형 자동차를 만드는 게 제 취미예요.(고려대 2-2)
ㄴ. 청소년들만 여드름이 나는 게 아닙니다.(고려대 2-14)

'께서'는 존칭 주어표지로서 존칭성 주어에 결합되어 나타난다. 하지만 존칭성 여부 이외에 '이/가'와 '께서' 두 조사의 통사적 특성이 완전히 같은 것은 아니어서 예문 (21ㄴ), (21ㄷ)과 같이 문장에 따라 상호 대치가 어려운 경우가 있다. 예문 (21ㄴ)은 이중주어문, (21ㄷ), (21ㄹ)은 각각 이중주어문, 보어문에 해당하는 경우로서 '이/가'가 결합된 NP가 주어 자격을 갖지 않음을 입증하는 사례라 하겠다.

(21) ㄱ. 아버지가/께서 아침을 드신다.
　　ㄴ. 나는 아버지가/*께서 좋다.
　　ㄷ. 이 분은 저의 아버지가/*께서 아닙니다.
　　ㄹ. 아버지가 회사의 부사장이/*께서 되셨다.

이와 같이 '이/가'는 '께서'를 대신할 수 있지만, 그 역은 성립하지 않는다는 점을 상기시킬 필요가 있다. 또한 '께서'와 같은 존칭 주어표지는 한국어와 유사한 조사권 언어인 일본어에도 존재하지 않는 문법 항목으로서 전반적으로 학습자의 오류가 많은 만큼 오류가 생기기 쉬운 한정된 표현을 중심으로 유의하여 가르치도록 한다. 앞서 언급한 이중주어문과 보어문을 비롯하여, 다음 (22)에 제시된 존칭성 여격조사 '께'와 혼동하지 않도록 지도한다.

(22) ㄱ. 제가 어머니께/*께서 말씀드리겠습니다.
　　ㄴ. 돈이 생기면 부모님께/*께서 옷을 한 벌 선물하고 싶어요.

또 주체 경어법이라고 하여, 존칭성 주어는 주어표지 '께서' 이외에도 존대 선어말어미 '-(으)시-'가 결합된 서술어와 호응하는데, 역시 초급단계 주어 교육의 필수 항목이다. 그러나 존칭성 체언이라고 하여 반드시 존칭 주어표지와 결합해야만 정문이 되는 것은 아니다. '께서'를 주어에 결합함으로써 지나치게 거리감을 주거나 엄격한 느낌을 준다는 이유로 점차 사용이 축소되는 추세에 있으나 존대 선어말어미 '-(으)시-'가 서술어에 결합하는 규칙은 그대로 적용된다.

(23) ㄱ. 아버지가/께서 회사에 다니십니다./*다닙니다.

ㄴ. 할머니가/께서 병원에 입원하셨습니다./*입원했습니다.

또 '이/가'와 '께서'의 보조사 결합 양상도 서로 다른데, 예문 (24)에서 보듯이 주어표지 '이/가'에 보조사가 결합하는 경우, '이/가'는 탈락하고 보조사는 남는 반면, (24ㄹ)에서 보듯이 '께서'의 경우 둘 다 탈락하지 않고 보조사와 나란히 쓰인다. 그러나 이런 사항들을 초급단계에 별도로 가르치지 않으면 오류로 이어질 가능성이 있으므로 주격조사와 보조사의 결합 원리를 설명하는 것이 좋다.

(24) ㄱ. 시간*이도(√도) 없습니다.(INDO_초급)
ㄴ. 우리 호텔 사장님하고 친구들*이도(√도) 난에게(나를) 지원합니다.(INDO_초급)
ㄷ. 친구{*가도/도, *가는/는} 일찍 돌아갔다.
ㄹ. 할아버지{께서는/는, 께서도/도} 일찍 돌아가셨다.

나. '이/가'와 '은/는'

'이/가'와 '은/는'의 대치 오류는 한국어 학습자들이 전 단계에 걸쳐 지속적으로 오류를 보이는 문법 항목 중 하나이다. 두 조사의 각 용법은 의미·기능이 매우 흡사하고, 상황·맥락 의존성[11]이 강하여 모어의 직관을 필요로 하는 만큼, 학습자는 물론 교사 역시 교육하는 데 부담을 느낀다. 하지만 Rod Ellis(2006:102-103)에서 지적하듯이 학습자가 곤란을 겪는 문법 형태일수록 지속적이고 중점적인 지도가 필요한데, '이/가', '은/는'의 구분이 바로 그러한 문법 항목이라고 볼 수 있다. 그러므로 교사는 학습자가 두 조사를 맥락에 맞게 선택하고 표현하는 능력을 기를 수 있도록 이해 문법과 표현 문법에 모두 중점을 두어 가르쳐야 한다.

앞선 연구에서 밝히고 있듯이 '이/가', '은/는'은 한국어 교재에 나타난 기술 및 제시 양상이나 교수적 측면에서 많은 한계점을 드러내고 있다(이훈, 2006; 김령,

11) 김령(2012:93)에서도 '이/가', '은/는'의 선택은 맥락 의존성이 매우 강하므로 학습자들이 구분하기에 어려운 요소라고 지적하였다.

2012 등). 학습자들의 '이/가', '은/는'의 사용 오류[12]를 학습자의 잘못만으로 보기 어려우며, 관련 오류가 다음 단계로 이어지는 것을 보완하기 위한 보다 근본적인 대책이 필요하다.

'이/가'와 '은/는'의 모든 용법을 한꺼번에 가르치는 것은 교사와 학습자 모두에게 부담스러운 일이다. 부사격조사 '에'의 용법을 '에①, ②, ③'으로 구분하여 단계에 맞게 순차적으로 제시하듯이 '이/가', '은/는'의 용법 역시, 쉽고 기본적인 용법부터 단계적으로 접근하는 것이 좋다. 학습자들의 '이/가', '은/는' 오류는 앞서 언급한 바와 같이 두 조사 사이의 대치 사용이 주를 이루는 만큼, 개별 항목에 대한 충분한 숙지가 필요하고, 각 항목에 대한 이해를 바탕으로 두 항목을 어떻게 구별할 것인지 방법·기술적 측면에서 가르쳐야 한다.

먼저 '이/가', '은/는'의 교수 순서를 제시하면 ① '이/가', '은/는'의 기본적 용법 및 형태·통사적 기능, ② 개별적 용법, ③ 예외적인 용법 순이 된다. 다음은 '이/가', '은/는'의 학습단계별 교육 목표 및 내용, 제시 순서에 관한 내용을 제시한 것이다.[13]

(25) 가. 초급: '이/가'와 '은/는'이 통사적으로 기능이 같지 않다는 사실을 중심으로 전형적인 '이/가'와 '은/는'의 기능 및 용법을 가르친다.

나. 중급: '이/가', '은/는'의 세부 기능을 가르친다. 특정 상황에 쓰이는 용법을 이해시킴으로써 복잡한 상황에서도 두 기능을 구분·선택하고, 해당 조사를 사용하여 학습자의 의도를 정확히 전달할 수 있도록 지도한다.

다. 고급: 의사소통 능력이 능숙한 단계인 만큼, '이/가', '은/는'의 구체적인 기능 및 용법을 가르침으로써, 매우 세밀한 차이까지 파악 가능하도록 하고, 복잡한 발화 맥락에서도 둘을 적절히 구분하여 사용할 수

12) 한국어 학습자들은 담화 맥락을 고려하지 않고 습관적이고 전략적으로 사용을 회피하거나 자신에게 익숙한 형태를 골라 사용하는 경향이 있으며, 특히 중국어권 학습자들은 맥락에 대한 고려 없이 '은/는'보다 '이/가'를 선호하는 경향을 보이는 것으로 나타났다(이훈, 2006:58).

13) 김령(2012:92-93)을 참고로 재구성하였음.

있게 한다.

〈표 41〉 학습단계별 '이/가'의 제시 순서 및 내용

단계	구분	내용
초급(통사)	이/가1	주어·보어 표지의 '이/가'
		↓
	이/가2	초점의 '이/가'
		↓
	이/가3	이중주어문 NP_2 표지의 '이/가'
		↓
중급(의미)	이/가4	강조의 '이/가'
		↓
중급(의미)	이/가5	신정보의 '이/가'
		↓
고급(화용)	이/가6	내포문의 '이/가'
		↓
	이/가7	어미·부사 강조의 '이/가'

〈표 42〉 학습단계별 '은/는'의 제시 순서 및 내용

단계	구분	내용
초급(통사)	은/는1	주제의 '은/는'(격대체 기능)
		↓
	은/는2	비교·대조의 '은/는'
		↓
	은/는3	이중주어문 NP_1 표지의 '은/는'
		↓
중급(의미)	은/는4	총칭이나 사실의 '은/는'
		↓
중급(의미)	은/는5	구정보의 '은/는'
		↓
고급(화용)	은/는6	내포문 주어의 '은/는'
		↓
	은/는7	체언 외 부사나 어미 등을 강조하는 '은/는'

위의 내용을 토대로 '이/가', '은/는'의 구분과 관련하여 초급단계 교육 내용을 정리하면 다음과 같다.

첫째, 초급단계에서는 주어에 결합된 '이/가'와 '은/는'의 통사적 기능이 서로 같지 않음을 가르친다. 즉 주제표지 '은/는'이 결합된 주어는 그 문장의 진술 내용인 서술어에 초점이 놓이는 반면, 주어표지 '이/가'가 결합된 주어는 주어 자체에 초점이 놓인다는 사실이다. 즉 예문 (26ㄱ), (26ㄴ)은 '무엇'에 대한 대답이 되는 반면, (26ㄷ)은 '누구'에 대한 답변이 된다.

(26) ㄱ. A: 이름이 **무엇**입니까?
B: (저는) 제임스입니다.
ㄴ. A: **무엇**을 먹었습니까?
B: (저는) 빵을 먹었습니다.
ㄷ. A: **누가** 제임스입니까?
B: 제가 제임스입니다.

학습자의 숙달도가 낮고 설명이 까다롭다고 하여 '두 표지의 기능이 같다'고 가르치는 교수 태도는 두 표지에 대한 이해를 더욱 어렵게 하고, 오류를 만드는 원인이 될 수 있으므로 지양해야 한다.

둘째, 다음 예문 (27)과 같이 '누구, 무엇, 어디' 등의 의문사가 포함된 의문문에서는 의문사에 대응하는 주어에 초점이 놓이므로 '이/가'가 결합됨을 가르친다.

(27) ㄱ. A: 이 중에서 **누가** 제일 키가 큽니까?
B: 철수 씨가/*는 가장 큽니다.
ㄴ. A: 과일 중에서 **뭐가**/*는 제일 맛있어?
B: 사과가/*는 제일 맛있어.
ㄷ. A: 전 세계에서 **어느 나라(어디)가**/*는 인구가 가장 많지요?
B: 중국이/*은 제일 많아요.

셋째, 이중주어문의 NP_1, NP_2의 표지로 '이/가'와 '은/는'이 사용되는데, 예문 (28)에서 보듯이 NP_1의 표지로는 '은/는', NP_2의 표지로는 '이/가'가 사용됨을 가르친다.

(28) ㄱ. 불고기는 맛이 어떻습니까?(연세대 1-4)
ㄴ. 저는 제주도가 제일 좋았어요.(연세대 1-10)
ㄷ. 백화점은 물건이 좋기는 하지만 값이 너무 비싸요.(연세대 2-3)

넷째, 비교·대조의 표지로서의 '은/는'의 용법을 가르친다. 이때는 전제항이 문장에 드러나기도 하고 내포되기도 하는데, 예문 (29)에서는 각각 '동생과 나', '나와 너', '저와 언니', '약과 연고'가 비교항으로 제시되었다.

(29) ㄱ. 동생은 키가 큰데 나는 작다.
ㄴ. 나는 떡을 썰 테니 너는 글을 쓰거라.
ㄷ. 저는 아빠를 닮았어요. 하지만 언니는 엄마를 많이 닮았어요.(이화 1-7)
ㄹ. 네, 약은 하루에 세 번 드시면 되고, 연고는 자주 바르세요.(고려대 2-14)

3) 이중주어

이중주어문은 한국어의 고유한 통사적 특성으로, 문어는 물론 구어에서도 출현 빈도가 높기 때문에 한국어 교육용 초급 텍스트에서도 이중주어문이 활발히 다뤄지고 있다. 그러나 이중주어에 대한 국어학적 이견(異見)이 많고, 해석 방법도 다양하여 이에 대한 교육적 접근 방법이 구체적으로 마련되지 않은 형편이다. 그러므로 이를 한국어 교육적 측면에서 어떻게 접근하고 가르칠 것인지에 대한 구체적 방안 마련이 시급하다.

각 교재마다 초급 전반부부터 이중주어문형이 출현하고 있으나 학습자의 숙달도 및 언어관을 고려할 때 교육현장에서 이를 문법적으로 접근하는 것이 쉽지 않다. 특별히 이중주어문이 초·중급 초반부에 집중되어 있는 점을 감안하여 한국어 교재의 단원별·기능별 특성에 맞게 이중주어문의 유형을 단계별로 분류하는 것이 적절하다. 가령 초급단계에서는 예문 (30ㄱ)~(30ㄹ)과 같은 소개하기(자기, 친구, 가족, 지역, 제품, 가게 등)와 예문 (30ㅁ)~(30ㅂ)의 묘사하기(인물, 날씨, 증세 등) 기능에서 이중주어문의 사용 빈도가 높은 만큼, 각각 '소개하기'는 초급 전반부, '묘사하기'는 초급 후반부에서 다룰 수 있다.

(30) ㄱ. 우리 고향에는 산이 많습니다.(연세대 1-3)
ㄴ. 저는 제주도가 제일 좋았어요.(연세대 1-10)
ㄷ. 여기는 김치찌개가 유명해요.(이화여대 1-10)
ㄹ. 요코 씨는 취미가 뭐예요?(이화여대 1-15)
ㅁ. 제니 씨는 눈이 크고, 속눈썹이 진해요.
ㅂ. 오늘 중부 지방은 구름이 많이 끼겠고, 남부지방은 대체로 맑겠습니다.(고려대 2-3)

다음 예문 (31)은 초급에서 제시 가능한 이중주어문을 사용한 '소개하기'의 구체적 사례이다.

(31) 가. [자신] 저는 취미가 여행이에요.
나. [가족] 저는 언니가 두 명 있습니다.
다. [친구] 수지는 전공이 경영학입니다.
라. [지역] 경주는 불국사가 유명합니다.
마. [날씨] 오늘은 비가 오겠습니다.
바. [증상] 기가 열이 나고 기침이 심합니다.
사. [제품] 침대는 시몬스가 편안합니다.

학교 문법에서는 NP_1을 문장의 주어, NP_2를 서술절의 주어로 보는 '서술절설'의 입장이고, 학문 문법에서는 이중주어 해석 방법이 아직 통일되지 않은 상태다. 그러나 한국어 교육에서는 무엇보다도 이중주어문에 대한 문법적 설명 방식이 학습자들이 이해하기 쉽고, 모순됨 없이 한국어의 특수성을 합리적으로 설명할 수 있어야 한다는 점에 초점을 두어야 한다. 언어 보편적 관점에서 본서가 제안하는 것은 현행 학교 문법이 취하고 있는 '서술절설'을 이용해 이중주어문을 해석하는 방법이다.[14] 서술절설은 이중주어문이 서술절을 내포한다고 보고, NP_2를 서술절의 주어로 보는 견해다. 즉, 예문 (32ㄱ)의 '피아노', (32ㄴ)의 '한라산'을 각각 그 문장에 내포된 서술절의 주어로, '저', '제주도'를 모문의 주어로 파악한다.

(32) ㄱ. 저는 [피아노가 취미입니다].
ㄴ. 제주도는 [한라산이 유명합니다].
ㄷ. 저는 [배가 고픕니다].
ㄹ. 학생이 [셋이 걸어갑니다].
ㅁ. 나는 [인삼이 좋다].

그렇다면 한국어 교육에서 이중주어문을 서술절설을 이용하여 가르침으로써 얻는 교육적 효과 및 장점은 무엇일까?

첫째, 다양한 언어권의 학습자에게 이중주어문을 설명하는데 효과적이다. 서술절이 존재하는 영어권 학습자, 혹은 영어를 학습한 경험이 있는 학습자들은 이 방식을 가장 거부감 없이 받아들일 것이다.

둘째, 서술절설은 '하나의 서술어에 대응하는 주어는 오직 하나'라는 보편적 언어관에 위배되지 않는다. 이중주어설의 경우 이중주어문을 단문으로 보고, 단일 서술어가 2개 이상의 주어와 대응한다고 보는 견해로, 이는 보편적 언어관의 개념과 상충되어 학습자들을 문법적으로 설득하는데 부담을 준다.

셋째, 서술절설은 일본어권 학습자를 대상으로 이중주어를 설명하는데도 효

14) 임홍빈(1974:113)에서는 한국어의 이중주어문을 획일적인 하나의 원리만으로 기계적으로 해석해서는 안 되며, 각 유형에 합당한 해결 방안을 모색할 필요가 있다고 보았다. 본서 역시 이 견해에 동의하나 첫째, 특정 언어권을 상정하기 어려운 점, 둘째, 언어 보편적 관점에 가장 위배되지 않아야 한다는 가정하에 서술절설을 통한 이중주어 교육의 장점을 기술한 것임을 밝혀 둔다.

과적이다. 일본어 문법에서도 이중주어문을 서술절설로 해석하는 추세이므로, 본 해석방법이 가장 부담이 적다.

4) 주어 생략

한국어에서는 주어가 문맥 및 발화 상황에 의해 생략되는 일이 있는데 한국어 교육에서도 이에 대하여 단계별로 다룰 필요가 있다. 왜냐하면 언어권에 따라 주어의 고정성에 차이가 있고, 생략되는 상황이나 조건이 달라서 오류의 원인이 될 수 있기 때문이다. 관용문 등 통사적 주어 생략을 제외한 그 밖의 화용적 주어 생략은 화자의 자의성과 원주어의 회복성을 특징으로 한다. 상황이나 문맥에 맞는 적절한 주어 생략은 한국어 유창성을 높이는데에도 도움을 주므로 학습단계에 맞게 가르칠 필요가 있다. 초급단계에 적합한 주어 생략의 원리를 통사적·화용적 측면을 중심으로 정리하면 다음과 같다.

첫째, 명령문·청유문의 2인칭 주어는 생략된다. 다음 예문 (33)은 명령문에서 2인칭 주어가 생략된 사례로서, 주어가 실현될 경우 부자연스러운 문장이 된다.

(33) ㄱ. 좀 깎아 주세요.(이화여대 1-8)
ㄴ. 들어오너라.(김정남, 1998:203)
ㄷ. 그럼 휴가 잘 다녀오세요.(이화여대 1-9)

둘째, 청자와 화자가 고정된 대화에서 주어가 생략될 수 있다. 다음 예문 (34ㄱ)의 대화 구성원은 손님과 점원으로 고정되어 있어서 주어가 생략되어도 문장이 자연스럽다. (34ㄴ)의 경우 대화 구성원이 일정하고 제 삼자의 개입이 없으므로 전 담화에 걸쳐 주어가 실현되지 않아도 문제가 되지 않는다. 이때의 주어 생략은 다른 담화 상황에 비해 자의성이 높다.

(34) ㄱ. A: 뭘 찾으세요?(고려대 2-4)

B: 블라우스를 사려고 하는데요.

ㄴ. A: 모형 자동차를 자주 만들어요?(고려대 2-2)

B: 요즘은 바빠서 거의 못 만들어요.

셋째, 청유문의 1인칭 복수 주어는 생략된다.

(35) ㄱ. 그럼 비빔밥 둘 시킵시다.(이화여대 1-10)

ㄴ. 여기 앉읍시다.(이화여대 1-10)

넷째, 문어에 비해 구어[15)]에서 주어가 생략되는 일이 많다.

다섯째, 화자와 청자의 관계가 친밀할수록 주어 생략이 많이 일어난다. 다음 예문 (36)의 발화를 보면 두 화자의 발화에 모두 주어가 생략되어 있는데, (36)의 대화 구성원은 함께 자주 식사를 하는 비교적 친밀한 관계임을 알 수 있고, 따라서 주어가 생략되어도 발화가 자연스럽다.

(36) A: 비오는 날에는 김치찌개를 먹고 싶어요.(고려대 2-3)

B: 그럼, 김치찌개를 먹으러 가요.

여섯째, 주어가 불특정 다수인 경우에 주로 생략되는데, 주로 초급 교재를 중심으로 많이 나타난다. 가령, 일반적인 사실이나 상식, 정보성 진술에서 주어가 생략되는 일이 많으므로, 예문 (37), (38)과 같은 초급 교재의 길 묻기, 전화걸기 상황에서 나타나는 정보성 진술에서 주어 생략과 관련지어 가르치는 것이 좋다.

(37) A: 몇 번 출구로 나가요?

B: 7번 출구로 나가세요. 경복궁 쪽으로 조금만 걸어가면 왼쪽에 있어요.

---

15) 언중의 담화 속에서는 주어 생략이 보편적인 것으로 나타났다(박청희, 2013a:133-138).

(38) ㄱ. 여기에서 세종문화회관에 어떻게 가요?(가나다 1-29)
ㄴ. 이럴 때는 두꺼운 옷보다 얇은 옷을 여러 개 입는 것이 좋습니다.(고려대 2-3)
ㄷ. 축의금은 보통 얼마쯤 해요?(가나다 2-9)

일곱째, 감탄이나 놀람을 나타내는 말이나 틀에 박힌 말 등 관용표현은 전형적인 무주어문으로 다룬다. 초급단계에서 제시되는 기본적인 무주어문은 다음 (39), (40)과 같다.

(39) ㄱ. 큰일 났네!(가나다 2-26)
ㄴ. 불이야!
ㄷ. 사람 살려!

(40) ㄱ. 오랜만이에요.(이화여대 1-6)
ㄴ. 어서 오세요.(이화여대 1-8)
ㄷ. 처음 뵙겠습니다.(고려대 2-1)
ㄹ. 천만에요.
ㅁ. 별말씀을요.(이화여대 1-11)
ㅂ. 앞으로 잘 부탁드립니다.(고려대 2-1)

여덟째, 이어진 문장에서 두 대등절의 주어가 일치하는 경우, 후행절의 주어는 생략된다.

(41) ㄱ. 우리는 어제 영화도 보고 저녁도 같이 먹었어요.
ㄴ. 나는 아침에 운동을 하고 신문을 봐요.(고려대 8-1)

아홉째, 수필이나 일기문 등 이미 주어가 정해진 글에서는 최초의 주어를 제외한 나머지 주어는 주로 생략된다. 다음 (42)는 수필 형식의 글로서 최초의 주어 '저' 이후의 주어는 생략되고 있다.

(42) 제 취미는 등산을 하는 것입니다. 보통 일주일에 한두 번쯤 집 근처의 산에 갑니다. (중략) 요즘에는 학교에서 암벽 등반을 배우고 있습니다. 나중에 암벽 등반으로 산꼭대기까지 올라가 보고 싶습니다.(고려대 2-2)

통사적으로 주어가 생략되는 문장의 경우, 화용적 주어 생략에 비해 자의성이 낮은 만큼, 주어를 실현시킴으로써 문장의 의미가 변하거나 비문이 될 가능성이 있다. 따라서 생략의 자의성이 높은 화용적 주어 생략보다 더욱 주의가 요구된다. 특히 무주어문은 틀에 박힌 관용 표현이 많으므로 각 학습단계에서 익혀야 할 무주어문을 중심으로 범위를 한정시켜 가르치는 것이 좋다.

특히 초급단계는 짧고 간단한 인사 등 주어가 생략된 다양한 관용 표현을 익히는 시기이므로 이와 같은 통사적 주어 생략문에 익숙해질 필요가 있다. 또 한국어에서는 화자와 청자가 고정된 대화에서 주어가 생략되는 것이 자연스러운 경우가 많다는 점도 함께 언급하는 것이 좋다. 또 무주어문을 제외한 주어 생략문은 원주어를 확인하거나 복원할 수 있음을 인지시키도록 한다.

가. 초급의 주어 관련 항목별 연습 및 교육 활동

초급단계의 주어 관련 항목별 연습 및 활동은 해당 주어 관련 항목 및 문형에 노출됨으로써 자연스럽게 해당 문형에 익숙해지도록 구성한다. 초급단계에 활용 가능한 주어 교육 관련 활동을 소개하면 〈표 43〉과 같다.

〈표 43〉 초급단계의 주어 교육 활동의 예

항목		기능	활동
주어 호응 · 구성	주어 호응 & 어순	표현	✔주어 완성하기 & 서술어 완성하기 I ✔그림을 보고 이야기 만들기 ✔단어 배열하기

주어호응·구성	주어 구성	표현	✔버킷 리스트 만들기 • 제일 ○○○ 것, 곳, 사람 ✔특별한 경험 이야기하기: 음식, 장소, 사람 등 • ~(으)ㄴ 적(일)이 있다/ 없다
주어표지	이/가	표현	【기능: 강조의 '이/가'】 ✔사람을 찾습니다! • 내가 찾는 사람의 특징 설명하기(눈이 크고, 머리가 짧고…) ✔틀린 그림 찾기 • 두 장의 그림을 보고 달라진 것 찾기
	께서	표현	✔어르신 인터뷰하기 • 부모님/선생님/할머니/할아버지의 일과를 인터뷰하고 소개하기
	이/가 · 은/는	표현	【기능: 주제의 '은/는'】 ✔'원숭이 엉덩이는 빨개' 노래 부르기 • 원숭이 엉덩이는 빨개, 빨가면 사과, 사과는 맛있어…(생략) 【기능: 비교·대조의 '은/는'】 ✔○○ 씨 vs ○○ 씨 • 반 친구, 연예인 비교하기, 드라마의 등장인물 캐릭터 비교하기 ✔한국 vs ○○ 도시/특징 등 비교하기
이중주어	서술절의 주어	표현	✔그림(쇼핑카트/가방/책상/방…)을 보고 말해보세요. **무엇이 몇 개가** 있습니까? 예) (바구니에) 사과가 8개(가) 있어요. 귤은 3개가 있어요. 사과는 1개가 썩었어요. 귤은 3개가 썩었어요. (교실에) 여학생이 3명이 있어요. 남학생은 5명이 있어요. ✔역할 나누기 • 룸메이트와 집안 일 분담하기, 엠티 준비를 위한 역할 분담 요리/청소/빨래/설거지는 누가 합니까?
주어생략	통사적 생략	표현	✔안녕하세요?(이럴 땐 이렇게 말해요) • 주어진 상황에 맞게 말하기: 만났을 때, 헤어질 때, 소개 등
	화용적 생략	표현 · 이해	✔대답도 가지가지! • 한 가지 질문을 듣고 가능한 모든 대답 만들기(많이 만든 사람이 win!) 또는 친구들의 대답을 기록해오기 ✔뭐가 빠졌지? • 문장에서 생략된 주어 찾기 • 글을 읽고 빈칸에 알맞은 주어 넣기 ✔'아' 다르고 '어' 다르고 • 주어 생략 문장과 비생략 문장의 의미 비교하기

나. 초급의 주어 교육 모형[16)]

지금까지 제시한 초급단계에 필요한 다양한 주어 관련 항목 중 '이/가'와 '은/는'을 중심으로 현장에서 활용 가능한 수업 사례를 제안하고자 한다. 한국어에 대한 문법 지식이 부족하고 체계적이지 않은 초급단계에서는 기본적인 의사소통에 도움을 주는 기본적인 문법 기능이나 용법을 위주로 가르치는 것이 좋다. 특히 '이/가'와 '은/는'은 한국어 학습자가 가장 먼저 학습하는 조사임에도 불구하고 높은 단계에 이르러서도 명확히 구분하여 사용하는 데 어려움을 느끼는 항목인 만큼, 교육 초반부터 이 둘의 용법을 구분하여 사용할 수 있는 지식의 틀을 마련해 주는 것이 중요하다. 한국어 학습자들은 두 조사를 구분할 수 있는 직관이 부족하기 때문에 기본적인 용법을 상세히 익힘으로써 두 조사의 차이를 이해하고 바르게 사용할 수 있는 힘을 기를 수 있다.

한편, 김정숙(2008:291)에서는 PPP모형의 교육절차를 따르되 방법론적 측면에서 '과정지향적', '학습자 중심적' 방법을 활용해 학습자의 능동적 참여를 이끌어 내야 한다고 지적하였다. 본서에서는 PPP모형과 TTT모형의 장점을 살린 ESA[17)] 모형을 토대로 수업을 구성하고자 한다. ESA 교수 모형은 유동적 교수절차의 하나로 교수 상황이나 목표, 학습자 변인에 따라 수업을 융통성 있게 구성할 수 있는 것이 특징으로, 합의된 문법이나 문형이 없는 과정에 유리하다. 〈표 44〉는 ESA 교수 모형의 단계를 제시한 것이다.

〈표 44〉 ESA 교수 모형의 단계

몰입(Engage)
목표 문법과 관계된 내용의 과제나 활동을 통해 재미있게 목표 언어로 발화 또는 상호작용 하는 단계로 게임이나 음악, 토론, 사진, 이야기 등을 통해 학습자의 몰입을 유도함. 학습자의 배경지식을 일깨우는 워밍업 단계.

16) 문법 교육 모형은 크게 상향식(PPP; Presentation-Practice-Production)과 하향식(TTT; Task-Teach-Task)으로 구분되는데, PPP모형은 제시→연습→생성의 순으로 유창성보다는 정확성을 우선으로 하는 반면 TTT모형은 과제1→교수→과제2의 순으로 유창성을 위주로 하는 교육 모형이다. 이 둘은 각각 장단점이 있으므로 절대적인 우위는 없으며, 문법 형태, 특성, 교육 목적, 학습자에 따라 방법이 달라질 수 있다(이관규 외 역, 2008).

17) 정선주(2009:204-209) 참고.

↓

교수 · 학습(Study)

언어에 초점을 두고 언어의 구조나 의미를 파악하는 활동을 하는 단계. 가능한 교사 위주의 설명은 줄이고 활동이나 과제로 접근하는 것이 바람직함. 학습자의 자발적인 규칙 발견을 유도하고, 그들이 가진 언어 지식을 이끌어 내도록 유도함. 이 밖에 교사의 통제 활동 등도 포함됨.

활성화(Activate)

TTT모형의 과제2와 비슷한 단계로 역할극이나 토론, 묘사하기 등의 다양한 과제나 활동을 통해 자연스럽게 언어의 네 기능을 고루 익힐 수 있도록 함.

주지하다시피 ESA 교수 모형은 교수 상황에 따라 융통성 있게 단계를 조절할 수 있는데, Harmer(2007)이 제시한 3가지 수업 모형은 다음과 같다.

가. 곧은 화살 유형(straight arrow sequence)

가장 기본적인 'E→S→A' 과정으로 언어 지식이 부족하여 교사의 설명이나 문법의 구조적 연습이 필요한 초급단계에 알맞은 모형이다.

나. 부메랑 유형(boomerang sequence)

부메랑 유형은 'E→A→S→A' 형식의 수업 모형으로 더 복잡한 것을 배우는 중급 이상 단계에 적합하다. 학습자들은 문법의 정확성에 대한 부담없이 상호작용을 하며, 활성화 이후 목표 문형으로 되돌아가 제약된 활동을 함으로써 목표 문법을 더욱 명료하게 인지한다. 그 후 활성화 단계를 활용하여 다시 주제 관련 활동을 하게 된다.

다. 패치워크 유형(patchwork sequence)

패치워크 유형은 교실이나 학습 환경에 따라 수업 단계를 변형할 필요가 있을 때 가장 유용한 수업 모형으로서, 필요에 따라 단계를 줄이거나 늘리거나 반복하면서 수업을 다양하게 구성할 수 있다. 중·고급단계와 같이 창의적인 수업에 효과가 있다.

본 초급단계에서는 첫 번째 유형인 직선 화살 유형으로 수업 모형을 구현해

보기로 한다.[18)]

가. 학습 대상: 초급의 다국적 한국어 학습자

나. 학습 목표: 주어표지 '이/가', 주제표지 '은/는'의 기본 용법을 익히고, 둘의 차이를 구분할 수 있다.

다. 언어 기능: 말하기 & 읽기 & 쓰기

[1] 몰입 단계(Engage)

일반적인 한국어 수업의 도입 단계가 몇 가지 질문으로 이루어지는 부차적인 단계라면, 본 몰입 단계는 학습할 문법 항목에 대한 학습자의 동기와 흥미를 유발하는 데 중점을 두는 단계로, 목표 문법과 관련된 과제나 활동을 통해 학습자의 상호작용을 이끌어낸다. 본 단계에서는 목표 문법과 관련이 있는 게임이나 활동을 통해 학습자의 흥미를 촉진시키는 것이 중요하다.

【활동 1】주제어(topic word)[19)]로 자기소개[20)]하기

• 기능: 주제표지로서의 '은/는' 용법 익히기
• 수업 단계: 초급 초반부
• 활동 순서 및 방법

1. 교사는 국적, 나이, 직업, 음식, 취미, 운동, 음악 등의 주제어가 적힌 카드를 준비하여 상자에 담는다.
2. 교사는 상자에서 3장의 카드를 꺼내어 예문 (43)과 같이 주제어를 중심으로 자기소개를 한다.
3. 교사가 주제어 상자를 다른 학생에게 전달하면 그 학생도 같은 방식으로 카드를 뽑아 자기소개를 한다. 이렇게 상자를 차례로 옆 사람에게 전달하

18) 본서에서는 위의 3가지 변형 수업 모형을 각각 초급, 중급, 고급단계에 적용하여 주어 교육 모형을 구성하였다.
19) 카드에 적힌 단어는 '주제어'로서 주제어 표지 '은/는'의 용법을 익히도록 만든 것이다.
20) 화제의 의미를 가지는 '은/는'의 의미는 자기소개라는 과제와 함께 다뤄질 때 훨씬 정확한 생산과 활용을 가능하게 한다(이해영, 2003:77)

고 그 상자가 자기 앞에 오면, 상자에서 3장 이상의 카드를 뽑아 자기소개를 하는 방식으로 진행한다.

4. 주제어 카드를 다른 동료 학습자가 대신 뽑는 방식으로 진행할 수도 있다.

〈표 45〉 주제어 카드(topic card)의 예

국적 (nationality)	나이 (age)	종교 (religion)	키 (height)	좋아하는 운동 (favorite sports)	취미 (hobby)	꿈 (dream)	좋아하는 음식 (favorite food)	좋아하는 노래 (favorite song)

(43) 주제어: 국적, 나이, 키, 취미, 남자친구

안녕하세요. **저는** ○○○입니다. **국적은** 미국입니다. **나이는** 20살입니다. **키는** 165cm입니다. **취미는** 수영입니다. **남자친구는** 아직 없습니다. **가수는** 빅뱅을 좋아합니다. 만나서 반갑습니다.

【활동 2】 틀린 그림 찾기

- 기능: 초점(focus)의 '이/가', 'N이/가 있다/없다' 용법 익히기
- 수업 단계: 초급 초반부
- 활동 순서 및 방법

1. 유사한 두 장의 사진 세트를 각 팀당 한 세트씩 나누어 준다.
2. 각 팀은 사진에서 틀린 곳을 찾아 표시한다.
3. 모두 찾은 팀은 손을 들고 발표한다.
4. 표시한 곳을 모두 찾아 한국어로 가장 먼저 설명한 팀이 이긴다.
5. 학습자들이 어휘를 모를 수 있으므로 각 사진에 제시된 사물의 명칭을 영어와 함께 그림 하단에 제시해주는 것이 좋다.

(44) 사진 A는 **창문이** 있습니다. 사진B는 **창문이** 없습니다.

사진 A에는 **남자가** 있습니다. 사진B에는 **남자가** 없습니다.

[2] 교수·학습단계(Study)

【제시·설명 1】

1. 교사는 학습자들의 자기소개 내용을 간단히 메모해 두었다가 함께 이야기 하는 시간을 갖는다. 특정 학습자의 소개 내용을 다른 학습자들이 기억하고 있는지 "ㅇㅇ 씨의 나이는?" 같이 주제어를 사용하여 질문한다.
2. 질의응답이 끝난 후 지금까지 소개했던 주제어를 모두 상자에서 꺼내어 이 주제어와 결합하는 조사 '은/는'의 특성 및 형태적 제약 등을 설명한다.

【연습 1】

1. 글을 읽고 빈칸에 알맞은 조사 넣기
   빈칸에는 조사 '은/는'을 포함한 지금까지 배운 조사를 제시한다.
2. 자기소개서 작성하기
   자기소개서를 작성한 후 결과물을 교실에 붙여 서로에 대한 내용을 공유하고 배운 내용을 재확인 할 기회를 갖는다.

(1) 안녕하세요. 저**는** 김수지입니다. 중국사람입니다. 직업**은** 회사원입니다. 취미**는** 수영입니다. 좋아하는 음식**은** 스파게티입니다. 좋아하**는** 가수는 빅뱅입니다.

【제시·설명 2】

1. 우승팀이 정해지면, 이전의 활동을 다시 확인하는 시간을 갖는다.
2. 교사가 "뭐**가(무엇이)** 다릅니까?"라고 질문함으로써 "얼굴 표정이 다릅니다.", "남자의 옷이 다릅니다." 등 초점 표지 '이/가'의 사용을 유도한다.
3. 조사 '이/가'의 이형태를 다시 한 번 확인시킨다.
4. 학습자의 외형상의 특징 등을 '이/가'를 써서 비교한다.

【연습 2】

교사의 명시적인 설명을 들은 후 해당 항목을 반복 연습한다.

③ 활성화 단계

교사는 학습자가 배운 내용을 활용하여 자연스럽게 발화하도록 유도하되, 배운 문법을 사용할 것을 강요하지 말고 활동 보조자 역할을 수행한다. 해당 차시에 배운 문법 항목뿐 아니라 이전에 배웠던 항목을 혼합하여 발화하도록 유도한다.

【활성화 활동】

• 활동 주제: 맛집 지도 만들기
• 문법 항목: 초점의 '이/가', 주제의 '은/는'
• 언어 기능: 쓰기, 듣기, 말하기
• 활동 설명

1. 주제어 표지 '은/는'과 초점 표지 '이/가'를 적절히 사용하여 자신이 학교 근처에서 가 본 곳(예: 카페, 옷가게, 게임방, 찜질방, 식당_고기집, 술집, 이탈리아 식당, 한식집, 중국집, 일식집 등) 중 친구에게 소개하고 싶은 곳을 하나 골라 소개하는 글을 쓰고 발표하는 시간을 갖는다.
2. 소개하는 글에는 가게 이름, 업종, 위치, 특징, 소개하고 싶은 이유 등을 상세히 적는다. 이때 수업 시간에 배운 '이/가'와 '은/는'을 적절히 활용하도록 한다.
3. 나머지 학생들은 발표를 들으면서 교사가 나누어 준 학교 주변 지도에 소개하는 곳의 위치를 표시해 본다.
4. 발표가 끝난 후 발표 내용을 종합하여 학교 주변의 맛집, 멋집 지도를 만들어 본다.
5. 학습자들은 본 활동을 통해 목표 문법을 이해하는 것은 물론, 아직 익숙하지 않는 학교 주변의 생활 정보를 얻을 수 있어 자연스럽게 흥미를 가지고 적극적으로 활동에 임할 수 있다.

(45) 저**는** 후문근처 부대찌개 식당을 소개하겠습니다. 식당 이름**은** '비야'입니다. '비야'는 부대찌개가 싸고 맛있습니다. 특히 양이 많고, 국물이 정말 맛있습니다. 또 음료수가 공짜입니다. 그래서 저는 친구들과 자주 갑

니다. 여러분들도 꼭 가보세요.

5.2.2. 중급

초급에서 문법 항목의 기본적인 용법을 주로 다룬다면, 중급단계에서는 각 문법 항목의 세부적이고 개별적인 내용을 본격적으로 다루게 되는데, 주어 교육 역시 마찬가지다. 한국어 중급 교재에서 다루고 있는 한국어 주어 관련 기술 내용을 살펴보면 주어 호응 및 주어표지, 이중주어, 주어 생략 등 초급단계에서 연계·심화된 내용이나 주어 사용 능력 신장을 위한 교육적 장치를 찾기 어렵다.

문법 기술은 중급에서 완성되는 만큼, 본 단계에서는 초급에서 다루지 않았던 예외적이지만 필수적인 기능 및 용법을 포함한 심화 교육이 이루어질 수 있도록 교육 내용을 구성해야 한다. 가령 주어표지 '이/가'의 전형적인 주어표지로서의 기능 이외에 '초점', '강조' 용법이라든지, 한국어 교육 문법에서 전형적인 주어표지로 다루고 있지 않지만 주어 성분과의 결합 빈도가 높은 특수표지에 대한 기술이 이루어져야 한다. 최호철 외(2001)의 한국어 기본 문형을 통해서도 확인할 수 있듯이 한국어는 첨가어적 특성상 학습자들에게 어휘와 표지를 따로 제시해 주기 보다는 성분과 표지가 결합된 형식인 문형으로 가르치는 것이 효과적이다.[21] 그러나 문형도 한국어 교육적 관점에서 어떤 순서로 어떻게 제시할 것인지 결정해야 하듯이 주어 교육 역시 제시 단계를 나누는 기준이나 방법이 필요하다. 특히 중급 이후 학습해야 할 어휘량이 급격히 증가하고, 어휘에 따른 전형적인 문형이 존재하므로 특정 문형을 이루는 어휘를 주어로 하는 문장 형식을 단계별로 제시해야 한다. 초급에서 익힌 주어에 대한 기본적인 이해를 바탕으로 중급에서는 더욱 복잡하고 예외적인 주어 호응 표현, 다양한 어휘를 바탕으로 각 어휘에 어울리는 주술 호응 및 심화 문형, 표지 결합 등을 중급 수준에 맞게 구사할 수

---

21) 최호철 외(2001:4)에서 제시하는 기본문형의 예는 다음과 같다.
[가다1] 1이 2로 가다, 1이 2에 가다, 1이 2를 가다, 1이 가다, 1에 2가 가다, 1이 2가 가다, 1에게 2가 가다, 1이 2로 3을 가다, 1이 2에게 가다, 1이 2에 가면, 1이 2에 가서, 1이 2 가다, 1에/에게 2가 가다 등.

있도록 설계해야 한다.

5.2.2.1. 주어 교육의 목표

주지하다시피 중급단계는 세부적이고 개별적인 문법 항목 내용을 본격적으로 학습하는 시기다. 중급단계에서는 초급에 나타났던 오류가 이어지기 쉬운[22]만큼 이 시기에는 초급에서 익힌 기본기를 바탕으로 문법 항목의 확장된 용법이나 의미를 습득할 수 있도록 교육 내용을 구성하는 것이 좋다. 본서의 중급단계 주어 교육의 원리는 다음과 같다.

첫째, 초급에서 높은 빈도를 보인 주어 오류 항목에 대한 교정의 기회를 갖는다.

둘째, 확장된 문장 구조에서 주어를 중심으로 성분 호응을 익힌다.

셋째, 주어를 수식하는 여러 가지 형식과 표현을 익힘으로써 확장형 주어를 적절히 표현한다.

넷째, 주어와 관계된 세부적인 문법 사항 및 기능을 단계에 맞게 본격적으로 익힌다.

한국어 교육 기관에서 제시하는 중급 교육과정에서 3급은 한국에서 일상생활이 가능한 수준의 의사소통 능력 배양을 목표로 하는 단계로, 다단락 구조의 이야기나 복잡한 맥락의 이야기를 이해하고, 자기주장 및 관련 표현을 자유롭게 구사할 수 있는 수준에 해당된다. 3급 중급 교육과정의 목표를 구체적으로 살펴보면 다음과 같다.

■ 3급의 교육 목표

ㄱ. 어절 단위의 의미에 중점을 두어 띄어 읽기를 잘 할 수 있다.

ㄴ. 일상생활에 필요한 어휘를 어려움 없이 구사할 수 있다.

---

22) 이정희(2003:176)을 참고할 것.

ㄷ. 성어(成語)나 속담을 활용할 수 있다.
ㄹ. 주장을 위한 표현이나 어휘를 적절히 활용할 수 있다.
ㅁ. 피·사동 변형이 가능하다.
ㅂ. 다양한 연결어미를 적절히 활용할 수 있다.
ㅅ. 방문이나 초대에 응하기, 안부 전하기, 부탁 거절하기, 사과하기 등 다양한 상황에 대처할 수 있다.
ㅇ. 통장개설, 환전, 신용 구매 및 물건 교환 등 다양한 경제활동을 할 수 있다.
ㅈ. 공적인 일을 처리할 수 있다.

다음으로 4급은 고급의 전단계로서 속담, 고사성어, 관용표현 등을 알고, 긴 단락으로 자신의 의견을 논리적으로 표현하는 능력을 기르는 것을 목표로 한다. 4급 중급 교육과정의 교육목표는 다음과 같다.

■ 4급의 교육 목표

ㄱ. 빈도 높은 비유 용법, 숙어, 속담, 사자성어를 안다.
ㄴ. 앞뒤 문맥에 맞게 문단을 구성한다.
ㄷ. 시제나 양태를 적절히 사용한다.
ㄹ. 청·화자 관계에 따른 경어법 체계를 이해하고 사용할 수 있다.
ㅁ. 고빈도 어미 결합형을 이해하고 구사할 수 있다.
ㅂ. 자세한 설명이나 묘사를 할 수 있다.
ㅅ. 복잡한 주제에 관하여 의견을 표현하고 토론할 수 있다.
ㅇ. 전화 대화, 방송, 보도 등을 이해할 수 있다.
ㅈ. 실용문 등 일상적 주제로 간단한 글을 쓸 수 있다.

앞서 살핀 중급단계 교육과정의 교육목표를 토대로 주어 사용 능력의 목표를 '표현 영역'과 '이해 영역'에 걸쳐 살피고자 한다. 먼저 표현 영역은 말하기, 쓰기와 관계된 주어 사용 능력으로서 다음과 같이 세분화할 수 있다.

■ 중급의 주어 사용 능력

ㄱ. 구(句)구성의 주어를 다양하게 표현할 수 있고, 주어를 수식하는 관형형 어미를 시제에 맞게 바르게 사용할 수 있다.

ㄴ. '것' 이외의 의존명사를 가지고 바르게 주어를 표현할 수 있다.

ㄷ. 대격형, 처격형, 여격형, 속격형의 이중주어 유형을 구사할 수 있다.

ㄹ. 인칭대명사 '당신', '자기'의 여러 가지 특징을 이해하고 바르게 표현할 수 있다.

ㅁ. 재귀대명사 '자기'와 주어의 관계를 이해하고 바르게 표현할 수 있다.

ㅂ. 피동문과 능동문을 바르게 표현할 수 있다.

ㅅ. 압존법과 간접 경어법을 이해하고 바르게 표현할 수 있다.

ㅇ. 인칭대명사의 여러 가지 특징을 이해할 수 있다.

이상 중급단계의 교육목표와 본서에서 살피고자 하는 주어교육의 목표는 상호 긴밀한 관계를 맺고 있으며, 주어교육에 관한 내용은 표현 영역은 물론 이해 영역에까지 두루 영향을 미치고 있음을 확인할 수 있다.

5.2.2.2. 주어 교육 내용의 선정 및 배열

중급단계를 위한 주어 교육의 문법 항목별 세부 내용을 구성하면 〈표 46〉과 같다.

〈표 46〉 중급단계 주어 교육을 위한 문법 항목의 세부 내용

구분		문법 항목	교육 내용
주어 사용	성분 호응	주-술 호응 어순	• 특정 서술어와 호응하는 주-술 구성에 대한 지도 • 피동·사동문의 주-술 호응(허영실, 2007:17) • 간접경어법: 존대 대상의 소유물, 신체, 관련인물에 대한 경어법 • 압존법: 청·화자 관계에 따른 경어법(다양한 상황에서의 경어법)

<table>
<tr><td rowspan="5">주어사용</td><td rowspan="2">주어 구성</td><td>구 구성</td><td>• 다양한 의존명사형 주어 구성
• 적절한 관형형 어미 표현</td></tr>
<tr><td>절 구성</td><td>• 주어를 이루는 명사절의 형식 및 문장 특성을 익힘</td></tr>
<tr><td rowspan="3">주어 호응 요소</td><td>재귀대명사 '자기'</td><td>• 주어 호응요소로서의 재귀대명사 '자기'의 용법 및 주어와의 관계
예: 그는 자기가 제일 잘한다고 생각한다(백봉자, 2006:45)</td></tr>
<tr><td>복수표지 '-들'</td><td>• 부사나 어미 등 체언 외에 결합한 복수표지 '-들'이라는 요소를 통해 (복수)주어의 존재를 확인함</td></tr>
<tr><td>피동·사동</td><td>• 능동과 피동, 주동과 사동의 변환을 통해 주어가 필수적으로 문장에 실현되는 과정을 고찰함</td></tr>
<tr><td rowspan="7">주어표지</td><td rowspan="4">일반 표지</td><td>이/가</td><td>• 강조의 '이/가'
• 초점·지정의 '이/가'</td></tr>
<tr><td>께서</td><td>• 압존법에 대한 이해
• 존칭 주어의 소유물 또는 관련인물과 '-(으)시-'의 호응(간접높임)</td></tr>
<tr><td>에서</td><td>• 주어가 단체 명사인 경우 주어표지로서 '에서'의 용법</td></tr>
<tr><td>(이)서</td><td>• 주어가 수량 체언인 경우 주어표지로서 '서'의 용법</td></tr>
<tr><td>특수 표지</td><td>보조사</td><td>• 보조사 (이)야, (이)야말로, (이)나, (이)나마 등</td></tr>
<tr><td colspan="2">표지 생략</td><td>• 특정 주어 및 서술어 특성에 따른 구어에서의 주어표지 생략의 다양한 사례 및 주어표지 생략이 불가한 경우의 예</td></tr>
<tr><td>이/가: 은/는</td><td>이/가· 은/는</td><td>• 신정보 표지로서의 '이/가' & 구정보 표지로서의 '은/는'
• 초점의 '이/가'</td></tr>
<tr><td>이중주어</td><td>진정한 이중주어문</td><td></td><td>• 두 번째 주어를 서술절의 주어로 보기 어려운 진정한 이중주어문을 사례를 통해 제시한다.</td></tr>
<tr><td>주어생략</td><td>무주어문</td><td></td><td>• 주어를 상정하기 어려운 무주어문</td></tr>
</table>

1) 전반적 주어 사용

가. 주어 호응

중급단계에서는 다음 (46)에서 제시하는 바와 같이 특정 서술어와 호응하는 주-술 구성을 중심으로 하여 문형[23]으로 익히도록 하는 것이 좋다.

(46) 나이가 들다, 꽃이 지다, 추억이 떠오르다, 고민이/남자친구가 생기다, 열이/여드름이/기억이 나다, 그 사람이/시절이 생각나다.

주어, 주어표지, 서술어 사이의 의미, 형태적 관계가 주어 호응을 좌우한다. 주어는 서술어와 긴밀하게 연결되고, 그 두 요소를 연결하는 것이 주어표지이므로, 학습단계가 낮을수록 적절한 주어표지와 서술어의 관계 속에서 주어를 표현할 수 있도록 유도해야 한다.

한편, 주어 호응과 관련하여 또 하나의 중요한 요소는 경어법에 관한 것이다. 중급에서 다루어야 할 경어법 가운데 '간접경어법'은 다음 (47)에서 보듯이 직접 높임의 대상은 아니지만 존대 대상의 소유물이나 신체 일부, 관련 인물이라는 이유에서 존대 선어말어미 '-(으)시-'와 호응한다.

(47) ㄱ. 우리 사장님께서는 마음이 무척 넓으시다.(국립국어원, 2005:216)
ㄴ. 선생님, 넥타이가 잘 어울리십니다.
ㄷ. 어머님께서 고통이 크시겠습니다.
ㄹ. 따님{이/께서} 사모님을 닮아 정말 미인이시네요.

단, 간접 높임의 대상이 되는 존대 관련어는 존칭 주어표지 '께서' 결합이 제한되는데, '따님'을 제외한 나머지 모두 유정명사가 아니기 때문이다.

이 밖에 특수한 주술 호응[24]의 예로 예문 (48)의 서술어 '있으시다'와 '계시다', '아프시다'와 '편찮으시다'에 대한 차이를 주어 호응과 관련하여 다룰 필요가 있다.

(48) ㄱ. 선생님께서는 딸이 있으십니다/*계십니다.(국립국어원, 2005:217)

23) 최호철 외(2001)의 기본 문형을 참고할 것.
24) 국립국어원(2005:217) 참고.

ㄴ. 선생님께서 지금 교실에 *있으십니다/계십니다.

ㄷ. 선생님은 팔이 아프십니다/*편찮으십니다.

ㄹ. 할머니께서 ?아프십니다/편찮으십니다.

즉, 존대 대상인 '선생님, 할머니' 등을 직접 높일 경우에는 '계시다', '편찮으시다'를 써야하는 반면, 존대 대상의 소유물이나 신체 일부, 관련 인물이 주어로 실현되는 경우에는 '있으시다', '아프시다'를 써야 함을 주지시킨다.

중급단계에서는 초급에서 다루지 않았던 경어법의 예외적 상황에 대하여 다룬다. 예문 (49)의 '압존법'이 그 대표적인 항목이라고 할 수 있는데, 압존법은 표현하려는 주체가 화자의 입장에서 존대의 대상일지라도 '청자'의 나이나 사회적 지위가 존대 대상보다 높은 경우 경어법을 적용하지 않는 것을 특징으로 한다. 그러나 요즘에는 존대의 주체와 청자 간의 지위를 불문하고 (49ㄴ')과 같이 화자 입장에서 존대해야 할 대상에 대해서는 압존법이 지켜지지 않는 추세이다.

(49) ㄱ. 할머니, 아버지는 아직 안 들어왔습니다.

ㄱ'. 할머니, 아버지는 아직 안 들어오셨습니다.

ㄴ. ?부장님, 과장이 퇴근했습니다.

ㄴ'. 부장님, 과장님께서 퇴근하셨습니다.

반면, 일본어에서는 공적·대외적 환경에서 가정이나 회사, 그에 속한 구성원 등, 자신이 소속되어 있는 범주에 대하여 압존법이 철저히 지켜지므로 일본어권 학습자들이 이를 과잉 적용하지 않도록 지도하는 것이 좋다.

한국에서는 선후배 관계나 처음 만난 사이에서는 경어법이 사용되는데, 친밀도가 높아짐에 따라 존대와 하대의 비중이 변화하는 것은 자연스러운 현상이다. 이렇게 경어법을 유연하게 구사할 수 있는 능력 역시 한국어 유창성의 조건이라고 할 수 있다.

(50) ㄱ. 선배님, 식사하셨습니까?

ㄴ. 선배님, 식사하셨어요?

ㄷ. 선배, 식사했어요?

ㄹ. 선배, 밥 먹었어요?

ㅁ. 선배, 밥 먹었어?

한편, 서비스업에 종사하는 사람들의 언어에서 다음 (51)과 같은 경어법 오류를 어렵지 않게 접할 수 있는데, 이러한 '과잉 존대 현상'은 어법에 맞지 않으므로 지양해야 한다. 이렇게 모어 화자조차 틀리기 쉬운 경어법 용례를 통해 하나의 용법에 대한 과잉 사용이 가져오는 부작용을 확인할 수 있다.

(51) ㄱ. 지금 보시는 상품은 50000원이십니다.

ㄴ. 현금결제만 가능하세요.

ㄷ. 저희 가게에서는 상의는 착용이 안 되세요.

이와 같이 한국어는 경어법이 체계적으로 발달한 언어이므로 학습단계에 맞게 높임법에 관한 이해 및 표현 능력을 기를 수 있도록 교육 내용을 설계하여야 한다. 특히 경어법은 주어와 매우 밀접한 관련을 맺는 문법 항목으로서 주어 사용 능력 배양을 위해 반드시 충분한 이해가 뒷받침되어야 한다.

이 밖에 재귀대명사 '자기'는 한국어의 대표적인 주어 호응 요소로서 3인칭 주어를 대체하는 일을 한다. 특히 문장이 길어질수록 문장의 의미를 파악하는 데 주어 호응 요소가 중요한 역할을 하므로 그 쓰임을 명확히 이해하는 것이 중요하다. 특히 재귀대명사는 영어, 중국어, 일본어 등 언어권에 따라 사용 양상이 각기 다르기 때문에 예문 (52)에서와 같이 모어 간섭에 의한 오류가 많은 편이므로 교수 시 주의가 필요하다.

(52) ㄱ. 내가 보면서 이 방식 통해서 *자신(√∅)의 스트래스가 풀인수 있습니다.

ㄴ. 집에서 공부하고 생활을 *자기(√내)가 다 잘 처리하지만 여기에서 문

제를 많합니다.

ㄷ. *자기(√내) 외국에서 생황(생활)에서 힘들어지만 노력하고 *자기에(√내) 미래를 충실할 것입니다.

ㄹ. 앞으로 *자기(√내) 꿈을 위해 열심히 해야 하겠습니다.

위의 (52)는 중국어권 중급 학습자의 한국어 재귀대명사 오류로 중국어의 '자기(自己)'와 한국어의 '자기'의 용법을 동일하게 적용한 간섭 오류이다. 즉, 중국어에서 '자기(自己)'는 주로 1인칭 주어 '我'를 대신하거나 '我自己'로 쓰이는 반면, 한국어의 '자기'는 예문 (53), (54)와 같이 3인칭 주어를 대신하기 때문이다.

(53) 길림에 사는 사람들은 자기의 고향을 깊히 사랑한다.(CHI_중급)

(54) ㄱ. **영이**는 자기 조카를 몹시 사랑한다.(고영근 외, 2008:282)

ㄴ. **저 애**도 또래 친구들은 부모님이나 주위 어른들에게 어리광도 부리고 사랑 받으면서 사는데 자기는 그러질 못해서 그게 제일 속상하대.(고려대 5-1)

예문 (56)에서 보듯이 한국어의 '자기'는 영어의 'myself', 일본어의 '自分', 중국어의 '自己'와 같이 1인칭 주어를 대신하지 못하므로 1인칭 주어를 그대로 사용해야 한다는 사실이다.

(55) ㄱ. I Love myself/*me.

ㄴ. 私は{自分/私}を愛する。

ㄷ. 我愛{自己/我自己}.

(56) ㄱ. 나는 나/*자기를 사랑한다.

ㄴ. 유미 씨는 유미 씨/자신/*자기를 사랑하세요?

ㄷ. 철수는 *철수/자기를 사랑한다.

따라서 중급단계에서는 '자기'에 대한 호칭으로서의 용법뿐 아니라, 3인칭 선행 주어를 받는 재귀대명사 용법도 가르칠 필요가 있다.

나. 주어 구성

중급단계에서는 '관형어+주어' 형식의 다양한 구 주어 구성을 다루게 된다. 초급단계의 단순한 병렬형 주어 구성에서 벗어나 적절한 관형형 어미를 표현하기 위해서는 서술어의 종류 및 시제에 대한 복합적인 문법 지식이 요구된다. 특히 어미는 한국어 문장을 구성하는 매우 중요한 요소이자 한국어 학습자의 오류가 많은 문법 항목에 속한다.

관형형 수식 주어 구성에 있어서도 비슷한 오류 양상이 나타나는데, 관형어 역할을 하는 용언이 동사성 술어인지, 형용사성 술어인지, 시제는 무엇인지 등에 대한 복합적인 고려가 요구되므로 학습 부담이 높은 편이다. 동사와 형용사의 중간 성격을 갖는 '있다/없다'의 관형형 오류도 이러한 원인에서 비롯된다고 할 수 있다.

초급에서는 의존명사 '것'을 중심으로 한 주어 구성이 주를 이루었다면 중급단계에서는 보다 다양한 의존명사를 중심으로 한 주어 구성이 출현하는 만큼 각 의존명사를 용법에 맞게 정확히 표현을 할 수 있도록 지도하는 것이 중요하다. 특히 의존명사는 홀로 쓰이지 못하고 반드시 관형어와 결합되어야 하므로 이러한 의존명사의 특성 및 용법에 대하여 세부적으로 다룰 필요가 있다. 특히 주어 표지 '이/가'와 고정적으로 결합하는 주어성 의존명사 '지, 나위, 수, 법, 턱'이나 표지 결합 제약이 없는 '것, 데, 바, 이' 등에 대하여 예문 (57)과 같이 문형과 함께 제시해준다.[25]

(57) ㄱ. 그가 집을 나간 **지**가 한 달이 넘었다.

---

25) 4장에 제시했던 각 교재별 의존명사 주어 구성에 나타난 의존명사 및 비자립형 명사의 단계별 분포를 살펴본 결과, 초급에서는 의존명사 '것, 곳, 적, 분, 일, 날, 바' 등이, 중급에서는 '수, 때, 경우, 면, 리' 등이, 고급에서는 '점, 데, 이, 편, 감, 지' 등이 교재에서 다뤄지고 있음을 알 수 있다.

ㄴ. 그 사람이 올 **리**가 없다.
ㄷ. 두말 할 **나위**가 있나?
ㄹ. 그의 생각을 도무지 알 **수**가 없다.

또 예문 (58)과 같이 반드시 수식 성분을 필요로 하는 자립체언에 대해서도 다룰 필요가 있다.

(58) ㄱ. 시간은 많은데 할 **일**이 없어요.
ㄴ. 친구는 많은데 나를 이해해 주는 **사람**이 없어요.

2) 주어표지

중급단계에서는 주어표지로서의 기능 외에 '이/가'의 강조·초점 기능 및 화용적 의미[26]에 초점을 두어 가르친다.

가. 일반 주어표지 '이/가'[27]

초급에서는 특정한 의미를 갖지 않는 주격조사로서의 '이/가'를 중심으로 가르쳤다면, 중급단계에서는 '이/가'에 '초점'이 놓인 경우와 주어 이외의 성분에 붙어 '강조'의 의미를 더하는 '이/가'의 용법을 다루게 된다. 다음 (59ㄱ), (59ㄴ)에 쓰인 '이', '가'의 선행성분은 주어가 아니며, '이/가'와 결합하여 '다른 것이 아닌 바로 ~'의 의미를 내포함으로써 선행성분을 강조하고 있다.

(59) ㄱ. 나는 떡이 먹고 싶어.(국립국어원, 2005:404)
ㄴ. 수지는 노래가 부르고 싶었다.
ㄷ. 엄마가 보고 싶어 고향에 왔다.

26) 유현경(2007a:278)에서 지적하듯이 초급에서 '이/가'의 기본 기능을 가르쳤다면 중·고급단계에서는 화용적·의미적 측면에 초점을 맞추어 다룰 필요가 있다. 그러나 현행 교재에서는 '이/가'의 화용적 의미에 대하여 별도의 제시를 하고 있지 않기 때문에 단계가 높아져도 오류가 완전히 없어지지 않는다.

27) 주어표지 '께서'에 대해서는 주어 호응에서 다루었으므로 생략한다.

나. '에서'와 '(이)서'

한재영 외(2005:409-410)에서 언급하듯이 중급단계에서 '단체 명사+에서' 결합형 주어를 다룰 필요가 있다. 단 '에서'를 전형적인 주어표지로 가르치기보다는 그 단체의 '누군가'가 그 일을 한 것인지는 중요하지 않기 때문에 주어가 생략된 것이라고 가르치는 것이 학습자를 이해시키는 데 도움이 된다.[28] 단, 아무리 단체 명사라고 하더라도 (60ㄷ)~(60ㅂ)처럼 그것이 행위의 주체가 아닌 경우에는 표지 '에서'와의 결합이 제한된다.

(60) ㄱ. 정부에서 북한에 쌀을 지원했다.(황화상, 2012:46)
ㄴ. 그 회사에서 신입 사원을 모집한다고 한다.(한재영 외, 2005:410)
ㄷ. *고등교육기관에서 국민에게 불신당한다.(황화상, 2012:41)
ㄹ. *당국에서 책임이 더 크다.(황화상, 2012:42)
ㅁ. *우리 학교에서 높은 언덕에 있다.
ㅂ. *그 회사에서 13층 건물이다.

한편, (61)과 같이 '둘, 혼자' 등 인수(人數)가 조사 '(이)서'와 결합되어 주어 역할을 하기도 하는데, 대부분의 한국어 교재에서는 '(이)서'를 주어표지로 다루고 있지 않다.

(61) ㄱ. 잠깐 둘이서 이야기 좀 하고 싶은데요.
ㄴ. 혼자서 바람 좀 쐬고 오겠습니다.

학교 문법에서는 조사 '에서'와 '(이)서'를 정식 주격조사로 분류하고 있는 데 반해,[29] 한국어 교육의 경우 교재나 문법서마다 다르다. 그러나 '장소/단체 명사'

---

28) 문법서를 제외한 대부분의 주요 한국어 교재에서는 처소 부사격조사로서의 '에서'만을 기술하고 있다.

29) 주격조사 '이/가'는 항상 '에서'와 '(이)서'를 대체할 수 있는 점은 해당 성분이 주어라는 사실을 뒷받침한다.
ㄱ. 우리 팀{이/에서} 우승을 했다.

및 '인수'가 동작의 주체로서 한 문장의 주어로 쓰일 때 각각 '에서'와 '(이)서'를 주어표지로 한다는 점을 이해 문법 차원으로 중급단계에서 다루는 것이 좋다.

다. 주어표지와 특수표지의 결합

보조사 '(이)야, (이)야말로, (이)나, (이)나마'가 주어와 결합하여 주어표지가 될 수 있다. 다른 보조사와 마찬가지로 주어표지 '이/가'와 결합 시 원래의 주어표지는 탈락하고 보조사만 남는다. 단계가 높아지면서 보다 다양한 의미·기능의 보조사를 배우게 되는데, (62)에서와 같이 보조사와 주격조사와의 결합으로 주어에 보조사의 고유 의미가 덧붙음을 가르친다.

(62) ㄱ. 그 가수가 얼굴이야 잘생겼지.
ㄴ. 조금이나마 도움이 되기를 바랍니다.
ㄷ. 이번이야말로 내가 이길 수 있는 절호의 기회다.

라. 주어표지 생략

전형적인 주어표지와의 결합을 중심으로 한 주어 구성 이외에 주어표지의 생략에 대해서도 언급할 필요가 있다. 고영근 외(2008:157)에서 지적하듯이 격조사의 생략은 격조사가 고유한 의미를 가지지 않을 때나 어순이나 문맥에 의해 생략된 격조사가 회복이 가능할 때 일어난다.[30] 문맥이나 상황에 맞게 적절히 주어표지를 생략하여 말하는 능력은 한국어 유창성의 요건 중 하나이므로 주어표지가 생략되는 다양한 예문을 제시함으로써 학습자의 이해를 돕도록 한다. 다음 (63), (64)는 주어표지가 생략된 발화의 예이다.

(63) ㄱ. 나 정말 바보인가 봐.(고려대 3-7)

ㄴ. 학생 여럿{이/이서} 선물을 샀다.

30) 한편 이를 격조사의 생략으로 보지 않는 시각에서는 주격, 대격, 속격은 격조사 없이 나타나는 것을 보편적으로 보고, '이/가', '을/를', '의'의 출현은 격 표시가 아니라 고유한 의미를 표지하는 것이라고 보았다(고영근 외, 2008:157).

ㄴ. 너 지난주에 면접본 거 어떻게 됐어?(고려대 3-13)

ㄷ. 무슨 안 좋은 일 있었어요?(고려대 6-2)

(64) ㄱ. 돈 좀 있어?

ㄴ. 집에 부모님 계시니?

ㄷ. 아빠 오셨다. 문 열어라.

ㄹ. 너 오늘 뭐 할 거야?

이렇게 주어표지 없이 명사(구)만으로 주어가 될 수 있는데, 만약 주어표지가 결합되면, 주어에 초점이 놓이게 된다. 한편 (65)는 예문 (64)의 주어표지를 복원시킨 것으로 주어에 초점이 놓이거나 강조됨을 확인할 수 있다. 모든 생략 현상의 전제 조건은 생략되더라도 원래 모습을 확인할 수 있어야 한다는 사실이다.

(65) ㄱ. 돈이 좀 있어?

ㄴ. 집에 부모님이 계시니?

ㄷ. 아빠가 오셨다. 문 열어라.

ㄹ. 네가 오늘 뭐 할 거야?

주어표지 생략 현상은 주로 구어에 나타나는데, 이는 특정한 주어 구성 및 서술어 호응과 관련이 있다. 특히 예문 (66)과 같이 1, 2인칭 주어, 서술어 '있다/없다', '가다/오다', 의문사 의문문의 주어에서 주어표지가 생략되는 경향이 있음을 예문을 통해 지도한다.

(66) ㄱ. 질문 있어요?

ㄴ. 요코 씨, 이번 주말에 시간 있어요?(이화여대 1-12)

ㄷ. 정민철 씨 계세요?(연세대 1-8)

ㄹ. 나 먼저 간다.

ㅁ. 너 뭐 먹을래?

ㅂ. 오빠 어디가?

다음 (67)에서 보듯이 동일 주어 반복으로 주어 생략이 가능한 경우에는 주어 표지도 생략이 가능한데, 이는 원래 성분의 회복 가능성과 관계가 있다.

(67) A: 철수는 집에 갔니?(국립국어원, 2005:407)
B: 응, (철수) 집에 갔어.

다음 (68)과 같이 '것', '데', '바', '이' 등 의존명사 형식의 주어나 (69)와 같이 명사형 어미 '-기' 형식으로 된 주어가 구어에 쓰였을 때 주어표지가 생략되는 경우가 많다.

(68) ㄱ. 병문안 가야되는 거 아니에요?(고려대 3-3)
ㄴ. 어디 좋은 데 없을까?
ㄷ. 내가 알 바 아니야.
ㄹ. 아는 이 하나 없는 외딴 섬…

(69) ㄱ. 직장이 없으면 결혼하기 어렵다.
ㄴ. 영어 점수가 없으면 그 학교 대학원에 진학하기 어렵다.
ㄷ. 이 청바지는 폭이 너무 좁아서 입기 불편하다.

단, 주어표지를 생략하려면 해당 성분의 의미·기능이 명확해야 함을 주지시켜야 하는데, 예문 (70)처럼 주어표지가 생략되면, 주어가 명확하지 않아 문장이 중의성을 띠게 된다. (70ㄷ)도 주어표지에 따라 문장의 주어가 바뀌어 뜻이 달라진 예이다.

(70) ㄱ. *오빠 도시락을 먹어 버려서 싸웠어요.(JAP_중급)(이정희, 2008:84)
ㄱ'. 오빠(가) 도시락을 먹어 버려서 싸웠어요. [주어:오빠]

ㄱ″. (제가) 오빠 도시락을 먹어 버려서 싸웠어요. [주어:나]

ㄴ. 저 *사람 노래를 잘 부른대요.(JAP_중급)(이정희, 2008:84)

ㄴ′. 저 사람이 노래를 잘 부른대요. [주어:저 사람]

ㄴ″. (A 씨가) 저 사람 노래를 잘 부른대요. [주어:A 씨]

ㄷ. *동생 옷을 잃어버려서 엄마한테 야단맞았어요.

ㄷ′. (내가) 동생 옷을 잃어버려서 엄마한테 야단맞았어요. [주어:나]

ㄷ″. 동생(이) 옷을 잃어버려서 엄마한테 야단맞았어요. [주어:동생]

이렇게 예문을 통해 주어표지 생략으로 발생할 수 있는 문제를 언급함으로써 주어표지의 역할과 그 중요성을 인식시켜야 한다.[31] 즉, 해당 체언에 초점이 놓이거나 강조된 경우, 표지 없이 성분 파악이 어려운 경우, 주어가 긴 경우, 주어를 지정하는 경우, 안긴문장 속의 주어, 주어가 지시대명사 '이/그/저'의 한정을 받지 않는 경우에는 주어표지 생략이 제한된다는 사실이다. 다음 (71)과 같이 주어표지와 결합되어 주어가 '지정'의 의미를 갖는 경우에는 주어표지가 생략되면 문장이 부자연스러워진다.

(71) ㄱ. A: 누가 이 그림을 그렸나요?

B: *수지 그렸어요.

ㄴ. *동생 나보다 그림 더 잘 그려요.

또 다음 예문 (72)와 같이 주어가 지시사의 한정을 받는 경우, 그렇지 않은 (72ㄴ)처럼 주어표지가 잘 생략되는 편이나, (72ㄷ)에서 보듯이 반드시 그런 것은 아니므로 유의해야 한다.

(72) ㄱ. 그 선생님∅ 어때?

ㄴ. *선생님∅ 어때?

---

31) 주어표지가 생략되는 경우보다 생략이 불가한 경우에 대해서 가르치는 것이 더 필요하다(국립국어원, 2005:410).

ㄷ. A: 점심에 뭐 먹을까?
B: 자장면∅ 어때?

한편, (73)과 같이 내포문의 주어에 결합된 주어표지는 생략하기 어렵다.

(73) ㄱ. *이 옷은 [부모님∅ 선물로 내게 사 주신] 것이다.
ㄴ. *한국어는 [나∅ 요즘 배우는] 외국어이다.

영어나 중국어권 학습자들 모두 조사 체계에 익숙지 않고, 일부 학습자의 경우 전략적으로 표지를 누락시키는 경향을 보이는 만큼, 이런 경향이 지속되지 않도록 표지 생략의 조건을 제한할 필요가 있다.

마. '이/가'와 '은/는'

이 밖에 주어표지 '이/가'와 결합하는 '나다, 생기다, 들다' 등의 특정 서술어를 포함하는 관용적인 표현에 대해서도 예문 (74)와 같은 문형을 중심으로 가르치는 것이 좋다.

(74) ㄱ. <u>시간이 나면</u> 뭘 해요?(서울대 2-19)
ㄴ. <u>나이가 들어서</u> 스트레스 때문에 <u>여드름이 생길</u> 수 있어요.(고려대 2-14)

또, 주어가 되는 성분이 새로운 정보인지 아닌지에 따라 주어표지가 다르게 결합하는데, 신정보에는 주어표지 '이/가', 구정보에는 보조사 '은/는'이 결합하는 경향을 갖는다. (75ㄱ)에서 '형님'은 신정보로서 주어표지 '이'가 결합된 반면, '형'은 기언급 대상으로서 보조사 '은'이 붙었다. (75ㄴ), (75ㄷ)의 '김 선생님'과 '선녀' 역시 같은 이유로 각각 다른 표지와 결합되었다.

(75) ㄱ. A: 형님이 무엇을 하세요?(서울대 1-17)
B: 형은 회사에 다녀요.

ㄴ. 저기 김 선생님{이/*은} 오신다. 김 선생님{*이/은} 우리 학교 유일한 남자 선생님이시다.

ㄷ. 옛날 옛날에 선녀와 나무꾼{이/*은} 살았대. 선녀{*가/는} 옥황상제께 벌을 받아 땅으로 내려온 거래.

(76) 안녕하세요. {저는/*제가} 제임스라고 합니다. 미국에서 왔습니다.

한편, 예문 (76)과 같은 자기소개 발화의 경우, 주어 '저'가 아닌 서술어에 초점에 놓이므로 주어표지로 '이/가'가 결합된다. 이와 같이 중급 수준에서 중립의 성격을 띠는 전형적인 주어표지로서의 '이/가' 이외에 예문 (77)의 '지정·강조' 용법에 대한 교육도 순차적으로 이루어져야 한다.

(77) ㄱ. 나는 다른 건 다 괜찮은데 <u>듣기가</u> 안 돼, 듣기가.

ㄴ. 수지 씨 생일 선물로 <u>그게</u> 좋겠어요.

ㄷ. 나는 <u>떡이</u> 먹고 싶다.(국립국어원, 2005:404)

'이/가'는 문법적 관계 외에도 예문 (77)과 같이 주어 또는 주어 이외의 성분에 붙어 '강조'의 기능을 하는데, (77ㄱ), (77ㄴ)은 조사 '이/가'가 주어에, (77ㄷ)은 주어가 아닌 목적어에 붙어 해당 성분을 강조하는 역할을 하고 있다. 이에 대해서는 중급 중·후반에 다루는 것이 좋다.

이 밖에 예문 (78)과 같이 주격조사 '이/가'가 특정 어미나 부사 뒤에 붙어서 선행어를 강조하는 역할을 하기도 하는데, 이때의 '이/가'는 전형적인 주어표지가 아니라 성분 표지와는 무관한 '강조'의 기능을 가진 조사임을 화용적 측면에 초점을 두어 언급하도록 한다.

(78) ㄱ. 이 집은 음식이 <u>맛있지가</u> 않아.(국립국어원, 2005:404)

ㄴ. 그 사람의 행동은 <u>도대체가</u> 마음에 안 들어.

'이/가'와 '은/는'의 구분 문제는 단계를 거듭하여 꾸준히 오류가 나타나는 문법 항목으로서 이에 대한 해결은 각 항목의 개별 용법 및 두 항목의 비교·대조 과정에 대한 근본적인 이해를 통해서 가능하다. 한국어 모어 화자 역시 직관에 따르는 경향이 있는 만큼 한국어에 대한 직관이 부족한 한국어 학습자일수록 문맥이나 상황에 따라 단계적이고 순차적으로 해당 항목을 사용하는 데 익숙해지도록 해야 한다. 특히 '이/가'와 '은/는'은 문법적 기능 이외에 화자의 발화 의도 즉, 화용적 기능을 담당하는 바, 이 두 가지 측면을 모두 파악함으로써 보다 숙달도 높은 한국어를 구사하도록 유도해야 한다.

중급단계에서는 주제표지로서의 '은/는'의 기능은 물론, 주어표지인 '이/가'와의 용법상의 차이를 이해하고 문장을 화용적으로 적절히 표현할 수 있는 능력을 갖추어야 한다. 다음은 중급단계에서 다루어야 할 조사 '은/는'의 교육 내용을 정리한 것이다.

첫째, 보조사 '은/는'은 주어 외 여러 가지 성분에 두루 결합되어, 그 선행 성분을 문장의 주제로 삼거나 강조하는 기능을 한다.

(79) ㄱ. 날씨는 좋은데 약속이 없네. [주격]
ㄴ. 너 밥은 먹었니? [목적격]
ㄷ. 어제는 하루 종일 집에 있었어요. [부사격]

둘째, 사실이나 진리 등을 진술하는 속담, 격언 등의 주어는 일반적으로 총칭(總稱) 명사로서 이때 보조사 '은/는'은 예문 (80)과 같이 총칭명사와 결합하여 일반적 사실이나 진리를 진술한다.

(80) ㄱ. 지구는 둥글다.
ㄴ. 에딘버러는 스코틀랜드의 수도이고, 인구는 45만 명 정도 된다.(고려대 2-13)

셋째, 예문 (81)에서 보듯이 '은/는'은 그에 선행하는 체언을 제외한 나머지

항을 부정하는 의미로서 쓰이는데, 이는 '은/는'의 대표적인 화용 기능 중 하나이다.

(81) ㄱ. A: 오늘 음식 어땠어?
B: 배는 불러.(=맛은 별로였어)
ㄴ. 말은 잘하지.(=실천은 하지 않는다)

넷째, 세 번째 항목과 연관된 기능으로서, 보조사 '은/는'이 의문사와 결합되면 그 의문문은 의미상 부정문이 된다.

(82) ㄱ. 그 애가 뭐는 잘하니?(=그 애는 잘 하는 게 하나도 없다)
ㄴ. 네가 언제는 한가하니?(=항상 바쁘다)

지금까지 정리한 보조사 '은/는'의 기능 및 용법의 제시 순서를 학습단계에 맞게 순차적으로 나열하면 다음 〈표 47〉과 같다

〈표 47〉 '은/는'의 학습단계별 제시 순서 및 내용

초급 (통사)	은/는1	주제의 '은/는'(+격대체 기능) ↓
	은/는2	비교·대조의 '은/는' ↓
	은/는3	이중주어문 NP_1 표지의 '은/는' ↓
중급 (의미)	은/는4	總稱이나 사실의 '은/는' ↓
	은/는5	구정보의 '은/는' ↓
고급 (화용)	은/는6	내포문 주어의 '은/는' ↓
	은/는7	체언 외 부사나 어미 등을 강조하는 '은/는'

3) 이중주어

이중주어문이 본격적으로 다뤄지는 것은 중급단계부터라고 할 수 있다. 중급단계에서는 진정한 이중주어문[32]으로 볼 수 있는 한정된 문장들을 중심으로 접근하되 지나치게 강조하지 않도록 한다. 다음 (83)는 진정한 이중주어문의 예로서 임홍빈(1971:145-147)에서 다뤄진 바 있다.

(83) ㄱ. 나는 꽃이 좋다.
ㄴ. 나는 공부가 싫다
ㄷ. 나는 그가 크다.
ㄹ. 나는 백운대가 높다.

특히 중급 후반부는 한국어문법에 대한 체계가 완성되어 가는 시기인 만큼 이중주어문의 형성 원리에 대한 문법적 설명을 가하여도 무리가 없을 것으로 보인다.

4) 주어 생략 및 무주어

중급단계에서 다루어야 할 주어 생략에 관한 교육 내용을 도출하기 위하여 무엇보다 현행 한국어 교재에 나타난 주어 생략의 양상 및 특성을 살필 필요가 있다. 다음은 한국어 중급 교재에 나타난 주어 생략문의 특징을 정리한 것이다.

첫째, 초급에서 주어 생략의 대부분을 차지했던 화용적 주어 생략 가운데, 고정된 청·화자 조건에 의한 주어 생략은 중급단계에서도 꾸준히 나타난다.

둘째, 사실문의 비중이 늘어남에 따라 형식주어의 생략이 많아지고, 다양한 담화상황에서 비롯된 권유문과 명령문에서의 주어 생략 비율이 높게 나타난다. 명령·청유문에서의 발화 상황이 사적인 것에서 공적인 상황으로 바뀌고 있는 점이 초급과 다르다.

셋째, '화제'가 후행 문장의 주어로 이어지면서 주어가 생략된다.

넷째, 관용적 주어 생략은 주로 공적인 인사 및 담화 형태에서 나타난다.

---

32) 진정한 이중주어문의 개념은 임홍빈(1971)을 참고할 것.

다섯째, 중급에서는 주어 확인 요소인 복수표지 '-들'이 문장에 쓰임에 따라 선행 문장의 주어가 다음 문장에서 숨은 주어 역할을 하게 된다. 그러므로 중급단계 중·후반부에는 주어 생략과 복수표지 '-들'과의 관계에 대해 언급할 필요가 있다.[33]

여섯째, '나'라는 지정 화자를 전제로 하는 '일기문'이나 '자기소개서'의 경우에도 주어가 생략된다.

일곱째, 선행절과 후행절의 주어가 같은 '연결문'에서는 후행절의 주어가 생략된다.[34]

지금까지 살핀 중급 교재의 주어 생략문의 특징을 토대로 중급단계에서 다루어야 할 주어 생략에 대한 교육 내용을 도출하면 다음과 같다.

ㄱ. 선행 화제가 후행문의 주어로 이어진 경우의 주어 생략
ㄴ. 선행 주어가 후행문의 주어로 이어진 경우의 주어 생략
ㄷ. 공적 담화의 틀에 박힌 표현 등에서의 관용적 주어 생략
ㄹ. 일반적 사실을 나타내는 문장의 형식주어 생략
ㅁ. (연결문에서) 주어가 동일한 선행절과 후행절의 후행절 주어 생략

중급단계에서 다루어야 할 주어 생략 교수를 위한 구체적인 교실 활동을 제시하면 다음 〈표 48〉과 같다

〈표 48〉 중급단계의 주어 교육 활동의 예

항목		기능	활동
주어	주어 호응 & 어순	표현	✔주어 완성하기 & 서술어 완성하기 Ⅱ ✔동영상을 보고 이야기 만들기 ✔단어들을 어순에 맞게 배열하여 문장 만들기

33) 본서에서는 복수표지 '-들'을 고급단계의 주어 확인 요소로 설정하였다.

34) ㄱ. 안디는 오늘 늦게 일어나서 ∅ 수업에 늦었다.
ㄴ. 수지는 친구 생일 선물을 사러 ∅ 명동에 갔다.

<table>
<tr><td>주어</td><td>주어 구성</td><td>표현</td><td>✔나의 꿈 이야기하기
: 하고 싶은 것, 가고 싶은 곳, 살고 싶은 곳 등
✔이상형 이야기하기
✔나의 여행기
• ~(으)ㄴ 적(일)이 있다/ 없다</td></tr>
<tr><td rowspan="3">주어표지</td><td>이/가</td><td>표현</td><td>【기능: 초점, 지정의 '이/가'】
✔발가락이 닮았네!
친구들의 외모 및 특징소개하기, 연예인의 사진을 준비하여 친구의 외모와 비교하여 설명하기.
✔틀린 그림 찾기
• 두 장의 그림을 보고 달라진 것 찾기</td></tr>
<tr><td>께서</td><td>표현</td><td>✔대장금 따라잡기
• 드라마 '사극' 대본으로 역할극 하기(말하기/듣기/역할극)</td></tr>
<tr><td>이/가
·
은/는</td><td>표현</td><td>✔한국 VS ㅇㅇ(언어/문화 등)
✔흥부 VS 놀부, 콩쥐 VS 팥쥐
• 전래 동화를 읽고 두 주인공의 성격 비교하기</td></tr>
<tr><td>이중주어</td><td colspan="2">진정한 이중주어문 표현</td><td>✔여행을 떠나요!
그룹을 나누어 여행 계획을 세우는 활동을 한다.
사전에 요리, 청소, 회계, 숙소 정하기 등 역할을 분담한다.
✔집들이 준비
이사 후 집들이 계획하기 활동
음식메뉴 등 집들이에 필요한 일들을 정하고 누가 무엇을 준비할지 역할을 나눠본다.</td></tr>
<tr><td rowspan="2">주어생략</td><td colspan="2">통사적 생략</td><td>✔공익광고 카피라이터 따라잡기
신문이나 TV에서 인상 깊게 본 공익광고를 메모해 온다.
좋은 공익광고가 되기 위한 조건은 무엇인지 생각해본다.
각자 혹은 그룹을 나누어 공익광고용 문구 만들기를 해본다.</td></tr>
<tr><td colspan="2">화용적 생략</td><td>✔내 고백을 받아 줘!
각자 반 친구 한 명에게 자신의 마음을 고백하는 글을 써오는 과제를 부여한다.
교사는 이름을 밝히지 않고 학생들이 작성한 글을 읽어준다.
편지의 수신자가 '자신'이라고 생각되는 학생은 조용히 손을 든다.</td></tr>
</table>

5.2.2.3. 중급의 주어 교육 모형

중급 주어 교육의 모형으로 'E → A → S → A''의 순서로 구성되는 '부메랑 유형'을 소개하면 다음과 같다.

1 몰입 단계(Engage)

【활동】

- 기능: 한국어의 이중주어, 주어 생략, 주어표지 생략을 이해하고 표현한다.
- 수업 단계: 중급 중~후반
- 활동 순서 및 방법

1. 교사는 소리가 삭제된 재미있는 TV광고 한 편을 학생들에게 보여준다.
2. 광고를 시청한 후 광고에 대한 견해를 자유롭게 팀별로 이야기한다.
3. 광고 영상을 다시 한 번 보면서 광고에 어울리는 문구를 만들어본다.
4. 팀별로 완성된 문구를 소개하고 자신이 광고주라면 어떤 광고 문구를 채택할지 이야기 나눈다.
5. 소리를 재생하여 광고를 다시 한 번 시청하면서 자신이 만든 광고 문구와 비교해 본다.

2 활성화 단계(Activate)

단순히 배운 문법을 사용해보기 위한 단계가 아닌 진정한 자유 활동(free activities)을 통한 의사소통이 될 수 있도록 내용을 구성한다.

【활성화 활동】

- 활동 주제: 나도 싱어송 라이터!
- 문법 항목: 이중주어, 주어 생략, 주어표지 생략
- 언어 기능: 쓰기, 말하기
- 활동 설명

1. 그룹별로 자유롭게 노랫말을 쓰고 곡을 붙여본다. 곡을 붙이기 어렵거나 시간이 부족한 경우에는 기존의 곡을 노랫말만 바꾸는 형식으로 해도 좋다.
2. 그룹별로 발표하고 감상하는 시간을 갖는다.
3. 노래자랑 후 그룹별로 만든 노랫말을 함께 읽어 보면서 의견을 나누고 교사는 코멘트한다.

3 교수·학습단계(Study)

교사의 제시와 설명을 통해 해당 항목의 정확성을 높이는 단계로, PPP의 제시·연습, TTT의 교수 단계에 해당된다.

【제시·설명】

교사는 다양한 광고 문구를 준비하여 그 문구의 의미가 무엇인지, 무엇을 광고하는 문구인지, 광고의 효과를 극대화하기 위해 카피라이터는 어떤 문체적 효과를 이용하였는지 이야기한다. 광고문에서 표현을 절제하거나 문장 성분을 생략하는 이유에 대하여 이야기하고 한국어에서의 주어 생략 및 주어표지 생략, 이중주어문장의 특성을 설명한다.

【연습】

유인물에 실린 글을 읽으면서 생략된 성분은 무엇이며, 왜 생략되었는지, 생략된 성분은 무엇인지 추측하는 연습을 한다.

3 활성화 단계(Activate)

【활성화 활동】

- 활동 주제: 나도 카피라이터!
- 문법 항목: 이중주어, 주어 생략, 주어표지 생략
- 언어 기능: 말하기, 듣기, 읽기, 쓰기
- 활동 설명

1. 광고할 제품을 한 가지 선정하여 각 그룹별로 그 광고에 대한 아이디어를 내고 광고를 뒷받침할 수 있는 흥미로운 광고 문구를 PPT로 제작한다.
2. 그룹별 PPT 발표를 함께 들으면서 모두가 광고주가 되어 광고를 평가한다.
3. 지금까지 수업에서 다루었던 다양한 문체적 효과들을 평가 항목으로 설정정한다.
4. 우승과 준우승을 뽑고 수상작을 함께 감상하면서 광고의 장점과 보완할 점들을 이야기하는 시간을 갖는다.

5.2.3. 고급

구체적인 문법 설명은 중급단계에서 어느 정도 마무리가 되는 만큼 고급단계[35]의 주어 교육에서는 기존 항목의 예외적인 용법 및 제약, 불규칙적인 현상들을 중심으로 학습한다. 그러나 앞서 한국어 교재에서 살펴본 바와 같이 초급단계 이후 주어와 관련된 기술이나 해당 항목에 대한 설명, 주어 사용 제약 등에 관한 내용이 미흡하기 때문에 본서에서는 고급 수준에서 다루어야 할 주어 사용 전반에 걸쳐 주어 교육 내용을 제안하고자 한다.

특히 고급단계는 문단 단위의 담화를 자유롭게 구사하는 것이 가능한 단계로서 지금까지 배운 여러 문법 요소들이 머릿속에서 체계적으로 조직되고, 다양한 문맥이나 대화 상황에 알맞은 문법 표현들을 사용하는 것이 가능한 단계이다. 또한 지금까지 배웠던 문법 항목들에 대한 빈도가 낮고 예외적인 특수 용법을 다룸으로써 모어화자가 구사하는 세부적이고 미묘한 화용상의 차이까지 파악할 수 있도록 교육 내용을 구성한다.

5.2.3.1. 주어 교육의 목표

고급단계의 주어 교육 목표를 설정하기에 앞서 한국어 교육 기관이 정하는 전반적인 고급 한국어 과정의 목표를 살펴보기로 한다. 먼저 5급은 교양적인 내용의 개인적 담화가 가능하고 한국에서 기본적인 직장생활을 수행할 수 있으며, 빈도 높은 추상 어휘나 관용표현을 이해할 수 있는 단계에 해당하며, 세부적인 교육 목표의 내용은 다음과 같다.

■ 5급의 교육 목표

ㄱ. 정치, 경제, 사회, 문화 등 전문 분야의 기초 어휘를 이해하고 사용할 수 있다.

---

35) 고급단계의 문법 교육의 목표에 대한 내용은 김제열(2001a, b), 방성원(2003:137)을 참고하였음.

ㄴ. 신문이나 방송 등 시사 관련 어휘를 이해하며 사용할 수 있다.
ㄷ. 수필이나 소설의 비유적 표현이나 어휘를 이해하고 구사할 수 있다.
ㄹ. 다양한 한국어 문법 요소를 이해하고 구사할 수 있다.
ㅁ. 존댓말, 반말을 이해하고 극존칭, 하게체, 하오체를 이해한다.
ㅂ. 문단 단위의 담화를 생성하고 큰 문법 오류없이 발화할 수 있다.
ㅅ. 보고서 작성, 발표하기, 일상생활에 관한 인터뷰 조사 및 발표 등 학업 활동과 관련된 다소 복잡한 과제를 수행할 수 있다.
ㅇ. 취업 광고, 진로 상담, 면접, 자기 소개서 및 이력서 작성, 업무 보고, 거래 및 협상 등 직업과 관계된 과제를 수행할 수 있다.
ㅈ. 계약과 해지, 피해 보상, 손해배상 요구 및 처리 등 복잡한 사회 활동 관련 과제를 수행할 수 있다.
ㅊ. 문화 강좌 및 문화 행사 참여, 감상문, 문학 작품 이해, 작품 쓰기 등 문화 관련 과제를 수행할 수 있다.

6급은 대학 강의 수강이 가능하고, 한국어문법을 이용하여 복잡하고 전문적인 활동이 가능한 단계로 세부적인 교육 목표는 다음과 같다.

■ 6급의 교육 목표
ㄱ. 전문 분야의 어휘를 이해하고 구사한다.
ㄴ. 저빈도 추상어휘를 숙지하고 구사한다.
ㄷ. 문학적 표현이나 어휘를 이해하고 구사한다.
ㄹ. 저빈도 숙어나 속담, 고사성어를 이해하고 사용한다.
ㅁ. 저빈도 문법적 관용표현, 어미 결합형을 이해한다.
ㅂ. 하게체, 하오체를 구사할 수 있고, 겸양표현을 이해할 수 있다.
ㅅ. 문제없이 문법을 사용할 수 있다.
ㅇ. 연구 발표 및 연구 논문 작성 등 학업 관련 과제를 수행할 수 있다.
ㅈ. 복잡한 직업 관련 과제를 수행할 수 있다.

고급 한국어 문법 교육의 목표와 관련하여 주어 교육의 목표는 관련 항목에 대한 세부적이고 예외적인 용법을 익힘으로써 주어를 오류 없이 사용하고, 한국어 문장 구조를 분석적으로 이해하고 사용하는 능력을 갖추게 하는 것이다. 주지하다시피 고급 한국어는 전문적이고 학문적인 수준까지 한국어 사용 영역이 넓어지기 시작하는 단계인 만큼, 문법 항목의 의미·기능·화용적 측면에까지 두루 이해를 넓히고, 사용 빈도가 낮거나 예외적인 항목에 대해서도 충분히 인지하고 있어야 한다. 다음은 고급단계에 필요한 주어 사용 능력을 표현·이해 기능 측면에서 살펴본 것이다.

■ 표현 영역의 교육 목표

ㄱ. 길고 복잡한 절(節) 주어 구성을 바르게 표현할 수 있다.
ㄴ. 길고 복잡한 주어 구성을 서술어와 바르게 호응시킬 수 있다.
ㄷ. '이/가'와 '은/는'의 세부적인 의미 차이를 알고 적절하게 사용할 수 있다.
ㄹ. 단체 주어표지 '에서'와 수량 주어표지 '이서'의 쓰임을 알고 바르게 사용할 수 있다.
ㅁ. 도입형, 견해형 등 비격대체 이중주어 유형을 바르게 사용할 수 있다.
ㅂ. 청·화자의 나이, 지위, 성별, 친밀도에 따라 경어법을 적절히 사용할 수 있다.
ㅅ. 문체 효과를 위해 주어를 적절히 도치시킬 수 있다.

■ 이해 영역의 교육 목표

ㄱ. 수량형, 도입형, 견해형 등 비격대체 이중주어문의 도입 과정을 이해할 수 있다.
ㄴ. 극존칭, 하게체, 하오체 등 다양한 존대 표현을 듣고 이해할 수 있다.
ㄷ. 다양한 무주어문을 이해할 수 있다.
ㄹ. 여러 가지 속담, 격언, 관용표현 등을 이해할 수 있다.
ㅁ. 시사적·학술적인 형식의 담화를 듣고 이해할 수 있다.

ㅂ. '이/가'의 화용적 의미 차이를 이해할 수 있다.

ㅅ. '은/는'의 화용적 의미 차이를 이해할 수 있다.

5.2.3.2. 주어 교육 내용 선정 및 방법

고급단계는 학습의 최종 단계로서 학습자의 문법 능력을 양적·질적으로 극대화하는 것을 목표로 한다.[36] 그러므로 초·중급단계에서는 개별 항목의 형태나 기능을 익혀 주어를 바르게 사용하기 위한 연습을 위주로 했다면, 고급에서는 지금까지 배운 주어 관련 항목들의 내용과 규칙, 제약 등을 완전히 이해하고 이를 기반으로 상황이나 문맥에 맞게 바르게 사용하도록 교육 과정을 구성해야 한다. 고급단계에 중점을 둔 주어 교육과정의 구성 원리는 다음과 같다.

첫째, 초급이나 중급에서 다루지 않았던 빈도가 낮고 난이도가 높은 주어 관련 항목들을 중심으로 수업을 구성한다.

둘째, 초급이나 중급에서 다루었던 항목이지만 사용 빈도가 낮고 예외적인 규칙 및 제약을 다룬다.

셋째, 모국어 화자의 문법 능력에 근접하는 절차적 지식의 사용 능력을 배양하도록 교육 내용을 설계한다.

넷째, 기학습된 문법 요소들을 체계적이고 조직적으로 비교·대조함으로써 관련 문법 항목 및 유의 항목의 적절한 사용이 가능하도록 한다.

다섯째, 문법 오류를 스스로 분석·판단하고 교정할 수 있는 능력을 기른다.

여섯째, 고급 담화 수행을 위하여 주어 사용과 관계된 다양한 표현들을 익힌다.

일곱째, 담화·화용 기능 중심으로 조직화된 문법 내용을 교육과정에 포함한다.

여덟째, 전형적인 의미·형식에서 벗어나 특정 담화 수행을 위해 사용되는 기능 표현을 가르친다.

36) 방성원(2003:147)에서 지적하듯이 고급단계 문법 교육의 궁극적인 목적은 원어민의 언어 능력에 가까운 '절차적 지식'을 획득하는 것이다.

〈표 49〉 고급단계 주어 교육을 위한 문법 항목의 세부 내용

구분		문법 항목	교육 내용
주어사용	성분 호응	✔문장구조 ✔어순 ✔주-술 호응 ✔주어호응요소	다양한 경어법(극존칭, 겸양법, 압존법)을 상황에 맞게 표현한다. 주어의 형태, 의미에 맞게 서술어를 선택하고 호응시킬 수 있다. 서술어의 형태, 의미에 맞는 주어를 선택하고 사용할 수 있다. 주어 변별(확인) 요소를 이해하고 사용할 수 있다. 문체적 효과를 위한 주어 도치를 이해하고 표현할 수 있다.
	주어 구성	비체언 구성	비체언형 주어 구성을 익힌다.
		구(句) 구성	다양한 의존명사형 주어 구성을 구사하고 의존명사별 조사나 어미에 관한 문법 제약을 이해하고 바르게 사용할 수 있다.
		절(節) 구성	오류 없이 명사절로 주어를 표현할 수 있다. '인용절'을 주어로 바르게 표현할 수 있다. 의문문을 주어로 바르게 표현할 수 있다.
주어표지	일반 표지	이/가	선행 체언의 종류나 성격에 맞게 주어표지를 적절히 선택하여 사용할 수 있다. '이/가'의 예외적 용법 및 화용적 의미를 파악하고 표현할 수 있다.
	특수 표지	보조사	다양한 보조사를 문맥에 맞게 주어표지로서 적절히 사용할 수 있다. '의'같은 주격 이외의 격조사가 주어표지 기능을 하는 경우가 있음을 알고 이해할 수 있다.
주어표지	표지 생략	통사적 생략 관용적 생략 화용적 생략	연결문에서 선행절과 후행절의 주어가 같으면 후행절의 주어표지는 보통 생략된다. '한물가다'와 같이 표지가 생략된 관용 표현을 다룬다. 문학적 표현을 위한 주어표지 생략을 이해하고 표현한다.
	이/가:은/는	이/가	내포문 주어의 '이/가' 부사, 어미 등을 강조하는 '이/가'
		은/는	내포문 주어의 '은/는' 부사 등을 강조하는 '이/가' 속담이나 격언 등에 실현되는 '총칭'의 '은/는'
이중주어	특수 이중주어문		난 짜장면. 난 비빔밥.

주어생략·무주어문	통사적 생략	통사적 요인에 의한 주어 생략문을 이해하고 적절히 표현할 수 있다.
	화용적 생략	자의적 주어 생략의 기능·용법 및 그에 따른 화용적 의미까지 폭넓게 이해할 수 있다. 속담, 격언, 관용표현을 중심으로 한 다양한 화용적 주어 생략문을 이해하고 표현할 수 있다.
	무주어문	제한된 무주어문을 통해 한국어 문장에 나타나는 무주어문의 특성을 간단히 살핀다.

1) 전반적 주어 사용

전반적 주어 사용에 관한 내용은 크게 주어 호응과 주어 구성으로 구분된다. 초급과 중급 과정을 통해 학습자들은 이미 주어 호응 및 구성과 관련한 한국어 문장 구조에 대한 원리를 이해하게 되므로, 고급단계에서는 지금까지 학습자가 습득한 문장 구조에 대한 지식을 바탕으로 한 단계 높은 주어 사용 능력을 기를 수 있도록 교육과정을 구성한다.

가. 주어 호응

주어의 호응과 관련하여 고급단계에서 중점적으로 교육할 내용은 '주어와 서술어의 호응', '논리적 호응', '특수어 호응' 등이다. 고급단계로 갈수록 학습자가 산출해내는 문장이 단문에서 장문으로, 짧고 단순했던 발화는 길고 복잡해진다. 문장이 길어지면 주어와 서술어 사이의 거리도 자연히 멀어지기 때문에 문장의 주어 자체가 모호해지거나 서술어와 주어의 호응이 맞지 않는 등 크고 작은 문제점이 생겨나게 된다.

그러므로 한국어 교사는 학습자들이 서술의 주체를 보다 명확히 하여, 문장이 마무리되는 순간까지 주어와 서술어의 관계가 적절히 호응하는 문장을 산출해내도록 지도해야 한다. 한국어 학습자들은 그들이 표현하고자 하는 바를 먼저 그들의 모국어로 생각한 다음 한국어로 번역하는 과정을 거치는 경우가 많아서, 그 번역의 결과가 한국어 모어화자라면 거의 산출할 가능성이 없는 부자연스러운 모습을 띄기도 하는데, 이는 한국어와 모어의 언어사용 체계 및 인지 체계 차이에 기인한 경우가 많다. 특히 영어권 모어화자의 경우 한국어에서는 주어로 표현되지 않는 추상성 명사를 서술의 주체로 표현함으로써 한국어도 영어도 아닌 어색한 발화를 산출하기도 한다.

이동혁·유혜원(2009:201)에서 지적하듯이 '주어-서술어'사이의 심각한 호응 오류는 복문에서 주로 나타나는 경향이 있으므로, 지나치게 긴 문장을 피하고, 꼭 필요하다면 두 문장으로 나누어 쓰거나 주어-서술어 사이에 관련 성분을 지나칠 정도로 많이 삽입하지 않도록 지도한다.

(84) 대학생활은 중 고등학교의 생활과는 달리 스스로 의지에 따라 다양한 동아리 및 자치단체 활동에 참가할 수 있다.(이동혁·유혜원, 2009:203)

예문 (84)는 한국 대학생의 글에 나타난 주어-서술어 호응 오류의 예이다. 앞서 언급했듯이 주어와 서술어 사이의 거리가 멀고, 주어와 서술어 사이에 다양한 성문이 삽입됨으로써 호응이 어색해진 것이다. 이렇게 한국어 모어 화자 역시 길고 복잡한 문장에서는 주어 호응 오류를 피하기 어렵다.

그러므로 고급단계에서는 예문 (85)와 같이 틀리기 쉬운 주어-서술어 호응에 관한 예문을 가지고 고치기 활동을 하거나 동료 학습자 피드백 활동을 통해 주어 사용 오류의 가능성을 직·간접적으로 접함으로써 오류를 줄여나갈 수 있다. 예문 (85)는 모어 화자들조차 틀리기 쉬운 오류의 예로써, 주어-서술어 호응, 논리적 호응, 특수 호응 표현 등에 대한 인식 부족에서 비롯된 오류 및 교정의 예이다.[37)]

(85) ㄱ. 내가 당신을 사랑하는 이유는 당신은 내가 원하는 모든 것을 가지고 있다.

ㄱ'. 내가 당신을 사랑하는 이유는 당신은 내가 원하는 모든 것을 가지고 있기 때문이다.

ㄴ. 내 꿈은 훌륭한 의사가 되어 가난한 사람들에게 의술을 펼치려고

37) 배상복(2004:64-69) 참고.

한다.

ㄴ'. 내 꿈은 훌륭한 의사가 되어 가난한 사람들에게 의술을 펼치는 것이다.

ㄷ. 어찌나 길이 막히던지 내가 행사장에 도착했을 때는 이미 끝난 뒤였다.

ㄷ'. 어찌나 길이 막히던지 내가 행사장에 도착했을 때는 축제가 이미 끝난 뒤였다.

적절한 주어-서술어 호응 및 바른 문장 구성을 위한 고급단계의 주어 구성 지도 내용은 다음과 같다.[38)]

첫째, 주어와 서술어가 너무 멀어지지 않게 문장을 구성하도록 지도한다. 특히 겹문장에서 주어와 서술어의 거리가 멀어지면 주어, 서술어가 상호 호응하는 성분이 무엇인지 파악하는 것이 어려워지므로 문장 구성에 유의하도록 해야 한다.[39)]

둘째, 단문이라도 주어와 서술어 사이에 수식어가 지나치게 길면 문장이 모호해지므로 수식성분을 줄이거나, 주어의 위치를 서술어에 가까운 곳으로 옮기도록 지도한다.

셋째, 무정성·추상성 명사(구)보다는 유정성 명사(구)를 문장의 주어로 사용하도록 지도한다.

넷째, 문장에서 행위의 주체를 명확히 하도록 지도한다. 특히 한국어에서는 피동형 문장보다는 능동형 문장이 더 자연스럽다. 피동문으로 표현된 한국어 문장에서는 행위 주체가 모호하여 문장의 의미까지 모호해지는 경향이 있는 만큼 가급적 능동형 문장을 통해 글의 의도가 명확히 나타나도록 지도한다. 행위의 주체가 분명한 유정성 명사를 주어로 하는 능동형 문장일수록 전달하려는 메시지나 주장이 잘 드러나기 때문이다.

38) 배상복(2004:63-101) 참고.

39) 목적어가 길 경우 '주어+목적어+서술어'보다 '목적어+주어+서술어' 순이 이해하기 쉽다.

(86) ㄱ. 정부 당국의 방송 정책 분야에서 국내 방송시장의 여건을 고려해 후속적인 세부 정책은 신중하게 수립되어야 할 것이다.(배상복, 2004:86)
ㄴ. 정부 당국은 국내 방송시장의 여건을 고려해 후속적인 세부 방송 정책을 신중하게 수립해야 한다.

다섯째, 수식어는 바로 뒤의 피수식어를 꾸미는 것이 보통이므로 주어를 수식하는 관형어는 주어 가까이에 두도록 지도한다.

(87) ?아름다운 그녀의 웨딩드레스 / 그녀의 아름다운 웨딩드레스

여섯째, 특정한 술어와 호응하는 단어에 대해서는 주어-서술어 문형을 따로 다룬다. 예문 (88)의 '가능성, 앙금, 확률' 등의 단어는 각각 '크다/작다, 남다/가시다, 높다/낮다'를 술어로 취하는 것이 자연스러우므로 이를 연관지어 덩어리 표현으로 가르치는 것이 좋다.

(88) ㄱ. 가능성이 크다/작다/?희박하다
ㄴ. 앙금이 남다/가시다/?가라앉다
ㄷ. 확률이 높다/낮다/?크다

일곱째, 인과관계가 바르고 앞 뒤 흐름이 맞는 논리적인 문장을 쓰도록 지도한다.

(89) ㄱ. 내가 대학에 가려는 이유는 졸업 후 좋은 직장에 취직하기 위해서라기보다는 진리를 열심히 탐구하는 것이다.(배상복, 2004:75)
ㄴ. 내가 대학에 가려는 이유는 졸업 후 좋은 직장에 취직하기 위해서라기보다는 진리를 열심히 탐구하기 위해서다.

이처럼 고급단계로 갈수록 복문의 비율이 높아지기 때문에, 한국어 교사는 학

습자들로 하여금 성분 간 관계가 긴밀하고 수식 관계가 명확한 바른 문장을 산출해 내도록 돕는 것이 무엇보다 중요하다. 특히 고급단계부터는 학술적인 목적의 쓰기 등 전문적 글쓰기 환경에 노출되기 시작하는 시기인 만큼 이런 내용을 토대로 주어 호응 및 문장 구성 방식을 익힘으로써 주어 사용 능력을 한 단계 끌어 올릴 수 있을 것이다.

나. 주어 구성

학습단계가 높아질수록 학습자들이 목표어를 통해 표현하고자 하는 바가 사적인 것에서 공적이고 전문적인 것으로, 구체적인 것에서 추상적인 것으로 변화하게 된다. 더불어 주어를 구성하는 요소 역시 단순한 체언구성에서 구 형식을 거쳐, 길고 복잡한 절 형식으로 바뀌게 되므로 학습단계에 맞는 주어 구성 지도가 뒷받침되어야 한다.

〈표 50〉 고급단계의 주어 구성

고급	**절 주어 구성** "명사절형" ↓ **절 주어 구성** "인용절형"

특히 주부(主部)가 명사형 어미 '-(으)ㅁ'이 쓰였는지 '-기'가 쓰였는지에 따라 문장의 의미가 달라지므로, 이 시기에는 주어-서술어와 관련한 '-(으)ㅁ', '-기'[40]의 배타적 쓰임에 대한 지도가 필요하다.

(90) ㄱ. 이른 봄에는 실내가 더 추움/*춥기를 느낀다.(고영근 외, 2008:501)

40) '-(으)ㅁ'은 평가 서술어(분명하다, 확실하다, 사실이다, 필요하다 등), 인식 서술어(알다, 깨닫다 등), 지각 서술어(보다, 듣다 등)와 호응하는 양상을 보이는 반면, '-기'는 심리 서술어(좋다, 싫다, 쉽다, 싫어하다, 좋아하다 등), 미래 동작 서술어(기대하다, 원하다, 요청하다, 명령하다 등)와 호응하는 특성이 있다.

ㄴ. 우리는 그가 대통령이 *됨을/되기를 바란다.

ㄷ. 이 일의 성사 여부는 우리가 노력함에 달려 있다.(=노력 여부)

ㄷ′. 이 일의 성사 여부는 우리가 노력하기에 달려 있다.(=어떻게 노력하는가)

한편 의존명사 '것'과 '-(으)ㅁ', '-기'의 구분에 대한 오류도 생길 수 있으므로 이에 대한 지도가 필요하다.

(91) ㄱ. 제 꿈은 환희 씨를 *만나기(√만나는 것)입니다.(INDO_중급)

ㄴ. 한국어 *공부하기(√공부) 덕분에 착하고 예쁘고 멋있는 선생님들을 만날 수 있었습니다.(INDO_중급)

고급단계에서는 '절(節)' 형식의 주어를 오류 없이 표현할 뿐만 아니라, 다양한 절 주어 구성의 종류를 익히고 이해하도록 교육 내용을 구성하여야 한다. 다음 (92)는 다양한 형식의 명사절이 문장의 주어로 쓰인 경우이다.

(92) ㄱ. 이제 저들의 퇴로를 어떻게 차단할 것인가가 초미의 문제로 남아 있다.

ㄴ. 사느냐 죽느냐가 문제다.

ㄷ. 그가 범인임이 분명하다.

다. 주어 관련 요소

한국어는 영어처럼 주어가 성·수 일치 등 문장 형식을 결정하는 역할을 하지는 않지만, 주체 경어법처럼 문장의 주어를 확인시켜 주는 요소들은 존재한다. 초급단계에서는 어순을 통한 주어의 위치 및 존칭 주어표지 '께서'와 존대 선어말어미 '-(으)시-'를 주어와 호응하는 관련 요소로 다루었다면 고급단계에서는 그 밖의 요소들을 가지고 주어 호응 요소에 대한 이해력과 표현력을 기르도록 한다.

고급단계에서 다뤄야 할 첫 번째 주어 호응 요소[41]는 질량성·추상성 명사 또는 부사에 복수 표지 보조사 '-들'이 붙은 형태에 관한 것이다.

(93) ㄱ. 너희들 물들 길어 오너라.(고영근 외, 2008:283)
ㄴ. 어서들 오너라.
ㄷ. A: 애들이 참 귀여워요.(가나다 3-25)
B: 어릴 때 사진이라 지금은 많이들 달라졌는데, 새로 찍자고 하고서 아직 못 찍었어요.

그 밖에, '일부러', '저절로', '친히', '몸소' 등의 부사가 오면 선행 명사구는 주어 기능을 하는 바, 이런 부사들은 주어 호응 기준이 된다.

(94) ㄱ. **영수**는 일부러 자는 척했다.
ㄴ. **대통령**께서 친히 하사하신 보물이라네.
ㄷ. **마더 데레사**는 일생동안 선을 몸소 실천하셨다.
ㄹ. 어찌나 피곤한지 **눈**이 저절로 감겼다.

이와 같이 주어 호응 요소는 길고 복잡한 문장 속에서 학습자가 해당 문장의 주어를 확인할 수 있도록 안내하는 길잡이로서, 특히 학술적·전문적인 한국어 읽기의 기회가 많아지는 고급 학습자들에게 이러한 주어 확인 요소에 대한 이해가 도움을 줄 수 있다. 또한 이러한 주어 호응 요소들은 문장 내 성분들이 균형 있게 호응할 수 있도록 조율하는 역할을 한다는 점에 관하여도 고급단계에서 언급할 수 있다.

2) 주어표지

가. 일반적 주어표지

41) 고영근 외(2008:282-284)을 참고하였음.

고급단계에서는 주어표지 '이/가'의 상대적으로 빈도가 낮고 난이도가 높은 불규칙적이고 예외적인 용법을 익힐 수 있도록 교육과정을 구성한다. 본 단계에서는 '이/가'를 문맥에 맞게 한국어 모어 화자가 사용하는 수준까지 구사할 수 있도록 해야 한다. 그러기 위해서는 '이/가', '은/는'의 세부적이고 구체적인 기능 및 용법을 이해하고 있어야 하며, 그럼으로써 아주 복잡한 발화 맥락에서도 두 항목의 세밀한 차이까지 파악하는 것이 가능해질 것이다. 다음은 고급에서 다루어야 할 '이/가', '은/는'의 기능·용법을 간략히 제시한 것이다.

(95) ㄱ. 이/가7: 내포문 주어의 '이/가'
ㄴ. 이/가8: 체언 외 부사나 어미 등을 강조하는 '이/가'
ㄷ. 은/는6: 내포문 주어의 '은/는'
ㄹ. 은/는7: 체언 외 부사나 어미 등을 강조하는 '은/는'

고급단계에서는 주어표지 '이/가'가 체언 외 품사(용언의 어미)와 결합하여 주어가 아닌 '강조'의 기능을 할 수 있다. '이/가'의 경우 전형적인 주어표지 역할을 할 때에도 기저에 '강조'의 의미가 깔려 있는 경우가 많다. 단, 고급에서는 항상 '이/가'='주어표지' 공식이 성립하는 것은 아니라는 사실을 '이/가'의 고유 의미 기능을 통해 인식시키도록 한다.

(96) ㄱ. 물건이 싸다고 다가 아니야. 품질이 중요해.
ㄴ. 에어컨을 켜도 시원하지가 않아.
ㄷ. 재래시장인데 별로 싸지가 않네.
ㄹ. 값은 비싼데 성능이 좋지가 않아.

이 밖에 주어표지 '이/가'와 함께 서술어 '있다/없다', '되다/아니다' 등과 호응하는 전형적인 표현을 다루도록 한다. 이와 관계된 내용은 중급단계에서도 제시할 필요가 있는데, 서술어에 호응하는 주어의 어휘 수준에 따라 중급·고급으로 구분된다. 다음 '이/가'의 전형적 주술 호응 표현의 예이다.

(97) ㄱ. (일리, 눈치, 경향, 소질/자질…)이/가, -(으)ㄴ 감이, -(으)ㄹ데가 있다/없다
ㄴ. (계기, 전환점…)이/가 되다
ㄷ. (영혼, 사랑, 정성…)이/가 깃들다/깃들어 있다
ㄹ. (맞벌이 부부, 출산율, 평균수명…)이/가 늘다/줄다
ㅁ. (가족관)이/가 변화하다/바뀌다
ㅂ. (초혼연령, 주가…)이/가 상승/하락하다

이와 같이 고급단계에서는 서술어와 주어표지 '이/가'가 호응하는 관용 표현을 중심으로 다루도록 한다.[42] 관용 표현은 한국 모어 화자들의 언어 습관 및 문화와 밀접한 관련이 있으며 정해진 언어 형식이 있는 만큼, 명시적으로 지도할 필요가 있다. 다음 (98)은 고급단계에서 제시해야 할 '이/가'와 관계된 관용 표현으로, 이 가운데 (98ㄴ)과 같은 일부 표현들은 제2의 의미를 가지는 만큼, 해당어의 화용적 기능과 관련하여 지도하는 것이 좋다.

(98) ㄱ. 물거품이/원동력이/기폭제가 되다, 귀추가 주목 되다, 하루가 다르다…
ㄴ. 물이 들다, 물 샐 틈이 없다, 맛이 가다, 얼굴이 뜨겁다, 목이 빠지다, 귀가 얇다/따갑다/번쩍 뜨이다, 눈이 높다, 콧대가 세다, 가슴이 미어지다, 콧날이 시큰하다…

한편, 예문 (99)와 같은 내포절의 주어에는 '이/가'를 사용하고, 선행절과 후행절의 주어가 다른 연결문의 선행절 주어에는 '이/가'를 붙인다. 또 예문 (101)과 같은 내포문 주어에는 '은/는'을 사용한다.

(99) ㄱ. [내<u>가</u> 좋아하는] 운동은 수영이다.
ㄴ. [수지<u>가</u> 사귀는] 사람은 같은 회사 동료다.

---

42) 고려대 6권을 참고하였음.

(100) ㄱ. 학생들이 늦게 와서 선생님이 화를 내셨다.
ㄴ. 우리 아들이 이번 시험에서 일등하면 제가 떡을 돌리겠어요.

(101) ㄱ. 내가 좋아하는 운동은 수영이다.
ㄴ. 수지가 사귀는 사람은 같은 회사 동료다.

한편, (102), (103)과 같은 '은/는'의 '비교', '강조' 기능은 고급단계에서도 여전히 활발히 사용되므로 복습 차원에서 확인하도록 한다.

(102) ㄱ. 사실은 제가 몸은 약하면서 살은 쉽게 찌는 체질이라서 〈비교〉
ㄴ. 한국어는 중급 정도의 수준이지만 영어, 중국어는 능숙하게 합니다. (고려대 5-3)

(103) ㄱ. 다행히 암은 아니래요.(고려대 5-2) 〈강조〉
ㄴ. 그건 아마도 자신의 사생활을 어느 정도는 보호하고 싶어하는 인간의 심리를 고려하지 못했기 때문이 아닐까?(고려대 6-7)

한편, '은/는'은 예문 (104)에서와 같이 체언(형)이 아닌 부사나 다양한 어미 활용형과 결합하여 선행어를 강조하는 기능을 하기도 한다.

(104) ㄱ. 자세히는 모르겠는데 간이 많이 안 좋아졌다고 들었어요.
ㄴ. 한국 사람은 김치 없이는 못산다는 말이 있어요.
ㄷ. 수지 씨가 다음 달에 결혼할거란 말이 맞기는 한가 봐요.
ㄹ. 그렇게 많이 사용되지는 않는 것 같아요.(고려대 6-7)
ㅁ. 이러한 사회변화, 비단 한국만의 현상은 아니라는 생각이 듭니다.(고려대 6-9)

특히 고급단계는 화용 교육이 강조되는 시기인 만큼, '은/는'의 화용적 용법 및 기능을 중심으로 가르치는 것이 좋다. 초급에서 의문사는 '은/는'과의 결합이 제한된다고 가르친 것과 달리, 예문 (105)와 같이 '은/는'이 '누구, 무엇, 어디, 언제' 등 의문사와 결합되면, 화용상 부정적인 뜻을 내포하게 된다.

(105) ㄱ. 수지가 뭐는 잘하는데?(=수지는 잘하는 게 없다.)
ㄴ. 어디는 재미있었고?(=재미있었던 곳이 없다.)
ㄷ. 네가 언제는 한가했어?(=한가한 때가 없었다.)
ㄹ. 누구는 숙제 없니?(=나도 숙제가 있어서 바쁘다.)

다음 (106)은 '은/는'이 주어표지로 쓰여, 특정 서술어와 호응하는 관용표현의 예로서, 표현 단위로 가르친다.[43]

(106) ㄱ. 밥은 물론, 물 한 잔도 못 마시고 나왔다.
ㄴ. 용돈은 고사하고 괜히 야단만 맞았다.
ㄷ. 비단 우리나라만의 얘기는 아니다.
ㄹ. 정성을 다해 간호를 했건만(했건마는)[44] 왜 병세가 나아지지 않는 걸까요?(고려대 6-4)
ㅁ. 한편으로는 설레고 한편으로는 무섭기도 해요.(고려대 6-7)

특히 이 시기에는 속담이나 격언 등 다양한 관용표현을 본격적으로 다루게 되는데, 이러한 (107)과 같은 문장에서는 주로 '사실'이나 '총칭'의 의미를 갖는 '은/는'이 관용문의 주어표지로 쓰인다.

(107) ㄱ. 가재는 게 편

43) '이/가', '은/는'을 조사로만 독립시켜 가르칠 것이 아니라 문장 구조, 서술어와의 호응 관계 속에서 순환적, 반복적으로 교육해야 한다(김정숙·남기춘, 2002:39).

44) 동사, 형용사, '명사+이다' 뒤에 붙어 어떠한 상태나 상황이 기대되는데도 그렇지 못함을 나타낸다(고려대 6-4).

ㄴ. 팔은 안으로 굽는다.
ㄷ. 부부싸움은 칼로 물 베기
ㄹ. 사위는 백년손님

나. 주어표지의 생략과 보조사의 결합

특수 주어표지로는 초급이나 중급에서는 다루지 않았던 보조사를 중심으로 가르치도록 한다. 지금까지 학습한 보조사와 마찬가지로 주어표지에 결합하여 격조사를 탈락시키고 그 고유 의미를 더하며, 주어가 아닌 다른 성분에도 두루 쓰일 수 있음을 지도한다.

보조사 '(이)야말로'는 대조의 '은/는'과 비슷하나 더 강조된 '특수'의 의미를 갖는다.

(108) ㄱ. 철수야말로 이 일의 적임자다.(고영근 외, 2008:162)
ㄴ. 그러고 보면 서로에게 힘이 되는 마음이야말로 진정한 도움인 것 같아.(고려대 5-1)

보조사 '(이)나마'는 차선의 선택이라는 의미를 갖지만, 보조사 '(이)나'에 비해 화자의 평가가 훨씬 긍정적일 때 쓰인다.

(109) ㄱ. 저의 적은 돈이나마 좋은 일에 쓰였으면 기쁘겠습니다.
ㄴ. 할 일도 없는데 노래방이나 가자.

보조사 '(이)야'는 명사에 결합하여 그 명사를 강조함과 동시에 그 명사를 제외한 다른 요소는 배제하거나 부정한다.

(110) A: 경제적인 건 별로 중요하지 않다고 생각해.(고려대 6-1)
B: 너야 집안이 넉넉하니까 괜찮겠지만 나는 좀 달라.

특히 한국어 고급단계에서는 초급이나 중급에서 다루지 않았던 일명 속격조사 '의'가 주어표지 역할을 하는 경우에 대해서도 다루게 된다. 바로 예문 (111ㄱ)에 제시된 노래 '고향의 봄'과 (111ㄴ) 독립선언문에 쓰인 조사 '의'는 주격조사로서 주어표지로 쓰인 대표적인 예라고 할 수 있다. 이를 학습자에게 강조하거나 사용을 권장하기 보다는 이해 문법 차원에서 다루는 것으로 충분하다.

(111) ㄱ. 나의 살던 고향은 꽃 피는 산골…
ㄴ. (생략) 조선인(朝鮮人)의 자주민(自主民)임을 선언(宣言)하노라.(독립선언서)

다. 주어표지 생략

중급에서는 구어를 중심으로 한 주어표지의 생략을 주로 다룬 반면, 고급단계에서는 (112)와 같은 문학 작품, 속담, 매체어(광고나 표어 등), 노래나 (113)과 같은 관용표현을 중심으로 가르치는 것이 좋다. 이런 종류의 주어 생략은 주로 문체적 효과를 위한 것으로서 문체 특성이나 요구 방식에 따라 표지가 생략되는 경우가 많다.

(112) ㄱ. 산에는 꽃 피네. 꽃이 피네.(김소월 '산유화')
ㄴ. 무심코 버린 쓰레기, 당신에게 해가 되어 돌아옵니다.
ㄷ. 콩 심은 데 콩 나고, 팥 심은 데 팥 난다.
ㄹ. 똥 묻은 개 겨 묻은 개 나무란다.

(113) ㄱ. 이러한 인식이 바뀌지 않는 한 한국이 성숙한 다문화 사회로 나아갈 리 만무합니다.(고려대 6-9)
ㄴ. 그는 한창때 꽤 인기 있던 가수였는데 이제는 한물가서 알아보는 사람도 거의 없다.(표준국어대사전)
ㄷ. 철수 걔, 시험에서 떨어지더니 요새 좀 한풀 꺾였어.

3) 이중주어

고급단계는 지금까지 배운 다양한 이중주어문을 상황이나 문맥에 맞게 적절히 표현하는 것을 목표로 하는 단계인 만큼, 이중주어문에 대한 폭넓은 이해를 바탕으로 구어나 문어에서 상황에 맞게 이중주어문을 구사할 수 있도록 복습 차원에서 다양한 상황별 예문을 통해 지도한다.

그러나 이중주어 성격의 문형은 초급과 중급단계에 걸쳐 이미 모두 제시된 바 있으므로, 이전에 다루지 않았던 (114), (115)와 같은 유형의 특수구문에 대해서는 다루어 봄직하다.

(114) A: 나는 짬뽕.
B: 나는 짜장.

(115) A: 자장면이 맞을까, 짜장면이 맞을까?
B: 나는 짜장면.

4) 주어 생략 및 무주어문

고급단계에서는 텍스트의 주제가 사회, 정치, 교육, 정신, 문화, 경제, 과학, 문학, 건강 등으로 전문화되므로, 청·화자 혹은 1, 2인칭 주어 생략이 많은 초·중급과는 달리 3인칭 주어의 생략이 높게 나타난다. 청·화자가 아닌 제3자나 새로운 화제를 주어로 도입하는 경우에도 그 대화의 화제가 지속적으로 유지될 때는 주어가 생략된다.

(116) 고급단계의 주어 생략 교육 내용
ㄱ. 화용적/통사적 주어 생략의 차이를 알고 바르게 주어를 생략할 수 있다.
ㄴ. 속담, 격언 등 관용적인 무주어문의 종류와 특성을 안다.

고급단계에서 다루는 단원의 주제가 개인적인 일에서 공적인 일로 바뀌지만 주어 생략의 양상은 크게 다르지 않다. 예문 (117)은 '한국'을 주제로 한 대화로서 규칙적으로 주어가 생략되는 모습을 보여준다.

(117) A: 한국 조선업이 발전하기 시작한 건 1970년대부터였어요. 알다시피 60년대까지만 해도 한국은 경제가 굉장히 어려웠잖아요.(고려대 5-6)
B: 네, 전쟁의 여파로 어려움을 많이 겪었다는 건 저도 들어서 알아요.

다음은 문학 작품에 나타나는 주어 생략 양상으로, 시 속의 화자가 전제되어 있는 만큼 주어가 드러나 있지 않고 화자의 행위가 어디를 향해있는지 그 대상 역시 주어로 실현되지 않고 있다. 이는 해석을 독자들에 맡기고자 하는 하나의 장치이기도 하다. 고급단계에서는 예문 (118)과 같은 다양한 문학 작품을 접하는 시기인 만큼 주어 생략이나 표지 생략과 같은 문학적 장치에 대한 지도가 학습자들에게 도움을 줄 수 있다.

(118) ㄱ. 나 보기가 역겨워 가실 때에는 말없이 고이 보내 드리오리다.
ㄴ. 영변에 약산 진달래꽃 아름 따다 가실 길에 뿌리오리다.
ㄷ. 가시는 걸음걸음 놓인 그 꽃을 사뿐히 즈려 밟고 가시옵소서.
ㄹ. 나 보기가 역겨워 가실 때에는 죽어도 아니 눈물 흘리오리다.(김소월 진달래꽃, 고려대 5-5)

그럼에도 불구하고 전(全) 단계를 아우르는 주어 생략의 원리는 (119)와 같은 속담·격언 등 관용적인 주어 생략 및 문학 작품 등에서 심미적 목적으로 생략된 경우를 제외하고 원래 주어의 복원이 가능하다는 점이다. 이 밖에 (120)과 같이 불특정 다수를 주어로 하는 공익광고의 주어 생략 양상에 대한 고찰이 도움이 될 것이다.

(119) ㄱ. 누워서 떡 먹기
ㄴ. 낫 놓고 기역자도 모른다.

ㄷ. 금강산도 식후경

ㄹ. 천릿길도 한걸음부터

(120) ㄱ. 혹시 자녀의 반도 모르면서 반 등수만을 알려고 하지 않습니까?

ㄴ. 단 한번을 쓰기 위해 50년을 키웠습니까?

ㄷ. 돈이라면 남기시겠습니까?

ㄹ. 한 장이 아닙니다. 두 장입니다.

5.2.3.3. 고급단계 주어 교육 모형

[1] 몰입 단계(Engage)

【활동 1】

- 기능: 말하기, 쓰기
- 문법 항목: 주어 생략, 주어표지 생략
- 수업 단계: 고급 초반
- 활동 순서 및 방법

1. 교사는 속담과 관련된 몇 장의 그림카드를 준비하여 팀별로 나누어준다.
2. 학생들은 그림카드를 보면서 어떤 내용의 속담인지 추측하여 직접 카드에 적어 본다.
3. 다른 조와 비교하며 가장 많이 맞춘 팀은 어디인지 알아본다.

[2] 활성화 단계(Activate)

【활성화 활동】

- 활동 주제: 속담
- 문법 항목: 주어 생략, 주어표지 생략
- 언어 기능: 말하기
- 활동 설명

【활동 1】

1. 교사는 미완성형 속담 카드를 준비한다.
   예) 똥 묻은 개가 ㅇㅇㅇ ㅇ ㅇㅇㅇㅇ.
2. 교사는 속담 카드 세트를 한 팀 중 한 명에게 주어서 한 학습자만 속담 카드를 볼 수 있도록 한다.
3. 한 명이 속담을 말하면 상대는 빈 칸(속담)을 완성해서 말하는 게임이다.

③ 교수·학습단계(Study)

【제시·설명 1】

교사는 한국 속담의 특징을 다른 나라와 비교하여 설명하면서 비슷한 점과 다른 점은 무엇인지 함께 이야기 나눈다. 한국 속담 문형의 특징과 주어 관련 특성을 성분 생략과 표지 생략과 연관지어 설명한다.

【연습 1】

속담 외우기: 앞면에는 속담 관련 그림이, 뒷면에는 속담이 쓰여 있다. 학습자는 그림과 속담을 번갈아 보면서 속담을 외운다. 제한 시간 동안 가장 많은 속담을 맞춘 학습자가 우승!

④ 활성화 단계

【활성화 활동】

- 활동 주제: 속담 스피드 게임 Ⅱ
- 문법 항목: 주어 생략, 주어표지 생략
- 언어 기능: 말하기
- 활동 설명

1. 학습자들은 속담 한 가지를 골라 그 속담에 어울리는 3~4분 내외의 짧은 상황극을 만든다.
2. 상황극을 팀별로 연습한 후 무대에 올린다.
3. 상황극이 끝나면 그 상황극은 무슨 속담을 주제로 한 것인지 이야기하고 감상평을 나눈다.

【활동 2】[45)]

1. 속담이 적힌 카드 세트를 준비한다.
2. 한 학생만 그 카드를 볼 수 있으며, 그 학생이 속담 내용을 몸으로 표현하면 상대학생은 속담을 정확히 말하는 게임이다.
3. 가장 많은 속담을 맞추는 팀이 이긴다.

주어와 관련하여 교재에서 활용할 만한 교실 활동들을 주어의 관련 항목별로 소개하면 〈표 51〉과 같다. 각 활동들은 해당 단계에 맞는 문법 제시 순서나 담화 기능과 밀접한 관련이 있다. 주어 사용에 대한 교육은 새로운 교육과정을 만들지 않아도 기존의 교육과정과 문법 교육의 틀을 유지하면서 주어 관련 활동을 접목하도록 구성하였다. 단 목표 문법에 대한 의식적이고 유의미한 활동이 되도록 해당 항목을 익히기에 적합한 언어활동을 구성하는 데 중점을 두었다.

〈표 51〉 고급단계의 주어 교육 활동의 예

<table>
<tr><th></th><th>구분</th><th colspan="2">활동</th></tr>
<tr><td rowspan="2">주어호응</td><td>주-술 호응</td><td colspan="2">✔나도 한국어 선생님
: 동료 피드백 활동_친구들의 작문 고치기(recasting) 활동
✔주어 맞추기
: 비어 있는 주어 또는 서술어 채우기 활동</td></tr>
<tr><td>어순</td><td colspan="2">✔그 때 그 때 달라요
주어진 단어로 어순과 조사를 달리하여 만들 수 있는 모든 문장 만들기
예: 나, 지갑, 지하철, 옆 자리, 가방, 아저씨, 손</td></tr>
<tr><td rowspan="2">주어구성</td><td rowspan="2">절 주어</td><td>문장</td><td>명사절 및 인용절로 주부를 구성해본다.</td></tr>
<tr><td>의존</td><td>다양한 의존명사를 이용하여 주어를 만들어 보는 활동을 한다.</td></tr>
<tr><td>주어표지</td><td>에서 (이)서</td><td colspan="2">✔신문기자 따라잡기
신문 기사문 만들기(쓰기) 학급/학교/동네 신문 만들기
정부에서/민간단체에서/우리 반에서/안암동에서. . . .</td></tr>
</table>

45) 팀별로 경쟁하게 함으로써 단시간 안에 많은 속담을 익힐 수 있고, 자칫 지루하고 부담스러운 한국 속담을 눈과 귀를 통해 효과적으로 익힐 수 있다.

<table>
<tr><td rowspan="2">주어표지</td><td rowspan="2">이/가
·
은/는</td><td>✔주어진 대화나 글을 읽고 알맞은 반응 고르기
예) 네가 얼굴은 이쁘지.
① 기분이 좋다 ② 기분이 나쁘다 ③ 알 수 없다 ④ 좋지도 나쁘지도 않다
✔ '아' 다르고 '어' 다른 한국어
• 두 대화의 차이는 무엇입니까? 어떤 문장을 들었을 때 기분이 좋지 않습니까?
-너는 뭘 잘하니? : 네가 뭐는 잘하니?
-밥 잘 먹고 다녀 : 밥은 먹고 다니니?
-힘이 세네 : 힘은 세네.
• 반어법으로 문장 만들기
• 자작시 짓기
✔싸움도 기술!</td></tr>
<tr><td>조사 '이/가, 은/는'을 적절히 사용하여 상대방의 기분을 좋게 혹은 나쁘게 만들어 보자(부부, 남자/여자 친구 사이, 부모와 자녀 간의 싸움).
✔비교하지 맙시다.
제시어를 가지고 친구 A, B/언니와 오빠/엄마와 아빠/선생님 A, B의 특징 비교
✔빈칸에 알맞은 조사 넣기 : 이/가, 은/는
• 여러 가지 '이/가', '은/는'의 용법이 든 단락을 주고 그 안에서 조사의 개별 기능을 유추해보는 연습(소그룹 활동)
• 하나의 완성된 글을 조사를 바꾸어 다른 의미의 글로 바꾸어보는 활동
신문기사에서 주어표지만 지운 후 알맞은 조사 넣기(게임)
✔방송작가 따라잡기
드라마에서 싸우는 장면을 무음처리하여 학생들에게 보여준 뒤 그룹끼리 상황에 어울리는 대화를 '이/가', '은/는'의 효과를 살려 만들어 보도록 한다. 완성 후 그룹별로 발표하고 가장 상황에 어울리게 대본을 만든 팀을 뽑는다.</td></tr>
<tr><td>주어생략 및 무주어</td><td>통사적 생략
·
화용적 생략
·
무주어문</td><td>✔몸으로 말해요: 속담 맞추기(활동: 말하기)
✔small world
모어 속담과 비슷한 한국어 속담을 찾고 비교해본다. 무엇이 비슷하고 무엇이 다른지 비교하고, 속담의 유래도 이야기한다.
✔공익광고 만들기
공익광고, 격언, 속담, 노래 등에 나타난 통사적 생략의 양상 및 기능 이해하기
문체적 효과를 얻기 위한 주어 생략 사례
✔생략된 주어 찾기
주어가 생략된 문장과 생략되지 않은 문장의 의미 비교하기</td></tr>
</table>

다음 〈표 52〉는 지금까지 논의한 주어교육의 범주와 그 세부 항목에 대한 단계별 교육의 필요성 및 심화 정도를 도표로 간단히 제시한 것이다.

〈표 52〉 주어 교육 항목에 대한 단계별 교수

항목	주어				주어표지					이중주어			주어생략		무주어
	어순	기본문형	주어호응	주어구성	이/가	께서	에서	(이)서	이/가·은/는	서술절의 주어	진정한 이중주어문	특수구문	통사적생략	화용적생략	
초	◎	◎	○	○	◎	◎	△	△	○	◎	×	×	○	◎	△
중	○	△	◎	◎	○	△	◎	◎	◎	○	◎	×	◎	○	○
고	△	△	○	○	○	△	○	○	○	○	○	◎	◎	○	◎

(◎: 심화, ○:보통, △:유연, ×:불가)

6

결론

주어와
주어교육

본서는 한국어를 비롯한 한국어 학습자의 주요 모국어가 갖는 주어의 의미를 고찰해 봄으로써 궁극적으로 학습자의 모국어와 학습단계에 맞는 한국어 주어 교육 방안을 마련하는 것을 목적으로 하였다. 모든 언어에서 주어는 발화의 시작이자, 올바른 문장을 이루는 데 근간이 되는 필수 요소이며 한국어도 예외는 아니다. '주어'라는 개념을 한마디로 정의하기도 어렵지만 언어 유형에 따른 주어 특성 및 표현 방식의 차이로 말미암아 한국어 학습자들이 주어 사용에서 크고 작은 오류를 보여 왔다. 본서는 이런 학습자의 주어 사용 오류가 학습자 모국어의 주어 특성과 관계가 있을 것이라는 관점에서 출발하여 한국어의 주어를 살핌과 동시에 학습자의 주요 모국어인 영어, 일본어, 중국어, 인도네시아어를 중심으로 각 언어에 나타나는 주어의 개념 및 특성을 고찰하였다. 또한 한국어 주어의 주요 특성인 주어 호응 및 주어 구성, 주어표지, 이중주어, 주어 생략에 대한 기본 특성을 밝히고, 학습자의 대표 모국어와의 비교·대조를 통해 각 언어권별 주어 교육에 필요한 중점 사안을 논의하였다.

주어는 문장의 근간이 되는 주요 성분의 하나로서 문장 및 발화의 시작임과 동시에 다른 문장 성분들과도 긴밀한 관계를 맺고 있어 주어를 올바로 사용하는 능력은 한국어에서 매우 중요하고도 필수적이다. 그러나 주지하다시피 주어는 의미, 형태, 통사적으로 복합적인 특성을 가지며, 언어 유형에 따라서도 그 특성이 다르므로 '주어'를 올바로 정의하기 위해서는 한 가지 측면만을 고려해서는 안 되고 다양한 언어를 중심으로 그 특성을 상호간에 비교·대조하는 절차가 필요하다. 그러한 시도의 일환으로 본서에서는 한국어의 중요한 통사적 특징 중 하나인 이중주어구문의 정체를 밝히고 학습자 언어권별 교수 방안을 모색하기 위해 이중주어문을 개별 외국어로 번역·분석하였다.

또 한국어 학습자를 위한 주어 교육과정 내용을 구체화하기 위하여 주어와 관련이 있는 항목인 주어표지, 이중주어, 주어 생략 문제를 중심으로 학습단계에 따른 교육 방법을 모색하였다. 언어 학습에서 의사소통능력이 강조됨에 따라 상대적으로 문법 관련 항목들은 소홀히 다뤄져 온 것이 사실이며, 주어도 마찬가지다. 특히 한국어 학습자들의 주어 사용 및 오류 양상에 대한 고찰 결과, 학습 단계가 높아져도 지속적으로 오류를 보이는 주어 관련 항목이 발견되었고, 특히 학습자의 모국어에 따른 주어 사용도 각기 상이한 양상을 보였다. 이는 모국어의 주어 특성과 한국어 주어 사용 능력이 밀접한 관계가 있는 것으로 보고, 학습자 모국어에 따라 한국어 주어 교육 시 유의해야 할 점은 무엇인지 주어 관련 항목별로 논의하였다. 본서에서 논의한 내용을 각 장별로 간략히 살펴보면 다음과 같다.

제2장에서는 한국어 교육 문법서에 나타난 주어, 주어표지, 이중주어, 주어 생략의 개념을 살펴봄으로써 각 항목별로 한국어 교육이 궁극적으로 한국어 교육이 포괄해야 할 주어 관련 문법의 범주는 무엇인지 논의하였다. 한국어 문법 교육은 근본적으로는 학문 문법을 근간으로 하지만 한국어에 대한 기본 지식이 부족한 외국인을 대상으로 하는 만큼, 같은 문법 항목이라도 포함해야 할 교육 내용이나 절차는 내국인 학습자를 대상으로 하는 것과 상당히 달라질 수 있다.

제3장에서는 학습자의 대표 모국어인 영어, 일본어, 중국어, 인도네시아어에 나타나는 주어의 개념 및 특성을 논의하였다. 모든 언어는 주어를 가지지만 그것을 표현하는 방식은 언어에 따라 다른 바, 학습자들의 주요 언어권에 나타나는 주어의 특성을 살피고, 한국어의 주어와 비교함으로써 학습자 모국어별 주어 교육 방안을 마련하는 데 근간으로 삼았다. 특히 외국어 학습은 모국어의 간섭[1]을 받기 쉬우므로 주어 교육에 있어서도 학습자가 가지고 있는 주어에 대한 기본 인식 및 표현 방식을 바로 알고, 어려움을 예측함으로써 교육적으로 활용할 수 있기 때문이다.

제4장에서는 한국어 주어 교육의 현황을 파악하기 위한 절차로 주요 한국어 교재에 나타난 주어 및 주어 관련 항목에 대한 기술 현황을 살펴보았다. 그리고 각 언어권별 한국어 학습자의 쓰기에 나타난 주어 사용 및 오류 양상을 주어 호응 및 구성, 주어표지, 이중주어, 주어 생략 등 각 항목별로 그 특성을 고찰하

1) '간섭개념'은 모국어가 제2언어 학습에 체계적으로 영향을 미칠 것이라는 대조가설에서 비롯되었다. 즉 간섭에 의한 오류를 밝힘으로써 외국어 학습에 이용하면 오류를 줄일 수 있다는 것이다.

였다. 주요 한국어 교재 분석 결과 주어 또는 주어 관련 항목에 대한 설명이 초급 초반에 간단히 언급될 뿐, 순차적인 제시는 미흡하였다. 한편, 주어 사용 및 표현 방식에 있어서 학습자가 어떤 모국어를 배경으로 하는지에 따라 각기 다른 양상을 보이는 바, 주어 교육에 있어서도 언어권별 특성에 맞게 차별적인 교육이 이루어져야 함을 시사하였다.

제5장에서는 3, 4장의 논의를 토대로 한국어 학습단계별 주어 교육과정의 내용을 구체화하였다. 대부분의 문법 항목은 복합적인 의미·용법을 가지므로 한꺼번에 가르칠 수 없다. 주어 관련 항목 역시 학습단계에 맞는 용법과 내용을 기반으로 순차적이고 자연스럽게 교육이 이루어지도록 내용을 구성하였다.

본서는 학습자가 모어를 통해 이미 알고 있는 주어의 개념과 그들이 배우는 새로운 언어인 한국어에서 주어가 갖는 의미에 초점을 맞추어 논의를 전개하였다. 본서의 고찰 대상에는 영어, 중국어, 인도네시아어처럼 한국어와 전혀 상반된 유형의 언어도 있고, 일본어처럼 아주 흡사한 유형의 언어도 있다. 그러나 중요한 것은, 멀다고 해서 한국어와 완전히 다른 것이 아니고, 가깝다고 해서 완전히 같지는 않다는 사실이다. 그러나 얼마나 멀고 무엇이 가까운지 알고 접근하는 것은 외국어 교육에서 아주 중요한 태도이다. 특히 한국어 교육은 모국어 습득이 이미 완성된 성인 학습자층을 주요 대상으로 하는 만큼, 문법 항목에 대한 대조언어적 접근은 매우 유의미하다.

어떤 외국어에 익숙해지기 위해서는 그 언어에서 가장 중요한 것이 무엇인지 파악해야 한다. 한국어는 중국어처럼 어휘를 순서대로 나열하는 것만으로 문장이 이루어지지 않는다. 한국어에는 문장성분과 결합하여 해당 성분을 표지하는 기능을 하는 '조사'라는 문법 항목이 있어서 이 표지를 통해 해당 성분이 실현되고 일정한 의미를 가질 수 있게 되는 것이다. 이와 같이 언어마다 특화된 문법 항목이 존재하기 마련인데, 한국어는 조사가 발달한 언어로서 주어에 맞는 조사를 적절히 결합하는 능력이 주어 사용 능력을 좌우한다고 해도 과언이 아닐 만큼 한국어에서 문장 성분과 격조사의 관계는 중요하다. 한국어에서 조사는 격을 표시하는 기능 외에도 그 조사만의 고유 의미를 선행 성분에 결합하여 전혀 다른 뉘앙스의 발화로 바꿔 놓는 기능도 할 수 있기 때문에 이들의 복합적인 기능과 용법을 파악하는 일은 한국어 숙달도를 높이는 데 필수적이다.

본서에서는 주어 교육 관련 항목을 주어 호응 및 주어 구성, 주어표지, 이중주어, 주어 생략에 한정하여 한국어의 주어 특성 및 교육 방안을 논의하였지만 나아가 주어 관련 항목을 더욱 확장함으로써 보다 다양하고 심도 깊은 논의를 기대할 수 있을 것이다. 이 밖에 주어 사용 오류와 관련한 학습자 말뭉치를 단계별, 언어권별로 대량 확보해 나간다면, 학습자 주어 사용 오류 분석 결과에 객관성을 더할 수 있을 것으로 보인다.

아울러 주어뿐 아니라 목적어, 서술어 등으로 논의를 확장해 나간다면, 보다 다양하고 효과적인 한국어 문법 교육 방안이 마련될 것이며, 언어 기능에 편중되어 있는 한국어 교육 연구 분야의 논의도 더욱 풍성해질 것으로 기대한다.

참고문헌

주어와
주어교육

강길운(2002). 『통시국문법정설』. 서울: 한국문화사.

강창석(2009). “국어의 수량 표현 문법 1-개념과 용어의 문제를 중심으로-.” 『인문학지』 39. 충북대학교 인문학연구소. 25-45.

고경태(2008). “한국어 교육을 위한 문법 체계에 대하여.” 『한국어학』 41. 한국어학회. 183-206.

고석주(2001). “한국어 조사의 연구.” 연세대학교 박사학위논문.

고석주(2002). “학습자 말뭉치에서 조사 오류의 특징.” 『외국어로서의 한국어교육』 27-1. 연세대학교 한국어학당. 543-570.

고영근(1968). 『주격 조사의 한 종류에 대하여』. 이숭녕박사송수기념논총. 서울: 을유문화사.

고영근 · 구본관(2008). 『우리말 문법론』. 서울: 집문당.

고영근 · 남기심(1985). 『표준 국어문법론』. 서울: 탑출판사.

고영훈(2006). 『말레이-인도네시아어 첫걸음』. 서울: 한국외국어대학교 출판부.

고창수(1992). “국어의 격이론.” 『홍익어문』 10-11. 홍익대학교 국어교육과 홍익어문연구회.

곽수진 · 김영주(2010). “한국어 학습자의 문장 성분 호응 관계 오류 연구.” 『한국어 의미학』 32. 한국어의미학회. 29-51.

구재희(2007). “한국어 기본문형 연구.” 이화여자대학교 박사학위논문.

국립국어연구원(1999). 『표준국어대사전』. 서울: 두산동아.

국립국어원(2005). 『외국인을 한국어 문법 1』. 서울: 커뮤니케이션북스.

권현희(2006). “영어의 주어에 관한 연구.” 부산대학교 석사학위논문.

김경호(2010). 『학교문법을 중심으로 한 정통일본어문법』. 서울: 제이앤씨.

김경훤(2008). “외국인 학습자의 한국어 오류 양상에 관한 오류.” 『새국어교육』 80. 한국국어교육학회. 5-26.

김광호(2007). “중국어와 한국어의 주어 비교 연구.” 강원대학교 석사학위논문.

김두봉(1916). 『조선말본』. 경성: 신문관.

김두봉(1922). 『깁더 조선말본』. 새글집.

김령(2012). “중국인 학습자를 위한 한국어 조사 ‘이/가’와 ‘은/는’ 교육 내용 연구.” 서울대학교 석사학위논문.

김명광(2007). "인도네시아 한국어 교육과정의 상위 영역과 교과목의 상관성에 대한 연구." 『한국학연구』 27. 고려대학교 한국학연구소. 201-232.

김명애(2008). "영어 생물주어와 무생물주어의 한국어 번역유형 비교." 부경대학교 석사학위논문.

김미영(2005). "한국어 영형의 통사적 분포와 그 지시에 대한 최적성 연구." 『어학연구』 41-1. 서울대학교 어학연구소. 31-48.

김미옥(1994). "한국어 학습에 나타난 오류 분석." 『한국어 교육』 5. 국제한국어교육학회. 233-244.

김미옥(2002). "학습단계에 따른 한국어 학습자 오류의 통계적 분석." 『외국어로서의 한국어교육』 25-1. 연세대학교 한국어학당. 495-541.

김민국(2009). "'-이서'의 분포와 문법 범주." 『형태론』 11-2. 박이정. 335-356.

김민수(1971). 『국어문법론』. 일조각.

김민수 · 남광우 · 유창돈 · 허웅 · 하동호 · 고영근(1986). 『새 중학문법 새 고교문법』. 서울: 탑출판사.

김방한(1965). "국어주격접미사 '이' 고(考)." 『논문집』 5. 서울대학교. 67-106.

김백련(2005). 『조선어문장론』. 평양: 사회과학출판사.

김봉국(2004). "글쓰기에서의 오류 분석과 그 유형." 『어문연구』 44. 어문연구학회. 55-78.

김상수(2003). "외국어로서의 한국어 교육을 위한 조사 '이/가'와 '은/는'에 관한 연구." 부산외국어대학교 석사학위논문.

김석득(1992). 『우리말 형태론: 말본론』. 서울: 탑출판사.

김성완(2006). "러시아어 통 · 번역을 전제한 한국어 주격 조사 '이/가'의 기능과 의미에 관한 연구." 『동유럽발칸학』 8-1. 한국동유럽발칸학회. 3-23.

김성화(1990). "주어의 구성소." 『국어교육연구』 12-1. 국어교육학회. 85-110.

김성훈(1993). "독일어와 한국어에서의 생략현상에 대한 연구." 고려대학교 석사학위논문.

김세희(2009). "중국어 주위위어구와 한국어 이중주어문 및 주제문의 대조 연구." 단국

대학교 석사학위논문.
김승곤(1971). "'이'주격 조사의 어원고." 『학술지』 12-1. 건국대학교. 127-141.
김승곤(2005). 『토씨 '이/가'와 '은/는' 연구』. 서울: 박이정.
김양진(1999). "국어 형태 정보 연구." 고려대학교 박사학위논문.
김영순(1993). 『현대일본어문법』. 서울: 태학사.
김영일(2012). "한국어 교육을 위한 '은/는'과 '이/가'의 의미기능 및 상황모형 연구." 숭실대학교 석사학위논문.
김영주(2006). "고급 한국어 읽기 수업에서 정보 처리 접근법을 이용한 문화 교육." 『한국어 교육』 17-3. 국제한국어교육학회. 27-54.
김영희(1978). "겹주어론." 『한글』 162. 한글학회. 39-73.
김영희(1984). 『한국어 셈숱화 구문의 통사론』. 서울: 탑출판사.
김원호(2010). 『한일번역탐구 1』. 울산대학교 출판부.
김유미(2000). "학습자 말뭉치를 이용한 한국어 학습자 오류 분석 연구." 연세대학교 석사학위논문.
김인현(2003). "한국어와 일본어의 조사의 생략에 관하여." 『한국일본어문학회 학술발표대회논문집』 10. 28-30.
김일웅(1984). "대명사의 생략 현상." 『언어연구』 7. 부산대학교 어학연구소. 1-20.
김정남(1998). "국어의 생략 현상에 대한 한 반성." 『국어학』 32. 국어학회. 201-215.
김정숙(1992). "한국어 교육과정과 교과서 연구." 고려대학교 박사학위논문.
김정숙(1997). "외국어로서의 한국어 교육 원리 및 방법." 『한국어학』 6-1. 한국어학회. 117-133.
김정숙(1998). "과제 수행을 중심으로 한 한국어 교육 방법론." 『한국어 교육』 9-1. 국제한국어교육학회. 95-112.
김정숙(2002a). "한국어 교수요목 설계와 교재 구성." 『21세기 한국어교육학의 현황과 과제』. 31-59(박영순 편).
김정숙(2002b). "한국어 문법 교육의 체계와 방법론 토론문." 『국제한국어교육학회 2002년도 추계학술대회 논문집』 17-20.
김정숙(2003). "통합 교육을 위한 한국어 교수요목 설계 방안 연구." 『한국어 교육』 14-3.

국제한국어학회. 119-143.

김정숙(2008). "한국어교수법의 일반 원리."『한국어와 한국어교육』. 서울: 한국문화사.

김정숙 · 남기춘(2002). "영어권 한국어 학습자의 조사 사용 오류 분석과 교육 방법."『한국어 교육』13. 국제한국어교육학회. 27-45.

김정은(2003). 한국어교육에서의 중간언어와 오류분석.『한국어 교육』14-1. 국제한국어교육학회. 29-50.

김정호(1962). "생략에 대하여."『한글』130. 한글학회. 487-497.

김제열(2001a). "한국어 교육에서 기초 문법 항목의 선정과 배열 연구."『한국어 교육』12-1. 국제한국어교육학회. 93-121.

김제열(2001b). "한국어 교재의 문법 기술 방법 연구."『외국어로서의 한국어교육』25-1. 연세대학교 한국어학당. 203-229.

김종택(1982). "주격 조사의 표현기능에 대한 연구."『상산 이재수 박사 환력 기념 논문집』. 형설출판사.

김중섭 · 이정희(2008). "일본인 한국어 학습자의 작문에 나타난 주격 조사 오류 연구."『이중언어학』36. 이중언어학회. 69-91.

김지은(2009). "조사 '이/가'와 '은/는'의 대치오류 분석."『언어과학연구』48. 언어과학회. 1-40.

김태한(1981). "주어에 대한 소고."『언어과학연구』1. 언어과학회. 23-44.

김현지(2008a). "중간언어를 기반으로 한국어 학습자의 조사 선택에 대한 단서 연구-문법 관계 교체 구문을 중심으로-."『한국어 교육』19-2. 국제한국어교육학회. 1-26.

김현지(2008b). "한국어 교육적 측면에서 보편문법에 대한 매개변수의 접근 가능성."『언어와문화』4-2. 한국언어문화교육학회. 81-99.

김현지(2010). "초급 중국어권 한국어 학습자의 '-이/가'와 '-은/는' 사용의 경향성 연구."『언어와문화』6-3. 한국언어문화교육학회. 63-81.

김호정 · 강남욱(2010). "한국어 학습자의 문법 습득 양상 연구(Ⅱ)."『국어국문학』156. 국어국문학회. 5-41.

나은영(2006). "중국인 한국어 학습자의 오류 분석-중급 학습자에서 나타나는 문법 오류를 중심으로."『새국어교육』 72. 한국국어교육학회. 27-45.
남기심(1972). "주제어와 주어."『어문학』 26. 영남대학교 한국어문학회. 128-131.
남기심(1985a). "주어와 주제어."『국어생활』 3. 국어연구소. 92-103.
남기심(1985b). "학교문법에 나타나는 문법 단위 '어절'에 대하여."『연세교육과학』 26. 연세대학교 교육대학원. 1-9.
남기심(1988). "이중주어구문 재고."『조선학보』 126. 52-67.
남기심(1991). "국어의 격과 격조사에 대하여."『겨레문화』 5. 68-92.
남기심(1996).『국어 문법의 탐구1-국어 통사론의 문제-』. 서울: 태학사.
남기심(2001).『현대 국어 통사론』. 서울: 태학사.
남기심 · 고영근(1985).『표준 국어문법론』. 서울: 탑출판사.
류구상(1986). "주격 조사에 대하여."『국어학 신연구(약천 김민수 교수 화갑 기념 논문집)』. 서울: 탑출판사.
마츠모토 다카히로(2009). "현대 한국어와 일본어의 대우법 대비 연구." 서강대학교 석사학위논문.
문미경(2001). "현대 국어의 주격 조사에 대한 연구." 성균관대학교 석사학위논문.
문용(1999).『한국어의 발상. 영어의 발상』. 서울: 서울대학교 출판부.
민현식(2002). "국어지식의 위계화 방안 연구."『국어교육』 108. 한국국어교육연구회. 71-129.
박금연(2012). "한국어 문법 교육에서 '주어'와 '주체'."『한어문교육』 26. 한국언어문학교육학회. 181-205.
박덕준 · 박종한(1996). "한국어와 중국어에서 동사와 목적어의 의미관계 대조연구."『중국언어연구』 4. 한국중국언어학회. 1-37.
박선옥(2005). "유형론적 관점에서 본 일본어의 격."『일본어문학』 31. 일본어문학회. 75-98.
박선옥(2009). "유형론적 관점에서 본 일본어와 영어의 격."『일본어문학』 46. 일본어문학회. 155-176.
박소영(2008). "중국인 학습자의 한국어 조사 사용 오류 분석과 교수 방안: 조사 '-이/가', '을/를' 그리고 '-은/는'을 중심으로." 성신여자대학교 교육대학원 석사학위논문.
박순함(1970). "격문법에 입각한 국어의 겹주어에 관한 고찰." 『어학연구』 4-2. 서울대학교 어학연구소. 11-31.
박순함(1971). "격문법이론의 윤곽." 『영어영문학』 40. 45-55.
박승빈(1931). 『조선어학강의요지』. 경성: 보성전문학교.
박승빈(1935). 『조선어학』. 경성: 조선어학연구회.
박양규(1971). "국어의 처격에 대한 연구: 통합상의 특징을 중심으로." 서울대학교 석사학위논문.
박양규(1980). "주어의 생략에 대하여." 『국어학』 9. 국어학회. 1-25.
박정구 · 박종한 · 백은희 · 오문의 · 최영하 역(1989). 『표준중국어문법』. 한울아카데미.
박종호(2009). "한국어 학습자의 조사 오류 연구." 『새국어교육』 82. 127-143.
박종호 · 황경수(2012). "중국인 유학생의 한국어 글쓰기에 나타난 오류 유형." 『언어학연구』 24. 한국중원어문학회. 81-103.
박청희(2013a). "현대 국어의 생략 현상 연구." 고려대학교 박사학위논문.
박청희(2013b). "주어와 서술어의 생략현상 연구." 『우리말연구』 32. 우리말학회. 39-61.
박혜정(2010). "일본어의 주어와 시점 분석." 경희대학교 석사학위논문.
반창환(1986). "현대 국어의 이중주어문에 대한 연구." 성균관대학교 석사학위논문.
방성원(2003). "고급 교재의 문법 내용 구성 방안." 『한국어 교육』 14-2. 국제한국어교육학회. 143-168.
방성원(2011). "문법 교육에 대한 한국어 교사의 인식." 『한국어 교육』 22-2. 국제한국어교육학회. 187-211.
방인영(2011). "현대 중국어의 주제 분석에 관한 연구." 전북대학교 교육대학원 석사학위논문.
배상복(2004). 『문장기술』. 서울: 랜덤하우스중앙.
백동선(2003). 『일본어의 대우표현 연구』. 도서출판 보고사.
백봉자(1999). "서양어권 학습자를 위한 한국어 교재 개발 연구." 『한국어 교육』 10-2. 국제한국어교육학회. 1-16.
백봉자(2006). 『외국어로서의 한국어 문법 사전』. 서울: 도서출판 하우.

백수진(2011). “중국인 학습자를 위한 한국어 조사 ‘이/가’, ‘은/는’의 교육-중국어와의 대응을 중심으로-.”『언어와 문화』7-1. 한국언어문화교육학회. 149-168.
서계인(2004).『실전 영어 번역의 기술』. 서울: 도서출판 북라인.
서정수(1971). “국어의 이중주어 문법.”『국어국문학』52. 국어국문학회. 169-195.
서정수(1990).『국어 문법의 연구 1-2』. 서울: 한국문화사.
서정수(1994).『국어문법』. 서울: 한양대학교출판원.
서혁(1994). “담화의 분석과 화제 초점에 대하여.”『선청어문』22-1. 서울대학교 국어교육과. 245-275.
성광수(1974). “국어 주어 및 목적어의 중출현상에 대하여.”『문법연구』1. 문법연구회.
성광수(1977). “국어 조사에 대한 연구.” 고려대학교 석사학위논문.
성기철(1984). “현대 국어 주체 대우 연구.”『한글』184. 한글학회. 81-112.
성기철(1987). “현대국어 대우법.”『국어생활』9. 국어연구소. 102-112.
성기철(2007).『한국어 문법 연구』. 서울: 글누림.
손호민(1981). “Multiful Topic Constructions in Korean.”『한글』174. 한글학회. 657-705.
송석중(1967). “Some Transformational Rules in Korean.” Indiana대학교 박사학위논문.
송창선(2009). “이른바 ‘이중 주어 구문’에 대한 비판적 고찰.”『국어교육연구』45. 국어교육학회. 449-474.
신창순(1975). “국어 조사의 연구 그 분류를 중심으로.”『국어국문학』67. 국어국문학회. 1-21.
안명철(1985). “보조 동사 ‘서’의 의미.”『국어학』14. 국어학회. 478-506.
안병곤(2009).『한일대조문법론』. 도서출판 보고사.
안병희(1966). “부정격의 정립을 위하여.”『동아문화』6. 동아문화연구소. 남기심 · 고영근 · 이익섭 편(1975).『현대국어문법』재록. 99-101.
안영호(2007).『꿩먹고 알먹는 인도네시아어 첫걸음』. 서울: 문예림.
안용준(2009). “한국어 교재에 나타난 ‘-이/가’와 ‘-은/는’의 의미기능과 효과적인 교수 방안.” 한양대학교 석사학위논문.
안중환(2002).『능동구조의 한국어와 피동구조의 일본어』. 서울: 제이앤씨.
양동휘(1975).『Topicalization and Relativization in Korea』. 범한서적주식회사.

양정석(1989). "'이중주어문'의 네 가지 유형." 『사림어문연구』 6. 83-117.

엄익상 · 박용진 · 최병권 · 박신영(2005). 『중국어 교육 어떻게 할까』. 서울: 한국문화사.

연재훈(1994). "Grammatical Relation Changing Constructions in Korean: A Functional-Typological Study." London 대학교 박사학위논문.

오충연(1997). "국어 조사의 격표지 기능에 관한 소고: 주격표지를 중심으로." 『숭실어문』 13. 숭실어문학회. 285-304.

오현정(2011). "보조사 '은/는'과 주격 조사 '이/가'의 교수 학습 방법 연구: 한국어 고급 단계 외국인 학습자를 대상으로." 『한국어 의미학』 35. 한국의미학회. 189-213.

왕단(2012). "한국어와 중국어의 피동문 대조 연구." 『한중언어비교연구』. 125-308.

외국어연구보급회(1996). 『알기쉬운 인도네시아어』. 명지출판사.

우인혜 · 라혜민(2000). 『Easy Korean Grammar: for English speakers』. 서울: 한국문화사.

유길준(1909). 『대한문전』. 한성: 동문관.

유동석(1993). "국어의 매개변인 문법." 서울대학교 박사학위논문.

유동석(1998). "국어의 격 중출 구성에 대하여." 『국어학』 31. 국어학회. 307-337.

유현경 · 양수향 · 안예리(2007a). "영어권 중 · 고급 학습자를 위한 조사 '가'와 '는'의 교수 방안 연구." 『이중언어학』 34. 이중언어학회. 271-298.

유현경 · 양수향 · 안예리(2007b). "한영 병렬 말뭉치를 이용한 한국어 조사 '가'와 '는'의 선택원리 연구." 『언어와 정보』 11. 한국언어정보학회. 1-23.

유형선(1995). "국어의 주격 중출 구문에 대한 동사 · 의미론적 연구." 고려대학교 박사학위논문.

이관규(1999). 『학교 문법론』. 서울: 월인.

이관규 · 신호철 · 오현진 · 백혜선 · 장봉기 역(2008). 『(국어 수업을 위한) 언어 탐구와 인식』. 서울: 박이정.

이기백(1958). "주격 조사 '이'에 대한 연구." 『어문학』 2. 한국어문학회. 94-124.

이남순(1998). "격표지의 비실현과 생략." 『국어학』 31. 국어학회. 339-360.

이동혁 · 유혜원(2009). "대학 글쓰기에서 주어 사용 오류의 현황 분석과 주어 사용 지도 방안." 『한말연구』 25, 한말연구학회. 191-219.

이미숙 · 설근수 역(2013). 『정통 일본어 문법』. 서울: 박이정.

이민숙(1999). “현대 중국어의 주어와 주제에 관한 연구.” 이화여자대학교 석사학위논문.

이민숙(2000). 『중국현대어법』. 서울: 도서출판 보성.

이삼형(1996). “생략 현상에 대하여.” 『한국어 교육』 7. 국제한국어교육학회. 121-136.

이선진(2010). “중국인 학습자의 한국어 주제중심어적 특성 습득 연구: 사용양상과 효과적인 교육 방안 모색.” 경희대학교 석사학위논문.

이숙(2009). “한영 대조분석-영어권 한국어 학습자들의 오류 분석을 중심으로-.” 『어문학논총』 28. 국민대학교 어문학연구소. 179-192.

이숭녕(1969). “주격중출의 문장구조에 대하여.” 『어문학』 20. 한국어문학회. 1-16.

이양복(2002). “비인칭 주어.” 『고시월보』 26-3. 37-48.

이영옥(2001). “무생물 주어 타동사구문의 영한번역.” 『번역학연구』 2-1. 한국번역학회. 53-76.

이영희(2012). “영어권 학습자를 위한 한국어 문법교재 개발연구.” 『한국어 교육』 23-3. 국제한국어교육학회. 289-314.

이은경(1999). “한국어 학습자의 조사 사용에 나타난 오류 연구.” 연세대학교 석사학위논문.

이은희(2011). “설득 텍스트의 본질 및 특성과 교수-학습.” 한국어교육학회 학술발표회. 147-167.

이익섭(1973). “국어 수량사구의 통사기능에 대하여.” 『어학연구』 9-1. 서울대학교 어학연구소. 46-63.

이익섭(1978). “피동성 형용사문의 통사 구조.” 『국어학』 6. 65-84.

이익섭(2005). 『한국어 문법』. 서울: 서울대학교출판부.

이익섭 · 임홍빈(1983). 『국어 문법론』. 서울: 학연사.

이익섭 · 채완(1999). 『국어 문법론 강의』. 서울: 학연사.

이정노(1991). “외국인을 위한 한국어 교재 편찬에 있어서 고려할만한 몇 가지.” 『교육한글』 4. 한글학회. 83-98.

이정희(2002). “초급단계 한국어 학습자의 조사 및 연결어미 오류.” 『어원연구』 5. 한국어원학회. 169-188.

이정희(2003). 『한국어 학습자의 오류 연구』. 서울: 박이정.

이해영(2003). "한국어 교육에서의 문법 교육." 『국어교육』 112. 한국어교육학회. 74-94.

이해영(2004). "한국어 교재의 문법 영역 분석-'이/가'와 '은/는'을 대상으로-." 『문법 교육』 1. 한국문법교육학회. 231-256.

이홍식(1996). "국어 문장의 주성분 연구." 서울대학교 박사학위논문.

이훈(2006). "'-은, -는'의 순차적 교수에 대하여." 『어문논집』 35. 중앙어문학회. 47-68.

이희승(1956). 『중등문법』. 서울: 박문각.

이희자 · 이종희(2001). 『한국어 학습용 조사 · 어미 사전』. 서울: 한국문화사.

임동훈(1997). "이중 주어문의 통사 구조." 『한국문화』 19. 서울대학교 한국문화연구소. 31-66.

임동훈(2004). "한국어 조사의 하위 부류와 결합 유형." 『국어학』 43. 국어학회. 119-154.

임동훈(2010). "국어학 50년 통사연구의 성과와 전망." 『국어학』 57. 국어학회. 373-481.

임호빈 · 홍경표 · 장숙인(1987, 1997). 『〈신개정〉 외국인을 위한 한국어 문법』. 서울: 연세대학교출판부.

임홍빈(1972). "국어 주제화 연구." 『국어연구』 28. 3-100.

임홍빈(1974). "주격 중출론을 찾아서." 『문법연구』 1. 문법연구회. 113-146.

임홍빈(1978). "국어 피동화의 의미." 『진단학보』 45. 진단학회. 94-115.

임홍빈(1985a). "{-시-}와 경험주 상정의 시점." 『국어학』 14. 국어학회. 287-336.

임홍빈(1985b). "국어의 통사적인 공범주에 대하여." 『어학연구』 21-3. 서울대학교 어학연구소. 331-384.

임홍빈(1987). 『국어의 재귀사 연구』. 서울: 신구문화사.

임홍빈(1990). "존경법." 『국어연구 어디까지 왔나』. 서울: 동아출판사. 388-400.

임홍빈(1996). 『양화표현과 성분주제』. 이기문교수 정년퇴임기념논총. 서울: 신구문화사.

임홍빈 · 장소원(1995). 『국어문법론 1』. 서울: 한국방송대출판부.

장미경(2008). "영어권 고급 학습자들의 조사 오류 분석-말하기 과제 수행 자료 분석을 중심으로-." 국제한국어교육학회학술대회논문집.

장미라(2008). "문장 구조 중심의 한국어 교육 연구." 경희대학교 박사학위논문.

전춘배(1999). “무주어문.”『새한영어영문학』 41-1. 새한영어영문학회. 255-278.
전태현(1993).『인도네시아 논문집』. 서울: 전예원.
정보영(2004). “구어 이야기 담화에서 한국어 중급 학습자의 조사 ‘은/는’, ‘이/가’ 사용-일본어권, 영어권, 중국어권 학습자를 중심으로.” 이화여자대학교 교육대학원 석사학위논문.
정선주(2009). “ESA 교수 절차 모형을 활용한 한국어 교육방안 연구.”『언어와 문화』 5-1. 한국언어문화교육학회. 197-218.
정연규(1990). “주격 조사 ‘이’, ‘가’와 주제조사 ‘는’의 통시적 고찰.”『언어과학연구』 7. 언어과학회. 103-111.
정인상(1980). “국어의 주어에 대한 연구.”『국어연구』 44. 서울대학교 국어연구회.
정인상(1990). “주어.”『국어연구 어디까지 왔나』. 서울: 동아출판사. 241-247.
조인정(2005). “영어권 한국어 학습자의 오류-무정성 주어와 타동사 구문-.”『한국어 교육』 16-3. 국제한국어교육학회. 331-352.
조인정(2006). “영어권 한국어 학습자의 주격과 대격 조사 대치 오류에 대한 비교 언어학적 분석.”『한국어 교육』 17-3. 국제한국어교육학회. 281-300.
조철현(2002). “한국어 학습자의 오류 유형 조사 연구.” 한국문화관광부. 241-245.
주시경(1910).『국어문법』. 연세 한국 문법 대계 1-11. 서울: 탑출판사.
주시경(1913).『조선어문법』. 경성: 신구서림.
진가리(2012). “중급 단계 중국인 한국어 학습자의 조사 대치 오류 양상 및 방지 방안 연구.” 울산대학교 석사학위논문.
진대연 · 김진형(2009).『국내외 한국어 교재 백서』. 국립국어원 · 한국어세계화재단.
채숙희(2010). “이중주어구문의 한영번역 유형 연구.”『언어학』 58. 한국언어학회. 105-133.
채완(1976). “조사 ‘는’의 의미.”『국어학』 4. 국어학회. 93-112.
최우영(1997). “외국어로서의 한국어 학습자의 오류에 대한 연구.” 이화여자대학교 석사학위논문.
최태옥 · 김명숙(1990). “주어의 구문적 독립에 관한 고찰.”『논문집』 13. 진주여자전문대학. 13-33.

최현배(1937). 『우리말본』. 연희전문출판부.

최현배(1959). 『깁고 고친 우리말본』. 서울: 정음사.

최현배(1971), 『우리말본』. 서울: 정음사.

최호철 · 전은주 · 한송화 · 정희정 · 정유진 · 김의수(2001). 『한국어 문형 사전의 개발 최종 보고서』. 한국어 세계화 기반 구축을 위한 2001년도 한국어 해외 보급 사업 기초 교육 자료 분과 4. 한국어세계화재단 문화관광부.

탁희성(1993). "국어의 주어와 주제 고찰." 『숭실어문』 10. 숭실어문학회. 77-105.

태평무(2005). 『중국어와 한국어의 어순대비연구』. 서울: 신성출판사.

플로리안(Fkorian Carolus Horatianus)(2008a). "한국어와 인도네시아어 피동법 비교 연구." 경희대학교 석사학위논문.

한용운(2005). "형태소 '서'의 독립 조사 설정 문제." 『어문연구』 33-3. 한국어문교육연구회. 7-28.

한재영 외(2008). 『한국어 문법교육』. 서울: 태학사.

한재영(2013a). "교사의 문법과 학습자의 문법." 『문법교육』 18. 한국문법교육학회. 241-265.

한재영(2013b). 『한국어교육 연구의 현황 2013』. 신구문화사.

한재영 · 김현경(2012). 『한국어로 놀자』. 신구문화사.

한재영 · 박지영 · 현윤호 · 권순희 · 박기영 · 이선웅(2005). 『한국어 교수법』. 서울: 태학사.

한재영 · 안경화 · 박지영 · 권순희(2011). 『한국어 교육 - 용어해설』. 신구문화사.

허영실(2007). "쓰기 능력 신장을 위한 문장성분 호응 지도 내용 연구." 이화여자대학교 석사학위논문.

허인순 · 박성태 역(2008). 『일본어의 본질』. 모리타 요시유키. 도서출판 어문학사.

홍기문(1927). 『조선문전요령』. 역대문법대계 1-38. 서울: 탑출판사.

홍기문(1947). 『조선문법연구』. 서울: 서울신문사.

홍기선(1994). "Subjectivity Tests in Korean." 『어학연구』 30-1. 서울대학교 어학연구소. 99-136.

홍사만(2002a). 『한 · 일어 대조분석』. 서울: 역락.

홍사만(2002b). 『국어 특수조사 신연구』. 서울: 역락.

홍사만(2009). "한 · 일어 이중주격론의 대조 분석." 『어문논총』 50. 한국문학어문학회. 33-71.

홍사만 · 유장옥 · 김지은 · 강덕구 · 배용득 · 강병주 · 滝口惠子 · 민영란 · 염철 · 이영자 · 오선영 · 박향화 · 石堅 · 김소야 · 이소영(2009). 『한국어와 외국어 대조분석론』. 서울: 역락.

홍윤기 · 김중섭(2010). "한국어 학습자의 조사 선택 연구." 『한국어 교육』 21-4. 국제한국어교육학회. 393-424.

홍은진(2004). "일본인 한국어 학습자의 어휘 오류 분석." 사회언어학 12-1. 271-299.

홍재성(1987). 『현대 한국어 동사구문의 연구』. 서울: 탑출판사.

황바이(2008). "인도네시아인을 위한 한국어 교재 문화 항목의 설정." 전남대학교 석사학위논문.

황영애(2013). "한국어 쓰기의 오류 분석 및 교육 방안 연구." 건양대학교 석사학위논문.

角田太作(1990). 『世界の言語と日本語』. くろしお出版.

國立國語研究所(1960). 東京: 秀英出版.

三上章(1970). 『敬語法内外』. 文法小論集. くろしお出版.

三上章(1979). 『日本語の理論』. くろしお出版.

森田良行(2002). 『日本語文法の発想』. ひつじ書房.

森重敏(1982). 『日本文法: 主語と述語』. 東京: 武臧野書院.

辻村敏樹(1988). 『敬語: 日本語百科大辭典』. 東京: 大修館書房. 609-664.

草野淸民(1899). "國語の特有セル語法-總主." 『帝國文學』 5.

湯川恭敏 · 奧津敬一郎(1975). 『言語學 基本問題』. 東京: 大修館書房.

黎錦熙(1924). 『新著國語文法』. 商務印書館. 박덕준 역(1993). 『도해식중국어문법』. 서울: 진명출판사.

黎錦熙(1955). 『主賓小集. 漢語的主語賓語問題』. 中國語文雜誌社 編(1956). 北京: 中華書局.

馬建忠(1898). 『馬氏文通』. 新興書局.

邪福義(1991). 『現代漢語』. 高等教育出版社.

徐仲華(1955). 『分析句子鷹該從語法標識出發. 漢語的主語賓語問題』. 中國語文雜誌社 編(1956) 中華書局(現代漢語語法學 增訂本, 傅雨賢 編(1996). 廣東高等敎育出版社 재록).

呂叔湖(1979). 從主語賓語的分別談國語句子的分析. 漢語語法論文集. 北京: 商務印書館.

王力(1956). 『主語的定義及其在中國語的應用. 漢語的主語賓語問題』. 北京: 中華書局.

曺逢甫(1979). 『主題在漢語中的功能硏究-邁向語段分析的第一步』. 北京: 語文出版社.

趙元任(1968). 『A Grammar of Spoken Chinese』. University California Press. 丁邦新 譯(1982). 『中國話的文法』. 中文大學出版社.

朱德熙(1982). 『語法講義』. 北京: 商務印書館.

湯延池(1978). 『主語與主題的劃分』. 國語語法硏究論集, 臺北: 學生書局.

邢公畹(1955). 『論漢語造句法上的主語和賓語』. 漢語的主語賓語問題, 中國語文雜誌社 編(1956). 北京: 中華書局.

湖裕樹(1981). 『現代漢語 增訂本』. 上海: 上海敎育出版社.

Arts, B.(2001). *English syntax and Argumentation*. London: University College London.

Douglas Biber, Stig Johansson, Geoffrey Leech, Susan Conrad, and Edward Finegan(1999). Longman Grammar of Spoken and Written English. New York: Longman.

Blake, B. J.(1994). *Case*. Cambridge and New York: Cambridge University Press. 고석주 역(1998). 『격』. 서울: 한신문화사.

Brown, H. D.(2000). *Principles of Language Learning and Teaching*. 이흥수 외 역(2003). 『외국어 학습 · 교수의 원리』. 제5판. 서울: Pearson Education Korea.

Brown, H. D.(2007). *Teaching by Principles: An Interactive Approach to Language Pedagogy*. Third Edition. Pearson Education. 권오량 외 역(2008). 『원리에 의한 교수』. (주)피어슨에듀케이션코리아.

Brown, J. D.(1995). *The Elements of Language Curriculum: A Systemantic Approach to Program*

Development. Heinle & Heinle Publishers.

Chomsky, N.(1965). *Aspects of the Theory of Syntax*. The MIT Press.

Comrie, B.(1976). *Aspect*. Cambridge: Cambridge University Press.

Corder, S. P.(1981). *Error Analysis and Interlanguage*. New York: Oxford University Press.

Dahl, R. A.(1974). "Topic-comment Structure in a Generative Grammar with a Semantic Base." In Danes 1974. 75-80.

Dik, S. C.(1978). *Functional Grammar*. Amsterdam: North-Holland.

Donna, B.(2010). "한국어와 인도네시아어의 사동법 대조 연구." 이화여자대학교 석사학위논문.

Dulay. H. & M. Burt.(1973). "Should We Teach Syntax?" *Language Learning* 23. 235-252.

Fillmore, C. J.(1968). *The Case for Case*. in Universals in Linguistic Theory, ed. by E. Bach and R. Harms, New York: Holt, Rinehart and Winston.

Fkorian Carolus Horatianus(플로리안)(2008b). "인도네시아의 한국어 교육 현황과 제 문제."『한국언어문화학』5-2. 국제한국언어문화학회. 225-242.

Givón, T.(1983). *Topic Continuity in Discourse*. Amsterdam: Benjamins.

Harmer, J.(2007). *How to Teach English*. London: Longman.

Hockett, Charles F.(1958). *Course in Modern Linguistics*. New York: The Macmillan.

James, C.(1998). *Errors in Language Learning and Use*. New York: Addison Welsey Longman Inc.

Jespersen, O.(1924). *The Philosophy of Grammar*. London: George Allen & Unwin Ltd. 이환묵 · 이석무 역(1987).『문법철학』. 서울: 한신문화사.

Jespersen, O.(1933). *Essentials of English grammar*. Allen & Unwin. London.

Keenan, E. L.(1976). "Toward a universal definition of 'Subject'." In Li(ed.)(1976). 303-333.

Kuno, S.(1973). *The Structure of the Japanese Language*. The MIT Press.

Kuno, S.(1978). "Two Topics on Discourse Principles, Descriptive and Applied Linguistics." *Bulletin of the ICU summer Institute in Linguistics XI*. International Christian University. Tokyo. Japan. 1-29.

Lennon, P.(1991). "Error: Some problems of definition, identification, and distinction."

Linguistics 12. 180-196.

Li, C. N. & S. A. Thompson(1976). "Subject and Topic: A New Typology of Language." in Li(ed.)(1976). 457-489.

Li, C. N. & S. A. Thompson(1981). *Mandarin Chinese-A Functional reference Grammar*. University of California Press. 박정구 외 역(1996). 『표준중국어문법』. 한울아카데미.

Master, P.(1995). *Consciousness raising and article pedagogy*. In D. Belcher & G. Braine(Eds.), Academic writing in a second language. 183-204. Norwood. NJ: Albex.

Nunan, D.(1991). *Language Teaching Methodology*. Prentice.

Selinker, L.(1974). *Interlanguage*. New Frontiers in Second Language Learning Rowley. Mass: Newbury House.

참고 자료

가나다한국어학원 교재연구회(1999). 『가나다 한국어』 초급1-중급2. 서울: 랭기지플러스.

강윤호 · 김명희(1979). 『한국어』. 서울: 이화여자대학교 출판부.

고대민족문화연구소(1986). 『한국어』 1-2. 서울: 고대민족문화연구소.

고려대학교 한국어문화교육센터(2008-2010). 『재미있는 한국어』 1-6. 서울: 교보문고.

박창해 · 박기덕(1973). 『한국어 』 1. 서울: 연세대학교 출판부.

서울대학교 언어교육원(1980). 『한국어』 1-6. 서울: 문진미디어.

연세대학교 한국어학당 편(1992). 『한국어』 1. 서울: 연세대학교 출판부.

연세대학교 한국어학당(2007-2009). 『연세 한국어』 1-6. 서울: 연세대학교 출판부.

이화여자대학교 언어교육원(1990). 『외국인을 위한 한국어』 1-2. 서울: 한학사.

이화여자대학교 언어교육원(2010). 『이화 한국어』 1-2. 서울: 이화여자대학교 출판부.

장숙인(1982). 『한국말』 1. 서울컴퓨터프레스.

최병문(1960). 『한국말 첫걸음』. 서울: 사상 문고사.

참고 웹사이트

www.ethnologue.com

www.naver.com

찾아보기

주어와 주어교육

ㄱ

ㄴ

ㄷ

ㅇ

ㅈ

ㅊ

'신구한국어교육연구총서'를 펴내며

신구한국어교육연구총서의 이름으로 그 첫 번째 책을 펴낸다.

한국어교육이 이루어진 역사는 상당히 오래되었으나, '한국어교육학'이라는 학문의 한 영역으로 자리를 잡게 된 역사가 그리 오래된 것은 아니다. 학문 영역 가운데에서는 가장 어린 학문 영역이라고도 할 수 있다.

그러한 까닭에 아직은 학문 체계가 가져야 할 건강한 모습과는 다소 거리가 있는 듯하다. 본 시리즈와 자매 관계를 가지고 진행되고 있는 '신구한국어교육선서' 중의 하나인 '한국어교육 연구의 현황 2013'에 따르면 한국어교육 관련 연구의 진행 양상에 대한 우려를 가지게도 하기 때문이다. 어느 학문 영역에서나 발표 논문의 질적인 수준을 유지하기 위한 노력은 필요한 것이라 할 수 있으며, 관련 영역이 전반적으로 고른 관심을 받아 균질한 발전을 도모하는 것은 오히려 당연히 밟아 가야 할 길이라고도 할 것이다.

한국어교육의 연구와 관련한 여러 가지 문제점 가운데 학위논문과 관련된 문제는 특별히 심각해 보이기도 한다. 학위논문을 많이 배출하고 있는 학교가 지나치게 편중되고 있다거나, 최근 들어 발표되는 학위논문과 일반논문의 비율이 비정상적인 양상을 보인다거나, 그에 따라 학위논문의 질적인 관리에 부담이 있는 듯이 보인다거나 하는 문제는 보다 시급히 개선하여야 할 과제로 판단된다.

본 총서시리즈는 한국어교육 연구와 관련한 현장의 문제 가운데 학위논문에 관한 문제를 해소하기 위한 방편으로 마련되었다. 2015년 전반기 현재 한국어교육학으로 배출된 석사학위논문은 약 4,500편이 넘으며, 박사학위논문도 370편에 이르고 있다.

발표된 논문이 논문으로서의 가치를 발휘하기 위해서는 독자들에게 제대로 전달될 수 있어야 할 것이나, 최근 한국어교육학계에서 발표되는 논문 특히 학위 논문의 경우에는 논문을 필요로 하는 연구자들이 구하여 읽기가 그리 쉽지 않아 보인다. 더구나 해마다 쏟아져 나오는 많은 논문 가운데 읽을 만한 가치를 지닌 논문을 가려내어 읽는다는 것은 몹시 어려운 일이 되었다.

이에 '신구한국어교육연구총서 선정위원회'에서는 우선 최근 5년 이내에 발표된 박사학위논문을 대상으로 하여 우수한 논문을 엄선하여 '신구한국어교육연구총서'로 소개하기로 한다. 우수한 학위논문이 널리 읽힐 수 있도록 하는 일은 학문의 발전을 위한 기초적인 작업의 하나라고 믿는다. 한국어교육학의 발전을 위한 우리의 발걸음에 현장의 많은 관심이 있기를 바란다. 우리가 미처 발견하지 못한 우수한 논문을 소개하여 주실 것도 기대하고 있다. 한국어교육학의 발전은 학계 모두가 한마음으로 함께할 수 있을 때에 비로소 가능한 일이라 믿기 때문이다.

오늘 우리의 작은 시도가 시간이 흘러 한국어교육학에 이바지한 바가 있었다는 평가를 구할 수 있으리라 기대한다.

신구한국어교육연구총서 선정위원회

신구한국어교육연구총서 01

주어와 주어 교육

초판 1쇄 발행 2015년 10월 15일

지은이 이연정
펴낸이 김정일
펴낸곳 신구문화사
디자인 은디자인

등록 1968년 6월 10일 제1-205호
주소 경기도 성남시 중원구 광명로 395번길 1
전화 031-741-3055
팩스 031-741-3054
이메일 shingupub@naver.com
홈페이지 www.shingubook.com

ISBN 978-89-7668-214-7 93700